Ida Lødemel Tvedt
Tiefseetauchen

Norwegische Originalausgabe: *Marianegropen*
©Gyldendal, Oslo 2019

Diese Übersetzung wurde mit finanzieller
Unterstützung von NORLA veröffentlicht.

1. Auflage
©2021 Kommode Verlag, Zürich
Alle Rechte an der deutschen Übersetzung
vorbehalten.

Wir verwenden in diesem Buch die Vorschläge für
diskriminierungssensible Sprache von Amnesty
International: www.amnesty.de/2017/3/1/glossar-fuer-
diskriminierungssensible-sprache.

Text: Ida Lødemel Tvedt
Übersetzung: Karoline Hippe
Lektorat: Patrick Schär, www.torat.ch
Korrektorat: Gertrud Germann, www.torat.ch
Titelbild, Gestaltung und Satz: Anneka Beatty
Druck: Beltz Grafische Betriebe

ISBN 978-3-9524114-1-4

Kommode Verlag GmbH, Zürich
www.kommode-verlag.ch

Ida Lødemel Tvedt
Tiefseetauchen

Essay

Aus dem Norwegischen von Karoline Hippe

Inhalt

SCHLEPPNETZ — 11
Kindheit und Eroberungslust | Wale, Sündenböcke und ozeanische Gefühle

HEIM(KEHREN) — 35
Wurzelmetaphern | Muttersprache | die Natur und die Funktion des Ursprungsmythos | Simone Weil, Jean-Paul Sartre, Martha Nussbaum, Hannah Arendt | warum Senilität das beste Gegenmittel gegen den Schmerz in westlichen Gesellschaften ist

DAS ASTRALPROJEKT — 59
Brooklyn | Newtown Creek | amerikanische Zustände

DAS SÜNDENBOCKSYMPOSIUM — 77
Ein Alt-Right-Ideologe | Eurabien, Strauss, Platon und Trump | die Hermeneutik des Verdachts | die Mitschuld der nordischen Frau | Groll und Begehren unter dem Deckmantel der Ideologie

OBSCURITAS! ORNATUS! AD UNDAS! — 101
Die Apokalypse ist immer der letzte Schrei | Make-up, Huren und Tintenfische | Dolly Parton: die Hohepriesterin der Tussimetaphysik

DIE JUNGENZIMMERGLEICHUNG — 119
Anders Behring Breiviks Spiegelbild | das Bombenauto | Bücher, Reden und Gedichte zum 22. Juli

SCHIFF AHOI, IDENTITÄT! — 145
Ayatollah Khomeini in Homers Schuld

ÜBERWACHUNGSKAMERA — 149
Für zeitweise Objektivierung, gegen Symbiose

RÖNTGEN — 151
Gescheiterte Versuche, sich selbst zu verschenken

KAKERLAKE — 153
Inszenierung von Femininität | Kreml | das Verhältnis von Erotik und Fäule | Prämissen des Jüngsten Gerichts

ABSCHWEIFUNGEN INS INFERNO DER IDIOTEN 159
Susan Sontags »Faszinierender Faschismus« | prostituierte Philosophen, Pornografie und junges amerikanisches Jammern

GEMEINSCHAFTSPROJEKT SCHAM 175
Adams und Evas Kulturgeschichte | Messiaskomplexe und Neohistorimus | Greenblatt, Russell Brand und Augustin

DER VORHANG FÄLLT, ERSTER AKT 187
Titus Andronicus und Stephen K. Bannons Tragödie

OMPHALOSKEPSIS 199
1. Die Essaydebatte
2. Das Orakel von Delphi
3. Anne Carsons »The Gender of Sound«
4. Abscheuliche Begeisterung
5. Besonnenheit
6. Blinde Wut, ausgelöst von Theorien zu blinder Wut
7. Eine andere menschliche Essenz als das Selbst
8. Akropolis: Ein Comic über Selbstbeherrschung
9. Akropolis: Die Literatur ist keine Demokratie
10. Akropolis: Ein Kindsmord
11. Bis die Augen müde sind und die Haut so blasiert wie ein beschnittener Pimmel?
12. Kinder ohne Nabel: Warum es in Kinderliteratur von Anarchisten nur so wimmelt
13. Die Omphalohypothese: Hatte Adam einen Nabel?
14. Ekphrastische Geschichtserzählung und die Renaissance der Affektenlehre
15. Metakritik und anderes Gruppenwichsen: Hamann vs. Kant
16. Memoir vs. Essay: Todd Solondz, Joan Didion und Oscar Wilde
17. Meghan Daum vs. Christopher Hitchens: Warum Frauen nicht witzig sind
18. Gertrude Stein: Eine narzisstische Lesart
19. Die Verwandtschaft zwischen Essayistinnen und Stand-up-Komikerinnen: Maggie Nelson, Louis C. K. und Hilton Als

20 Amerikanischer Rassendiskurs und andere transatlantische Missverständnisse: Ta-Nehisi Coates | Childish Gambino | James Baldwin
21 Pornografie des Elends: Ariel Levy | Marquis de Sade | Hanya Yanagihara
22 Mehr Nabelschau

DREI DIALOGE 299
Der flagellierende Flaneur: Wayne Koestenbaum
Der Bauchredner: Greil Marcus
Das Theater der Zerbrechlichkeit: Madame Nielsen

DIE LIEBE IN DEN ZEITEN DER NEURODIVERSITÄT 377
Autismus-Spektrum-Störung und Epilepsie |
Olaug Nilssen, Lars Amund Vaage und Antonin Artaud |
die Erhabenen des kommunalen Betreuten Wohnens

DIE CHIRURGISCHE PRÄZISION DER DROHNENMETAPHER 399
Über die Kulturgeschichte der Drohne

GEGEN DAS KRITISCHE DENKEN 403
Gottes Lobby und der Gläubige als Sündenbock des Säkularismus

WÜTENDE MÜTTER 413
Ein Badeausflug und eine Gartenparty |
Ehrfurcht und Verurteilung | Jacqueline Rose, Vigdis Hjorth, Suzanne Brøgger, Mary Gaitskill, Karl Ove Knausgård und Tomas Espedal |
Kreuzzugrhetorik: Wenn Opfer zu Tyrannen werden

BETREUTES WOHNEN 435
Claire-Louise Bennett und Hovdebygda | Einsamkeit, Bestialität und Wahnsinn | Henry David Thoreau, Friedrich Nietzsche und Agnar Mykle | Liebe und Rückkehr nach Hause

LITERATURVERZEICHNIS 479

SCHLEPPNETZ

Kind gewesen zu sein, ist, wie auf einer Party voller nüchterner Menschen als Einzige getrunken zu haben. Wir wissen, dass wir dort gewesen sind, dass wir hemmungslos waren und im Mittelpunkt stehen wollten, erinnern uns aber lediglich an Bruchstücke und Standbilder. Nur die nüchternen Erwachsenen, die uns als Kind erlebt haben, können sich ganz klar daran erinnern, wer wir damals gewesen sind, was wir gemacht haben, wie wir uns ausgedrückt haben. Vielleicht werden wir deshalb bis ans Ende unseres Lebens von einer existenziellen Katerparanoia verfolgt.

Wahrscheinlich stehen wir auch deshalb nie vollkommen sicher auf beiden Beinen, wenn wir uns später als Erwachsene ausgeben: Wir trinken Kaffee und Calvados, ziehen mit unseren Lebenspartnern zusammen, haben Jobs und tappen in die folgenschweren Fallen der Erwachsenen – und im Lichte dieser neuen Hoffnungen und Enttäuschungen beginnen wir, aus unserer Kindheit zu erzählen.

Wir besuchen das Viertel, in dem wir aufgewachsen sind. Wir gehen zwischen den Reihenhäusern im Stadtviertel Melkeplassen spazieren, nehmen den Trampelpfad, der zum Løvstakken führt, einem der sieben Gipfel, von denen aus man auf Bergen hinunterschauen kann, auf die Insel Askøy, das Gullfjell, den Flughafen, und lassen den

Blick über die Hochebene Vidden schweifen, mit Gangsterrap auf den Ohren und fremdsprachigen Gedichtbänden in der Jackentasche. Wir gehen am Supermarkt vorbei und an der Schule, an den Kränen und Containern und an dem Wohnblock, vor dem wir immer Süßigkeiten von dem beschränkten Pädo bekommen haben, vor dem wir überhaupt keine Angst hatten. Wir waren schneller und schlauer als er.

Am Fuße unseres Viertels liegt der Puddefjord, schwer und still wie eine abgekappte Walzunge. Die weißen Holzhäuser im Stadtviertel Damsgård färben sich blau in der Dämmerung, das Licht in den Stuben wird wärmer, oranger, der wehmütige Kontrast zwischen drinnen und draußen wird deutlicher. Die reine Winterkälte riecht nach Fäulnis, Kamin und *kjøttboller*.

Im Sandkasten auf dem Spielplatz sitzen drei Kinder, so wie wir einst dort gesessen haben, bloß dass unsere Regensachen steifer und geschlechtsneutraler waren. Wir meinen, uns noch genau daran erinnern zu können, wie es sich anfühlte, dort zu sitzen, in so einem kleinen Körper, in Ölzeug, mit einem Riemen unter den Gummistiefeln befestigt. Wir trugen Mützen mit Ohrenklappen, die mit nassen Schleifen unter unserem Kinn festgezurrt worden waren. Fürsorgliche Erwachsene hatten versucht, uns zu versiegeln, die wir dort saßen und buddelten, mit Sand in den Schürfwunden, Sand zwischen den Milchzähnen und Modder unter den Fingernägeln.

In der Erde rund um unsere Grundschule suchten wir nach Überresten des Krieges, fanden Sprengkabel in der Böschung, Patronenhülsen vom Schießplatz und träumten davon weiterzugraben, vorbei an Ruinen, Fossilien, Reliquien aus der Zeit der Wikinger, durch den Erdkern bis nach China. Wir haben Krieg gespielt, Mutter-Vater-Kind, Panzer, Räuber und Jagdflieger. Wir waren Bergenser, aber wenn wir spielten, imitierten wir den generischen Oslo-Dialekt, den wir aus dem Fernsehen kannten, wir ließen unsere Stimmen extra kindisch klingen, als würden wir nur so tun, als wären wir Kinder.

Wenn ich groß bin, dachte eine von uns, werde ich Entdeckungsreisende. Ich werde im Dschungel in einem Safarizelt sitzen, in Khakihose und weißem Hemd, werde mit einer Pfauenfeder Briefe schreiben, an einem Mahagonitischchen, das von Sklavenrücken getragen wird.

Ohne zu wissen, woher solche Fantasien stammten, stellte sie sich vor, wie sie davonsegelte, allein, androgyn, kühn den Fluss hinab, in alle dunklen Herzen.

Das Boot auf dem Spielplatz wurde zum Piratenschiff erklärt. Wir machten uns auf, segelten über den Atlantik, hinter uns das schäumende Kielwasser, auf unseren Lippen der salzige Geschmack eroberter Männer.

Wir konnten nie so genau sagen, was wir eigentlich haben wollten, und vielleicht würden wir niemals verstehen, worum es eigentlich ging, dieser Heißhunger auf Süßes, der in uns rumorte, diese Gier danach, uns tief in die Erde und bis auf die andere Seite zu bohren. In etwas anderes hinein. Wir wollten die Welt verspeisen, Rollen verspeisen, alles sein, uns aus Nischen herausschleimen, neue Leben beginnen, wieder und wieder, vor allen fliehen, die uns kannten, unter Sentimentalisten leben, unter Amateuren und Lügenbaronen, wollten alle Aufgaben enthusiastisch angehen und nur halbe Sachen machen, nie zu lang, die Welt von Berggipfeln betrachten und durch Lupen, aufsaugen, aufgesaugt werden, uns an Bildern laben, an Menschen, an Erzählungen und Dingen, wollten mit einem vielfältigen »Ich« operieren, das immer wieder von Neuem hochgefahren wird, zurechtgerückt – von einem Satz, einem Treffen, einem Kleidungsstück –, das ausgeschaltet, angeschaltet, ausgeschaltet, in einem anderen Raum angeschaltet wird, unter anderen Menschen, mit anderen Meinungen und anderen Neigungen. Jedes Mal anders.

•

Wir saßen unter dem Esstisch und lauschten einer Horde Achtundsechziger, die über die EU und die Bildungspolitik diskutierten und über irgendeine Kulturpersönlichkeit sagten, sie sei dumm oder schlecht oder fies. Alle hatten sich vorher über die letzte *Morgenbladet*-Debatte schlaugemacht, hatten aus den drei vorgeschlagenen Standpunkten ausgewählt, ihre Argumente verinnerlicht und nun ihre wöchentliche, einstimmige Rüstung angelegt. Sie sprudelten vor moralischer Überlegenheit, verurteilten aufs Geratewohl, traten nach unten gegen alles, was assi war, traten nach oben gegen die Neureichen und die Mächtigen und die Amerikanisierten, während sie ihre nächsten Ferien in der Provence planten. Sie klangen wirklich engagiert, als glaubten sie an all das, als sprächen sie von einem prinzipiellen Zentrum aus, über Dinge, die sie überschauen konnten.

Wir saßen unter dem Tisch und blickten auf die blanken Schuhe und die runzligen, hautfarbenen Nylonstrümpfe, wurden high von Parfüm- und Zigarettendämpfen. Der Tisch klirrte, wenn die Erwachsenen lachten. Sie waren lieb und zuverlässig und grotesk und fremd, wie die Hausherrin bei *Tom & Jerry*, die ab und zu ins Zimmer kommt und die heimlichen Kämpfe der kleinen Wesen unterbricht, sichtbar nur von der Taille an abwärts.

Die Argumente von dort oben wurden immer leerer, die Meinungen immer willkürlicher. Könnten sie genauso gut das Gegenteil von dem vertreten, was sie eben noch so hitzig diskutiert hatten? Wir wurden misstrauisch. Waren diese ekelhaft netten Erwachsenen etwa ein Teil einer gigantischen Verschwörung, eine Geheimbündelei, die über uns den Raum einnahm, wie selbst ernannte Propheten in der Wüste oder wie der ehemalige Staatsminister Christian Michelsen, der auf einem lächerlich hohen Sockel über dem Festplassen thronte, festgehalten, wie abgemeldete Autoritäten festgehalten wurden, in einem ewigen Ringelreihen aus Abwertung, tagaus und tagein, stets mit einem frischen, blau-weißen Möwenschiss auf dem Scheitel. Die Poren auf den erwachsenen Nasen waren groß wie vulkanische Krater. Was waren sie eigentlich? Statisten? Gedankenleser? Erinnerten die glänzenden Stirnen und die heftige Mimik nicht an die Statuen, die Wasser in Springbrunnen spuckten? Wir schauten hinauf in die haarigen, unendlichen Nasenlöcher und erhaschten einen Blick auf eine Art schleimige Verstopfung: Unbehagen in der Skulptur.

Wir sagten es nie, aber wir bevorzugten Fossegrimen, die Harfe spielende Bronzestatue, die unter dem Wasserstrahl am Ole Bulls Plass kniete, vor dem Hotel Norge, in einem künstlich angelegten Teich voller Schaum und Vogelfedern und Münzen. Dort konnten wir von Betonstein zu Betonstein springen, ohne nass zu werden, um den mythologischen Kinderfänger herum, der dir das Harfespielen beibringt, wenn du deine Seele verpfändest. Wir waren besessen von Männern, die Kinder anlockten, sprachen unablässig über sie, nicht etwa, weil wir sie getroffen hatten oder große Lust verspürten, ihnen zu begegnen, sondern weil wir ständig vor ihnen gewarnt wurden, ständig Zettel von der Schule mit nach Hause brachten, auf denen Eltern berichtet wurde, dass ein neuer weißer Transporter an der Ecke gesehen worden war.

So wurden uns unsere ersten Sündenböcke vorgestellt: durch stummes Überreichen von Warnungen, gedruckt auf A4-Seiten, halbiert, um Papier zu sparen; einen ähnlichen Zettel bekamen wir, wenn jemand aus der Klasse Läuse hatte. Es war eine Art massenpsychologische Einweihungszeremonie: Erzählungen von Läusen und lockenden Männern wurden zwischen Schule und Zuhause vermittelt – zwischen gesellschaftlichem Leben und Privatleben –, während wir langsam und zyklopisch eine Katastrophe errichteten. Informationen zu Dunkelmännern kamen in Umlauf, irgendwie still, irgendwie vorsichtig, unter Eltern, Lehrern und Kindern verbreitet. Und so taten wir uns zusammen, um ganze Nachbarschaften mit Perverslingen zu bevölkern, die uns etwas antun wollten. Wir suchten überall nach ihnen, und jedes Mal, wenn wir einen ihrer Transporter im Augenwinkel sahen, wurde uns ganz flau im Magen. Dem Begehren wurde das Kostüm der Politik angezogen, die intolerante Moralisierung wurde als Sicherheitsmaßnahme ausgegeben, und Kindern wurden ekelhafte Schreckensszenarien eingetrichtert, damit sie instinktiv verstünden, dass die Gemeinschaft immer ihre Opfer forderte.

Wir hofften nur, dass es nicht uns traf. Wir hofften, dass wir gute Menschen waren, niemanden enttäuschen würden, doch wir ahnten bereits, dass die Erwachsenen uns vorenthielten, wie schnell das gehen konnte.

Alles, was uns an uns selbst zweifelhaft erschien, schrieben wir unseren Gespensterentwürfen zu, die hinter Häuserecken und Bäumen verschwanden, gesichtslose Gestalten, die drohten, sich durch die Hintertür oder durch den Schornstein wieder zurück ins Haus zu schleichen. Die kollektiven Embryos unserer Fantasie waren Objekt der Begierde und gemeinsamer Feind zugleich, an ihnen konnten wir uns definieren, uns abgrenzen. *Wir* wurden unschuldig und begehrenswert, *sie* wurden zu dem, worin wir uns nie wiedererkennen durften, wenn wir es zu lieben und nützlichen Mitbürgern, Familienmitgliedern und Arbeitnehmerinnen bringen wollten. Von alledem bekamen wir wahrscheinlich einen Vorgeschmack, als wir unter dem Esstisch saßen: *Etwas* brodelte unter der Oberfläche! *Etwas* wurde aus dem Blickfeld hinausgeschubst. Und was waren eigentlich diese Zeitungen, diese Diskussionen, diese Überzeugungen, diese langen, wohlartikulierten Wortschwalle, die die Welt erklärten? Waren die Debattenressorts nur die kosmische Mikrowellenhintergrundstrahlung der Kindheit? War all diese Polemik, so schrill und spröde, nur eine Tarnoperation? Sollten wir sie sabotieren, unter dem Tisch hervorkommen und rufen: »Was geht eigentlich in euren Häusern vor? Was passiert in den Schlafzimmern, am Frühstückstisch, im Wohnzimmer, wenn einer von euch wach ist und der andere schläft? Was seid ihr selbst ernannten Guten imstande, gegen das zu unternehmen, was ihr als böse erklärt habt? Wonach sehnst du dich, was ist das Schlimmste, das du einem anderen Menschen angetan hast, und was kannst du nicht verzeihen?«

•

Eines Tages zog ein wildes Kind in eines der Häuser in unserem Viertel. Plötzlich war sie einfach da, eine schwindelerregende neue Freundin mit Goldhaar und sonnengebräunten Armen, buschigen Augenbrauen und einem offenen Gesicht. Ein Portal in ein Paralleluniversum. Im Jahr zuvor hatte sie im Ausland gelebt, doch nun würde sie auf der Damsgård-Schule anfangen, eine Klassenstufe über mir. Acht Jahre alt, weltgewandt, stets mit einem Hut auf dem Kopf. Mit ihr wurden Straßen und Häuser zu Traumlandschaften, Fenster wurden zu Türen, Lehrer wurden zu Clowns und Kleidungsstücke zu Kostümen. Sie war rein, destillierte Lebenskraft, sie verwandelte Laksevåg in einen Vulkan, ließ Lava zäh und unbändig über das Damsgårdsfjell quellen. Wir beobachteten, wie Fußballplätze und Sandkästen vor unseren Füßen verkohlten, alles wurde zu Asche, während wir mit unseren schulanfangsweißen Turnschuhen über den knirschenden Kies liefen. Sie war Schönheit und Gewalt und Poesie, ohne Interesse für die Wirklichkeit und das Erwachsensein, aber mit einem infernalischen Lebenshunger. Wir verkleideten uns als alte Pärchen, tauschten unter uns Männer- und Frauenrollen, mit Stock und Hut, Lippenstift und Bart, hohen Absätzen und Apfelsinen als Brüsten. Wir dichteten sogar einen Reim: »Apfelsinen im Kleid, da sind die Jungs nicht weit.«

Wir bauten uns große Nester aus Zweigen, mit Platz für uns beide, klauten die Feuerzeuge unserer Eltern und setzten unser Bauwerk in Brand, liefen davon, um den Effekt mit einigem Abstand zu bewundern, sahen die Feuerwehr anrücken, dachten uns Alibis aus. Wir spielten Sex mit Puppen und miteinander, übten die Worte, die wir auf den hinteren Seiten der Mädchenzeitschriften unserer älteren Cousinen gelesen hatten: »Nimm mich«, oder: »Ja, so ist es gut.«

Wir dachten uns Geschichten über die Nachbarn aus, schrieben Briefe im Namen eines Nachbarn an einen anderen und warfen sie in die Briefkästen. Liebesbriefe und Kriegserklärungen. Wir erfanden Parolen und bastelten Plakate, spielten Demonstration. Wir spionierten den großen Jungs nach. Klopften bei den Junkies an und fragten, ob wir in ihrem Keller ein Klubhaus eröffnen dürften. Spielten Klingelstreiche im Sommer. Rutschten im Winter auf dem Eis durch den Wald. Laksevåg gehörte uns, wir zogen an allen Strippen. Die Erwachsenen wussten nicht, dass sie nur Marionetten waren und wir die Regie führten.

•

Bei der alternativen Ergründung eines Terrains durch ein Kind geht es um Abkürzungen, darum, welche Hindernisse überwunden werden müssen, um sich in Luftlinie von A nach B zu bewegen. Ein Viertel zu beherrschen, bedeutet, diesen Luftlinien zu folgen, während die trägen Erwachsenen die Bürgersteige entlangschlurfen wie Sklaven, ausgeschlossen von der tiefen Geografie der Nachbarschaft, einer Geografie, die nur von den toughesten Kids penetriert werden kann, die jeden einzelnen Riss und Auswuchs in den Straßen kennen und über diese herrschen, indem sie einfach nur geradeaus gehen, egal worauf sie stoßen, ob sie nun über Hecken und Zäune klettern müssen, an Mauern und Anhöhen empor, ob sie in die Fänge reizbarer Nachbarn geraten oder an Wachhunde und Rüpel.

•

In dem Viertel unserer Grundschule in Laksevåg gab es viele Kriegsruinen. Am Hafen lag Bruno, der deutsche U-Boot-Bunker, der später von der norwegischen Marine übernommen worden war, doch er verfiel immer weiter, Bäume wuchsen aus den Rissen in seinem Mauerwerk. Eine Wand der benachbarten Schule war mit Namen beschrieben: eine Gedenkstätte für alle Kinder, die während des missglückten Bombenangriffs der Alliierten ihr Leben verloren hatten. Näher an unserer Schule lagen ein norwegischer Bunker und ein rosafarbener Panzer, und auf dem Lyderhorn stand eine konservierte Kanone, an einer Bergseite, die durchlöchert war von Soldatenunterschlüpfen und Waffenlagerruinen. Der Fliegeralarm ging mittwochs um zwölf los. Vielleicht nur ein paar Mal im Jahr, aber es fühlte sich an, als schrillte er immerzu. Alle Schulen hatten Luftschutzräume. In ihnen saßen langhaarige Musiklehrer, die früher in Bands gespielt hatten, zwischen Maracas und Blockflöten, hinter schweren Tresortüren und fensterlosen Wänden, und brachten undankbaren Teenagern bei, »*Hang down your head Tom Dooley, poor boy you're bound to die*« zu spielen.

Wir bildeten Banden. Klubhaus. Geheimsprache.

Wir fantasierten über Meerestiefen und Abgründe, träumten von Brunnen, Schluchten, Klüften im Boden, die sich zum Weltraum öffneten. Wir wollten von Spalten verschluckt werden, durch die Erde hinaus in eine schwarze, stumme Galaxis fallen, in der keine Schwerkraft existierte, nur Flow und Ausdehnung. Wir wollten in schneckenförmige Milchstraßen geworfen werden. Wir wollten in Unterwasserwäldern aus vertikal schlafenden Pottwalen schwimmen, durch Korallenriffe, in denen es vor wirbellosen Wesen nur so kreucht und fleucht, mit Mäulern zwischen den Finnen, Anus im Gesicht und Saugnäpfen an Tentakeln, wir wollten baden zwischen all dem, was in dem ertrunkenen Universum noch nicht ergründet worden war, umschlungen von dreizehn Meter langen Tintenfischen, die überall Geschmacksknospen haben und Haut, die in Farbspektakeln kommuniziert. Im Meer war das meiste ein Schlund, aber auch Verrat, Schmuck und Spiel, Allianzen zwischen den Arten, Camouflage und affektiertes Gehabe, Flirt und Abschreckungspropaganda. Wenn die anderen die Hölle waren, war das Meer eine Art Himmel.

Wir stellten uns vor, wie ganz Bergen im Wasser versank. Wir standen zwischen den sieben Gipfeln, die jetzt das Ende des Kontinentalschelfs bildeten. Die Wolkendecke über dem Ulriken war die Wasseroberfläche. Und ganz weit oben, am Ende der Ulrikenbahn, zog eine Pottwaldame ihre Kreise um den Fernsehmast. Ihr Bauch war schwer und groß, trächtig im sechzehnten Monat. Bald würde sie kalben, und die anderen Wale würden zu Hebammen, zögen das Kalb an der Schwanzflosse heraus, mit den Zähnen, hinterließen Bissspuren, die für immer Identitätsmarker blieben.

Wir lagen am Grund des Meeres und sahen hinauf zur Waldame, die durch die Wasseroberfläche brach, durch ein Loch in ihrem Kopf und ein anderes an ihrer Flanke atmete. Sie drehte sich, langsam, ließ die Schwanzflosse nach oben schnellen, neigte die größte Schnute der Welt gen Meeresgrund. Sie sandte Klicklaute durch das Wasser, die Geräusche hallten wider, über das Öl im Unterkiefer bis ins Innenohr. Sie jagte Riesentintenfische mit Echolotköpfen. Wir stellten uns vor, *wir* wären die Tintenfische: einsame, intelligente Beute, die in der Tiefe saß und sich selbst mit den Bocksprüngen ihrer Tentakel unterhielt. Gleich zögen wir gegen die Riesin in den Kampf, würden entweder gefressen oder schickten die Bezwungene zurück an die Oberfläche.

•

Wir kamen in die Mittelstufe. Kauften Sixpacks mit Hansa-Bier und tranken sie im Wald, in den Bergen, kletterten auf die Kanonen und schoben einander die Hände unter die Pullover. Wir knutschten mit zu viel Zunge und zu viel Speichel, zwischen braunen Glasscherben in den Bunkern. Wir stibitzten Stratos-Schokolade aus dem Supermarkt, tanzten eng aneinandergeschmiegt, mit nervösen Jungenhänden an unseren Hintern, in der Kirchendisko, in der salzigen Kälte der Nebelmaschine, high auf Zucker und Céline Dion. Die Scheinwerfer warfen wie Kartoffelchips geriffelte Muster an die Wände, über die Tische und die Menschen im Gewühl. Wir hatten uns die BHs ausgestopft. Wachstumsschmerzen im Rücken. Die coolsten Mädchen zogen die steifen Haargel-Pony-Typen von der Tanzfläche, am Süßigkeitenkiosk vorbei hinaus auf den Friedhof, und vögelten mit ihnen im Gras, den Rücken an die Grabsteine gelehnt.

Die Jungs waren immer noch Kinder, aber wir nicht mehr. Wir liehen uns die leer stehenden Wohnungen unserer geschiedenen Väter, luden die Jungs ein, die noch nicht einmal tranken, damit sie uns dabei zusahen, wie wir Reste-Cocktails aus Pfirsichlikör, Kahlúa und Campari mixten, bevor wir sie nach Hause brachten und in die Innenstadt fuhren, um mit den Kurden vorm McDonald's zu flirten.

Mitten auf dem Schulhof der deprimierenden Håstein-Mittelschule, die auf einer Anhöhe über dem Puddefjord lag, stand ein festgeschweißter Splitter eines Bootes, das während der Besatzungszeit bombardiert worden war. Der Splitter war noch während des Krieges auf einen kleinen Felsen auf dem Schulgelände geflogen. Nun standen wir in den Pausen um ihn herum und verschwendeten keinen Gedanken an ihn, aber er war die ganze Zeit da, unter uns, die wir vorübergehend in ungelenke Körper verbannt waren, getarnt mit Axe-Deo und billiger Bräunungscreme. Null historisches Bewusstsein, obwohl die Geschichte unter uns im Boden vibrierte. Null Perspektive, obwohl ebendieser Boden unter unseren Buffalo-Schuhen mit allen anderen Orten verbunden war.

Doch dann wurden wir fünfzehn und sollten schon bald in die Oberstufe kommen, und da hob sich unser Blick aus dem pubertären Nebel. Die

Sonne ging in jenem Sommer nicht unter. Alles floss. Wir verliebten uns in Bandjungs mit großen Löchern in den Ohrläppchen, grünen Iros und rot lackierten Fingernägeln, fettigem Haar und unreiner Haut. Wir träumten von Straßenprügeleien zwischen Vigrid-Nazis und den Punks, leidenschaftliche Jungs, die sich ineinander spiegelten, mit ihren Doc Martens und hochgekrempelten Jeans, Hosenträgern und Fred-Perry-Shirts, glatt rasierten Schädeln und geschwollenen, blutigen Lippen. Die Söhne der Sozialdemokratie verkleidet als britische Arbeiterklasse. Wir trugen alte Trachtenröcke aus dem Secondhand, um die Taille herum mit Nietengürteln und Sicherheitsnadeln zusammengehalten. Wir lasen Nietzsche und die *Gänsehaut*-Reihe, kauften Buttons bei Witchy Bitchy, gingen nach der Party zum Nachglühen in die hohen Bäume auf der Halbinsel Nordnes. Wir ließen unser Haar verfilzen, fraßen uns glücklich Speckröllchen an, bedienten uns an den Fingern der Jungs und am Alkohol unserer Eltern. Wir zogen uns Strumpfhosen über den Kopf, schnitten Löcher in den Schritt, trugen sie als Nylon-Tops. Vielsagende Löcher überall. Das Kaputte, das Alte und das Schäbigschöne: Auf diese Weise zeigten wir uns so, wie wir glaubten zu sein.

Es war das Jahr, in dem sich die Landschaft und das große, unsichtbare Gespräch wieder zu öffnen begannen, genau wie sie sich schon zuvor geöffnet hatten, in den dunkelsten, einsamsten Augenblicken der Kindheit, in der wir uns Zeit freihielten, um unter der Bettdecke zu liegen und Zukunftsszenarien zusammenzuspinnen. Es war das Jahr, in dem ich mir *Mein Kampf* in der Bibliothek auslieh und auf der Busfahrt zwischen Schule und Innenstadt darin las. Ein durchsichtiger Plastikumschlag beschützte das schwarze Symbol und den weiß-roten Hintergrund, und mir gefiel, wie die anderen Passagiere zu dem Hakenkreuz in meinem Schoß herüberschielten und, das bildete ich mir zumindest ein, sich fragten, ob ich ein Neonazi in der Mache oder einfach nur geschichtsinteressiert war. Es war das Jahr, in dem ich die Bücher bei uns zu Hause in den Regalen entdeckte, aus der Zeit, in der meine Eltern noch Klassiker und Philosophen lasen oder zumindest kauften. Dinge öffneten sich: das Herz, Türen, eine Bucht, um die wir nicht wussten, und so weiter, und obwohl ich nicht viel verstand, erinnere ich mich an das zitternde schwarze Ziehen im Zwerchfell, das Gefühl, in einer in sich verhedderten Sprache festzustecken, fast schon passiv, und zu spüren, wie meine Sichtweise manipuliert und umgestaltet wurde, indem ich diesen außerirdischen Worten ausgeliefert war, die ausdrückten, was wir wissen konnten und was wir tun sollten, Familienfehde und große Politik, Maschinen und Pflanzen und fremde Städte. Die außerirdischen Worte waren ein Versprechen: Eine Erwachsenenwelt wartete, voller Feste und

Hände und süßsaurem Schmerz. Es waren dieselben unausgesprochenen Grenzempfindungen, die in meiner Brust vibrierten, als ich zum ersten Mal allein zur Schule ging, durch den Schnee, noch vor Sonnenaufgang, mit meinen Sachen im Ranzen, wie ein kleiner Gesellschaftsmensch.

•

Später zogen wir zu Hause aus, blamierten uns, entdeckten Freiheiten auf Kosten unserer Zugehörigkeit und wurden zu Menschen, für die diejenigen, von denen wir kamen, zeitweise keine Toleranz aufbringen konnten. Trotzdem kehrten wir heim, zurückgeholt von der Nabelschnur, die sich um die halbe Welt gedehnt hatte. Wir versuchten, erwachsen und höflich zu sein und die Vergangenheitsmenschen nicht auf Tyrannen zu reduzieren. Versuchten, nicht in alte Rollen zurückzurutschen. Aber zu versuchen, sich von seiner Vergangenheit frei zu machen, ist, wie sich aus Treibsand zu befreien – je wilder man herumstrampelt, desto schneller versinkt man.

•

Jetzt durchfischen wir unsere Lebensgeschichten mit dem Schleppnetz auf der Suche nach einem Sinn. Wir steuern das Boot durch das Erwachsensein mit diesem massiven Netz im Schlepptau, überfischen unser Gedächtnis, Seemeile um Seemeile, radieren unser Sediment aus, während die ungewissen Gezeiten des Unbewussten wie ein unregelmäßiger Menstruationszyklus schalten und walten und sich sowohl auf Stimmung als auch auf Taillenumfang auswirken. Und während wir an der Kaimauer stehen und in den Fjord hinunterstarren, stiebt ein Makrelenschwarm aus dem Nassdunkel hervor, bricht durch den Wasserspiegel und zappelt spastisch an der Oberfläche, in einem kollektiven epileptischen Anfall. Aus den Augenwinkeln sehen wir eine kreischende Möwe sich eines der zuckenden Wesen schnappen, wie eine Spaghetti, und plötzlich ist es unmöglich, einen Unterschied zwischen dem Meer dort unten und dem Begehren hier drinnen zu erkennen. Desillusioniert vom Leben an Land wenden wir uns zu der Parallelwelt um, in der alles fließt. Und wir sind nicht allein. Im Laufe einiger ungewöhnlicher Jahre in einem politischen Delirium füllen sich die Buchhandlungen mit Büchern über Tintenfische und Wale und über Seewege als alternative weltweite Streckennetze. In den Romanen ist das Meer Spiegel, Ursprung und Erlösung, ab und zu Bedrohung durch Sintflut. In den USA und in Europa *binget* man *The Blue Planet*, als wäre das Gegenteil von Demokratie nun nicht mehr Tyrannei, sondern das Meer.

Ist es der Drang, das Bekannte zu durchbrechen und etwas Fremdes zu erobern, der sich in Sehnsucht nach dem Meer ausdrückt? Es ist anmaßend, an dieser Stelle Sigmund Freud ins Spiel zu bringen, aber gerade zu Kindern und zum Meer hat er etwas sehr Spezifisches zu sagen, sodass ich es nicht einfach so ohne Verweis auf ihn stehlen kann, denn er verwendet den Begriff »ozeanisches Gefühl«, um eben spirituelle Erfahrungen, infantilen Narzissmus und das Aufeinandertreffen des Egos mit einer augenscheinlich in sich stimmigen Welt zu beschreiben. Für Freud besteht also eine deutliche Verbindung zwischen Kindheitserinnerungen, maritimen Metaphern und dem Bedürfnis, Formen zu erschaffen, in denen alles – Politik, Philosophie, Kunst und alltägliche Erfahrungen – zusammenhängt. Wenn das Kind vom Meer fantasiert, zeugt das von einem frühzeitigen Größenwahn, dem Bedürfnis, das Leben zu meistern, indem man Punkte in Zeit und Raum miteinander verbindet. In der Meeressehnsucht vereinigen sich körperlicher und intellektueller Hunger zu einer Neugierde, die dem Eifer von Pferdemädchen gleicht, einer Art Erotik. Sigmunds jüngste Tochter, Anna Freud, beschrieb Pferdewahn, von dem so viele junge Mädchen befallen sind, als eine Art psychologische Generalprobe: Die Mädchen üben sich an Pferden und überbrücken damit die Wartezeit, bis sie erwachsen sind und echte Männer zwischen die Finger kriegen. Für Freud junior ist die Pferdemanie eine Mischung aus Penisneid, Helfersyndrom und Eroberungslust: Die besessenen Mädchen wollen den Hengst umsorgen, ihn bezwingen, vielleicht sogar zu ihm werden.

Hier eine ziemlich tendenziöse Hypothese zu zwei verschiedenen Persönlichkeitstypen: Es gibt Pferdemädchen und Walmädchen. Das Pferdemädchen ist fürsorglich und gepflegt, liebt Boybands und blanke Oberflächen, das Walmädchen ist egozentrisch, megaloman und zerzaust, fühlt sich zu großen, rauen Oberflächen hingezogen. Für die Walmädchen ist das Meer ein Bild des Ursprungs, der Totalität und des Zusammenhangs, aber auch der Auflösung, des Abgrunds und der Selbstauslöschung. Der Wal ist der König dieser Tiefe: Objekt für ein Bündel verwirrter Sehnsüchte, die eigentlich aus der gleichen Kraft entspringen, etwas Großes, Schwarzes, Hohles und Wütendes, Brausendes, von einer Tiefe irgendwo in der Magengegend, die nicht wusste, wie sie gefüllt werden konnte, denn Begehren ist gedankenlos und nicht zu retten, wie ein Außenbootmotor, der nicht weiß, wie man ein Boot steuert. Die Idee war, dass das Universum sich in dieser Tiefe befindet. Wir versuchten, es zu zeichnen. Es ähnelte einer dunkelrosa Gebärmutter, mit durchsichtigen Wänden, orange erleuchtet von einer mit Pottwalfett gefüllten Öllampe. Die Urlandschaft war also sowohl feminin als auch ozeanisch, der Ursprungsmythos ein fleischlicher und schicksalsträchtiger Anfang des Obskuren. Und dorthin sollten wir zurückkehren, wenn wir uns eines Tages fallen ließen, in eine andere Möglichkeit, Zeit und Raum wahrzunehmen, als auf diese alltägliche Art und Weise. Hinein in einen

Ort, an dem alles Substanzlose und Langweilige verschwand. Es war die Sehnsucht nach einer Verdunkelung, oder danach, von der Welt, die wir auf der Karte fanden, auf der alles gemessen, diskutiert, verbessert und erklärt werden konnte, wegzuimplodieren.

Aus den Finsternissen würden wir Briefe nach Hause schicken, Reiseberichte, aus den tiefsten, undurchsichtigen Klüften des Meeres, aus dem Challengertief des Marianengrabens und aus anderen Ur-Diskotheken, die von selbstleuchtenden, gigantischen Amöben bewohnt sind. Wir würden aus den trüben Schluchten des Mittelatlantischen Rückens Bericht erstatten, unerreichbar für Kamera und Echolot, wo Wale und Aale – die großen, glitschigen – sich abseits des menschlichen Radars treffen und sich vermehren. Das war vermutlich die Ambition: eines Tages zu einem glänzend schwarzen Knäuel von Aalgezücht in der Sargassosee zu werden. In diesem verdammten, gesegneten Leerraum zu implodieren, der nicht wusste, wie er gefüllt werden konnte, aber dennoch weiterhin anschwoll und dröhnte, wie ein Motor im Magen, ein konstantes Räuspern gegenüber dem Wahren und dem Guten und dem Schönen.

Damals hegten wir noch nicht diesen Gedanken, dass die Fantasiewelt von Archetypen bevölkert ist, dass unsere Sehnsüchte Klischees sind und dass ganze Denksysteme auf den inneren Bildern aufgebaut sind, die sich anfühlen, als wären sie allein unsere: die schwindelerregenden Gedanken über das Meer, die leuchtende Dunkelheit hinter den Augenlidern, das Gefühl, unendliche Vielfalt und Widersprüche jenseits von Gut und Böse zu enthalten. Wir waren noch so jung, dass wir uns vorstellten, unsere Sorgen und unsere Begeisterung seien tiefer als die der anderen. Wir haben nicht gesehen, dass Tiefenmetaphern metaphysischer Kitsch sind.

Erst nach einer Reihe von mehr oder weniger gescheiterten Bildungsreisen sollten wir zur Besinnung kommen, uns an Jargon sattessen und es, von der Fetischisierung der Entfremdung durch Philosophie und Poesie ermüdet, mit Arne Næss' Worten sagen: Wehe dem, der das Gefühl hat, auf dem falschen Planeten gelandet zu sein. Zu guter Letzt sollten uns die größten Fragen nur noch wie dummes Geschwätz und Ablenkungsmanöver vorkommen. Die reflektierende Sprache sollte zu einem Wirbelwind in einer Schneekugel werden: ein verführerisches Chaos, das sich schnell wieder zur Ruhe legt, über dieselbe versiegelte Landschaft.

Die Hermeneutik des Verdachts – diese Denkweise, die unsere Lehrer und Eltern geprägt hatte – sollte aufhören, cool zu wirken. Und der Machtkomplex sollte allmählich hohl und anstrengend erscheinen, bis wir schließlich entschieden, dass ein Mensch, der sich der Macht widersetzt, wie ein Wal ist, der sich dem Wasser widersetzt. Was mit der Sehnsucht nach Sündenböcken und Abgründen begann, sollte in der Erkenntnis enden, dass der Einsicht durch Grenzüberschreitung Grenzen gesetzt sind und dass das Brutale und das Tabuisierte nicht unbedingt wahrer sind als das Gute und das Gewöhnliche.

Die Erzählung hat bereits in den 1990er-Jahren in Laksevåg begonnen, mit einer kindlichen Sehnsucht nach selbstzerstörerischen Abenteuern. Von hier aus wird sie durch verschiedene fremde Länder ziehen und in einer Art Heimkehr und Ablehnung der nihilistischen, reaktionären und hedonistischen Überzeugungen enden, die wir von unterwegs auflesen. Trotzdem ist sie keine Erlösungsgeschichte. Es geht nicht um Gerechtigkeit oder Ethik oder Fortschritt und Aufklärung, sondern um ein *selfie*-philosophisches Experiment. Wir wollen Wahrheiten aus den Gedanken lesen, die wir verachten und fürchten, wir wollen uns von so vielen Ansichten des Lebens wie möglich verführen lassen und im Jenkka-Schritt durch die Zeit tanzen. Denn was ist schon das Leben, wenn nicht eine Reihe von Gehirnwäschen?

HEIM(KEHREN)

Es ist Anfang August. Morgen werden wir ein Familienfest in Hovdebygda feiern, im Garten hinter Großmutters und Großvaters Haus. Wir werden grillen und Lagerfeuer machen, bei der Hängebirke, einem Baum, der genetisch dazu prädestiniert war, wie eine gewöhnliche Birke zu wachsen, jedoch von Großvater manipuliert wurde, indem er seine Wurzeln freilegte und die Hohlräume zwischen ihnen mit Steinen füllte, bevor er sie wieder mit Erde bedeckte. Traditionsgemäß werden Großmutters Kinder uns, den Enkeln und Urenkeln, Geschichten und Seemannsgarn erzählen, während Großmutter in unserer Mitte sitzt, desorientiert, aber stets mit einem flotten Spruch auf den Lippen. Jemand wird die Anekdote erzählen, in der meine Mutter als kleines Mädchen auf der Treppe vor dem Haus saß, während Großmutter in der Küche stand und Hering briet, einen Schlüpfer über den Kopf gezogen, um die glänzend blonde Dauerwelle vor dem Essensdunst zu schützen. Als meine Mutter einen Handelsvertreter den Hügel herunter auf unser Haus zukommen sah, lief sie panisch hinein und rief so laut, dass der ganze Hof es hören konnte: »Mama, Mama, zieh den Schlüpfer aus! Der Handelsreisende kommt!«

Großmutter liebt diese Geschichte, fast so sehr wie die Anekdote vom Besuch ihres Sohnes und seiner damaligen amerikanischen Freundin, die ziemlich schockiert war, als Großmutter während der abendlichen Katzenwäsche oben ohne durch die Küche spazierte. Die Amerikanerin hatte vielleicht Großmutters Dankbarkeit für ihren starken und gesunden Körper mit Promiskuität verwechselt. Ebenjene Dankbarkeit veranlasst Großmutter gerne mal dazu, sich geheimnisvoll nach vorne zu lehnen und zu gestehen, dass sie mehr Kinder gestillt als zur Welt gebracht hat.

»Ja«, sagt sie dann, »ich war eine gute Milchkuh.«

Großmutter ist eine Meisterin, wenn es darum geht, Fabeln um sich selbst zu spinnen, die Fabel von der Furie, die Fabel vom burschikosen Wildfang, der Fußball spielte und Männer vor dem Ertrinken rettete, indem er sie auf starken Schultern in Sicherheit brachte.

»Ich habe einen richtigen Knackarsch, findest du nicht?«, sagt sie dann, mit diesem teuflisch kecken Glitzern in den Augen, und ignoriert dabei den großen Bauch, der sich über ihre Hüften wölbt. Sie liebt es, ihre Hände in, wie sie es nennt, »sauberen Dreck« zu stecken – in Erde und Teig und Fett –, sie fühlt sich am schönsten in löchrigen Nachthemden und alten T-Shirts. Eines ihrer Lieblingswörter ist *stropl*, ein Dialektwort, das so viel wie »unflätig-lustig« oder »derb-schelmisch« bedeutet.

Selbst jetzt, da ihr Gedächtnis und ihre Geschichten zu Fragmenten werden und sie nicht mehr weiß, wann oder wo sie ist, ist sie wortgewitzt, mit dem Timing einer Stand-up-Komikerin. Wir können sie immer noch darum bitten, Kartoffeln zu schälen, das Familiensilber zu polieren oder zu bügeln – Aufgaben, die ihre Hände seit fast neunzig Jahren erledigt haben –, und während sie arbeitet, können wir sie in ihre Geschichten zurückführen, Geschichten von Krieg und Liebe und Eifersucht, Fabrikarbeit und Bauernleben, Geschichten, in denen es von fragilen Männern und mächtigen Matronen nur so wimmelt.

Großmutter hat alles, was ich bei Denkern und Erzählern als wichtig erachte: eine körperliche und gewitzte Herangehensweise an das Erkennen, ein gutes Gesicht und eine strapazierbare, aber aufrichtige Beziehung zu Zeit, Ort und Wahrheit. Manchmal frage ich mich, ob ihre senilen Ursprungsmythen nicht das Gegenmittel gegen alles sind, was in modernen westlichen Gesellschaften schmerzt, ob nicht diese Alzheimer-Logik, bei der die Vergangenheit in die Risse der Gegenwart eindringt und deren autoritäre Position ausradiert, nachahmenswert ist, jetzt, da die salonfähigen Intellektuellen wieder begonnen haben, über »schützenswerte nationale Kultur«, »Verwurzelung der Volksseele« und die »Bedrohung unserer Zivilisation« zu sprechen.

Großmutter ist auf dem Aasen-Hof aufgewachsen. Dieser Hof spielt in der norwegischen Geschichte eine nicht unerhebliche Rolle. Unser Vorfahr, Ivar Aasen, hat Anfang des 19. Jahrhunderts seine Kindheit auf diesem Hof verbracht, bevor er hinaus in die Lande zog, um zu Dialekten zu forschen und darauf basierend die norwegische Schriftsprache *Nynorsk*, »Neunorwegisch«, zu etablieren. In Norwegen gibt es zwei offizielle Schriftsprachen: *Bokmål*, die dominante, die auf dem Dänischen beruht, und eben *Nynorsk*, entstanden aus der nationalromantischen Bewegung, die sich nach der Emanzipation von Dänemark im Jahr 1814 wieder auf die norwegische Kultur zurückbesinnen und eine nationale Identität schaffen wollte. Beide Schriftsprachen müssen in der Schule gelernt, in der Presse und von öffentlichen Instanzen verwendet werden, aber *Nynorsk* ist der Underdog: elitär für die einen, Bauernsprache für die anderen.

Großmutter ist die Ururenkelin von Ivar Aasens Bruder, und Erzählungen über den berühmten Sprachforscher sind die einzigen ihrer Fabeln, die ich nur schwer ertragen kann. Ich versuche, das Thema zu wechseln, sobald sie auf seine Arbeit für *Nynorsk* zu sprechen kommt, darauf, wie er die natürliche Sprache der Menschen studiert und aufgezeichnet und daraufhin zu einem System zusammengesetzt hat. Nicht etwa, weil mir seine Errungenschaften nicht gefallen, sondern weil ich nicht noch eine glorreiche Geschichte darüber ertrage, was für ein *flogvit* er gewesen war. (»Weißt du, was ein *flogvit* ist?«, fragt Großmutter, und ich sage: »Ja, ja, du hast mir das schon mehrfach erklärt: ein Genie, ein Autodidakt. Ich will lieber vom Krieg hören, oder wie du Opa kennengelernt hast.«) Wir stolpern oft in derlei Sprachdiskussionen hinein.

Sie korrigiert meine Wortwahl, und wenn ich meine Syntax und meine Stadtsprache verteidige, rüffelt sie mich: »Ich dachte, du wärst plietsch genug, um richtig Norwegisch zu lernen.«

»Aber Dialektvielfalt ist doch gut?«, erwidere ich dann.

Sie schnaubt. Grummelt etwas von dänischer Kolonialzeit.

Ich habe oft das Gefühl, dass sie und die anderen Hovdebygdinger der Familie mein Stadtmädchengebaren peinlich finden, die Art, wie ich spreche, gekünstelt und verziert, vielleicht sogar unmoralisch. Zu viele leere Höflichkeitsfloskeln, zu sentimental. Manchmal ärgere ich mich über ihr sprachliches Selbstbewusstsein, wenn sie mich aufziehen, weil ich nicht zwischen *sch*- und *ch*-Lauten unterscheide (ein vollends akzeptables Merkmal eines Soziolekts, das sie immer noch lustig finden, obwohl sie mich schon seit dreißig Jahren so sprechen hören), oder wenn sie meine Faszination für das Komplizierte und Abstrakte verächtlich ablehnen. In solchen Momenten legen meine Hovdebygdinger im Namen der Sprache eine Arroganz an den Tag – vergleichbar mit der Arroganz derjenigen, die meinen, für das einzig Einfache und Aufrichtige einzustehen.

Wie Ivar Aasens Sprachforschung stehen auch Großmutters Geschichten mit einem Fuß in den Idealen der Aufklärung und mit dem anderen in einer Art Nationalromantik. Großmutter ist wie eine Miniaturversion der Geschichte europäischer Ideen: Einerseits ist ihr hübsches, seltsames Köpfchen ein Wirrwarr individualistischen Freiheitsdenkens, andererseits finden sich in ihm Spuren von etwas potenziell Strengem und Exklusivem – eine Spannung, die eine ähnliche Dissonanz erzeugt, wie wenn die sonst so unsentimentalen Sunnmøringer plötzlich in feierlichen Sturm-und-Drang-Lobgesang über Berge und Fjorde ausbrechen.

In »Gamle Grendi« (Alter Weiler), einem Gedicht über seine Kindheit in Hovdebygda, schrieb Ivar Aasen 1875 über die Großbirke, den Hofbaum, der wie eine Zentralachse in seine und Großmutters Kindheit hineinragte.

> Vor unsrem Häuslein wächst ein Birkenbaum
> Die Elster hat sich dort ihr Nest gebaut
> Auf seinem Wipfel singt der Star vertraut
> Die Stelze hüpft an seinem Fuße.

[...]

> Vertraute Gesichter an jedem Eck
> Sind Fremde zu Gast, so frag ich keck
> Woher sie kommen – von welchem Fleck
> Auch sie sind mild und gütig.

Die Großbirke ist sowohl Kulisse als auch Akteurin in Großmutters Fabeln. Sie erzählt aus ihrer Kindheit, vom Besuch des Königspaares, das zum Hof gekommen war, um einen Kranz vor Aasens Gedenkstein niederzulegen. Sie musste von der Großbirke heruntergepflückt werden, um das Königspaar zu begrüßen und zu knicksen. Ich frage, wie hoch sie geklettert sei. »Nun ja, bis in die Wipfel«, sagt sie. »Das durfte ich zwar nicht, aber wenn mein Großvater schlief, bekam es niemand mit.«

Die Großbirke ragte auch noch hoch über den Hof hinaus, als ich Kind war, obwohl der Stamm alt, porös und in der Mitte aufgespalten war und nur noch durch Eisenketten zusammengehalten werden konnte. Doch 2004 fiel der Hofbaum in einem Sturm.

In den ersten Jahren der Demenz erzählte Großmutter mir immer und immer wieder in feierlichem Tonfall, was sie unternommen hatte, nachdem die Großbirke umgestürzt war. Ihr Fallen an sich war kein Teil von Großmutters Erzählungen, doch der Schock darüber, dass es den Baum nun nicht mehr gab, schien die Entstehung eines Mythenzyklus ausgelöst zu haben. Von Mal zu Mal variierte Großmutter die Details ihrer Geschichte, während immer klarer wurde, worauf sie hinauswollte.

Sie war auf den zerborstenen Stamm geklettert, hatte die Hände in den feuchten Spalt im Baum gesteckt und mit einem kalten kleinen Löffel einen Ableger herausgelöffelt. Dann hatte sie den Spross davongetragen, über die Felder, den Hügel hinab bis zu ihrem Haus, in ihre Küche hinein, wo sie ihm Licht, Wasser und Nahrung gab, bis er stark genug war, um in ihrem Garten neben dem Fahnenmast gepflanzt zu werden. Dort steht er jetzt, ebenso lebhaft maigrün wie alle anderen Birken.

Im Prinzip entspricht Großmutters Geschichte über die Geburt und die Adoption des Birkenkindes und ihre eigene Rolle als Hebamme nicht der Wahrheit. Als die Birke fiel, wurden Teile von ihr in die Baumschule nach Biri geschickt, wo sie geklont wurde. Die Klone wurden nach Hovdebygda zurückgeschickt und zu stolzen Preisen im Ivar-Aasen-Museum verkauft – dem demonstrativ modernen Sverre-Fehn-Gebäude, das den Hof zum Veranstaltungsort für Festivals und Tourismus erkoren hat und wo man nun T-Shirts mit Birken-Aufdrucken oder Unterwäschesets mit Ivar Aasens Namen auf den Bündchen erwerben kann. Mein Onkel kaufte einen Klon für Großmutter und pflanzte ihn vor dem Haus.

Aber Großmutters Geschichte ist besser und auf ihre Weise wahr genug, denn dort steht die kleine Großbirke, wie ein Lebensbaum im Zentrum von Großmutters Mythologie, sowohl künstlich als auch völlig real: ein geklonter organischer Kommentar zur Natur und zur Funktion der Ursprungsgeschichte.

Wurzeln sind Vergangenheit, Ursprung und Kräfte, die den Tod in Leben verwandeln. Bäume tragen Früchte, spenden kühlen Schatten, ihre Äste ragen hoch hinaus. Vielleicht ist die Sehnsucht nach Wurzeln von der Angst vor Abstraktion getrieben; Angst vor der Zukunft und der Fremde – Angst vor allem, was Fragmentierung von und Distanzierung zu Realem und Solidem symbolisiert. In diesem Fall drücken wir eine unmögliche Sehnsucht aus, wenn wir über Wurzeln sprechen, und vielleicht ist diese Unmöglichkeit der Grund, warum nur wenigen sprachlichen Bilder so gewaltige politische Konsequenzen innewohnen wie der Wurzelmetapher.

Die meisten Religionen und Mythologien verwenden Bäume, um etwas über Herkunft und Erbe und die Spannung zwischen Abstraktem und Organischem zu erzählen. Bäume erheben sich oft wie Leitern zwischen Sphären, zwischen dem Unterirdischen, dem Überirdischen und über den Landschaften, in denen Menschen leben und arbeiten – wie Yggdrasil, der Lebensbaum im Zentrum der nordischen Mythologie. Odin opferte sich für Sprache und Wissen, indem er sich neun Tage lang an Yggdrasil aufhängte, von seinem eigenen Speer durchbohrt, und dort baumelte, bis er die Runen lesen und interpretieren konnte, die sich ihm aus dem Jenseits heraus offenbarten. Im biblischen Ursprungsmythos ist es der Baum des Wissens, der unschuldig die Frucht heranwachsen lässt, mit der die Schlange Eva später verführt, woraufhin sie aus dem Paradies verbannt wird – in eine Welt, die im Grunde genommen unendlich amüsanter erscheint als das ehrenhafte Eden.

Blumen und Früchte sind (oft billige) Symbole für Jungfräulichkeit, Verlust der Unschuld, Scham und Verderbtheit.

Mir gefällt es, Blumen von Verehrern zu bekommen, vielleicht, weil sie gleichzeitig etwas Süßes und Brutales symbolisieren – wir werfen sie auf Gräber, verschenken sie zu Einzügen und überreichen sie, um unsere Absichten klar zu machen. Eine geschnittene rote Rose gibt vor, ein Symbol der Liebe zu sein, während sie uns ins Ohr flüstert, wie ähnlich sich doch Begehren und Vergänglichkeit, Sex und Fäulnis sind – sodass wir, wenn wir jemandem einen Blumenstrauß überreichen, eigentlich sagen: »Von Erde bist du genommen und sollst zu Erde werden, dann könnten wir doch eigentlich ...«

Es ist vorgekommen, dass ich Männern rote Rosen geschenkt habe, normalerweise ein wenig ironisch gemeint oder als Deklaration von Macht, um sie zu entwaffnen, *kill them with kindness*, oft, nachdem sie etwas Dummes getan hatten. Da es sich bei der roten Rose zumeist um eine abgedroschene Geste handelt, greife ich bei meiner eigenen Abschleppmasche gern auf eine andere pflanzliche Metapher zurück. Wo Nerds mit »Darf ich dir meine Briefmarkensammlung zeigen« locken, frage ich: »Kommst du mit zu mir?

Dann zeige ich dir, wo ich einmal sterben werde. Willst du meinen Galgen sehen?« Und wenn jemand anbeißt, zeige ich ihm die malträtierte Espe vor meinem Schlafzimmerfenster, vor dem Haus in Bergen, in dem ich aufgewachsen bin. Hier, so erkläre ich es anderen gern, werde ich verwittern – auch wenn mir bewusst ist, dass derartiges Glauben an Schicksal pathetisch ist. Mit dieser Espe identifiziere ich mich, seit meine Mutter sie in einer Geburtstagskarte anthropomorphisiert hat, in einem kleinen Text über den Oktobertag, an dem ich zur Welt gekommen bin und ihr der gelbe Baum mit dem starken Stamm und dem zitternden Laub aufgefallen ist. Vor einigen Jahren baten uns die Nachbarn, die höchsten Bäume auf unserem Grundstück zu fällen, weil sie Angst hatten, sie könnten umstürzen und dabei auf ihr Haus fallen. Zu diesem Zeitpunkt war ich nicht in Norwegen, und da meine Mutter es nicht übers Herz brachte, mein Maskottchen ohne meinen Segen fällen zu lassen, bat sie den Holzfäller, nur den oberen Teil der Espe abzunehmen, sodass ein dicker Ast immer noch im 90-Grad-Winkel vor meinem Fenster absteht. »Das ist mein Schicksal«, erzähle ich denjenigen, die zu Besuch kommen. »Ist es nicht schön? Grotesk?«

Jean-Paul Sartre schrieb über den Baum als philosophische Figur und über die Tendenz der Menschen, Gedanken und Gefühle auf Bäume zu projizieren. Mithilfe von Bäumen können sie sich in Zeit und Raum orientieren, suchen Trost im Pflanzlichen. Die Wurzeln binden uns an etwas Älteres, Schwereres und Tieferes als unsere eigene Individualität. Sie retten uns vor uns selbst und der existenziellen Angst: Sie sind die Befreiung von der Freiheit.

Pflanzen tauchen ständig in Sartres Werk auf. In *La nausée* (*Der Ekel*) beschreibt er 1938 die unangenehmen Augenblicke, in denen man einen Menschen für eine Pflanze hält und sich auf einmal selbst im Pflanzenreich wiederfindet:

> Ich *war* die Wurzel des Kastanienbaumes. Oder vielmehr, ich war ganz und gar Bewußtsein ihrer Existenz. Noch losgelöst von ihr – da ich ihrer ja bewußt war – und dennoch in ihr verloren, nichts anderes als sie. Ein unbehagliches Bewußtsein, das sich dennoch mit seinem ganzen Gewicht, aus dem Gleichgewicht gebracht, auf dieses reglose Stück Holz sinken ließ. Die Zeit war stehengeblieben […].

Die Wurzel wird zum Ort, an dem das rationelle Denken kollabiert:

> Die Wurzel des Kastanienbaums bohrte sich in die Erde, genau unter meiner Bank. Ich erinnerte mich nicht mehr, dass das eine Wurzel war. Die Wörter waren verschwunden und mit ihnen die Bedeutung der Dinge, ihre Verwendungsweisen, die schwachen

Markierungen, die die Menschen auf ihren Oberflächen eingezeichnet haben. Ich saß da, etwas krumm, den Kopf gesenkt, allein dieser schwarzen und knotigen, ganz und gar rohen Masse gegenüber, die mir angst machte.

Sartre hatte Angst vor Bäumen, er litt unter Dendrophobie – eine Angst, von der ich nicht wusste, dass sie einen Namen hatte, als ich als Kind einen großen Bogen um vom Sturm entwurzelte Bäume am Wegesrand machte, verängstigt durch die Geschichten über gefallene Bäume, die sich plötzlich wieder aufrichten und spielende Kinder zu Kleinholz verarbeiten. Meine eigene Dendrophobie wurde von einem trockenen Zweig einer Korkenzieherweide aus dem Blumenladen aktiviert. Meine Mutter beschnitt ihn, stellte ihn im Wohnzimmer in eine Vase, und eines Tages schlug er Wurzeln. Weiße, schleimige, fadendünne Wurzeln, wie aasfressende Maden. Bei dem Anblick musste ich mich übergeben. Der Zweig hatte leblos gewirkt, und plötzlich führte er sich so auf! Ich bekam Albträume, von Wurzeln, die sich wie Würmer aus den Poren in meinem Gesicht wanden. Ich wurde heimgesucht. Wir mussten den Dekozweig wegschmeißen.

Die Pflanze, die sich nach unten streckt, in Richtung Fäulnis und Dunkelheit, wird zu einem Bild der Erinnerung, einer fleischlichen Sehnsucht nach Herkunft, nach dem Mütterlichen, nach

Heimat, in die man nicht zurückkehren kann, in der sich sowohl der Körper als auch die Persönlichkeit noch im fetalen Stadium befanden. In der Wurzelmetapher vereinen sich das Unterbewusste und das Weibliche. Die Wurzeln und der Boden, in dem sie wachsen, werden zu Symbolen für Nabelschnüre, für das Poröse, das Durchdrungene, das Irrationale: für verrückte Frauen.

Im vergangenen Jahr hat sich eine neue Stimme in Omas Geschichten eingeschlichen, eine formelle Stimme, die so klingt, als würde sie einer großen Versammlung Vorträge halten. Sie unterbricht die Dozentin mit ihrer eher alltäglichen Stimme und stellt Anschlussfragen, die in lange dramatische Dialoge ausarten.

Letztes Jahr zu Weihnachten saßen wir, fast alle ihrer achtzehn Nachkommen, um sie versammelt, tranken Bier, aßen *støylasteik* – in Sirup, Sahne und Fett gebackenes Lamm – und lachten uns schief vor Liebe, während Großmutter mit geschlossenen Augen dasaß und uns einen Vortrag über eine Hochzeit hielt, die bald gefeiert werden sollte, die Hochzeit ihrer beiden Großeltern. Sie saß dort wie eine Bauchrednerin, sprach feierlich von der »schönsten Braut in unserem gelobten Vaterland« und erzählte von einem Ereignis, das sich kurz vor der Hochzeit zugetragen hatte und »eigentlich weder Ausrutscher noch Betrügerei war«.

In solchen Momenten, wenn sie so dasitzt und fabuliert, frage ich sie, wo und wie sie in diese

Geschichten hineinpasst. »Bist du dabei gewesen?«, frage ich. »Bei der Hochzeit? Wer erzählt diese Geschichte? Du?«

»Ich?«, sagt Großmutter dann. »Ich bin nur die Protokollantin.«

Hannah Arendt unterschied zwischen Vaterland und Muttersprache. Das Erste existiere nicht, es beruhe auf der Illusion von etwas Stabilem, einer statischen Totalität, während das Zweite, die Muttersprache, *energeia* sei, etwas Dynamisches, das verwendet werden könne, um immer wieder neue, radikale Möglichkeiten zu eröffnen. In einem deutschen Fernsehinterview aus dem Jahr 1964, über dreißig Jahre nach ihrer Flucht aus Deutschland, wird Arendt gefragt, ob sie das Europa der Vor-Hitler-Zeit, den Ort und die Zeit, in die sie hineingeboren wurde, vermisse. Sie antwortet: »Das Europa der Vor-Hitler-Zeit? Ich habe keine Sehnsucht. Was ist geblieben? Geblieben ist die Sprache.«

Im Gegensatz zur Idee des Vaterlandes sei die Muttersprache nicht an Wurzelvorstellungen gebunden, sagt die französische Philosophin Barbara Cassin, die Arendts Gedanken zur Muttersprache weiter ausbaut. Wir *bewohnten* die Sprache anders, als wir Orte bewohnten, auf eine Art, die fruchtbar und spielerisch sein könne. Die gesprochene Sprache stehe nie still, sondern sei kreativ und formbar und eröffne somit die Möglichkeit, Gäste mit offenen Armen zu empfangen.

Cassin lädt ein, in Zungen zu philosophieren und die Sprache zu denaturalisieren: »Das Denaturalisieren der Muttersprache – das ist, wenn es drauf ankommt, die Rettung.«

In ihrem Essay »Patriotism and Cosmopolitanism« (1994) argumentiert die amerikanische Philosophin Martha Nussbaum, dass unsere Schulen Weltbürger heranziehen sollen, die Leiden in fernen Ländern ebenso empathisch gegenüberstehen wie den Leiden ihrer Heimat. Sie meint, dies sei der Impfstoff gegen fremdenfeindliche Ideologien. Sie fordert eine Form von Weltdenken, die vom Stoiker Diogenes inspiriert sei, der auf die Frage, woher er komme, antwortete: »Ich bin ein Weltbürger.« »Eine bevorzugte Übung für diese Form des Weltdenkens«, schreibt Nussbaum, »ist es, eine ganze Welt mit all ihren Menschen als einen einzigen Körper zu verstehen und jeden einzelnen dieser Menschen als eine Gliedmaße« – ein Gedankengang, der sich nur schwer in die Tat umsetzen lässt, auf jeden Fall, wenn das Ziel ist, Empathie zu erzeugen, einen flüchtigen und oftmals fruchtlosen Sinneszustand, der genauso manipulierend und böse sein kann wie großzügig und aufopfernd.

Nussbaums Text ist eine Antwort auf den Neu-Pragmatiker Richard Rorty, der 1994 das Buch *Achieving Our Country* (*Stolz auf unser Land*) geschrieben hat. Rorty meint darin, dass die Linke sich ins eigene Bein schieße, wenn sie den

Leuten nicht den Raum gebe, ihr eigenes Land zu lieben. Er fordert zu einem neuen Nationalstolz auf, zu einem Linkspatriotismus, denn nur ein Bürger, der sein Land liebe, der auf sein Land stolz sei, könne zu seiner Verbesserung beitragen:

> Nationalstolz ist für ein Land dasselbe wie Selbstachtung für den einzelnen: eine notwendige Bedingung der Selbstvervollkommnung. Zuviel Nationalstolz kann Aggressivität und Imperialismus erzeugen, genau wie übermäßiges Selbstgefühl zu Überheblichkeit führen kann. Doch zuwenig Selbstachtung kann den einzelnen daran hindern, moralischen Mut zu zeigen, und ebenso kann mangelnder Nationalstolz eine energische und wirkungsvolle Diskussion über die nationale Politik vereiteln. [...] Und dazu kommt es wohl nur, wenn der Stolz die Scham überwiegt.

Oder, wie die Philosophin Simone Weil 1949 in *L'enracinement* (*Die Verwurzelung*) über das Spannungsfeld zwischen Ethik und dem Bedürfnis, sich selbst im Verhältnis zu Ort und Vergangenheit zu verstehen, schreibt:

> Aber zum Geben muss man besitzen, und wir besitzen kein anderes Leben, keine andere Kraft als die Schätze der Vergangenheit, die wir lenken, assimilieren und neu schaffen müssen. Die Verwurzelung ist vielleicht das

wichtigste und meistverkannte Bedürfnis der menschlichen Seele. Die Liebe zur Vergangenheit hat nichts mit reaktionärer Politik zu tun.

Weil schrieb *L'enracinement* zu Beginn der 1940er-Jahre, doch es wurde erst nach ihrem Tod publiziert. Es ist in vielerlei Hinsicht ein seltsames Werk – provokativ, wenn einem politisch-philosophische Texte missfallen, die nicht direkt auf praktische Politik oder Polemik angewendet werden können. Weils Denken ist sowohl nationalistisch als auch antinationalistisch: Sie glaubt, dass der Mensch bestimmte spirituelle Bedürfnisse habe, die nur im Rahmen der Nation befriedigt werden könnten, weil die Seelen an die Erde gebunden seien, aus der sie entsprungen seien – aber sie verabscheut die vielen nationalistischen Projekte Europas. Weils Politik ist porös und mysteriös, eine Alternative zu den rigideren Formen des Nationalismus. Sie wollte zu einer Haltung aufrufen, die Europa wiedervereinigen könnte, basierend auf der Überzeugung, dass derjenige, der wurzellos ist, andere an der Wurzel herausreißt, während diejenige, die verwurzelt ist, dies nicht tut. Albert Camus, äußerst inspiriert von Weil, glaubte, dass *L'enracinement* eines der wichtigsten Bücher war, die nach dem Zweiten Weltkrieg veröffentlicht wurden, und hielt es für unmöglich, »sich eine Wiedergeburt Europas vorzustellen, die die Forderungen, die Simone Weil in *L'enracinement* formuliert, nicht berücksichtigt«.

Aber nicht alle waren so begeistert von den politischen Texten der Mystikerin – einige meinten, sie hätte an dem höheren, spirituellen Denken festhalten sollen, von dem sie selbst behauptete, es zu bevorzugen. In der Diskussion um Weils Buch sieht man, wie die Frage nach der Erklärungskraft der Wurzelmetapher tendenziell auch zur Klassenfrage wird. In den 1980er-Jahren schrieb ein irischer Politiker, Weil scheine einen Staat zu wollen, der von einer geistigen und moralischen Elite, von Heiligen regiert werde. Paradoxerweise sieht man, dass sich diese Kritik des Elitismus sowohl an diejenigen richtet, die sich für die Verwurzelung aussprechen, als auch an diejenigen, die für Wurzellosigkeit argumentieren. Und die Kritik ist oft begründet – in beiden Fällen. Nehmen wir zum Beispiel Nussbaums Kosmopolitismus: Er ist etwas selbstgefällig, obwohl er auf den ersten Blick vernünftig wirkt. Nussbaum scheine sich eine denkende Elite vorzustellen, die eine distanzierte und ironische Beziehung zur Illusion des Nationalen habe, so Terry Eagleton 1991 in *Ideology: An Introduction* (*Ideologie: Eine Einführung*), während das »Volk«, die großen Massen, ihr Opium behielten und »auf nicht-gewalttätige Weise ihrer Flagge die Treue schwören«.

Wenn das kosmopolitische Ideal zu elitär ist, um in großem Maßstab zu funktionieren, und wenn die Ethik der Wurzellosen zu abstrakt ist, um Wurzeln schlagen zu können, was sollte man stattdessen anstreben? Was tun mit der Sehnsucht der Menschen, zu einem Ort zu gehören, der größer ist als nur ein Haus oder eine Familie, und mit dem Bedürfnis, die Gemeinschaft auf sinnvolle Weise zu definieren, die nicht nur rational, sondern auch emotional ist – und vielleicht sogar mythologisch verankert? In welche Richtung bewegt man sich weiter, nachdem man eingesehen hat, dass diese Sehnsüchte zu tief sitzen, als dass man sich gegen sie entscheiden kann?

»Kultur, der Erde entnommen« müssten wir hegen und pflegen, sagt Barbara Cassin, »nicht die Wurzellosigkeit (denn dann wird man das Verwurzelte huldigen, schlimmstenfalls mit Heidegger, bestenfalls mit Simone Weil), sondern fliegende Wurzeln.«

Fliegende Wurzeln? Vielleicht haben wir mit Hofbäumen weniger gemeinsam als mit dem Hutwerferpilz, *Pilobolus crystallinus*, auch Mistkanone genannt. Er wächst aus Kuhfladen heraus, bahnt sich seinen Weg nach oben und verwandelt sich, wenn er reif ist, in ein Katapult, wirft seinen eigenen Kern ab, schießt mehrere Meter durch die Luft und haftet sich an jeden Grashalm jenseits der Fäkalien. Dann wird er von Wiederkäuern gefressen, wandert durch das Verdauungssystem und pflanzt neue Wurzeln in neuem Kot. Vielleicht haben Biologen recht, wenn sie sagen, dass unsere Welt der Welt der Pilze ähnlicher ist als der Welt der Pflanzen.

In *La nostalgie* (2016) sucht Cassin nach Antworten auf das Problem der Nostalgie anhand zweier Figuren der Mythologie und einer historischen: Odysseus, Aeneas und Hannah Arendt. Cassin liest die *Odyssee* – Homers Epos über Odysseus' lange Reise und seine verspätete Rückkehr zu seinem Zuhause, das er um sein aus einem Olivenbaum geschnitztes Bett herumgebaut hat – folgendermaßen: Es ist das Bett, das verwurzelt ist, nicht Odysseus. Odysseus sehnt sich nach seinem Zuhause, ist im wahrsten Sinne des Wortes nostalgisch, aber als er schließlich zurückkehrt, erkennt er sich selbst nicht wieder, weil es dort kein »dort« gibt, keinen Ort, an den er zurückkehren und an dem er bleiben kann. Das ist das Problem mit der Nostalgie: Wonach man sich sehnt, existiert nicht – wenn doch, dann müsste die Zeit stehen geblieben sein.

Cassin schreibt keinen Tourismus vor, sondern eine Denkweise, die verlockenden Vorstellungen vom Stabilen, vom Original, vom Realen widerspricht. Das ist Ethik, nicht Erkenntnistheorie: Die Frage ist, wie man handelt, nicht, was man wissen kann. Cassin fragt: »Wann sind wir jemals zu Hause? Wann sind wir willkommen, wir und unsere Liebsten, mit unserer Sprache, unseren Sprachen?«

Egal, ob ich mit der Fähre nach Volda oder mit dem klapprigem Widerøe-Propellerflugzeug, das nur einen Steinwurf vom Aasen-Hof entfernt auf dem Flughafen lande, nach Hovdebygda reise, ich verspüre stets ein patriotisches Murren. Ich streife über Felder, durch Wälder, um die Halbinsel Berkneset herum, den Helgehornet hinauf, umrunde den See Hovdevatnet. Meine Schuhe füllen sich mit krustigem Moorwasser. Mein Gesicht fühlt sich nackt an, so wie immer, wenn ich allein in einer Landschaft unterwegs bin – außer mir kein Mensch weit und breit. Auf den Feldern liegen Heuballen in weißen Folien aneinandergereiht wie ein grinsendes Gebiss. Steile Berghänge spiegeln sich im Fjord, und im Nebel wird alles, außer dem Weg direkt vor meinen Füßen, abstrakt, als würden die Berge, der Fjord und der Horizont mit einem weichen Bleistift gezeichnet. Grau-lila Schieferhänge, Blei und Feuerstein, Feuchtigkeit und Samt. Skizzen von etwas, das noch nicht ist. Ich gehe an dem Denkmal vorbei, das zum Gedenken an Anders Hovden errichtet wurde, den Dorfkameraden und Dichterpfarrer, den Ivar Aasen mit Geldern aus seinem Staatsstipendium unterstützte und der sagte, ein guter Cognac könne das Abendgebet ersetzen. In Großbuchstaben in den Gedenkstein gehauen heißt es »KEHRE HEIM ZUR MUTTER, HEIM ZUM VATER, HEIM ZUM VATERLAND«. Während ich zu Oma spaziere, lasse ich die Inschrift in mir nachklingen.

Es ist ein Zufall, dass die Rückkehr nach Hause in Großmutters Dialekt wie verschiedene Derivationen des deutschen Wortes »Heimat« klingt (ich komme *heimatt*, wir sind *heimattekom-*

ne, er ist *heimattekomen*, sie ist *heimattekoma*). Das Wort beschreibt die Beziehung einer Person zu einer orts- und zeitgebundenen Gemeinschaft, zu einem Entstehungsort, und wurde in der Nazi-Propaganda als Heilmittel gegen Wurzellosigkeit, Exil und existenzielle Angst verwendet – gegen all das, was die Modernität angeblich an Verwirrung und Fragmentierung mit sich brachte.

Ein noch seltsamerer, poetischerer Zufall: Für Großmutter und Großvater und für die Generationen vor ihnen in Hovdebygda war »heimkehren« gleichbedeutend mit »in Richtung Meer«. Das Wort diente zur Orientierung: Wenn man vom Haus mitten im Dorf zur Fabrik unten am Fjord ging, kehrte man heim.

•

Ich krieche zu Großmutter ins schmale Bett im Wohnzimmer, streiche ihr über den weichen Arm und versuche sie dazu zu bringen, über Partys und Liebesbeziehungen, Soldaten und Deutschenmädchen zu erzählen. Erst seit sie senil ist, haben wir so ein taktiles Verhältnis zueinander. Früher war sie zu tough für diese Art sentimentaler Geborgenheit, zu der ich sie jetzt überlisten kann.

Ich frage sie, ob ich etwas über sie schreiben darf. »Na klar«, sagt sie, als wäre es das Selbstverständlichste auf der Welt, zu einem literarischen Charakter umgedichtet zu werden. Sie schreibe selbst, erzählt sie mir.

Ihre Augen bewegen sich hinter ihren geschlossenen Augenlidern, dort spielen sich andere Zeiten in derselben Berglandschaft ab. Dieselben Berge wie damals, als sie in die Großbirke geklettert ist und über die Felder lief. Heute sind dort weniger Kühe, mehr Trampoline, aber die Rahmenbedingungen sind die gleichen.

Sie öffnet die Augen und schaut mich an.

»Gehst du zur Schule? Bist du groß genug, um dir selbst was zu essen zu machen?«

»Als du so alt warst wie ich jetzt, hattest du schon mindestens drei Kinder«, erwidere ich.

Sie lächelt verschmitzt, als würde sie mir nicht recht glauben. Dann liegen wir einfach so da, sehen einander in die Augen, lassen uns voneinander verwirren, und dann ist es gar nicht so schlimm, dass sie nicht weiß, wie ich heiße oder welcher Tag gerade ist, denn in der porösen Senilität ist das irrelevant.

»Ich wohne in New York«, sage ich, »aber ich komme oft hierher, zu dir.«

Sie schweigt für eine Weile, schließt die Augen.

»New York, ja. Da soll es schön sein und wohl nicht so viel Kriminalität geben. Und beeindruckend, denn da wohnen ja alle möglichen Leute ganz dicht aufeinander. Weiße, Schwarze, Grüne, Blaue. Ja, es sind wohl vor allem die Blauen, die das Problem sind, also die Rechtskonservativen. Die sind so kleinkariert.«

DAS ASTRALPROJEKT

»Catastrophe! Of course!
Last judgement! Horseshit!
It's you that are the catastrophe,
you're the bloody last judgement,
your feet don't even touch the ground,
you bunch of sleepwalkers.
I wish you were dead,
the lot of you.«
    The Melancholy of Resistance,
    László Krasznahorkai

»Truth isn't truth.«
    Rudy Giuliani

An der Ecke zwischen dem Tattoo-Shop und dem Metzger steht ein Grüppchen polnischer Frauen mit teigigen Dekolletés und Augenbrauen so dünn wie die Striche eines Bleistifts. Dicke Schichten Lipgloss wie Plastikfolie auf Austern. Ein bleicher Bengel in blauem Polyesteranzug schlendert die Calyer Street entlang, die Hände in den Hosentaschen, während er in ein aus verworrenen Konsonanten bestehendes ernstes Gespräch mit einem Mann vertieft ist, von dem ich annehme, dass er sein Vater ist, oder vielleicht ein Pfarrer. Ich flaniere durch Greenpoint, ein polnisches Viertel im Norden Brooklyns, der Bezirk, in dem ich seit sieben guten, heimlichen, egoistischen Jahren zu Hause bin, zunächst als Studentin, dann als Dozentin. Ich gehe an Plattenläden, Wäschereien, Schneidereien, überstylten Hipstern vorbei. Auf dem Bürgersteig vor dem russischen Solarium, in dem eine alte Matrone mir immer für zehn Dollar die Haare schneidet, steht ein Schild, das winterblassen Schnöseln Hoffnung machen soll: »*If you can't tone it, tan it*«. Weiter die Straße hinab wirbt Body Shop für eine Selbstbräunungskampagne mit einer noch einfacheren Lösung: »*Fake don't bake*«. Ich gehe an zwei sich raufenden Obdachlosen vorbei. Der eine knufft dem anderen in die Schulter und sagt: »Nein, *du* siehst aus wie ein Terrorist, mit den scheißblauen Turnschuhen.«

Die Gebäude sind niedrig. Die Straßen sind breit, schmutzig und geschäftig. Ratten und Kakerlaken huschen zwischen den Müllsäcken hindurch, die sich an der Bordsteinkante stapeln. Als ich die Wohnung verließ, war das Abendlicht buttergelb, aber jetzt geht die Sonne unter und der Mond knistert über dem glänzenden East River. Auf der anderen Seite des Flusses spiegelt sich Manhattan im Wasser. Die Wolkenkratzer funkeln in fließender byzantinischer Bronze, sie sehen aus wie mit Siruplicht gefüllte Glashülsen. Die Insel wird zu einem Silbertablett, auf dem Whiskyflaschen dicht an dicht gedrängt stehen. Ich gehe an Dirck the Norseman vorbei, einer Bar, die nach dem ersten Siedler von Greenpoint benannt ist. Dirck. Ein Bergenser. Als er sein Zuhause verließ, war Bergen ein einziger großer Handelshafen, hierher wurde der Stockfisch aus Nordnorwegen geliefert, dann auf Bryggen verpackt, umgeschlagen und in die ganze Welt exportiert. Dirck kam 1645 nach New York und ließ sich hier auf einem kleinen Grundstück nieder, auf dem er Schafe und Kühe hielt und das Land kultivierte. Als Dirck hier stand und über den Fluss nach Manhattan blickte, war dort, wo jetzt das Finanzviertel liegt, nur Sumpf und Moor, aber das gelbe Licht musste dasselbe gewesen sein.

Ich schlendere die Manhattan Avenue hinunter und treffe Kerry, den Inhaber des Gebrauchtwarenladens The Thing. Er sagt, er habe eine große Leinwand gefunden, von der er glaube, dass sie mir gefallen würde, sie sei sogar größer als die vorherige, die ich bei ihm gekauft habe und die jetzt eine ganze Wand in meiner Wohnung einnimmt, verunstaltet zu einem missglückten Gemälde von einer Kuh, einem Hund und einem Hirtenpaar, das auf einer Klippe über einem weiten, feuchten Tal unter einem moosgrünen Himmel sitzt.

»Diese Leinwand ist schon bemalt«, wirft Kerry ein, »aber das macht dir doch bestimmt nichts aus. Sie ist wirklich groß.«

Er weiß, dass ich alles mag, was wirklich groß ist.

Auf der Pulaski-Brücke verschmelze ich mit einer Menschenmenge, die darauf wartet, dass die Küstenwache eine Leiche aus dem Newtown

Creek, dem Kanal zwischen Queens und Brooklyn, birgt. Gerüchten zufolge ist jemand vom Kajakclub geradewegs in den leblosen Körper hineingepaddelt. Der Mann sei wahrscheinlich der örtlichen Mafia zum Opfer gefallen, sagt einer, und andere stimmen mit ihren Geschichten über die Mafia ein. Auf der klapprigen Brücke herrscht gute Stimmung. Eigentlich beschäftigt uns das, worauf wir warten, gar nicht so sehr, wir lungern nur herum, während die Waffen der Küstenwache und der Polizei auf uns gerichtet sind, was uns Brückenleute nicht verschreckt. Ich spreche mit einem langhaarigen Grunge-Jungen darüber, wie seltsam es ist, dass wir uns so aufreihen, um die Leiche eines Fremden zu sehen. Was soll das? Eine kindliche Sehnsucht nach Drama im Alltag? Ein *Memento mori* auf dem Weg zur Arbeit: Hier stehen wir, eine willkürliche Ansammlung von künftig verdorbenem Fleisch? Die Stadt als Gruselkabinett? Wir sind auf jeden Fall nicht hier, weil wir einfühlsame Menschen sind oder weil wir einfach nicht wegsehen können wie bei Verkehrsunfällen. Da steckt mehr dahinter. Wir warten.

Der Fluss unter der Pulaski-Brücke ist das am stärksten verschmutzte Gewässer Nordamerikas, ein Sumpf aus Müll, Abwasser und Überresten von Amerikas größtem Ölleck aller Zeiten. Greenpoint ruht auf einem unterirdischen Meer von Ölverschmutzungen, das seit 1978 mit einem riesigen industriellen Strohhalm gereinigt werden soll.

Im Inneren der Bucht befindet sich die Newtown Creek Wastewater Treatment Plant, die seltsamste Gebäudestruktur in Brooklyn: vier zwiebelförmige Silos aus glänzendem Metall, zweiundvierzig Meter hoch, theatralisch beleuchtet, in Blau und Gelb. *Digester eggs* werden sie genannt. Verdauungseier. Hierher fließt das Abwasser vom gesamten östlichen Teil Manhattans, vom Finanzviertel, von Greenwich Village und der Upper East Side durch Rohre unter dem Fluss hindurch.

Ich verlasse die Brücke und folge einem brutalistischen *nature walk*, eingerahmt von Beton und Stahl, in Richtung Klärwerk. Der Weg beginnt an einem kleinen Tunnel ohne Dach, mit scharfen Kanten. Die Luft ist körnig und fühlt sich an, als würde sie unter Hochspannung stehen. Auf der anderen Seite des Tunnels betritt man eine Art Promenade mit Ausblick auf den Schlamm. Die Sicht erstreckt sich bis zu einem verlassenen Industriegebiet in Queens. Entlang des asphaltierten Weges sind Blumenbeete angepflanzt worden, vertrocknet und enzyklopädisch organisiert, versehen mit kleinen Etiketten. Es sind nur wenige Leute unterwegs, nur gelegentlich der ein oder andere Skater und ein Junge in schwarzen Klamotten, der auf einer Bank sitzt und neonfarbene Landschaften zeichnet.

Das Besucherzentrum bietet monatliche Führungen durch die Kläranlage an, angeblich ein sehr beliebter Dating-Ort für junge Ironiker.

Das ergibt Sinn. Denn das Gebäude steht hier als eine Art Denkmal für New Yorks Bereitschaft, sich von seiner schlechtesten Seite zu zeigen und auf diese Weise das Gegenteil von Rom, Paris und anderen fassadenfixierten Zuckergussstädten zu sein. New York ist *ruin porn* der schlausten Art: Gebäude mit beiseitegezogenem Bühnenvorhang, die wichtigsten Funktionen entblößt. Lüftungssysteme, Feuerleitern, Telefonleitungen. Die vollgeschissenen Verdauungseier behaupten, wahrscheinlich zu Recht, alsbald einen Neuanfang zu gebären.

Morgens, kurz nach sechs Uhr, wenn die Sonne hinter der Kläranlage des Newtown Creek aufgeht, sich in einer Million Manhattan-Fenstern spiegelt und sie flammend orange färbt, sieht die Stadt aus wie ein Bühnenbild Bertolt Brechts, des glücklichen Nihilisten, der einst sagte: »Denjenigen, die nicht wissen, dass die Welt in Flammen steht, habe ich nichts zu sagen.«

Ich schlendere zurück über den McGuinness Boulevard. Wie überall in New York sind die Fassaden voller subtiler Bezüge zum Römischen Reich. In der Mitte der Fenster wölben sich prächtige Ornamente aus den Wänden, Versionen von Michelangelos manieristischer Entfremdung römischer Scheitelsteine. Er entfernte die tragende Funktion der Gewölbescheitel und formte sie zu prallen, fleischartigen Perlen. Jetzt ist die ganze Welt verziert mit solchen architektonischen Klitorides, die partout keine andere Funktion erfüllen wollen als pures Vergnügen.

Ich schlendere die Freeman Street entlang und betrete das Café Sweetleaf Coffee Roasters. Hier bekomme ich immer einen gratis Americano mit geschäumter Milch gegen Büchertipps – *where everybody knows your name*, das ist zumindest die Illusion. Hier sieht man das hohle Interieur hinter den ehrlichen Fassaden. Hier hört man, wie die Stadt unter der Oberfläche knistert und sprudelt, während wir, die Hipster-Zombies, so tun, als würden wir arbeiten, im Mac-Wald, im postindustriellen Raum, zwischen nackten Wänden, sorgfältig abgespachtelter Farbe, sichtbaren Rohren, der Abwesenheit von Plastik, nackten Glühbirnen und Wasser in Marmeladengläsern, zwischen Tischen aus Eisen und Treibholz, Setzkästen und alten Blechschildern auf den Bücherregalen. Nachhaltige Nostalgie sozusagen. Die Schreibmaschinen und Blechdosen sind ordentlich an den Wänden aufgereiht, sie sind tote Gegenstände, die sich auf nichts beziehen, so wie die Angst, die uns erfüllt, sich nicht mehr auf Ursprungsmythen oder Kindheit bezieht, sondern nur noch auf das, was gestern, letzte Woche, auf der Party, im Büro, in den Nachrichten passiert ist.

Nur Stammkunden können Service erwarten. Wenn eine Touristin versucht, an die Theke zu gehen und sich ein bisschen Wohlwollen zu erlächeln, starrt der Barista die Bestellende ausdruckslos an, als käme es gerade ungelegen, dass jemand ihn um eine Tasse Kaffee bittet. Hier ist man zu authentisch für servile Kundenbetreuung.

Wir wehren uns gegen die fehlende Bedeutung von Zynismus. Angst findet Ausdruck in Wut, Unsicherheit in Arroganz. Wir beschuldigen uns gegenseitig, Hipster zu sein – eine Anschuldigung wie ein Stein, geworfen von einem im Glashaus.

Im Café kreucht und fleucht es nur so von identitätserklärenden Körpern: body-positive bauchfreie Tops über hervorquellenden Mädchenplauzen, Frauen in ihren späten Dreißigern mit Arschgeweihen aus der Jahrtausendwende, junge Männer mit Lederarmbändern und abscheulichen Knoten auf dem Kopf, die sie *man buns* nennen, *Limited-edition*-Turnschuhe vom Schwarzmarkt, abgetragene Jeans über kleinen, runden Schauspielerinnenhintern, ausgetrocknete Schleimhäute in kratzenden Unterleibern, abgefuckt durch jahrelanges *brazilian waxing*, eine obligatorische Geste der Gastfreundschaft gegenüber Männern, die nur steif werden können, wenn sie merken, dass die Mädchen, mit denen sie schlafen wollen, zu jung sind, um sich über sie lustig zu machen. Zwei Mädchen ziehen ihre Kunstpelze wie kastrierte Katzen über den Boden und zeigen ihre gebleichten Zahnreihen vor. Ein Chor versengter Stimmen spricht mit lang gezogenen Vokalen und knarzigen Gurgelkonsonanten laut und schamlos darüber, wer sie sind und was sie vom Leben wollen.

»Das ist so typisch für mich, dass ich zu Idioten so nett bin. So bin ich halt«, sagt ein Mädchen zum anderen, und beide glauben ganz naiv an ihre eigene Unschuld und ihre Gutherzigkeit. Beide haben Väter, die ihnen ihre Miete bezahlen. Beide haben sich als arme Studentin verkleidet. Beide haben ein Stück Kuchen gekauft, in dem sie nun herumstochern, während sie darauf warten, dass die andere ihres aufisst, um das eigene Stück dann auf dem Teller liegen zu lassen wie eine eroberte Bastion auf dem passiv-aggressiven Schlachtfeld des Cafétischchens.

»Er hat dich nicht verdient«, sagt die Freundin. »Du bist zu gut für ihn. Und außerdem: Männer sind scheiße.«

Manchmal scheint es, als wären dies die traurigen Perspektiven auf Freundschaft zwischen Millennial-Frauen: So sollen wir zusammenhocken und einander bemitleiden, alle, die sich nicht in uns verlieben, zum Feind erklären und die Rhetorik der Kränkung und der universellen Menschenrechte anwenden, um über Chefs, Lehrer und die Fremden, mit denen wir Wohnungen teilen, zu lästern – unser eigener Wert und unsere Opferrolle stets als Prämisse. Es ist peinlich, dabei zuzuhören, wie Leute sich selbst belügen.

Am Tisch in der Ecke sitzt ein Paar, das niemals ein Paar werden wird, bei einem Kaffee-Date, verabredet über Tinder. Sie messen sich aneinander, vergleichen Schönheit, Intelligenz, Finanzen, Hobbys und Erfolg und haben einander bereits für unpassend befunden, was sie erst verinnerlichen werden, nachdem sie dreimal miteinander geschlafen haben.

Wir schauen den anderen heimtückisch über die Schultern. Grafikdesigner, Studentinnen, Barkeeper, Models, Künstlerinnen, kleine Jungs, die große Technologieunternehmen besitzen, Schwule auf der Flucht vor prüden Familien. Kinder auf Stelzen. Wir wissen nicht, was wir tun, nur dass man hier nicht richtig erwachsen werden kann, weil die ganze Stadt infantilisierend ist, ein gebrechlicher Ort, der uns gebrechlich macht. Die Stadt erfüllt uns mit übermütigen Wahnvorstellungen. Wir haben schon längst den Bodenkontakt verloren. Bald werden wir mit diesen Haute-Couture-Flügeln, die wir im Gebrauchtwarenladen gekauft haben, nicht mehr fieberhaft flattern können.

Wir ziehen von Bar zu Bar, von Viertel zu Viertel, lassen unsere Körper von klapprigen Zügen durch die Landschaft weben, unter Flüssen hindurch, über Brücken, zwischen Brooklyn und Queens und Manhattan. Bald hat die Stadt uns durchgekaut, dann spuckt sie uns zurück in den Mittleren Westen, in die Vororte, nach Skandinavien. Doch bis es so weit ist, begegnen wir einander mit milden Gesichtern, halb offenen Mündern, während es uns im Inneren zerreißt. Einstudiertes Lächeln drückt die Zunge, kindlich, gegen eine Lücke zwischen den unteren und den oberen Zähnen. Zeitgeist festgefroren in einem verlegenen Lächeln.

Während wir wie im Fluge erwachsen geworden sind und unsere Bildungsromane noch nicht geschrieben wurden, haben wir in der Semiotik dieser erotischen Infantilisierung immer neue Moden erlebt, neue Symbole, die von sich behaupten, für das Unkonventionelle zu stehen, aber in Wirklichkeit nur neue Ausdrücke der gleichen, alten, langweiligen Gewalt sind. Vielleicht begann es vor fünfzehn Jahren, als alle Models plötzlich eine große Lücke zwischen ihren Vorderzähnen hatten, als hätten sie gerade ihre Milchzähne verloren – ein Trend, der junge Mädchen dazu inspirierte, falsche Löcher auszufeilen, sodass ihre Münder zu Denkmälern für verrückte Dekonstruktionen wurden. Dann, vor zehn Jahren, hatten alle Models plötzlich Sommersprossen und vor fünf Jahren: buschige, ungezupfte Augenbrauen. Aber nie war es expliziter als jetzt: Jetzt lächeln sie mit der Zungenspitze gegen diese Lücke zwischen den unteren und den oberen Zähnen gedrückt, während sie die Unterlippe nach unten klappen, um mehr Zähne zu zeigen, sodass der Mund größer erscheint, eine Mode, die bis ins gemeine Fußvolk übergeschwappt ist: Ganz Facebook ist ein Monsterwald von derartig anbiedernden, seelenlosen, unsexy Anti-Lächeln, oft auf einem Berggipfel posierend, flott und keck in Outdoor-Kleidung. Es ist, als hätte eine kollektive Metamorphose die meisten Menschen zu lolitanischen Nazi-Bloggern gemacht.

Ich gehe nach Hause ins Astral, das terrakottafarbene Backsteinhaus, das sich in der Franklin Street über einen ganzen Block von der India Street bis zur Java Street erstreckt. Das Gebäude sieht aus wie eine Kreuzung zwischen einer mittelalterlichen Burg und einem Jugendstiltheater, mit Fenstern aller Größen und Formen und in Säulen eingravierten Medusagesichtern unter dem Dach. »Astral« ist ein passender Name. Das Haus ist ein Forschungslabor für Astralprojektionen und für andere Experimente, Körper von Geist zu trennen, ein Ort, an dem man versuchen kann, sich von sich selbst zu befreien.

Zu Hause setze ich mich aufs Fensterbrett und sehe zu, wie die Sonne hinter Manhattan verschwindet. Hubschrauber schwirren wie Fliegen über der Wall Street. Wasserflugzeuge landen zwischen Flotten von Containern und Müll. Der massive Himmel ist knallorange wie die Westen der Straßenarbeiter. Der Wind rüttelt an den Wäscheleinen und an dem Kabelsalat, der zwischen den Hauswänden baumelt. Ein Eichhörnchen verliert fast das Gleichgewicht.

Von meinem Eckzimmer im sechsten Stock sehe ich die gesamte Ostseite von Manhattan Island, von der Wall Street im Süden bis zum Norden, wo die Upper East Side langsam mit den Wohnblöcken von Queens verschmilzt. Wolkenkratzer sind gigantische Ideen, in Glas, Stahl und Stein geformt, denke ich oft, wenn ich über die silbergefärbten Dächer schaue, vorbei an den geschäftigen Schleppern, die die Insel am Laufen halten, indem sie Waren an die Kaimauern schieben und Müll abtransportieren. Abends leuchtet das Empire State Building wie eine Disco aus den Neunzigern: rot pulsierend am Valentinstag, giftig grün am St. Patrick's Day. Das Hauptquartier des örtlichen Stromversorgers am Union Square sah für mich zunächst aus wie eine Kathedrale, bis ich auf den zweiten Blick statt eines Kreuzes die Statue eines Mannes auf der hohen Turmspitze zu erkennen glaubte. Bei Tageslicht wird das kreideweiße, geradlinige Viereck des UN-Gebäudes zum stilisierten Segeltuch eines Bootes, das nicht davonschippern kann.

Von diesem Fensterbrett aus habe ich beobachtet, wie das One World Observatory, im Volksmund Freedom Tower genannt, aus den Ruinen des World Trade Centers auferstanden ist, gesponsert von American Express. Durch die Antenne auf dem Dach sieht das Gebäude wie eine Spritze aus, 1776 Fuß hoch, als Referenz auf das Jahr, in dem die Unabhängigkeitserklärung unterzeichnet wurde. Diejenigen, die 2001 in meinem Zimmer gelebt hatten, müssen gesehen haben, wie die Türme in sich zusammenfielen, müssen verbrannte Haut gerochen haben, als der Wind sich drehte und den Rauch gen Norden über den Fluss trug.

Die Astralwohnung ist eine Art Schiff, für den Fall einer Sintflut, mit schiefen Ecken und zugigen

Fenstern, alles ist stets in Bewegung, blendendes Licht, sanfte Dunkelheit. Das Schlafzimmer ist ein Kontrollraum – den Bug auf das UN-Gebäude oder den Trump Tower gerichtet, es kommt auf den Winkel an, es kommt darauf an, auf welchem Fuß ich stehe, ob ich mich an dem blauäugigen Helden oder dem größenwahnsinnigen Schurken orientiere.

Ich habe die Wohnung nach und nach mit Möbeln, Pflanzen und Kaffeemaschinen gefüllt, die ich von der Straße mitgenommen habe, mit *fancy* Schuhen und prächtigen Kleidern aus dem Secondhandladen, mit Kostümen, die ich selten benutze, und wenn, dann nur im Beisein auserwählter Personen.

Im Nebenzimmer sitzt eine Journalistin aus Massachusetts, mit der ich seit drei Jahren zusammenlebe. Eine Investigativreporterin, mit Fokus auf das Justizsystem. Sie macht nie Pause. Wenn sie nicht gerade auf Recherchereise in ein Gefängnis oder zu einer Familie ist, die vom System gefickt wurde, sitzt sie rund um die Uhr am kleinen Schreibtisch, ruft Politiker an und transkribiert Interviews. Oder doch, manchmal macht sie Pausen, dann kocht sie starke Suppen für uns, mit Gewürzen und Wurzelgemüse, die die Wohnung mit warmen Düften füllen, oder sie betrinkt sich mit Whisky, geht aus und macht sich einen Typen klar. »Ich bin eigentlich schon wie ein Kerl«, sagt sie. »Manchmal muss ich einfach meinen Trieben nachgehen.« Mir gefällt ihre

Härte und unsere gute, schwesterliche Wohngemeinschaft, und ich bin dankbar, dass wir es geschafft haben, uns dieses Zuhause einzurichten, ohne Geld, nur mit Fantasie und Liebe für die Wohnung. Sie ist ebenso beleidigt wie ich, wenn unsere Gäste keine Schnappatmung kriegen vor Begeisterung, wenn sie unser Lebenslaboratorium betreten und sehen, wie der Fluss und die Stadt uns vor unseren Fenstern zu Füßen liegen.

Hier gibt es so viel Wetter, so große Himmel, so viel Licht. Schneestürme begraben Autos unter sich, Orkane schieben dunkle Wolken über Manhattan, tropische Sommer verwandeln die Wohnung in einen Regenwald aus Schwamm und exotischen Tieren.

Heutzutage ist das Haus vor allem für seine Bettwanzenepidemien bekannt, und für Tommy, den gemütlichen Hausmeister, dem nachgesagt wird, im Keller Pornos zu produzieren. Doch einst war das Astral das größte und kultigste Wahrzeichen des Viertels, sichtbar von überall auf Manhattans Ostseite. Es wurde 1886 von Charles Pratt, dem Eigentümer der Astral Oil Works, einer der vielen großen Ölfirmen, die ab Mitte des 19. Jahrhunderts in Greenpoint tätig waren, errichtet. Pratt wollte gute Bedingungen für seine Arbeiter schaffen. Er integrierte einen Kindergarten im Erdgeschoss – jetzt ist dort eine Wäscherei ansässig, die bald einem Restaurant weichen muss – und richtete eine Bibliothek und einen Gemeinschaftssaal im Keller ein, mit einem prächtigen Kamin, über den demonstrativ griechische Buchstaben in die Wand eingraviert worden sind. Das Haus wurde sowohl ausgezeichnet als auch zweimal in Brand gesteckt, von ideologischen Gegnern, die hinter dem Projekt sozialistische Unterwanderung vermuteten.

Ich fühle mich hier zu Hause, in dieser Ruine der Sozialfürsorge und des Ölreichtums, und mir gefällt der Gedanke, dass ich jetzt, am Ende der Ölära, mit einem Fuß in der Ölnation Norwegen und mit dem anderen in den Reliquien der New Yorker Ölindustrie lebe, in Skelettstrukturen, in denen wir historische Theaterstücke spielen und uns als Überbleibsel großer Schlachten ausgeben können, als Migrationspolitik, als dunkle Allianz, als erschaffene und gefallene Imperien, als Öllecks. Hier könnte man seine eigene Tragödie heranzüchten, epische Geschichten erdichten, mit sich selbst in der Hauptrolle, ohne dass einem die Realität als Korrektiv dazwischengrätscht. Wir basteln uns eine Reihe von Kränkungen, Siegen und Begegnungen zu einer Art Ursprungsmythos zusammen. Kreieren uns ein Schicksal. Erinnern uns an das Schlimmste, das wir getan haben, und überzeugen uns davon, dass es eine prägende Grenzüberschreitung war. Die Erzählung über unsere eigenen Fehler wird zu mehr als nur einem anbiedernden roten Faden, sie wird zu einer Ölpipeline, die von der Vergangenheit in die Zukunft verlagert und dort verankert worden ist. Ein moralischer Grenzfall, ja natürlich, und

Gegenstand für bestimmte politische Merkmale und Gegenmerkmale, aber ohne jeden Zweifel eine Quelle der Energie.

DAS SÜNDENBOCKSYMPOSIUM

In einer dieser schwülen tropischen Nächte vor ein paar Jahren nahm ich meinen Papierkram mit ins Safehouse, eine Bar in unserer Straße, nur wenige Minuten vom Astral entfernt. An diesem Abend war kaum ein Gast im Lokal. Ich setzte mich in ein etwas abseits gelegenes Séparée neben einem Billardtisch und einer Jukebox, die einerseits kläglich daran scheiterte, dem Ort einen hippen Charakter zu verleihen, ihn andererseits zu einer passenden Kulisse ausstaffierte, in der ich mir wie ein mysteriöser Charakter in einem Pulp-Roman vorkam. Hier konnte man *good guy* und *bad guy* spielen. Wilder Westen. Am Ende der Bar saß ein demonstrativ mürrischer Mann und starrte in sein Bierglas, das er mit beiden Händen fest umklammerte. Macho, eitel und verzagt, mit breiten Schultern und schmaler Taille, schweren Augenlidern und kantigem Kiefer.

Im späteren Verlauf des Abends landete ich am Tresen, wo ich mit ihm und ein paar Stammalkis ins Gespräch kam. Er erzählte, er sei Teil einer Gruppe, die sich The Alternative Right nenne, und dass er für die Homepage der Bewegung blogge. Er behauptete auch, in Anders Behring Breiviks Manifest erwähnt worden zu sein, unter einem Pseudonym, und stimmte dem Großteil von dessen politischen Ansichten zu. Sebastian hieß er. Er war ein rhetorisches Wunder, und ich war verblüfft, dass jemand wie er in aller Öffentlichkeit seine Allianz mit Breivik bekundete. Er sei Nationalist, sagte er, und eine Art Liberalist, nur nicht bezüglich der Wirtschaft. Und er liebte Putin. Er hatte an der Universität von Chicago studiert und eine Dissertation über die EU als ein zum Scheitern verurteiltes Projekt geschrieben, aber jetzt leitete er eine kleine Kunstgalerie, die sich auf makabre Gemälde spezialisiert hatte.

Wir blieben auch nach dem *last call* am Tresen sitzen, gemeinsam mit Tony, dem Barkeeper, der keine Lizenz für den Verkauf von Hochprozentigem hatte, was er wiedergutmachte, indem er uns aus seiner eigenen Whiskyflasche einschenkte. Wir sprachen über unsere Herkunft und über die Vorurteile, die wir gegen einander hatten. Das war in jenem schwülen Sommer, bevor die Alt-Right-Bewegung zu einem bekannten Phänomen wurde, anderthalb Jahre bevor Trump auf den Thron stieg und die Bewegung in Steve Bannon ihren eigenen Machiavelli fand. Ich hatte zu diesem Zeitpunkt noch nie von Alt-Right gehört, aber von der Chicago School und ihrem Leitstern Leo Strauss gelesen, dem deutschen Philosophen, der wie auch andere Heidegger-Studenten während des Krieges in die USA geflohen war. Nach seinem Tod erlangte er Kultstatus, und es bildete sich eine geheimnisumwobene Gruppe von Jüngern, die angeblich ganz Washington infiltriert hatte.

In meiner Heimat Norwegen war die hitzige Debatte über die syrischen Flüchtlinge in vollem Gange. Sebastian fragte mich, was ich sah, wenn über die syrischen Flüchtlinge in den Nachrichten berichtet wurde. »Die sehen doch so aus, als wären sie gerade erst aus dem Fitnessstudio gekommen«, sagte er, »mit einer Schachtel Kippen in der einen und dem iPhone in der anderen Hand. Ist es nicht offensichtlich, dass das Soldaten sind?«

Die Strauss-Schule in Chicago ist bekannt für esoterische Textauslegungen. Man sucht nach Schattenerzählungen in der westlichen Ideengeschichte, überzeugt davon, dass es seit Platon die kryptische Tradition gibt, in der bedeutende Philosophen eine zweite, kodierte Botschaft in ihre jeweiligen Werke hineingeschrieben haben. Dieser Ansatz steht im Gegensatz zu einer exoterischen Lesart, bei der davon ausgegangen wird, dass der Text genau das ist, was er vorgibt zu sein.

Die Leute begeistern sich für esoterische Textauslegungen. Sie geben den Machtlosen Macht, stellen die Dinge auf den Kopf und bescheren ihren Lesern das Gefühl, zu den wenigen Auserwählten zu gehören, die hinter die scheinheiligen Fassaden der Kultur sehen können. Die Wahrheit ist schmerzhaft und nur den respektlosen, intensiven Lesern vorbehalten, den Tapferen und Eigenwilligen – den aufmerksamen Jünglingen, die erkennen, dass der Kaiser nackt ist. Eine derartige Einstellung ist natürlich nicht nur den Straussianern vorbehalten; die meisten kulturkritischen Standpunkte behaupten, verborgene Wahrheiten in den Rissen der offiziellen Geschichte erkannt zu haben. Im schlimmsten Fall führt dies zu einer paranoiden Lesart, die es nicht schafft, etwas Neues aufzubauen oder entstandene Schäden zu reparieren, sondern sich nur in ihrer eigenen cleveren Skepsis wälzt. Paul Ricœur nannte es »die Hermeneutik des Verdachts«, ein Terminus, mit dem er eine philosophische Schule bezeichnete, deren Wegbereiter Freud, Marx und Nietzsche seien. Aber der Begriff kann noch viel weiter gefasst werden. Man begegnet dieser Form der Misstrauenskultivierung sowohl bei den Linken als auch bei den Rechten, und auf beiden Seiten findet man Menschen mit großem Ego, die behaupten, erkannt zu haben, was niemand außer ihnen erkannt hat.

Strauss las Texte von bedeutenden Denkern wie Machiavelli und Nietzsche, beschäftigte sich jedoch vor allem mit Platon, den er als eine Art Ironiker wahrnahm. Als Platon in *Politeia* (*Der Staat*) seine ideale Stadt skizzierte, regiert von Königen der Philosophie, handelte es sich dabei, Strauss zufolge, um ein utopisches Gedankenexperiment, nicht etwa um ein politisches Programm, denn der Konflikt zwischen Stadt und Philosophie könne nicht gelöst werden. Eines der Probleme bei der Gründung des idealen Staates sei gewesen, dass die Philosophen – diejenigen, die hätten regieren sollen, eben weil sie ein leidenschaftliches Interesse daran hatten, das Gute zu lehren – keinen Bock auf den Job als Herrscher gehabt hätten. Strauss glaubte, man habe Platon zu wörtlich gelesen, dass sogar Aristoteles ihn zu sehr beim Wort genommen habe und dass der Hauptaspekt von *Politeia* nicht etwa gewesen sei, eine Expertenregierung vorzuschreiben, sondern anzuerkennen, dass in jedem Regierungssystem Tyrannei schwele. Diese Lesart passte gut zum Zeitgeist der Nachkriegszeit, als Philosophen darum wetteiferten zu beweisen, dass latenter Faschismus auch in der Demokratie zu finden sei. Strauss zitierte Cicero, der der Meinung war, der Zweck von *Politeia* sei nicht, uns das bestmögliche Regime zu servieren, sondern uns die Natur der Politik und der Stadt aufzuzeigen. Dies ist *eine* Möglichkeit, Strauss zu lesen, neben vielen anderen, denn Strauss schrieb genau so, wie er Platon vorwarf zu schreiben: kryptisch und widersprüchlich. Er hinterließ Spuren, die nur die wachsamsten Leser finden sollten. Vielleicht war er doch auf der Suche nach Königen der Philosophie.

»In *Politeia* lehrt Platon uns, dass die Demokratie dazu verurteilt ist, Trash zu werden«, meinte Sebastian. Er bezog sich auf *Trickle Down Tyranny*, ein Buch aus dem Jahr 2012, verfasst von Radiomoderator Michael Savage, der dazu aufrief, das Weiße Haus aus den Händen der Obama-Tyrannei zu befreien, Obamas Träume von den Vereinigten Sozialistischen Staaten zu zerstören und somit das Gute und das Wahre einer gefährdeten Nation aufrechtzuerhalten. Leute wie Savage, meinte Sebastian, würden dafür sorgen, dass Trump diese Wahl gewinne. Savage mache die Leser zum Teil einer straussianischen Schattenerzählung: Demokratie existiere eigentlich nicht. Die Massen würden in den Glauben versetzt, dass sie in einer Volksregierung lebten, während nur die Eliten und der gebildete Untergrund verstanden hätten, dass dies nicht der Fall sei. Die Leute seien zu dumm, um sich selbst zu regieren, und das System hänge davon ab, dass Idioten nicht kapierten, wie die Dinge wirklich zusammenhingen. Deshalb würden sich Tyrannen in Schafspelze kleiden. Sämtliche Analysen Sebastians folgten dieser Logik: Eine beängstigende Wahrheit verbirgt sich zwischen den Zeilen der leicht verdaulichen Lügen, die die Massen unterwürfig machen. Er ging vor die Tür, um eine zu rauchen. »Dem Barkeeper kannst du nicht vertrauen«, sagte er beim Rausgehen. »Zwielichtiger Typ. Komm lieber mit raus.«

»Nein, danke«, erwiderte ich. »Meine Mutter hat mich vor Typen gewarnt, die mich vor Typen warnen.«

Ich blieb an der Bar sitzen und leerte gemeinsam mit Tony die Whiskyflasche.

Ich traf Sebastian wieder, in einem Pub in Greenwich Village, diesmal lag ein Diktiergerät zwischen uns auf dem Tisch. Wir waren uns beide einig, dass ich bei der Arbeit war und er auf einem Date und dass es sich bei diesem Treffen um eine vollkommen okaye Form der Prostitution handelte. Er hatte ohnehin nicht so viel für mich übrig, denn seiner Meinung nach waren norwegische Frauen ziemliche Provinzlerinnen: neureiche, gutmütig-verblödete Bauerntrottel auf Skiern, zu unkultiviert, um mit dem plötzlichen Ölreichtum klarzukommen, geplagt von der Wahnvorstellung, sie könnten mit ihren blonden Haaren eine Extrawurst kriegen. Die Schwedinnen seien die elegantesten der skandinavischen Frauen, hochgewachsen und in schwarze Seide gekleidet, während die Däninnen die zweitbeste Wahl seien, wenn auch etwas zu breitschultrig, wie die Russinnen. Die Norwegerinnen standen ganz unten auf der Liste. Er feixte, versuchte mich zu provozieren.

»Stimmt«, erwiderte ich. »Norweger sind abscheulich. Diese norwegische Zufriedenheit ist am schlimmsten, wenn man am Flughafen Gardermoen landet und nichts anderes sieht als rotwangige Wonneproppen in marineblauen Blazern und zurückgegelten Haaren, die gerade aus Frankreich zurückkommen. Da kann man schon mal denken, dass hier ein Schuss vor den Bug nicht verkehrt wäre. Da würde sich ein hübscher Krieg schon mal auszahlen.«

Er hob die Augenbrauen. Schien sich zu fragen, ob ich nur bluffte. Er verstand sich selbst als Italiener, obwohl er in den USA geboren und aufgewachsen war und relativ wenig mit seinem italienischen Vater zu tun hatte, über den er mit einer Mischung aus Sehnsucht und Hass sprach. Seine Mutter war schon immer *too much* gewesen, zu erdrückend. Seine Sätze waren voller Risse, Lecks, aus denen Verletzlichkeit und Bitterkeit sickerte und diese Art von Frauenhass, bei der es sich eigentlich um Angst handelte. Sein Ton änderte sich abrupt von belehrend zu kindisch. Plötzlich war er ein nervöser Junge auf einem Date, der aufstand und mir erklärte, er müsse mal eben auf die Toilette gehen, um sich das schicke, weiße Hemd anzuziehen, das er in seinem Rucksack dabeihatte.

Er war der Meinung, dass Feminismus und Islamismus unter einer Decke steckten, aufgepimpt von einer politisch korrekten kulturellen Elite, und dass diese Allianz den Untergang Europas zur Folge haben würde. Da europäische Frauen im Grunde genommen nicht befreit werden wollten – weil Frauen von Natur aus masochistisch seien –, hätten sie jetzt unbewusst begonnen, muslimische Männer zu importieren, damit sie auch in Zukunft vor jemandem niederknien könnten. Er war der festen Überzeugung, norwegische Frauen hätten ihre Ehemänner kastriert und würden es nun bereuen, würden sich in Wirklichkeit danach sehnen, an jemanden gefesselt zu werden, und seien somit Wegbereiterinnen der muslimischen Invasion Europas.

Sebastians Diagnose der europäischen Flüchtlingssituation kam mir erschreckend bekannt vor, obwohl ich sie nie zuvor so präzise in Worte gefasst gehört hatte. Bei allen Arten von kulturellen Kollisionen schreit jemand: Sie kommen und nehmen uns unsere Frauen weg! Aber Sebastian legte noch einen drauf: Genau das wollen unsere Frauen! Er schob Frauen in den Wechseljahren, die seit Ewigkeiten keinen Sex mehr hatten, die Hauptschuld zu; sie täten dies aus dem unbewussten Wunsch heraus, sich an schönen Mädchen zu rächen.

»Ich glaube, das ist ein wichtiger Aspekt«, sagte er, »vor allem unter nordeuropäischen Frauen. Da steckt irgendein psychosexueller Wahnsinn dahinter.«

Ich musste an die Emo-Schriftstellerin Sylvia Plath denken, die in einem guten, aber auch etwas lächerlichen Gedicht ihre eigenen Vaterkomplexe mit Europas neurotischem Verhältnis zum Führer verschmelzen ließ und schrieb: »*Every woman adores a fascist / the boot in the face, the brute / brute heart of a brute like you.*«

Normalerweise hätte ich den Impuls unterdrückt, Menschen wie Sebastian zu pathologisieren, aber es stellte sich heraus, dass meine Psychologisierung seiner politischen Überzeugungen nicht mit seiner Psychologisierung meiner Person verglichen werden konnte. Da saßen wir also, ein Neurotiker, der mir vorkam wie das Paradebeispiel des Mannes, der sich von der Moderne kastriert fühlt, und ich, der hysterische weibliche Archetyp, der für den Zusammenbruch der Zivilisation verantwortlich ist. Er sah mich mit einem urzeitlichen Zorn an, der in mir eine Unsicherheit auslöste: Wollte er mich nun am liebsten ficken, heiraten oder killen? Er schien sich auch nicht ganz sicher zu sein.

Später bekam ich eine Mail von ihm. »Findest du immer noch gut, wofür deine skandinavischen Regierungen stehen?«, hieß es in der Betreffzeile. Im Anhang hatte er ein Bild von vier europäischen Außenministerinnen und ein Foto von mir mitgeschickt, verschwitzt und betrunken auf einem Barhocker, das er, ohne dass ich es bemerkt hatte, am Abend unserer Begegnung im Safehouse gemacht hatte. Er schrieb:

> Hallo Ida,
> ich hoffe, es geht dir gut. Ich habe das Gefühl, ich müsste derjenige sein, der dich interviewt. Seit unserem Treffen im September (beziehungsweise Ende August) ist beinahe eine halbe Million Muslime – die meisten von ihnen Männer im wehrfähigen Alter – in Deutschland, Schweden und viele andere europäische Länder eingefallen. Im Anhang findest du ein Bild der Außenministerinnen von Schweden, Deutschland, den Niederlanden und deinem geliebten Norwegen – allesamt weiblich. Warum schert ihr nordischen Frauen euch nicht um die anhaltenden systematischen Vergewaltigungen und Grup-

penvergewaltigungen, begangen von muslimischen Männern an WEISSEN Frauen? Glaubt ihr, das ist Zufall?

Wie lange wollt ihr das noch tolerieren? Glaubt ihr wirklich, dass diese Menschen Europäer werden, nur weil sie europäischen Boden betreten? Und eine noch dringlichere Frage: Glaubt ihr wirklich, dass diese Leute »Flüchtlinge« sind? Es handelt sich doch um eine offensichtliche Invasion Europas, die von höheren Mächten wie dem US-Geheimdienst, Israel und diesen niederträchtigen NGOs inszeniert wird. Und natürlich ist das alles Teil des langfristigen Plans der EU, die europäischen Nationen aufzulösen. Alles, was wir in den letzten 2000 Jahren erschaffen und uns erkämpft haben, wird durch diesen multikulturell-marxistischen Wahnsinn ausgerottet und zerstört. In Europa gibt es keine Demokratie mehr. Die Eingeborenen werden wie Terroristen behandelt, wenn wir – egal wie vorsichtig – versuchen, uns der offensichtlichen Invasion unserer Länder zu widersetzen. Über muslimische Kriminalität wird in den Medien nicht berichtet. Deutschland hat eine ehemalige Stasi-Agentin, Anetta Kahane (Jüdin), beauftragt, Facebook auf Hasskriminalität, also auf patriotische Kommentare, zu überwachen. Außerdem wurde vorgeschlagen, Eltern, die sich gegen die Invasion auflehnen, ihre Kinder wegzunehmen.

Warum haben alle Völker außer den weißen Europäern das Recht auf Selbstbestimmung? Was mich jedoch am meisten schockiert, ist, dass die sogenannten Feministinnen Nord- und Mitteleuropas mit Vergewaltigern, Sadisten, Mördern und Terroristen gemeinsame Sache machen, anstatt für die Interessen der Frauen zu kämpfen. WARUM? Setzt du, als Frau, dich in irgendeiner Weise damit auseinander? Oder ist alles, was eine braune oder schwarze Person macht, unantastbar? Drei Afrikaner vergehen sich in einer Gruppenvergewaltigung an einer Vierzehnjährigen, und die Osloer Staatsanwältin verhängt für keinen der Angeklagten eine Gefängnisstrafe. Was läuft da falsch bei euch?!?! Wie auch immer, wir sollten uns diese Woche zum Lunch treffen, wenn du noch in NYC bist. Wenn du schon wieder in Norwegen bist, hoffe ich, dass du jetzt zum Arabischkurs gehst und dir eine hübsche Burka ausgesucht hast.

Das war nicht das erste Mal, dass ein Mann, der sich sonst nicht sonderlich für die Gleichstellung der Frau engagierte, mir erzählen wollte, ich als Frau hätte eine moralische Pflicht, gegen den politischen Islam zu kämpfen. Das an sich war kein besonders schockierender oder interessanter rhetorischer Schachzug. Trotzdem knöpfte sich die E-Mail Folgendes ganz genau vor: das europäische »Wir«, die Vorstellung vom destruktiven kulturmarxistischen Wahnsinn und, mal wieder, die *Mitschuld* der nordischen Frauen. Bei Sebastians Sichtweise auf den Flüchtlingsstrom aus Syrien ging es um eine Vorstellung des Unbewussten, nicht um Politik. Die Boote auf dem Mittelmeer waren seiner Auffassung nach nicht nur Trojanische Pferde, sondern wurden zudem noch von willigen westlichen Sirenen und verbitterten schrulligen Frauen eingeschmuggelt. Es stellte sich heraus, dass dies die eifersüchtige Fantasie des Eurabien-Theoretikers ist: die Europäerin, den Blick gen Osten gerichtet, nach dem vormodernen Schwanz lüstend. Wie lustig und seltsam, wenn das wahr wäre, sagte ich mir und dachte an meine muslimischen und christlich-konservativen Ex-Freunde und all meine studierten Freundinnen, die die letzten zehn Jahre immer wieder kürzere oder längere Perioden im Nahen Osten verbracht hatten. Vielleicht ist unser Begehren reaktionär. Vielleicht ist die Schattenerzählung des Gleichstellungskampfes eigentlich eine Erzählung über Tyrannophilie.

Ein Jahr später – verwirrt und noch ganz benommen von der apokalyptischen Stimmung nach der US-Präsidentschaftswahl – traf ich Sebastian ein letztes Mal, in einem überteuerten Café in Greenpoint, gleich um die Ecke von der Bar, in der ich ihm zum ersten Mal begegnet war. Es war ein verregneter Nachmittag, und ich fühlte mich kulturell überlegen, weil ich norwegische Gore-Tex-Schuhe trug und geradewegs durch die Asphaltflüsse marschieren konnte, wohingegen Turnschuh-Enthusiasten wie Eisbären auf schmelzenden Eisschollen gestrandet waren. Trump hatte gewonnen, war aber noch nicht zur Tat geschritten. Ich gratulierte Sebastian und fragte, ob er mit seinen Alt-Right-Freunden gefeiert habe. Er schnaubte, offensichtlich war es ihm unangenehm, plötzlich Mainstream zu sein. Er war dünner geworden und verwendete noch fettigere Haarprodukte als beim letzten Mal. Er war der Meinung, dass viele Wähler früher oder später enttäuscht werden würden. Geschäftsleute mochten eventuell mit Trump zufrieden sein, sagte er, da er in erster Linie selbst ein Las-Vegas-Geschäftsmann sei, aber auch sie würden sich zu große Hoffnungen machen, was Trumps wirtschaftlichen Nationalismus betreffe. Doch Sebastian glaubte daran, dass Trump wirklich ein Patriot sei und dass er in seine Rolle hineinwachsen würde. Außerdem fand er, Trump sei viel schlauer, als die Leute dächten, er habe einfach nur den hohen IQ eines Mathematikers oder Ingenieurs und spreche daher so abgehackt, was ihn dumm erscheinen lasse. Dennoch hatte Sebastian vor allem Vertrauen in Ivanka, die blonde Prinzessin mit den osteuropäischen Gesichtszügen, einer gedämpften Stimme und einer Selbstbeherrschung – das genaue Gegenteil vom Munddurchfall ihres Vaters. Vielleicht würde *sie* es schaffen, Menschen im Kampf zu vereinigen, um Amerika »europäischer« zu machen. *Weißer.*

»Was ist das Beste am Wahlsieg?«, fragte ich ihn.

Er lehnte sich zurück, zeigte auf die Baristas und die fake-armen Hipster, von denen wir beide annahmen, dass sie Kinder reicher Eltern waren, die für die Demokraten gestimmt hatten.

»*Diese* Leute unglücklich zu sehen. Ganz im Ernst. Dass denen mal die Flügel gestutzt werden. Acht Jahre lang wurde ihnen alles in den Arsch gesteckt, und sie haben sich total daneben benommen. Jeder, der ihre Ansichten nicht geteilt hat, war entweder Nazi oder Antisemit oder Rassist, und man konnte gar nichts mehr sagen, ohne dass einem das Twitter-Konto gesperrt wurde. Sie haben den Staatsapparat gegen jeden verwendet, der nicht ihrer Meinung war.«

Er glaubte, dass die Obama-Regierung ein autoritäres Regime gewesen sei, Ähnlichkeiten zu jeder lateinamerikanischen Diktatur aufgewiesen habe und dass Obama ein sexueller Dissident sei, der sich mit Pädophilen und schwulen Aktivisten verbündet habe, sich für eine Transgender-Agenda starkgemacht habe, bei der es sich in Wirklichkeit um den Völkermord an *weißen* heterosexuellen Männern gehandelt habe. Voller Begeisterung sprach Sebastian über Dinge, die er für die Perversionen anderer hielt, und diese Begeisterung machte ihn verletzlich. Er verlor die Fassung. Sein Gesicht verzog sich zu einem kindischen, dämlichen, kinnlosen Grinsen. Er sah zu mir auf, unsicher, studierte mein Gesicht auf der Suche nach einer Reaktion. Dann, mit einem Ruck, erhob er sich von seinem Stuhl, lehnte sich nach vorn über das Diktiergerät und brüllte: »Alle diese Menschen wurden benutzt! Hillary Clinton sollte wegen Landesverrats hingerichtet werden!«

Ein paar Hipster drehten sich halb zu uns um, unbeeindruckt. Sie gingen wohl davon aus, dass wir nur rumalberten, und wandten sich wieder ihrem Freelancing zu.

Sebastian fuhr fort und erklärte alle, die beim Nacht-und-Nebel-Schmuggel von Einwanderern nach Europa mitgeholfen hatten, zu Landesverrätern.

»Das musst du doch kapieren«, sagte er aufgebracht, »du als Norwegerin. Diese Leute sind Quislinger. Die machen genau dasselbe wie damals, als Vidkun Quisling und seine Anhänger die Deutschen nach Norwegen reingelassen haben.« Nachdem er sich wieder halbwegs beruhigt hatte, ließ er seinen Blick durch das Café schweifen, fast so, als sei er verblüfft, und murmelte: »Ich hätte nie gedacht, dass die ..., nachdem ihnen alles, was sie sich gewünscht hatten, in den Schoß gefallen ist: ein N***-präsident, der auch noch Muslim und schwul ist, wenn du mich fragst, dass die ...«

Er hielt inne, zögerte, ich fragte ihn, ob er die Plundertasche nicht essen wolle, die ich ihm gekauft hatte. Er stotterte etwas von wegen er wisse nicht, ob ich eine Agentin sei, immerhin hätte ich dieselbe Frisur wie Spione in den 1980er-Jahren. Dann sammelte er sich.

»Wenn es andere Rassen beträfe, würden es alle sofort kapieren. Man holt die Leute hier in einer Nacht-und-Nebel-Aktion rein, ohne dass jemand darüber abgestimmt hat, und dann lässt man sie gegen *uns* abstimmen, gegen *unsere* Interessen. Sie senken unsere Gehälter und begehen Verbrechen, damit sie uns besser unter Kontrolle haben. Wenn weiße Menschen auf diese Weise in schwarze Länder importiert würden, hätten alle sofort kapiert, dass da was nicht richtig läuft. Als die Chinesen ihre Leute nach Tibet geschickt haben, um genau das zu tun, nannte man das Völkermord, aber wenn Leute nach Italien kommen, reagiert niemand.« Er verstellte seine Stimme, um in die Rolle eines Vertreters des Multikulturellen zu schlüpfen: ›»Und übrigens, wir werden dir deinen Erzfeind ins Haus holen, damit er mit dir zusammenleben kann, und wenn er deine Tochter vergewaltigt und du dich deshalb beschwerst, gehst du in den Knast.‹ So sehe ich die Einwanderungsfrage: Man kommt nach Hause, und da sitzen fremde Leute in deinem Wohnzimmer. Sie sind nicht eingebrochen. Jemand hat ihnen den Schlüssel gegeben. Wer hat ihnen den Schlüssel gegeben? Die Globalisierungsfreunde und die Juden. Jetzt wohnen sechs neue Menschen in deinem Haus, und du und deine Frau und deine Kinder seid nur zu viert. Aber keine Sorge: Wir leben ja in der Demokratie. Also werden wir jetzt darüber abstimmen, wer dein Haus behalten darf, deine Autos und deinen Pool. Es wird abgestimmt, und du verlierst. Das ist nicht fair. Darum sind die Wahlen in Europa nicht mehr legitim.«

Er sagte, dass Schweden und andere Länder, die dafür konstruiert seien, schwache Menschen zu erschaffen, sich zu Bananenrepubliken entwickeln würden, während die Polen als Hauptakteure aufstiegen, da sie robuste Katholiken seien, die keine Ausländer mochten. Er liebte es, solche nationalen Charaktereigenschaften zu zeichnen: Perser waren europäischer als Araber; Amerikas moralischer Charakter wurde durch die rohe afrikanische (sic!) Hip-Hop-Kultur verdorben; die Norweger waren eine Spur englischer als die anderen Skandinavier; und Steve Bannon war ein temperamentvoller Ire, der wahrscheinlich zu viel trank, aber ein gutes katholisches Gemüt hatte.

Ich redete ihm nach dem Mund, ergänzte einige negative Eigenschaften der Franzosen, leicht sexistische Vorurteile gegenüber Iranern und gab zu, dass auch ich, wie Strauss und Sebastian, eine tiefe Liebe für *Dead White European Males* empfand – die Sündenböcke, die meine Studierenden nur DWEMs nannten.

Er war der Auffassung, dass man sowohl in Rassenfragen als auch in der Geschlechterpolitik das Offensichtliche aus den Augen verloren habe: dass man mit bestimmten Eigenschaften geboren werde, die man nicht wegwählen könne. Geschlecht sei real, Rasse sei real, und er glaubte, dass das Unterschätzen dieser Kategorien ein fataler, kollektiver Fehler sei. Er sagte, dass sich der Westen inmitten eines gewaltsamen Umbruchs befinde und dass das, was ich für normal hielt, tatsächlich eine revolutionäre Position sei.

»Allein der Fakt, dass du perplex bist, wenn ich von der Transgender-Agenda und der muslimischen Invasion spreche«, sagte er, »zeigt mir doch schon, dass du die Sklavin einer radikalen Ideologie bist.« Er war der Meinung, wir stünden vor einer neuen und tiefgreifenden Politisierung der Natur.

»Aber ist nicht genau das, was du Zivilisationsprojekt nennst, eine Wegbewegung vom Gesetz des Dschungels?«, fragte ich. »Wir werden wohl nichts von unserer Natürlichkeit einbüßen, nur weil wir lernen, das Vergewaltigen sein zu lassen und einander die Köpfe nicht mit Knüppeln einzuschlagen, oder weil wir Prothesen bauen und Menschen, die taub auf die Welt kommen, Gehör verschaffen? Nichts ist doch menschlicher, als die Natur zu manipulieren.«

»Ja«, lenkte er ein, »aber das hier ist doch noch krasser. Einem Achtzehnjährigen eine Hormonbehandlung zu verpassen, weil er gerade eine Identitätskrise hat, ist doch so, als würde man die Zwangsvorstellungen eines psychisch Kranken nähren. Dahinter verbirgt sich eine politische Agenda, eine Agenda, die viel brutaler ist als Nationalsozialismus oder Stalinismus, eine neue Art Holocaust. Man radiert weiße, heterophile Männer aus, damit Frauen stattdessen Kinder mit Einwanderern bekommen und somit Menschen mit einem niedrigeren IQ kreieren, die die Mächtigen, ganz naturgemäß, besser kontrollieren können. Es geht um die Ausrottung der europäischen Zivilisation zum Vorteil der Globalisierung.« Er nannte es Dekonstruktion der Gesellschaft, von oben nach unten.

»Und wer steht an der Spitze dieser Verschwörung?«, fragte ich.

»Das wissen wir nicht. Vielleicht die Echsenmenschen. Vielleicht, vielleicht. Zu diesem Zeitpunkt kann ich mir gut vorstellen, dass die Echsenmenschen dahinterstecken.«

Er sah mich mit einem schiefen Grinsen an, wollte sehen, für wie verrückt ich ihn hielt. »Ich glaube nicht, dass du das glaubst.«

Er grinste breit, seufzte.

»Nein, das tu ich wohl nicht.«

Sein Blick wurde hitzig, rotzfrech.

»Seit Anbeginn der Moderne, seit der Aufklärung, existieren Menschen, die die Idee eines *One World Government* vorantreiben. Das kann man nicht abstreiten. Das ist ihr Wille, und um das zu erreichen, warum nicht einfach Sexualität als Mittel zum Zweck benutzen? Schließlich ist die größte Leidenschaft eines Mannes die Leidenschaft zu einer Frau. Sie ist es, die einen Mann zum Handeln bewegt. Wenn man diese Leidenschaft auslöscht, kann man Menschen unterwerfen. Es geht um Kontrolle, um die Schaffung einer Person ohne Geschlechtsidentität, ohne Rassenidentität, ohne nationale Identität, ohne jegliche Identität, abgesehen davon, ob man nun Adidas oder Nike kauft, Cola oder Pepsi trinkt. Man erschafft ein passiv-aggressives Monster, eine autistische, lieblose, kalte Kreatur. Du bist doch Dozentin, du musst doch bemerkt haben, dass junge Menschen immer autistischer werden. Und ist dir aufgefallen, dass Charme gar nicht mehr existiert? Die Menschen werden weniger menschlich, narzisstischer und in sich selbst gefangen. Interaktion wird schwieriger, die Menschen haben Angst, miteinander zu reden. Wie diese Leute hier.«

Er zeigte auf die gefakten Holzfäller in der Kaffeeschlange und zischte: »Guck dir diese Wahnsinnigen an, mit ihren schweineteuren Kaffees. Das sind Kapitalisten, die sich nicht von der kulturmarxistischen Linken distanzieren.« Er sagte, Bärte seien ein Symptom. »Wir leben in einer Zeit, in der die Menschen sich von der Welt abkapseln. Die Römer waren glatt rasiert. Es sagt etwas über unsere Kultur aus, wenn Männer sich hinter ihren Bärten verstecken.«

Das Römische Reich ist der Goldstandard. Nicht das Dritte Reich. Sebastian verachtete die brauneren nationalsozialistischen Strömungen in der Alt-Right-Bewegung: Sie waren zu romantisch, zu deutsch, zu sehr an provinziellen Volkstraditionen und Mythologie orientiert. Zu ungepflegt. »Wir sind hier in einem anglo-*fucking*-sächsischen Land«, sagte er, »und vor den Augen der Urenkel derer, die gegen die Nazis gekämpft haben, mit dem Deutschen zu liebäugeln, ist eine schlechte Strategie.«

Wir sprachen über Richard Spencer, den Mann, der nach der Wahl das Gesicht der Alt-Right-Bewegung geworden war, nachdem ein Video viral ging, in dem er und einige andere der Alt-Right-Anhänger in einem Gemeindesaal standen und einen – vermutlich ironischen – Hitlergruß zeigten. Sebastian fand die ganze Nummer erbärmlich. Er sagte, obwohl Spencer wahrscheinlich ein legitimer Vertreter der Alt-Right-Bewegung sei, im Gegensatz zu vielen verdeckten Ermittlern, die die Gruppe infiltrierten, habe er nicht den Status, um mit einem Hitlergruß ungeschoren davonzukommen.

»Er ist ein verwöhnter kleiner Prinz ohne ausreichend Lebenserfahrung. Du stehst nicht auf und rufst ›Sieg Heil‹, wenn du nicht selbst im Krieg gewesen bist, oder zumindest Rennfahrer.«

»Rennfahrer?«

»Ja, das reicht schon. Du musst niemanden umgebracht haben, aber zumindest Polizist oder Feuerwehrmann oder Ähnliches gewesen sein. Du musst mehr zustande gebracht haben, als ein paar kurze Essays zu schreiben. Die ganze Nummer war schon lange vor dem Hitlergruß ziemlich peinlich. Die sind besessen vom Deutschen. Spencer und seine Gleichgesinnten lehnen die Aufklärung ab, was sie nicht zu neuen Erkenntnissen führt, sondern zurück ins Deutschland des 19. Jahrhunderts. Man hat die deutschen Götter schon einmal wiederauferstehen lassen, und es ist gescheitert. Ich habe die deutsche Philosophie immer als die Philosophie der Verlierer angesehen. Sie ist für Männer, die sich auf die Brust schlagen und sagen: ›Ich bin die Nummer eins, ich bin die Nummer eins‹, wenn sie das Rennen schon längst verloren haben und jemand anderes das Mädchen abbekommen hat.«

Er sagte, dass er nichts für deutschen Historismus übrig habe – eine Tradition, die von Minderwertigkeitskomplexen motiviert sei, die alles in zu subjektives Licht stelle, zu stammes- und volksorientiert sei –, ein Argument, das er sich direkt von Leo Strauss abgekupfert hatte.

»Ich bin griechisch-römisch«, sagte er. »Und ich bin Aristoteliker. Philosophie interessiert mich mehr als Politik. Außerdem bin ich ein *fucking* Katholik. Aber die da, die sind Atheisten oder Satanisten oder Borderliner.«

Sebastians Ideal sind vermutlich Männer wie Michael Anton, der Dandy, der, inspiriert von *Il Principe* (*Der Fürst*) von Machiavelli, ein Buch über Herrenmode schrieb und nun also Berater im Weißen Haus werden sollte. Während des Wahlkampfes schrieb er unter dem Pseudonym Publius Decius Mus kontroverse Essays, benannt nach einem römischen Konsul, der sich auf dem Schlachtfeld geopfert hatte. Möglicherweise war Sebastians Fantasie eine Republik, in der gebildete Krieger in Designerkleidung hinter den Kulissen die Strippen zogen. Eine dynamische Neuorientierung zum Wahren, zum Guten und zum Schönen: zu allem, was in einer Gegenwart verloren gegangen war, die sich sowohl von Rom, Athen als auch von Jerusalem abgewandt hatte – sowohl von der Kriegskunst als auch von der Philosophie und der Offenbarung. Sebastian bebte vor Sehnsucht, während er in einem Café in einem, seiner Auffassung nach, entarteten und seelenlosen New York saß – diese Art von Sehnsucht, die einsame Jungs dazu bringen kann, Politik zu einem Einzelunternehmen zu machen. Er sah mich an, strammte den Kiefer und flüsterte: »Dunkle Dinge gehen vor. Die dunklen, tiefgreifenden, sterilisierenden Wirkungen der Moderne. Es ist etwas ganz Komisches im Busch.«

OBSCURITAS! ORNATUS! AD UNDAS!

»Komm, ich zeige dir das Strafgericht über die große Hure, die an den vielen Gewässern sitzt. Denn mit ihr haben die Könige der Erde Unzucht getrieben, und vom Wein ihrer Hurerei wurden die Bewohner der Erde betrunken.« So steht es im siebzehnten Kapitel von Johannes' *Offenbarung* geschrieben, auch bekannt als *Apokalypse*. Weniger bekannt als *Enthüllung*. Der Text ist ein Acid-Trip über Gottes Abrechnung mit den Menschen, über den Tag, der vor der Tür steht, ein Text, in dem wir die Wut der Tiere und Monster zu spüren kriegen, in dem die See brennen wird wie Feuer und Schwefel. Und: »Du hast die Gewässer gesehen, an denen die Hure sitzt; sie bedeuten Völker und Menschenmassen, Nationen und Sprachen.« Der Name der Hure klingt auf Englisch am genialsten: *Babylon the Great, the Mother of Prostitutes and Abominations of the Earth*, das burgunderfarben gekleidete Luder, ein Symbol für das perverse Rom, das die Christen verfolgte. Johannes' *Offenbarung* ist so aktuell wie eh und je. Die Apokalypse ist immer der letzte Schrei.

Im Sommer 2018 waren mein Freund und ich auf Patmos, der Insel, auf der Johannes die Offenbarung erhielt. Johannes war genauso alt wie Jesus, lebte aber viel länger und wurde gegen Ende des ersten Jahrhunderts als alter Mann ins Exil auf diese paradiesische Insel in der Ägäis gesandt, ebenjene Insel, die erst kürzlich Booten mit syrischen Flüchtlingen das Anlegen verweigert hatte und die Menschen entlang der salzigen Küste ertrinken ließ. Wir besuchten die Grotte, in der die Apokalypse niedergeschrieben worden war. Die Geistlichen, die uns herumführten, zeigten uns den kleinen Stein, den Johannes als Kopfkissen benutzt hatte, und die Vertiefung in der Höhlenwand, in der er sich beim Aufstehen mit der Hand abgestützt hatte. Die Steinformationen waren in Silber gerahmt worden. Die Geistlichen bestanden auf einer wörtlichen Auslegung. Die Apokalypse war keine Allegorie. Sie hatte stattgefunden, und der Kissenstein war der Beweis.

Am Tag nach dem Besuch der Apokalypse-Grotte fuhren wir mit dem Boot zu den kleineren Inseln vor Patmos, bis in eine paradiesische Bucht, die die Griechen »Schmelztiegel« nannten. Dort sprangen wir mit Schnorchel und Schwimmflossen vom Boot, glitten durch das warme Wasser über dem weißen, feinen Sandgrund.

Mein Freund sah ihn zuerst. Er steckte den Kopf aus dem Wasser, zeigte Richtung Meeresboden, nahm den Schnorchel aus dem Mund und rief: »Oktopus!«

Der Tintenfisch saß ganz ruhig auf dem Grund der Bucht, mit einer Entourage von vier aufgekratzten Fischen, die um seinen Kopf kreisten. Er war beinahe eins mit dem Sand. Wir schnorchelten über ihn hinweg, während er – und da bestand kein Zweifel – uns im Auge behielt. Wir starrten den Tintenfisch an, und der Tintenfisch starrte zurück, blickte uns in die Augen mit seinen viereckigen Pupillen.

Wir hatten gerade *Other Minds: The Octopus and the Evolution of Intelligent Life* (*Die Krake, das Meer und die tiefen Ursprünge des Bewusstseins*) gelesen, ein Buch vom Philosophen und Tiefseetaucher Peter Godfrey-Smith, der anhand von Begegnungen mit Tintenfischen über die Natur und die Evolutionsgeschichte des Bewusstseins reflektiert. Seine Hypothese ist, dass der Tintenfisch dem am nächsten kommt, was wir uns unter einer außerirdischen Intelligenz vorstellen.

Hier haben wir eine ganz andere Art, sagt Godfrey-Smith, die parallel zu uns ihre eigene Form eines eigenen Bewusstseins entwickelt zu haben scheint. Der Tintenfisch hat neun Gehirne, eines im Kopf und die anderen jeweils in den acht Tentakeln, jedes von ihnen hat seinen eigenen autonomen Denkprozess, weshalb das Tier also eine individuelle Intelligenz ohne zentrale Steuerung ist. Tintenfische verwenden Werkzeuge, dekorieren ihre Höhlen, benutzen Ablenkungsmanöver und sind wahrscheinlich intelligenter als Hunde und Affen. Und sie unterscheiden sich anhand individueller Persönlichkeitsmerkmale. Einige von ihnen sind schüchtern. Andere lustig. Manche mürrisch. Godfrey-Smith trifft unter anderem auf einen Tintenfisch, der einen Taucher bei der Hand nimmt und ihn mit nach Hause in seine Höhle führt, wie ein kleines Kind mit acht Beinen. Er beschreibt auch, dass Kraken eher selten in Schwärmen auftreten und oft spektakuläre Farbshows auf ihrer Haut vorführen, obwohl sie farbenblind sind. Es ist, als würden sie halb unbewusst Kunst um der Kunst willen machen, nicht für ein Publikum. Als würde ihr Denken außerhalb stattfinden und nicht in ihrem Inneren. Vielleicht ist ihre gesamte Haut eine Art Bewusstsein. Vielleicht kann der Tintenfisch mit der Haut nicht nur schmecken, sondern auch Erinnerungen in ihr speichern. Durch den Tintenfisch wird das Meer zu einem Bild von einer alternativen Welt, die hätte entstehen können, wenn eine andere Intelligenz als wir den evolutionären Vorteil erlangt hätte. Dies öffnet die Tore für einen misanthropischen Fortschrittsoptimismus: Vielleicht könnten die Tintenfische die Weltherrschaft übernehmen, nachdem wir den Löffel abgegeben haben, und unsoziale Gesellschaften gründen, in denen jeder sich in sein eigenes, hübsch eingerichtetes Stübchen zurückziehen und ein Feuerwerk introvertierten, unnötigen Denkens erzeugen kann.

Godfrey-Smith versucht sich vorzustellen, wie der Tintenfisch sich wahrnimmt. Reflektiert er sich selbst? Falls ja: auf welche Art und Weise? Wo befindet man sich in der Welt, wenn man ein denkendes Bewusstsein in einem völlig dehnbaren, knochenlosen und formverändernden Körper ist? Was für einen Begriff hat man von dem eigenen Selbst, wenn man aus einem Aquarium fliehen kann, indem man sich durch ein Rohr oder einen Spalt von der Größe des eigenen Auges quetschen kann? Ist bei diesem Selbst die Kontinuität zwischen innen und außen total?

Im vergangenen Monat hatten wir fast jeden Tag über Tintenfische gesprochen. Wir hatten sie in den allermeisten Lebenslagen als Metaphern verwendet: als Allegorie einer guten Organisationsstruktur und als bildhaften Ausdruck für unser eigenes unsoziales Dasein, das wir vor allem mit Büchern und Computern füllten, bebend vor überflüssiger Selbstreflexion. Aber jetzt, auf einmal, waren diese Bilder nicht mehr nur alberne Metaphern, jetzt, wo wir – im salzigen, dynamischen Ägäischen Meer treibend – plötzlich von Angesicht zu Angesicht einer waschechten außerirdischen Intelligenz gegenüberstanden.

Der Tintenfisch schaute mich an. Er sah etwas verängstigt aus. Verbarg sich hinter einem Balken auf dem Meeresboden. Ich schwamm auf die andere Seite des Balkens und sah, wie der Tintenfisch sich langsam in meine Richtung bewegte, ohne meinen Freund aus den Augen zu lassen. Dann, mit einem Mal, drehte er sich zu mir um, als hätte er mich durchschaut, und während dieser paar Sekunden seiner Drehung und während er seinen Blick auf mich fixierte, änderte sich die Farbe seiner Haut von sandfarben zu knalltürkis.

Am nächsten Tag aßen wir Tintenfisch zum Abendessen. Es war, als wäre man zum Abendmahl geladen und würde dort eine Oblate auf die Zunge gelegt bekommen, nur dass es nicht der Leib Christi war, den wir in uns hineinschlangen, sondern etwas noch Heiligeres. Außerdem war es eine Möglichkeit, ihm, den wir am Tag zuvor im Meer getroffen hatten, näherzukommen. Denn auch Tintenfische sind Kannibalen.

Von Patmos aus reiste ich nach Norwegen, um mal wieder meine Familie und meine Freunde zu besuchen. Für Liebe und Vorwürfe, Zusammenhalt und passiv-aggressive Sticheleien. Die Menschen in Norwegen suchten nach Spuren von Trump und dem gesamten amerikanischen Zustand an meinem Körper, als hätten die letzten Jahre endlich physische Spuren hinterlassen. »Warst du früher nicht geschickter?«, fragte meine Mutter, als ich eine Hauswand abspachtelte, die neu gestrichen werden sollte. »Dein Gesicht hat irgendwie einen anderen Ausdruck bekommen«, sagten ihre Freundinnen. »Du bist dünner geworden.« »Du hast zugenommen.« Sie studierten meinen Körper und suchten nach Zeichen des Verfalls.

Amerikanisches Denken sei messianisch, wird mir erzählt von den dogmatischen Sozialistinnen im Bergenser Freundinnenkreis meiner Mutter. Amerikaner verstünden die gemächliche Natur der Politik nicht, sagen sie, sondern warteten passiv auf die nächste Wunderheilung, Apokalypse, Offenbarung oder Revolution. Sie wüssten nicht, was es bedeutet, Bürger zu sein, Teil des großen Gemeinschaftsprojekts. Es gebe dort keine Öffentlichkeit, und außerdem seien die Menschen in den USA nicht nur apolitisch, sie seien geschichtslos und fett. Die Kameradinnen meiner Mutter haben sicherlich in gewisser Weise recht, aber es ist schwer zu sagen inwiefern, denn diese Art versnobter Antiamerikanismus ist nicht neugierig genug, um präziser zu werden oder zumindest etwas Neues zu offenbaren.

Philosophen sagen, dass wir, die wir im 21. Jahrhundert erwachsen geworden sind, Kinder des ständigen Ausnahmezustands seien. Wir sind die Kinder der Katastrophe und des Internets, weinerliche, unsolidarische Endzeit-Narzisstinnen, breit aufgestellt, aber unklug, mit schlechten *life skills* und miserabler Konzentrationsfähigkeit. Das entspricht natürlich nicht der Wahrheit, denn Diagnosen der Jugend-von-heute sind nie wahr, aber sie mögen besonders in New York zutreffen, weil New York, wie Saul Bellow einst schrieb, uns an den Zusammenbruch der Zivilisation denken lässt, an Sodom und Gomorrha, ans Ende der Welt. Das Ende würde hier nicht überraschend eintreten, sagte er, viele hätten bereits ihr Geld darauf gesetzt.

Ein paar Jahrzehnte zuvor schrieb E. B. White in einem kleinen Büchlein, dem er den Titel *Here is New York* verpasste, dass das Gefühl von Sterblichkeit ein Teil dieser Stadt geworden sei, unter dem Dröhnen der Düsenjets und in den pechschwarzen Überschriften der Zeitungen. Er nannte es »The Intimation of Mortality«, Todesempfinden, mit einem Fingerzeig auf ein Gedicht von Wordsworth, »The Intimation of Immortality«, geschrieben Anfang des 19. Jahrhunderts. Hier entsteht ein Spannungsfeld zwischen der Alten und der Neuen Welt: Die USA, bevölkert von englischen Auswanderern auf der Flucht vor religiöser Verfolgung, die sich »Ach, scheiß drauf« sagten, das Risiko einer Atlantiküberquerung auf sich nahmen, die Unsterblichkeit für die Sterblichkeit verließen und eine Gesellschaft aufbauten, die Bellow ein »idiotisches Inferno« nannte. Die Apokalypse war plötzlich nur einen Steinwurf entfernt, und wäre sie das nicht gewesen, wäre New York nicht so toll, wie es heute ist. Die Krise ist ein Teil von New Yorks Image.

•

New York stehen die Wechseljahre gut, dachte ich, als ich an einem Winterabend in Stavanger ein Interview hörte, das Cathrine Sandnes mit der Schriftstellerin, Forscherin und Performance-Künstlerin Wencke Mühleisen zu dem 2018 erschienenen Buch *Hetetokt – Rabalder med overgangsalder* (*Hitzewelle – Viel Lärm um die Wechseljahre*) geführt hatte. Mir wurde klar, dass diese hypersymbolische Stadt zu einem so offensichtlichen Schönheitsideal für mich geworden ist, weil sie mit ihren Falten flirtet, ihre grauen Haare in alle Richtungen wehen lässt, Bauchtänze mit Schleier und Pailletten aufführt. Die Stadt, die Hure Babylon, erinnert uns daran, dass es die verlotterte Sterblichkeit ist, die uns bezirzt, nicht das Gephotoshopte.

Mühleisens Buch ist in vielerlei Hinsicht interessant, was mir aber bei diesem Interview an jenem Abend am besten gefallen hat, war, als sie und Sandnes über das Modedilemma der Frauen mittleren Alters sprachen. Ab einem gewissen Alter muss man plötzlich auf gewisse Symbolik verzichten, um keinen widerwärtigen oder erbärmlichen Eindruck zu hinterlassen. Die Frau mittleren Alters sollte nicht zu viel Dekolleté zeigen, zumindest nicht, wenn sie große Brüste hat, keinen zu kurzen Rock tragen, nicht zu viel gestikulieren, nicht zu laut sprechen. Und das Seltsame ist, dass diese Regeln anscheinend auch in geschlechtsradikalen Kreisen gelten – als ob der Feminismus nur aufregend wäre, solange er jung ist. Man könnte den Eindruck gewinnen, dass von der Frau nach den Wechseljahren, egal wie radikal sie zuvor gewesen war, egal wie kurzgeschoren und *grungy*, nun erwartet wird, kontrolliert und brav zu sein; und um Gottes willen darf sie nicht flirten oder sich gar vulgär artikulieren. Sandnes wies darauf hin, dass auch hier die Klassenfrage eine Rolle spielt, über die vielleicht zu wenig gesprochen wird, weil dieser enge ästhetische Ausdrucksraum, in den die erwachsene Frau verbannt wird, offensichtlich das Ideal von der *bürgerlichen* Frau ist.

Dies sind deprimierende Aussichten, die man nicht akzeptieren kann. Ich interpretierte das Gespräch daher als einen Appell, neue Alternativen für das würdevolle Altern auf die Tagesordnung zu setzen, gerne auf die Selfie-Generation der Millennials abgestimmt, mit dem Ziel, auch beim Älterwerden nicht vor ausdrucksstarken, imperfektionistischen Accessoires zurückzuschrecken und somit das Regime des Anstands zu stürzen.

Jetzt, da wir so weit die Dreißig überschritten haben und endlich alt genug sind, im Kreise richtiger Frauen aufgenommen zu werden, jetzt, da wir uns an der Schwelle zu den berüchtigten schönsten Frauenjahrzehnten befinden, jetzt, da die Wangenknochen hervorstechen sollen, sich in unseren Haaren kostenlose silberfarbene Highlights bilden und Hals und Hände von deutlich hervortretenden Blutadern gezeichnet werden, jetzt, da wir uns endlich nicht mehr mit diesem dämlichen jugendlichen Glamour herumschlagen müssen, jetzt, da die jungen Mütter unter uns gigantische Unterarmmuskeln ausbilden und so aussehen, als hätten sie Kriege und Hungersnöte überlebt, jetzt, da wir uns endlich gelehrt haben, dass es bei gutem Stil darum geht, das Charakteristische hervorzuheben, statt es zu verstecken, *jetzt* können wir das vulgäre Manifest der Eitelkeit verfassen, *jetzt* können wir fordern: Gib uns das Barocke, das Manieristische, das Gotische. Gib uns violetten Lidschatten und orangefarbenes Rouge. Gib uns Haut, die mit Leberflecken übersät ist, mit Krampfadern, blauen Flecken und überraschendem Haarwuchs, abwechslungsreich und wild wie eine fruchtbare Landschaft. Befrei uns von dem Verdacht, dass es sich hierbei um Romantik oder Verfallsmetaphysik handle, denn diese Allianz ist nicht stabil, alle ihre Einzelteile fliehen vor ihrem eigenen Jargon und ihrer eigenen Ideengeschichte. Wir, die Schnösel, die dieses Manifest unterzeichnen, wissen, dass einem die Rhetorik der Dekreation, der Paradigmenzerstörung und Inauthentizität schnell die Luft abschnürt und dass die Ablehnung von Doxa auch zur Doxa wird. Wissen wir. Sind auf der Suche nach etwas anderem. Es geht darum, die Möglichkeit zu maximieren, einen freien oder rohen Ausdruck zu manifestieren, indem der vorherrschende Geschmack zu jeder Zeit kontinuierlich gedemütigt wird, nicht auf aggressive Weise und nicht, indem Originalität oder Genialität verehrt werden, sondern indem man das Verwundbare kultiviert, das Schräge und das Abweichende.

Güte vielleicht? Wie die Erzählerstimme in Ricky Gervais' Fernsehserie *Derek* über den gleichnamigen Protagonisten sagt: »*The only shortcut that works is kindness.*« Derek – eine gütige und einfache Seele, die sich kein besseres Leben vorstellen kann als jenes, das er bereits lebt, mit seinem Job als Altenpfleger – ist ein Vorbild für alle in seinem Umfeld, ein *idiot savant*, der, ohne es zu beabsichtigen, alle um sich herum mit Fürsorge erdrückt. Hier wird Güte als eine Art Erkenntnismethode dargestellt, eine Abkürzung, die an Ethik und Logik vorbeiführt. Wir können das Gute nicht heranzüchten, denn wir wissen nicht, was das Gute ist, aber wir können Güte heranzüchten, denn Güte hat weniger Ehrgeiz, ist nicht so abstrakt, nicht so erdrückt von all den selbst erklärten, guten Definitionen vom Gutsein. Im Rahmen dieser Theologie gilt es, sich mit einer Form von Verehrung und Fürsorge zu schmücken. Man zeigt, dass man die Begegnung mit der Fremden ernst nimmt, dass sie eine kleine Zeremonie wert ist und dass man dafür bereit ist, das Großartige an unerwarteten Orten anzutreffen.

Bei Mode geht es natürlich um Macht und Gegenmacht, das ist das Langweiligste, was man dazu sagen kann, dass Mode etwas zementiert, etwas zitiert und etwas anderes explodieren lässt. Aber es ist jene Mode, die behauptet, keine Mode zu sein, sondern nur eine reine Kultivierung zeitloser Schönheit (zeitlosen Gutseins?), die nach unten tritt und den Handlungsspielraum einschränkt. Und diesen zivilisatorischen Idealen steht geschmackloses oder nuttiges Schminken als solidarischer Akt, vor lauter Völlerei und Jubel bebend, gegenüber. Dieser Akt wird zu einer rebellischen Geste, die die Vorstellung ablehnt, dass ein reines Gesicht echter ist als ein aufgedonnertes.

Wir befürworten die Tussimetaphysik. Oder

wir befürworten sie nicht, wir demonstrieren, so wie andere seit Jahrtausenden demonstriert haben. Die Tradition ist alt und reicht bis zu den Kopfbedeckungen und Tätowierungstraditionen der Frühzeit zurück, zu Nofretetes Kopfschmuck, Cleopatras Augen-Make-up und Milchbad, den roten Stöckelschuhen des Sonnenkönigs, Königin Elizabeths ätzendem Quecksilberpuder, über Hofnarren, Glam-Rocker und Drags, und kulminiert beim letzten Messias des Make-ups, Dolly Parton, der Koryphäe, die aus einer gigantischen Wunde in der Weltlandschaft heraus über Eifersucht und Eitelkeit singt. Dolly Parton ist die Hohepriesterin der Tussimetaphysik. Mit kristallklarer Stimme konfrontiert sie die Menschen mit der Frage, ob es wirklich einen wesentlichen Unterschied zwischen Faltencremes und Facelifts, Gymnastik und Chirurgie, Pilates und Korsetts, Push-up-BHs und Implantaten gebe. Sie demütigt uns, hält uns den Spiegel vor, in dem wir den Ekel erkennen, den wir angesichts der Vergänglichkeit von Schönheit empfinden, und offenbart uns, dass das, was wir für moralische und ästhetische Urteile gehalten haben, in Wirklichkeit nur Klassenverachtung ist.

Eine manikürte Hand in die Korsettseite gestemmt, mit einem Mega-Dekolleté, einem toupierten Hinterkopf und einem mütterlichen Lächeln auf den Lippen, die über ihre Linien hinaus nachgezeichnet sind, ist Parton das Zerrbild von Platons Idealismus. Sie singt den Psalm der provinziellen Barbie und läuft im Musikvideo eine Südstaatenstraße entlang, strahlend und blond und rosa, durch eine schwarz-weiße Landschaft voller Rednecks und Rifles.

> *I'm just a backwoods Barbie, too much makeup, too much hair.*
> *Don't be fooled by thinkin' that the goods are not all there.*
> *Don't let these false eyelashes lead you to believe*
> *that I'm as shallow as I look cause I run true and deep.*
> *[...]*
> *So read into it what you will, but see me as I am.*
> *The way I look is just a country girl's idea of glam.*
> *I'm just a backwoods Barbie in a push-up bra and heels.*
> *I might look artificial, but where it counts I'm real.*

Dort, wo es wirklich drauf ankommt, bin ich echt, singt sie. Sie glaubt also, dass etwas Echtes existiert, und zwar *in* (nicht *hinter*) dem augenscheinlich Künstlichen. Vielleicht ist es so, dass die Schichten der Künstlichkeit es ihr ermöglichen, ehrlicher zu sein als die meisten Menschen, dass das Künstliche das Wahre umrahmt und es an die Wand hängt. Vielleicht will sie darauf hinaus, dass Authentizität in den meisten Fällen und an den meisten Orten irrelevant ist, aber nicht überall, und dass man, wenn man großzügig und aufmerksam ist, durchaus dazu in der Lage ist, an den richtigen, noch so verborgenen Stellen nach dem Echten suchen zu können. Sie zwingt uns, der Geschichte das Haarsprayhaar gegen den Strich zu kämmen und mit einer Handvoll Silikon nach der Wahrheit zu greifen.

Als Phänomen sagt sie viel über Klasse, Identitätspolitik und Ontologie aus, und damit ist sie nicht allein. Sie ist Teil einer internationalen Armee, eine dieser eitlen Pfauinnen, die in ihren exzentrischen Rüstungen die Straßen entlangstolzieren. Sie sind philosophische Vorbilder, die man feiern und zwischendurch auch mal nachahmen sollte.

Wir tun so, als wären wir the *scarlet woman*, die Hure Babylon, die Kraft, die das Imperium fickt. Die dicke Schminke wird zum stillen Klassenprotest gegen die Wächter des guten Geschmacks, gegen die einstudiert unangestrengte Ungeschminktheit der Kulturaristokratie, gegen Minimalistinnen in formlosen Seidenkleidern, mit unsichtbarem Puder, teuren Feuchtigkeitscremes, gegen diejenigen, die glauben, sie seien so natürlich, dass Schönheit von innen käme, durch entgiftete Därme und erweiterte Lungenkapazität, Spinningeinheiten und ein Verdauungssystem, das nichts anderes kennt als Grünkohl und Quinoa. Ein Protest gegen die Selbstdisziplin, gegen gurrende, dressierte Stimmen, entzückende Lächeln und polierte Haut. Gegen Hippies, die Essstörungen als ökologischen Aktivismus verherrlichen, und gegen Philosophen, die selbstvernichtende Askese als Kritik bezeichnen. Gegen die verächtliche Haltung der Snobs gegenüber der Verschwendung, gegen die sichtliche Anstrengung, gegen das adrette Kostüm. Gegen alle Pressefotos norwegischer Autorinnen, stets abgebildet in einer schneebedeckten Allee, mit einem Mantel, einem großen Schal und kristallklarem Blick, ohne Make-up, mit unscharfen, winternackten Zweigen im Hintergrund. Rein, zugeknöpft, überhaupt nicht eitel.

Es muss andere Möglichkeiten geben, sein Gesicht zum Symbol der eigenen Gedanken zu machen, bei denen es nicht darum geht, den Kontrast zwischen innen reich und außen spartanisch zu betonen. Es muss weniger strenge Masken geben.

Ein Experiment im essayistischen Schminken: Foundation verschmilzt Hauttöne miteinander, deckt rote Wangen, sommersprossige Nasen und Narben am Kinn ab. Ich trage Kajal auf die untere Wasserlinie auf. Darunter einen rußigen Lidstrich. Flüssiger Eyeliner entlang des oberen Wimpernkranzes, eine Kunst, die ich nicht beherrsche. Es wird eine Sauerei, aber draußen ist es dunkel, macht also nix, ich kann den Lidstrich nicht mehr retten, egal wie viele Wattestäbchen ich benutze. Die verschmierten Kritzeleien scheinen sowieso passend, als hätte jemand eine spontane Idee um meine Augen herum skizziert. Ich trage Schatten bis zur oberen Lidfalte auf, ziehe die Augenbrauen länger und dunkler nach, kräusele die Wimpern nach oben, pinsele mir Glitzer auf die Wangenknochen und schminke mir den Mund mit dem dunklen Lippenstift größer. Meine Augen wirken durch den Kontrast zum Lippenstift grüner, das gefällt mir, und außerdem ist Lippenstift so viel einfacher aufzutragen als Augen-Make-up, weil er nicht juckt und nicht sofort verschmiert, wenn ich mich im Gesicht reibe. Mir wurde gesagt, ich reibe mich zu oft im Gesicht. Daher kann ich die Maske nie länger als eine Stunde aufbehalten; es ist, als ob Fett und Farbpigmente von meiner Haut aufgesogen würden. Aber so schlimm ist es nicht. Es ist das Ritual, das zählt. Eine Stunde für mich, in der ich Kaffee trinke, obwohl es schon Abend ist, Popmusik aus Bergen höre, neue Outfits aus alten Klamotten zusammenstelle, mich auf Zack fühle. Sobald ich aus der Tür gehe, ist der Schminkprozess abgeschlossen. Keine Ausbesserungen auf den Mädchentoiletten dieser Welt, denn sobald man draußen ist, darf alles in sich zusammenfallen.

Was lebt, das schmückt sich: Fische, Vögel, Pflanzen. In allen Korallenriffen dieser Welt, allen Dschungeln und Wüsten werden kokette Paarungstänze aufgeführt, die alles übertrumpfen, was sich in den höllischsten Clubs und Bars der Menschen abspielt. Man muss sich nur ein wenig der Welt der Naturdokumentation hingeben (eine Welt, die die Literaturgeschichte erblassen lässt, denn, ganz im Ernst, was treiben wir hier eigentlich, wir Menschen, die irgendwelche armseligen Geschichtchen erdichten, während sich die perfekten Urdramen um uns herum abspielen, in den Meeren, in den Wäldern, in der Savanne), um zu verstehen, dass nichts natürlicher ist, als das Federkleid aufzubauschen, Farben aufzutragen, sich in Pose zu werfen, um Paarungswillige anzulocken und die Konkurrenz zu verschrecken. Wir schmücken uns, um das Überleben unserer Art zu garantieren. Das vergisst man gerne mal, und vielleicht ist genau diese Blindheit gegenüber dem ehrlichen Erscheinungsbild der eitlen Pfauin die folgenschwerste Nebenwirkung des Gesetzes von Jante, des Verhaltenskodexes, der skandinavische Bescheidenheit predigt und in seiner äußersten Konsequenz dystopische Stadtlandschaften schafft, in denen jeder in Allwetterjacken gekleidet ist und niemand mehr Bergens Prachtstraße Torgallmenningen als Catwalk benutzt. Vielleicht ist das der Anfang vom Ende.

DIE JUNGENZIMMERGLEICHUNG

Fanatische Männer, allein gegen den Rest der Welt, in der Suppe ihrer Verschwörungstheorien. Sie sind die Hauptpersonen des Zeitgeistes, und viele von uns haben Verständnis für sie, denn sie sind doch so schön, wie alle tragischen Charaktere schön sind, wie sie umhertaumeln und mit den Füßen stampfen, ohne Selbstwahrnehmung und Impulskontrolle, auf der Flucht vor ihrer Kindheit und ihrer Lebenslüge. Sie erinnern uns daran, was aus uns hätte werden können, wenn wir unseren Minderwertigkeitskomplexen nachgegeben hätten, oder unserer Selbstgeilheit, und es nach ein paar Jahren hätten sein lassen, unsere eigenen Fakten zu überprüfen.

Ich betrachte die Pressefotos, die Anders Behring Breivik vor dem Terrorangriff von sich selbst geschossen hat, genauestens in Szene gesetzt und in den Wochen nach dem 22. Juli von internationalen Medien dankbar verwendet. Eitelkeit und metrosexuelle Posen liegen in diesen Bildern, den wahrscheinlich ersten Terroristen-Selfies der Welt. Er plustert sich auf, macht einen Schmollmund, zieht sich noch mal um und spielt mit Requisiten. Ritterkostüm, Freimaureruniform, Gasmaske, Polizeiuniform, Eyeliner und Foundation. Ein dünner Backenbart, nur ein Strich am Kiefer, ein kläglicher Versuch, so etwas wie einen Wangenknochen nachzuzeichnen. Er sieht total bescheuert aus. Das ist beinahe schon rührend. Und ich frage mich, was er da im Spiegel gesehen hat, in den Jahren, als er zu Hause bei seiner Mutter in seinem Jungenzimmer gesessen und Computerspiele gespielt, sich mit Anabolika vollgestopft und sich in eine internationale Gemeinschaft von Männern mit schicken Klamotten geträumt hat. Dass er wahrscheinlich homosexuell ist, interessiert mich weniger als die Frage, was zuerst kam: Verkleidung oder Überzeugung, Kostüm oder Glaube, Form oder Inhalt? In was bekommen wir eigentlich einen Einblick, beispielsweise in dieser Szene in Åsne Seierstads Buch *En av oss* (*Einer von uns*), in der einige Jungs aus der Osloer Graffitiszene daran erinnern, wie Breivik mit getuschten Wimpern zu ihren Treffen kam, um wie ein Gangster zu wirken? Und was sieht Breivik jetzt im Spiegel, nachdem er im Gefängnis so viel abgenommen hat, dass seine Wangenknochen endlich zum Vorschein kommen und ihm einen maskulinen Ausdruck verleihen, woraufhin er sich einen ordentlichen Bart wachsen ließ, der sogar einen silbernen Streifen am Kinn hat? Weiß er, dass er den Babyspeck losgeworden ist und nun etwas beinahe Hübsches zum Vorschein kommt?

Am liebsten würde ich eine ethnografische Studie an fanatischen Männern durchführen, mehrere Jahre als verdeckte Ermittlerin arbeiten, mit ihnen trinken, ihnen Unterschlupf gewähren und ihnen zuhören, bis sie sich selbst hören. Ich würde sie zum Sündenbocksymposium auf dem Astralplaneten einladen, die Wohnung zu einer Art ideologischer Arche Noah umgestalten. Nicht, um sie zu bekehren, das wäre zu optimistisch, so wie auch die Internet-Troll-Metapher zu optimistisch ist, wenn sie davon ausgeht, dass gruselige ideologische Strömungen sich in sich selbst auflösen, wenn sie auf Aufklärungsidealismus treffen. Es geht mir eher um eine archäologische Freilegung von Wunden und Rissen, die dieses hasserfüllte Charisma aussondern, eine Ausgrabung von unterdrückter Schwäche, die aus den Tiefen hervorbricht und Schwäche oft selbst verachtet, aber auch vor Energie und Charme strotzen kann.

Ich habe dem Herausgeber der Zeitschrift *Vagant* angekündigt, dass ich einen Essay über die gesamte Kulturproduktion schreiben möchte, die den Geschehnissen des 22. Juli entsprungen ist. Eine gezielte, detaillierte Auseinandersetzung mit Büchern, Gedenkstätten und Reden. Für dieses Vorhaben hat er Bücher für mich bestellt, die die Geschehnisse verarbeiten oder dokumentieren. Ich hätte mir niemals vorstellen können, dass so viele Bücher zu diesem Thema publiziert worden sind, sodass sogar jetzt noch schwere Pakete im Flur vom Astral herumstehen. Debatten, akademische Analysen und Zeugenberichte. Ich staple sie in einer Ecke des Schlafzimmers. Ich bringe es nicht übers Herz, sie zu öffnen – noch nicht. Denn in diesem Moment kann ich mich nicht daran erinnern, warum ich etwas zum 22. Juli sagen wollte. War es nur aus dem Grund, weil sich das so gehört, wenn man eine Schwäche für kulturkritische Haltungen hat, weil man dazu imstande sein will, die Temperatur des Zeitgeistes zu messen, und ein ernstes Mitglied der Gesellschaft werden möchte? Oder war der Grund, dass der 22. Juli, wie ich in einem bewegten Augenblick in meinem ersten Entwurf geschrieben hatte, »die wichtigste aktuelle politische Frage ist, die meine Generation beantworten muss«? Ist das nicht eine melodramatische Lüge oder zumindest eine Übertreibung, die Sensationslust in einen dünnen Schleier intellektueller Hochwertigkeit einhüllt? Vielleicht hat mich das Drama, die Gewalt, das Filmische an dem Ganzen, die Infantilität und das Groteske von Breivik als Charakter einfach gereizt? War mein Bedürfnis nach einer kalten Analyse schlicht ein Abwehrmechanismus angesichts der totalen Sinnlosigkeit des 22. Juli, einer Sinnlosigkeit, die uns in erster Linie sprachlos und desorientiert zurückließ?

Wie viele andere Norweger träumte ich in den Wochen und Monaten nach dem 22. Juli von Utøya und von Breivik – träumte von Freunden, die auf glitschigen Steinen am Ufer ausrutschten, blutigen, aufgeschrammten Kinderfüßen, falschen Polizeiuniformen, vom Kontrast bleicher junger Körper im schwarzen Wasser. Am 22. Juli schien die politische Stimmung, die schon seit

Jahren brodelte, überzukochen. Vielleicht werden diejenigen unter uns, die während der Nachbeben des 11. September erwachsen geworden sind, vom 22. Juli noch mehr heimgesucht als ältere Generationen; heimgesucht von dem mulmigen Gefühl, dass unsere Kriege von Reinheit handeln werden, als Kultur und Religion vermarktet.

Als ich ein halbes Jahr nach dem 22. Juli nach New York zog, um Philosophie und Politik zu studieren – und zwar an dem Institut, das in den 1930er-Jahren *The University in Exile* genannt wurde und als eine Art intellektuelles Flüchtlingslager für europäische Juden galt –, fühlte es sich deshalb wie eine Selbstverständlichkeit an, meine Semesterarbeit über die norwegische Reaktion auf den Terrorangriff zu schreiben. Meine jüdischen Kommilitoninnen schrieben über Holocaust und Humor, die Trans-Studierenden über Heidegger und Posthumanismus, die Deutschen über Schuld und Volkswirtschaft, die indischen Kommilitoninnen über Postkolonialismus. Die jüngeren Studentinnen schrieben über Gender, sich selbst und Soziale Medien, die reichsten Studentinnen – die noch nie einen schwierigen Job hatten – über Unterwerfung und Vergewaltigungsfantasien. In einem derartigen Milieu musste der 22. Juli natürlich *mein Ding* sein – als politisches Ereignis, das ich und andere Norweger meiner Generation für sich beanspruchten. Und das Gefühl war aufrichtig: Die rhetorische Kultur, die im Kielwasser des 22. Juli entstand –

die Gemeinschaftsrhetorik, die Kriegsmetaphern, Licht-Dunkel-Dichotomien, Wörter, die versuchten, die jungen toten Körper mit ideologischem Sinn zu füllen –, brannte in uns wie eine Frage, und es war unsere Aufgabe, sie zu beantworten.

•

Wenn die Schlange lang ist, wird man in kleinen Grüppchen hereingelassen und von einem in Schwarz gekleideten Angestellten empfangen, der sich als »Gastgeber« vorstellt. »Willkommen im 22.-Juli-Zentrum«, sagt der Gastgeber und erzählt uns, was uns auf unserem Besuch erwartet. »Im letzten Raum besteht die Möglichkeit, sich zu setzen und ein Glas Wasser zu bekommen«, sagt er. »Außerdem sind Sanitäter vor Ort.« Der Kommentar erinnert daran, dass diese Ausstellung zum Teil inszeniert ist.

Nur im ersten Raum ist es verboten, Fotos zu machen. Dort hängen Porträts von den Ermordeten.

Der nächste Raum ist fast leer. In einer Ecke des lang gestreckten Saales wird ein Überwachungsvideo abgespielt. Auf dem Video sieht man, wie der weiße Transporter im Regierungsviertel ankommt, geparkt wird, und es vergehen ein paar Augenblicke, bis man erkennt, was auf dem Fahrersitz vor sich geht. Herumhantieren, Adrenalin, die Lunte wird gezündet. Ein Mann in Polizeiuniform schließt die Wagentür hinter sich und verschwindet von der Bildfläche. Menschen gehen vorbei. Das Bild wird schwarz und der Film spult vor. Auf dem schwarzen Hintergrund sieht man nur noch weiße digitale Sekunden und Zehntelsekunden, wie in einem Actionfilm. Erst spult der Film langsam, dann schnell, dann wieder langsam; man glaubt, sich in den Kurator, der am Spulknopf gesessen hat, hineinversetzen zu können. Als die Überwachungsaufnahme wieder anspringt, ist alles Staub und Chaos. Weiß und Hellgelb. Es wirbelt papierisch, glänzt metallisch, wird erneut schwarz, dann legt sich der Staub. Wir gehen weiter, zum Wrack des Transporters und zum Zeitstrahl, in den großen Raum, in dem ein kleines Fenster offen steht, von dem aus wir den Ort sehen können, an dem der Transporter geparkt wurde.

Das Bombenauto ist schön. Es liegt auf niedrigen Holzpaletten, diskret angestrahlt, mitten im Hauptausstellungsraum des 22.-Juli-Zentrums. Ein verkohltes und verbogenes Stahlskelett.

Es ist schwer zu sagen, ob das Bombenauto ein sinnloses Wrack oder eine Art Kunstobjekt ist, ein Gegenstand, der einer Interpretation bedarf. Denn Geschichte ist vielleicht nichts anderes als Wrackreste im Scheinwerferlicht, in Schaukästen und auf Sockeln. Insofern hätte das Bombenauto einen Sinn, denn sowohl derjenige, der es geformt hat, als auch diejenigen, die es ausstellen, haben es mit Gefühlen und Ideologie gefüllt.

Das Bombenauto könnte eine futuristische

Kunstinstallation sein. Die Futuristen, die sich in erster Linie mit Ästhetik beschäftigt haben, vermischten Anarchie und Faschismus zu einem ideologischen Cocktail, der Italien retten sollte. Autos und Autowracks waren zentrale Symbole für Marinetti, den Poeten, der 1909 das futuristische Manifest geschrieben hatte und später Mussolinis Kulturminister werden sollte. Marinetti wollte Museen niederbrennen und der Welt zeigen, dass »ein schnaufender Rennwagen schöner ist als Nike von Samothrake«. Er wollte »den Krieg – die einzige Hygiene der Welt –, den Militarismus, den Patriotismus, die destruktiven Aktionen des Freiheitsschaffenden, schöne Ideen, die es wert sind, für sie zu sterben, und den Frauenhass lobpreisen«. Wie Breivik war auch Marinetti ein Dandy, wie Breivik fürchtete er Frauen noch extremer, als er Ausländer fürchtete. In den Manifesten beider Männer sind Patriotismus und Frauenhass zwei Seiten derselben Medaille. Marinettis Fortschrittsfetisch spiegelt sich in Breiviks Nostalgie: Sehnsucht nach dem Reinen, das durch Gewalt erwirkt werden soll.

Das Bombenauto liegt stumm und schwer im Herzen des Informationszentrums. Es erinnert auch an die Kunstinstallationen von Per Inge Bjørlo, dem Künstler, der Metall verbogen hat, um Einsamkeit, Klaustrophobie und Übelkeit zu vermitteln. In einem Essay über Bjørlos Kunst schrieb Stig Sæterbakken: »Wenn mein Blick auf die verknoteten Formen, auf diese großen Stahlklumpen fällt, die dort liegen, denke ich: Das ist doch sein Kopf! Ein Kopf, kurz davor zu explodieren.«

»Mich beschleicht das Gefühl, dass ich vielleicht besser nicht hier sein sollte«, sagte Sæterbakken in einem Interview. »Mich beschleicht das Gefühl, dass ich in den Traumata eines anderen Mannes herumlatsche. [...] Das hat irgendetwas Befremdliches.«

Das Bombenauto hat auch irgendetwas Befremdliches, eigentlich die ganze Gedenkstätte, die gesamte Erinnerungspolitik.

An den Wänden des Hauptraumes verläuft ein Zeitstrahl, auf dem die Geschehnisse kurz zusammengefasst werden, illustriert mit Bildern, Auszügen aus der Gerichtsverhandlung und Tweets. Das Publikum folgt dem Zeitstrahl, während es liest, niemand sagt etwas. Man grämt sich über das erbärmliche Foto von den Polizisten, die mit Waffen beladen in einem kleinen Gummiboot sitzen, und fragt sich, was man davon halten soll. Soll man angesichts der Naivität lachen oder wegen der sinnlosen Unbeholfenheit weinen, entrüstet das die Polizei? Vielleicht ist das Zentrum nur eine Gedenkstätte für alles, was unter dem Gewicht aufgeblasener und actionhungriger Egos zugrunde geht, eine freundliche Erinnerung daran, dass hinter der Brutalität oft nur Angst vor dem Lächerlichen und dem Niedrigen steht.

Nach dem Hauptausstellungsraum folgen Videos mit Zeugenberichten. Hier bleiben alle

Kinder im Publikum still sitzen und starren. Was sollen sie hier lernen? Über die Bedeutung von Bösartigkeit, Ideologie, Gemeinschaft, Toleranz oder Wahnsinn? Werden sie als Bürger oder passive Zuschauer angesprochen? Kann es sein, dass die Trauer, sobald sie nicht mehr spontan und individuell, sondern kuratiert und kollektiv ist, melancholisch wird – und somit apolitisch? Kann man aus der Sache noch mehr herausziehen als die pazifizierende Süße moralischer Entrüstung gegenüber einer Tat, an der man keine Mitschuld trägt? Sitzen sie hier wie junge Amerikaner bei einer Besichtigung von Auschwitz, die nie von der Internierung japanischstämmiger Amerikaner während des Zweiten Weltkriegs gehört haben, oder von den Massakern an den Ureinwohnern Amerikas, nur von Hitler und ISIS und anderen unmenschlichen Monstern – ohne Bürgerpflicht, in einen ideologischen Schlaf gesungen?

Wir gehen weiter in eine Minibibliothek, zu einer Sammlung aller Bücher über den 22. Juli. Buchhändlerinnen und Bibliothekare berichten, dass Norweger diese Bücher nicht lesen. Trotzdem ist es gut, dass sie geschrieben werden. Die Vielfalt der Auslegungen muss in feste Formen gegossen werden, denn alle möglichen Leute würden mit der Zeit versuchen, sich den 22. Juli unter den Nagel zu reißen, den Tag für ihr Narrativ über Knebelung und Kultureliten, Extremismus und sozialdemokratische Solidarität ausnutzen – und da bleibt nur die Vielfalt der Erzählungen, die als

Korrektiv stehen. Kollektive Erinnerung lebt nicht in einer gemeinsamen Psyche, sondern in kulturellen Artefakten – in Reden, Büchern, Gedenkstätten und Videos. Wenn die Betroffenen nicht mehr sind, wird die Erinnerung an diese Geschehnisse nur in diesen Dingen weiterexistieren.

Eines der am wenigsten rechthaberischen Bücher in der Minibibliothek ist *Terrorens ansikt* (Gesicht des Terrors) aus dem Jahr 2013, eine Sammlung von Essays und Zeichnungen von Tom Egil Hverven und Sverre Malling. Als Genre machen Essay und Zeichnung sich gut, um das Unverständliche auf Papier zu bringen. Beide sind hinterfragend, beide umgehen lange zusammenhängende Linien. Der Titel ist gut: Ein Gesicht ist etwas überwältigend Mystisches, etwas, das man nie ganz ergründen kann. Mit dem Gesicht unseres Gegenübers kommen wir nie recht in einen symmetrischen Einklang. Es tut gut, ein Buch zu lesen, das Breivik und alles, was durch ihn ausgelöst wurde, auf diese Art und Weise bespricht. Man vergleiche es bloß mit Aage Storm Borchgrevinks *En norsk tragedie* (Eine norwegische Tragödie) von 2012. »Tragödie« impliziert eine narrative Struktur – einen Anfang, einen Mittelteil und einen Schluss, einen Chor, der weiß, wovon er singt. Schicksal. Hvervens Essays und Mallings bleiche Bleistiftzeichnungen maßen sich nichts dergleichen an.

Das Gesicht des Terrors. Bei dem Titel muss ich an den Ladeninhaber denken, der sich weigerte, Zeitungen auf der Auslage zu platzieren, auf deren Titelseiten Fotos von Breivik zu sehen waren. Im ersten Jahr nach den Anschlägen konnte beobachtet werden, wie diese Art Erblindung von der Öffentlichkeit begrüßt wurde, beispielsweise als man versuchte, ein Durcheinander von falschen Buchstabierungen von Breiviks Namen ins Internet zu injizieren, sich unter dem Kürzel ABB auf ihn bezog oder noch schlimmer: Einige sprachen von ihm als »Der, dessen Name nicht genannt werden darf« (obwohl wir schon von Harry Potter lernen, wie unklug diese Strategie ist). Gesichter aus Zeitschriftenständen zu entfernen und andere Praktiken des aktiven Vergessens haben oft das Gegenteil zur Folge: Sie stellen dieses Gesicht so laut zur Schau wie das Gesicht eines Expartners, das aus dem Fotoalbum ausgeschnitten wurde.

Ich blättere mich durch die Titel. Akademische Abhandlungen stehen neben Berichten, die von Überlebenden aufgezeichnet wurden oder von Leuten, die in die Gerichtsverhandlungen involviert waren. Rechtsanwalt Lippestads *Det vi kan stå for* (*Ich verteidigte Anders Breivik. Warum?*) aus dem Jahre 2013 ist ein Lobgesang auf die gesamten sozialdemokratischen Werte. Er glaubt wirklich an seine eigenen Worte, wenn er schreibt, dass »kein Zweifel besteht, dass wir ein Polizeikorps in Norwegen haben, dessen Arbeit auf denselben Werten basiert, auf die wir so stolz sind und an deren Wichtigkeit wir genau durch diesen Fall – so grauenvoll er auch ist – wieder erinnert werden«.

Im letzten Raum der Ausstellung stehen, wie versprochen, ein Wasserspender und Stühle. Ich bin ganz allein hier. An den Wänden hängen Planzeichnungen von Architekten für den Wiederaufbau des Regierungsviertels. Auf den Entwürfen wimmelt es von kleinen weißen Männern in Anzügen und schlanken Frauen in Bleistiftröcken und unnorwegischen Pumps. *Comic relief?* Es ist eher lächerlich denn provokant, dass man selbst hier, im Konferenzzentrum des Massakers, vergessen kann, den Blick zu heben und das neue Oslo zu registrieren. Dass die Architekten, die sicher mit den besten Absichten ans Werk gegangen sind, es versäumen, andere nicht-*weiße* Menschen in ihren Entwürfen einzuzeichnen als einen einzigen asiatischen Geschäftsmann. Als wäre nichts passiert, als hätte der 22. Juli doch nicht so tiefe Spuren hinterlassen wie vermutet.

•

»Am 22. Juli hat Norwegen seine Unschuld verloren«, hieß es, als sei das Land ein vergewaltigter Körper. Das Bild fand unmittelbar Zuspruch in den internationalen Medien. Eine Überschrift im *Guardian* lautete: »*Norway attacks: when a nation lost its innocence at the crack of gunfire*«, und die Titelseite von *Le Monde* erklärte einfach: »*La Norvège a perdu son innocence*«. Das Bild hatte etwas

Groteskes an sich, als wäre das leuchtend Reine
von einer dunklen, fremden Kraft penetriert worden, und mir kam es so vor, als würde dieses Bild
nicht die Wahrheit zeigen. Und als Jens Stoltenberg sagte, dass »das norwegische Volk den Weg
aus der Dunkelheit gefunden hat und nach Hause
zurückgekehrt ist«, wurde dieses Gefühl nur
noch verstärkt, dass man hier in einem sprachlichen Universum operierte, das zu sehr mit der
Ideologie verwandt war, gegen die man sich auflehnen wollte. Denn diese Idee von Norwegen als
etwas Gutem und Leuchtendem, zu dem man *zurückkehren* konnte, war ein perfektes Spiegelbild
von Breiviks Logik. In seinem Manifest »schrieb«
Breivik: »*A Justiciar Knight is a destroyer of multiculturalism, and as such; a destroyer of evil and
a bringer of light. I will know that I did everything I
could to stop and reverse the European cultural and
demographical genocide and end and reverse the
Islamisation of Europe.*« Der Eindruck, dass die
kollektive Reaktion ein Spiegelbild des Massakers
war, rief eine Sehnsucht nach Gegenmythen und
Künstlerstimmen hervor, Sehnsucht nach sinnvollem Trost und politischer Beratung. Dialektik
war unnötig. Es war unnötig, Ideologie mit mehr
Ideologie zu begegnen. Aber es war nicht Stoltenbergs Aufgabe, uns etwas anderes anzubieten,
denn es sind selten Politiker oder Akademikerinnen, die die Nation besingen. Lieder und Literatur
waren nötig, in denen es nicht um Zusammenhalt
oder das Böse ging, sondern um Verzweiflung und

das Nichtvorhandensein von Antworten. Verrückt oder nicht, Breivik war ein Ideologe, und er sang ein Lied über Norwegen, das unangenehm bekannt klang – wir hatten es schon einmal gehört, nicht nur aus braunen Peripherien, sondern auch von salonfähigen Islamkritikerinnen und Antifeministen. Stoltenberg sagte, wir sollten diejenigen zu uns nach Hause einladen, die vom Wege abgekommen waren. Aber vom Wege *wohin* genau? »Heute halten wir die Zeit an, um der Toten zu gedenken«, sagte Stoltenberg. »Wir tun dies als eine Nation. Gemeinsam haben wir Menschen verloren, die nie in Vergessenheit geraten werden. Siebenundsiebzig Leben. Gemeinsam haben wir gegen den Hass gewonnen. Gemeinsam stehen wir für Offenheit, Toleranz und Gemeinschaftssinn.« Diese verallgemeinernde Gemeinschaftsrhetorik machte mich nervös, und ich fragte mich, was genau gerade in den Grauzonen vor sich ging, in den Milieus, die sich als Gegner des ideologischen Mainstreams definierten, wenn sie in diesen Reden als Menschen bezeichnet wurden, die vom Wege abgekommen waren und wieder nach Hause geholt werden mussten. Und es hat nicht gerade geholfen, dass diese Gemeinschaftsrhetorik mit Kriegsmetaphern untermauert wurde, indem man – selbstredend – den 22. Juli als den »schlimmsten Angriff auf norwegische Erde seit dem Zweiten Weltkrieg« betitelte, und dass jedes Opfer »ein Gefallener« war. Denn was war eigentlich die Definition von Krieg? Ich ging durch die Stadt, mit einem Ohrwurm von Leonard Cohen, und summte: »*There is a war between the ones who say there is a war, and those who say that there isn't.*«

Da die Amerikaner zu diesem Zeitpunkt nur wenig über den 22. Juli wussten, sah ich es als meine Bürgerpflicht an, darüber zu sprechen, unablässig. Obwohl ich über keine eigene Interpretation vom 22. Juli verfügte, nervte ich andere trotzdem damit, indem ich von Bar zu Bar zog, wie eine verdatterte norwegische Volksseelenbotschafterin. Die Debatte über Fremdenfeindlichkeit ist in Norwegen eine andere als hier, versuchte ich den anderen klarzumachen. In den USA geht es im Gespräch über Rassismus um Bürgerrechte und Sklaverei, die ehemaligen europäischen Kolonialmächte reden von Imperialismus und Einwanderung. Norwegen kann diese Erfahrungen nicht teilen. Wir waren lange wie die alte Dame in Odd Børretzens Lied *Mormor* (Großmutter), die niemals Ausländer getroffen hat, aber dennoch weiß, dass sie sie nicht mag:

> Meine Großmutter hat nie einen N*** getroffen, aber ein Foto von einem gesehen, nämlich in *Allers Illustrierte*, ein Bild von Benjamin »Evil« Washington. Er war N*** und hatte vier Menschen in Wisconsin ermordet. 1921 war er in St. Quentin hingerichtet worden. Noch nie einen N*** getroffen? Ich glaube, sie hat nicht einmal einen Schweden getroffen. […]

Sie hat die Schweden gehasst, denn ihr jüngster Bruder, Jørn, wurde von einem Schweden mit dem Messer angegriffen, in einer Bar in Detroit, 1918. […] Sie war, natürlich, Rassistin, und ich hatte sie sehr lieb. Sie, meine Großmutter, war Rassistin, aber das war nicht so schlimm, denn sie hat nie einen Schweden oder einen N*** getroffen, und auch keine Katholiken, denn die Welt war so groß.

Das war die Quintessenz norwegischer Fremdenfeindlichkeit: unbeholfene, verängstigte Menschen, deren Weltbild ziemlich leicht zu korrigieren war.

Erst drei Jahre nach den Anschlägen begannen die New Yorker, sich aufrichtig für den 22. Juli zu interessieren, als all die norwegischen Bücher zum Terrorangriff ins Englische übersetzt worden waren und Medien wie die *New York Review of Books*, der *Guardian*, die *London Review of Books* und die *New York Times* lange Essays über Norwegens besonnene Bewältigung des Grausamen abdruckten. Die Übersetzungen erschienen zeitgleich mit dem aufkeimenden Trend, dass alles Nordische auf einmal super hip war. In meinem Viertel in Brooklyn verdichteten sich die Cafés und Bars und Geschäfte mit Skandinavien-Thema, und während bei meinem Umzug hierher nur die prätentiösesten Literaturstudenten Knausgård lasen, war sein Name jetzt überall. Die in New York ansässige Literaturzeitschrift *Paris Review* wurde zum reinen Nischenmagazin für Norwegenenthusiasten, und ich wurde mit Mails und Facebook-Nachrichten von Amerikanern bombardiert, die mir ihre Eindrücke von Skandinavien vermitteln wollten und mich fragten, ob ich Karl Ove Knausgård, Åsne Seierstad und Jon Fosse kannte. Ihr Bild war nicht so schmeichelhaft, wie ich vermutet hatte: Norwegen stand in der amerikanischen Fantasie für etwas Exklusives, Effektives, Kaltes, Homogenes, Stummes und Steriles. Wenn also die New Yorker ihren Blick gen Skandinavien wandten, lag das vielleicht eher darin begründet, dass der amerikanische Traum schwere Zeiten durchmachte und sie sich nach einer anderen Mythologie abseits des Schmelztiegels umsahen.

Vor diesem Hintergrund muss man den panegyrischen Empfang von Åsne Seierstads *En av oss* in den USA betrachten. Das Buch ist wie für ein amerikanisches Publikum geschrieben – ausgestattet mit dem Wichtigsten, von Skiloipen über Nordlichter bis zur ehemaligen Staatsministerin Gro Harlem Brundtland. Die *New York Times* meinte, dem Buch stünde ein unmittelbarer Status eines Non-Fiction-Klassikers zu, dass Seierstad mit Norman Mailer und Truman Capote in einer Liga spiele und dass das Buch in allen Journalistinnenschulen dieser Welt auf den Lehrplan gesetzt werden solle. Dieser nicht gerade proportionale Lobgesang war vermutlich davon geprägt, dass der 22. Juli, aus der Entfernung betrachtet, eine unglaubliche Geschichte war, und vielleicht empfanden die Amerikaner ein wenig Schadenfreude, dass auch der hochnäsige kleine Wohlfahrtsstaat von dieser Art von Gewalt heimgesucht werden konnte, die eigentlich charakteristisch für die USA ist. Das erkennt man im letzten und für mich unverständlichen Satz der begeisterten Kritik in der *New York Times*: »Selbst im Herzen des wohlhabenden Skandinaviens hat die Geschichte ihre Rache geübt.«

Damit will ich nicht sagen, dass *En av oss* kein guter Journalismus ist. Denn das ist es in der Tat. Neben dem komplexen Porträt, das Seierstad von Breivik anfertigt, ist eine der Stärken des Buches die Schilderung der Treffen Seierstads mit verbitterten Hinterbliebenen. Sie schreibt:

> Die Rosen, Regenbogen und die Demokratie, die den Täter besiegen sollten, machten sie nur noch trauriger. Dass die Sozialdemokraten ihre Partei als Opfer des Anschlags bezeichneten, machte sie krank. Noch ehe die Opfer begraben waren, redete die AUF davon, dass sie »Utøya zurückerobern« wolle, was sie wütend machte.
>
> Nie würden sie die Worte des AUF-Vorsitzenden Eskil am ersten Tag der Gerichtsverhandlungen vergessen: »Der Schmerz ist kleiner geworden.«
>
> Hat er je mit Hinterbliebenen geredet?

Die Hinterbliebenen schilderten, dass sie sich beim Jahrestag auf Utøya nicht willkommen gefühlt hatten, da die sozialdemokratische Jugendorganisation AUF eine Veranstaltung organisiert hatte, zu der nur die eigenen Mitglieder eingeladen waren. Das war herzzerreißend. Seierstad zitiert eine Mutter, die erzählt, jener erste Jahrestag sei das Schlimmste gewesen, das sie seit dem Tod ihres Sohnes habe miterleben müssen:

> Eine hastige Visite an der Klippe, ein Blumenstrauß bei dem Stein, und dann schnell weg von der Insel, bevor die Überlebenden kamen. Es sei wie ein Spießrutenlauf gewesen, von der Fähre zu steigen und zwischen der Masse von fröhlichen AUFlern hindurchzugehen, die auf die MS Thorbjørn drängelten.

Die Jugendlichen wichen ihrem Blick aus. Sie wollten nach Utøya, um den »schönen Worten über Demokratie und Zusammenhalt« zu lauschen. Da hatten die Eltern keinen Platz. Man konnte ja riskieren, dass sie zu schreien anfingen, die schöne Veranstaltung ruinierten.

Dieser Tag hätte eher den Hinterbliebenen gehören sollen als der Organisation AUF, und die politische Bedeutung des 22. Juli hätte die persönlichen Katastrophen nie übertrumpfen dürfen. Die Frontfiguren der AUF müssten eigentlich vor den Müttern, die ihre Söhne und Töchter auf Utøya verloren haben, niederknien. Eine von ihnen sagte zu Seierstad: »Manchmal frage ich mich, wo mein Kind da mitgemacht hat. Wäre er auch so geworden?« »Es kommt mir so vor, als wollten sie mich jubeln hören: Hallelujah! Mein Kind war AUFler.«

Seierstad leistet wichtige Dokumentationsarbeit, aber literarisch gesehen ist *En av oss* kein gutes Buch. Ich habe aufgehört zu zählen, nachdem mir zum sechsten Mal aufgefallen ist, wie eine Frau mit »langem, welligem Haar« beschrieben wurde. Und wenn Seierstad wenig zu berichten hat, wie zum Beispiel von dem Treffen mit Breiviks Mutter, fängt sie an zu kalauern und verfasst vieldeutige Passagen wie: »Die Tulpen im Flur würden schon bald verwelken, die weichen Weidenkätzchen würden verdorren und von ihren Zweigen abfallen. Sie würden auf den Kompost geworfen und dort zu neuem Leben werden. Acht Tage später starb Wenche Behring Breivik.« Das Buch leidet auch unter Klischeeanhäufungen wie »Nesodden ist ein friedliches Stückchen Erde […] Badeplätze direkt am Ufer locken die Stadtbevölkerung […] Hier lebt, wer dem Lärm der Großstadt entfliehen will«, gefolgt von heruntergerasselten Newsflashes à la »Auch die Datumsangaben zu Breiviks Waffen-, Chemikalien- und Ausrüstungskäufen stammen aus dem Report der Kommission.«

Diese Schwächen sind jedoch nicht besonders wichtig, Seierstads Stärke liegt in ihrem wahnsinnig guten Gespür für Projekte und dem

Willen und dem Mut, amerikanischen Neo-Journalismus in ein Land zu importieren, in dem Sachprosa eigentlich einen staubtrockenen Ruf hat. Ich hätte mir nur von ihr gewünscht, dass sie, zusätzlich zu den Geschichten der jungen Politikertalente, denen wir im Buch begegnen, auch die Geschichte eines Opfers erzählt hätte, das nicht politisch engagiert oder ideologisch überzeugt war. Denn wir alle, die wir unsere Jugend auf Wochenendseminaren und in politischen Ferienlagern verbracht haben, wissen, dass die meisten von uns nur mitgefahren sind, um einander in ihren Schlafsäcken auf dem Boden der Turnhalle zu begrapschen, und dass es, wenn wir als Sechzehnjährige bei Freiwilligenwochenenden oder Kinder- und Jugendrechtseminaren ermordet worden wären, falsch gewesen wäre zu behaupten, wir wären für unsere Werte gestorben. Das würde nur eine ideologische Bedeutung um einen sinnlosen persönlichen Verlust spinnen. Es existieren derartige Erzählungen vom 22. Juli, Erzählungen, die, wenn sie denn irgendwann erzählt werden, die Märtyrerrhetorik verstummen lassen und es unmöglich machen, die Toten als Bausteine für ein nationales Gefühl zu missbrauchen. Man würde so einige unkluge Texte vermeiden, wie diesen hier, verfasst von Frode Grytten anlässlich des ersten Jahrestages der Anschläge:

> schieß mir in den linken arm, und ich nenne die wunde solidarität

> schieß mir in den rechten arm, und ich
> nenne die narbe zusammenhalt
> schieß mir in den kiefer, und ich werde
> meine stimme heben
> schieß mir ins knie, und ich werde wieder
> aufstehen
> schieß mir in die hüfte, und ich werde
> schneller laufen
> schieß mir in die brust, und ich werde das
> unrecht bekämpfen
> schieß mir ins auge, und ich werde die welt
> klarer sehen
> schieß mir ins ohr, und ich werde die neuen
> stimmen singen hören
> schieß mir ins herz, und ich werde rufen:
> unsere liebe lebt

Der Mörder und seine Politik spielen in dem Gedicht keine Rolle – nur die Schüsse, das Opfer und die Ideologie des Opfers. Schuss um Schuss, in einem Vers nach dem anderen, übertrumpft die Ideologie den Körper. Die »Solidarität« und der »Zusammenhalt« des Opfers übertrumpfen das zerschossene Auge, Knie, Herz, der tote Körper erhebt sich aus der Asche wie eine Art kriegerischer Geist. Das Bild des Kinderkörpers als Märtyrer klingt ganz stark nach Propaganda.

In *Imagined Communities* (*Die Erfindung der Nation*) von 1983 schreibt Benedict Anderson, dass europäischer Nationalismus stets davon abhängig war, dass für die Toten gesprochen wurde und dass ihrem Tod für das Wohl der großen, nationalen Geschichtsschreibung ein Sinn gegeben wurde. War es nicht das, was auch in den Reden und den Gedenkfeiern passiert ist? Der 22. Juli machte aus guten Schriftstellern kunstlose Ideologen – was insofern verständlich ist, als die Kunst die Dinge aus den Angeln heben soll und man genau das direkt nach den Anschlägen nicht brauchte. Die Zeit macht uns vielleicht mutiger. Ein paar Jahre später druckte die Tageszeitung *Klassekampen* Gryttens Nachfolger des Märtyrergedichtes im Leitartikel, ein Gedicht, das über die Verantwortung spricht, die im Kielwasser des Grauenvollen daherkommt, »Nachdem wir in Fetzen gesprengt wurden / Nachdem uns der Freitag aus den Händen fällt / Nachdem wir unsere Sprache neu erlernen mussten«. Nachdem wir unsere Sprache neu erlernen mussten. So ist das. Wir müssen unsere Sprache immerzu neu erlernen, wir dürfen nicht vergessen, dass die Muttersprache elastisch ist und sich die ganze Zeit neu formt.

Politiker und Medien erschufen ein Bild von einem Norwegen, das so klein war, dass jeder Gefallene zu einer Schwester oder einem Bruder wurde. Das stimmt ja nicht, auch wenn das Land klein und die Opferzahl hoch war. Für die meisten von uns waren die Opfer Mitbürger, keine Geschwister. Das ist ein wichtiger Unterschied, denn die beiden Verhältnisse verlangen nach unterschiedlichen Antworten, schreiben unterschiedliche Verantwortung zu. Der Hinterbliebene muss trauern, die Mitbürgerin muss zusätzlich interpretieren. Die beharrliche Aussage, alle Norwegerinnen wären in ihrer Trauer vereint, vereinfachte einen ideologisch komplexen Augenblick und verwandelte das Lied über Norwegen in ein Kinderlied, das vergeblich versucht, eine Dissonanz zu übertönen. Es war rührend, von der Überlebenden zu lesen, die ihren Schusswunden die Namen »Solidarität« und »Zusammenhalt« gab, und Bilder von ihr in der Zeitung zu sehen, auf denen sie in einem weißen Kleid auf einer Blumenwiese sitzt. Aber eine Nation kann nicht dasselbe tun – sie kann sich nicht in ihr reinstes weißes Kleid kleiden und ihre Narben »Solidarität« und »Zusammenhalt« nennen – denn das Land hat keinen Körper, nur gespreizte Erzählungen und Stimmen, die widersprüchliche Lieder singen.

Ein »nationales Trauma« existiert nicht, denn eine Nation hat keine Psyche, die traumatisiert werden kann. Eine Nation ist ein Mythos – vielleicht der wichtigste Mythos – und lebt nur in den kulturellen Artefakten, die wir produzieren: in karamellisiertem Ziegenkäse, Skiern, Romanen, Gedichten, Informationszentren und Gedenkstätten. Deshalb wird sich die Geschichtserzählung zu Melancholie kristallisieren, wenn nur die Trauer und einige abstrakte »sozialdemokratische Werte« in den 22.-Juli-Artefakten zementiert werden, und in dieser Melancholie gibt es keinen Platz für Ideologiekritik, Kunst oder Selbstreflexion. Egal welche Bedeutung der 22. Juli irgendwann erlangen wird, egal wie groß die Summe aller Bücher, Reden, Filme, Gedenkstätten und Zeitungsartikel wird – so entspricht es zum Glück nicht der Wahrheit, dass »das norwegische Volk den Weg aus der Dunkelheit gefunden hat und nach Hause zurückgekehrt ist«. Norwegen ist glücklicherweise nicht das Licht. Vor dem 22.-Juli-Zentrum ist Oslo warm und grau, viel chaotischer und gemütlicher als in den Visionen der sterilen Entwürfe der Architekten im Krisenraum.

SCHIFF AHOI, IDENTITÄT!

Bei der Afterparty stellte der Perser sich mitten in den Raum, in seinem frisch gebügelten, himmelblauen Hemd, und erzählte von seinem Vater, Ayatollah Khomeinis rechter Hand. Er gestikulierte wild, während er diesen Vater, der so cool und bewaffnet ausgesehen hatte, zugleich verteufelte und vergötterte. Nie habe er irgendein Interesse für seinen Sohn gezeigt. Der Perser war Sozialpsychologe, hatte die samtig geschwungenen Wimpern einer Disney-Prinzessin und den drahtigen Körper eines kleinen Jungen, der so aussah, als würde er den lieben langen Tag nur klettern und herumspringen. Und er rauchte Selbstgedrehte. Es war ziemlich sexy, wie er den Tabak in einem Rizla-Blättchen rollte, auf dem Bein, das er katzenartig über das andere geschlagen hatte. Gemeinsam verließen wir die Party, obwohl wir uns noch nie zuvor getroffen hatten, setzten uns auf eine Bank an der Autobahn und warteten auf den Sonnenaufgang.

Er sagte, meine Augen hätten dieselbe Farbe wie eine Naziuniform. Ich blieb mehrere Monate bei ihm.

Er wohnte mit zwei anderen Iranern zusammen, in einer Wohnung irgendwo zwischen einem karibischen und einem ultraorthodoxen jüdischen Viertel in Brooklyn, wo der Geruch von gegrilltem Hühnchen und süßem Gebäck in den Straßen hing. Die iranische Community war eng miteinander vernetzt und exkludierend, nach außen hin zeigten sie sich in ihrem Nationalstolz vereint, intern regierte die kulturelle Selbstverachtung. An den Wochenenden füllte sich die Wohnung mit iranischen Frauen in Presswurstkleidern und mit unglaublichen Mengen Kajal. Den ganzen Tag standen sie in glitzernden Stilettos am Herd und bereiteten schongegartes Essen zu. Die Gewürze füllten die ganze Wohnung mit den Düften ihrer Heimat, in die sie nicht zurückkehren wollten.

Man erzählt sich, Ayatollah Khomeini habe sich auf die Odyssee bezogen, als er seine Strategie zur Islamisierung des Iran vorlegte. Das Land solle sich kollektiv an den Mast – den Islam – binden, so wie Odysseus' Mannschaft, als die Sirenen versucht hatten, sie zu verführen. Odysseus wusste, dass er den süßen Gesängen der schönen weiblichen Wesen nicht widerstehen können würde, und leitete Vorsichtsmaßnahmen ein. Derartige Maßnahmen, so Khomeini, sollten auch die Iraner treffen, um sich vor einem zukünftigen Iran zu wappnen, der immer stärker westlichen Impulsen ausgesetzt sei. Jetzt sei es an der Zeit, verbindliche Gesetze zu erlassen, um sich dagegen zu impfen, zukünftig vom Glauben abkommen zu können. Khomeini befürchtete, dass die Hingabe zu Allah im Leben der Menschen eine geringere Rolle spielen würde, und akzeptierte es in gewisser Weise, aber er weigerte sich zu akzeptieren, dass diese Säkularisierung des Geistes zur Säkularisierung der Nation werden würde. So sehen Verpflichtungen aus: Man entschließt sich, auch in Zukunft nach den Prinzipien zu handeln, die man *jetzt* für richtig hält, und schränkt damit seinen eigenen zukünftigen Handlungsspielraum ein, um sein Wort nicht zu brechen.

Dies ist der Vorteil der Identitätspolitik gegenüber dem Liberalismus: Sie verpflichtet – auf intime Weise, die einem viel darüber erzählen kann, wer man ist und was einen bindet. Weil die Identitätspolitik der physischen und spirituellen Erfahrung des eigenen Selbst entspricht, wird sie den Liberalismus stets übertrumpfen, der den Menschen nur als Individuum mit vielen Rechten und wenigen Pflichten versteht. Deshalb wird man immer wieder, wenn der Liberalismus übers Ziel hinausschießt, Zeuge von identitären Gegenreaktionen werden. Deshalb sind die USA eine Sündenbockmaschine. Die USA sind das ultimative Bild der ausgehöhlten, abstrakten Nation, die auf Luftschlössern von Unabhängigkeit, Freiheit und Individualismus aufbaut – zu groß, um einen gemeinsamen Ursprungsmythos zu teilen, zu abstrakt, als dass Nachrichten und innenpolitische Ereignisse sich wie ein konkreter Teil des Alltags anfühlen würden. Alle nationalen Erzählungen sind mehr oder weniger künstlich, aber der amerikanische Mythos fühlt sich nicht nur künstlich an, er fühlt sich an wie Zuckerwatte.

Der Mythos scheint kein echter Mythos zu sein, denn er kommt dem Grundempfinden des Menschen nicht entgegen, an einen Ort und eine Zeit gebunden zu sein, an etwas aus Haut und Haaren, dem Empfinden, dass in der Vergangenheit etwas Verhängnisvolles geschehen war, dass wir nicht frei geboren worden sind. Wir mit unseren vielschichtigen Ursprungsmythen können über den amerikanischen Traum nur schmunzeln. Freiheit ist obszön, denken wir. Deshalb können Iraner ein glückliches, promiskuöses Exildasein in New York führen und gleichzeitig ihre Heimat wie eine Rüstung tragen, wodurch sie sich reicher und lebendiger fühlen als die Amerikaner, mit denen sie verkehren und die sie verabscheuen.

ÜBERWACHUNGSKAMERA

Ich stand im Tankstellenshop und sah auf einem Bildschirm, übertragen von der Überwachungskamera, wie mein Freund den Tank befüllte. In diesem Augenblick war er die Fleischwerdung aller meiner ältesten Fantasien. Der krasseste Mann auf diesem Planeten. Plötzlich hatte ich Sehnsucht nach ihm, obwohl ich mir erst vor zehn Minuten gewünscht hatte, er wäre ein anderer – irgendwer, Hauptsache, nicht er selbst. Als ich wieder im Auto saß, küsste ich ihn und erzählte ihm von der Überwachungskamera.

An diesem Tag wurde mir bewusst, dass es vielleicht schlau wäre, abgespeckte Versionen derer wahrzunehmen, mit denen wir unser Leben verbringen wollen. Als ich ihn auf diesem Bildschirm sah, kristallisierte sich für mich sofort heraus, worum es bei diesem ganzen Spiel der Lust ging: um die Spannungen zwischen Nähe und Distanz, um Form und Auflösung, Oberflächen und Abgründe. Einerseits unsichtbar zu sein und andererseits einander die Erlaubnis zu geben, nur für einen kurzen Moment zu objektivieren, um sich daran zu erinnern, dass Symbiose unmöglich ist, dass er ein anderer ist, dass *they* ein*e andere*r ist, dass sie eine andere ist. Man gräbt sich hinein in eine aufrichtige Intimität, gleichzeitig baut man Schicht um Schicht aus Fantasmen auf, bis man, wenn man Glück hat, auf einem Plateau herauskommt, auf dem man einander seit Ewigkeiten kennt, seit den Kindheitsfantasien, seit den ersten Erinnerungen daran, über den Rücken gestreichelt zu werden oder mit dem Kopf in einem Schoß zu liegen, während man gleichzeitig versucht, einander fremd zu bleiben, in einer asymmetrischen Begegnung, radikal ungleich, für immer unüberschaubar.

RÖNTGEN

Ich hatte das große Röntgenbild des Beckens aufbewahrt, das vermutlich meins war. Es wurde mir nach der Untersuchung, ich weiß nicht mehr welcher, in einem gigantischen Umschlag zugeschickt. Damals war ich zwölf. Seitdem hatte es zu Hause bei meiner Mutter im Schrank gelegen, auf der obersten Ablage, in einer Schachtel, die ich später mit »Pubertäre Poesie« beschriftete, um mein zukünftiges Selbst vor all den peinlichen Tagebüchern und Reimen zu warnen, die ich dort konserviert hatte wie steife Zuckerwatte in einer Zeitkapsel. Das Röntgenbild war glatt wie Polylux-Folie, aber viel größer, in mindestens fünfzig Grautönen gehalten, *Fifty Shades of Grey*, am unteren Rand stand mein Name gedruckt, als wäre sich jemand bombensicher gewesen, dass das mein Becken war. Wenn ich ganz genau hinsah, konnte ich mich allerdings um das Skelett herum in den Konturen aus Babyspeck wiedererkennen. Das Skelett an sich sagte mir nicht viel. Das hätte jede sein können. Aber es war nun mal ich, so wie auch mein Gesicht ich war: eine abstrakte Ansammlung von Knochen voller Löcher, mit zwei Schenkelknochen, die aus der Hüfte herauswuchsen.

Das wirklich Mysteriöse an dem Bild war nicht der Fakt, dass da ein Teil eines Menschen abgebildet war, sondern dass sich ein großer weißer Fleck ins Bild geschlichen hatte, über die eine Hälfte des Beckens, herzförmig, eine Art technischer Photobomber: ein weißer Fleck auf der Röntgenlandkarte. Vielleicht hatte der weiße Fleck nicht denselben magischen Effekt auf denjenigen, der das Röntgengerät bedient hatte, aber ich verstand ihn als ein Zeichen, ohne zu wissen wofür. Es sah ganz offensichtlich danach aus, als hätte die Eigentümerin dieses Beckens ein Comic-Herz in sich hineingestopft, und das musste doch etwas zu bedeuten haben. Ich beschloss damals schon, dass ich dieses Bild eines Tages einem Mann schenken würde, den ich wirklich gernhatte.

Doch als der Tag gekommen war und ich das Röntgenbild einem Verehrer zu Weihnachten schenkte, war der kaum in der Lage, es anzunehmen. Oder eher gesagt: Er schien nicht zu verstehen, welch feierlicher Moment das war, dass ich ihm ein künstliches Herz und einen authentischen Unterleib schenkte. Er fand es wahrscheinlich ein bisschen doof. Als ich ein halbes Jahr später vorsichtig bemerkte, dass ich das Bild gar nicht mehr gesehen hätte, wirkte er verdutzt, als hätte er die ganze Angelegenheit schon vergessen. Dabei hatte er es sicherlich nur verbummelt.

KAKERLAKE

Es war Winter. Von der Küchendecke im Astral tropfte es. Tommy, der Hausmeister, kam vorbei und stopfte das Loch provisorisch: Er setzte einen brustförmigen Gipsklumpen über das Leck, der im Laufe der Woche, ganz durchtränkt, zu einer entzündeten, tropfenden Brustwarze geworden war. Das Wasser lief auf den Boden. Das Linoleum in der Küche wölbte sich unter Feuchte und Fäule. Ein neuer Riss entstand über dem Schreibtisch. Feuchte Gipslippen. Was soll ich mit dieser Spalte über meinem Kopf anfangen, fragte ich einen Freund, das lenkt mich total von der Arbeit ab. »*Fuck it*«, erwiderte er.

Ich schrieb Tommy eine Nachricht, sagte, das es nichts bringe, einfach nur die Löcher zu stopfen. Er antwortete, dass der *ceiling guy* sich die Decke nächste Woche mal ansehen würde. Ich sagte, dass wir einen *roof guy* brauchten. Das Problem war nicht kosmetischer Art.

Später an diesem Abend lief ich zwischen Bett und Schreibtisch hin und her und machte mich für einen Abend in der Stadt fertig. Ich hatte Jenny Hval aufgelegt und trank einen White Russian, als ich plötzlich durch den Boden brach. Ein lautes Knacken unter meinen hohen Absätzen, und dann stand ich ebenerdig: Der alte ikonoklastische Fußboden hatte mich von meinem Sockel gestürzt. Eitelkeit und die Inszenierung von Femininität standen kurz vor dem Untergang, so mochte es zumindest aussehen. Einschusslöcher in den Dielen. Und aus den Löchern krabbelten kleine Vorzeitmonster. Ein großer Tausendfüßler schlängelte sich aus einem der Löcher und flitzte am Türrahmen hoch. Über dem Fenster saß plötzlich eine Kakerlake. Keinerlei strukturelle Integrität, keine erkennbare Grenze zwischen Innerem und Äußerem. Das Haus war porös, aus den Wänden quollen Kolonien. Ich stopfte die Löcher mit schwammähnlichen Haarrollen aus meinem Schubfach der Eitelkeit und deckte sie mit einer Kuchenform ab, die ich zur Taucherglocke umfunktionierte.

Als ich am nächsten Morgen aufwachte, lag neben mir im Bett ein Kakerlak auf dem Rücken. Er kratzte sich zufrieden den Bauch, wie ein postkoitaler Mann. Ich taufte ihn Kreml, Kreml, den Kakerlak, und während wir so nebeneinander dalagen und einander in die Augen schauten, war mir, als würde er mir sagen, dass dies meine kafkaeske Metamorphose sei: Statt selbst zum Insekt zu werden, erwachte ich neben meinem Kakerlakliebhaber, den ich mit dem Besenstiel zerquetschen und sicherheitshalber auch in einer Plastiktüte ersticken musste. Auf dem Kissen blieb eine dicke Masse weißer Eingeweide zurück. Er muss ein unterkühltes Verhältnis zu seiner Mutter gehabt haben, dachte ich, wenn er des Nachts auf solche Ideen kommt, so aufdringlich und ohne jegliche Art von Selbstkritik.

In der darauffolgenden Nacht träumte ich, dass Kreml in einen Frauenkörper hineinkrabbelte. Die beiden Fühler ragten in jeweils einen Eileiter hinein, sodass der gepanzerte Insektenkörper in der Möse festsaß wie ein Korken.

Kakerlaken sind das Symbol für Überleben und Verderben. Ganz offensichtlich ein Paradox. Sie überlebten die Atombomben, Meteoriten und Massenvernichtungen, quollen aus den letzten Kadavern der Dinosaurier hervor, und sie werden auch uns, ohne jeden Zweifel, überleben. Doch wenn sie auf der Küchenbank herumkrabbeln, denkt man nicht an Überlebenskünstler, sondern an Pest und Fäule. Die haben etwas gerochen. In irgendeinen Spalt muss Milch geflossen sein, es liegen Krümel unter dem Tisch, ein Messer riecht nach Fleisch. Und sieht man eine Kakerlake in der Küche, kann man davon ausgehen, dass tausend weitere in der Wand stecken, ein unfassbar starkes Heer gepanzerter Transformer-Soldaten. Sie können ihre Form verändern, um sich durch ein Viertel so große Spalten zu schieben, können sechzig Zentimeter pro Sekunde laufen und das Neunhundertfache ihres eigenen Körpergewichts tragen.

Wir werfen oft verschiedene Arten in einen Topf, wenn wir über Kakerlaken sprechen. Die eigentlichen Kakerlaken sind diese Rudeltiere, die auftauchen, wenn wir unseren Abwasch nicht erledigen. Die verschwinden wieder für einen Weile, wenn wir den Hausmeister anrufen und das monatliche Angebot annehmen, den *exterminator* zu empfangen, einen kleinen Mexikaner mit einem Metallrucksack voller Gift. Doch es gibt noch einen anderen Typ, der eigentlich keine Kakerlake ist, sondern eine Wasserwanze, auch Zehenbeißer oder Glühbirnentier genannt, ein größeres und noch furchterregenderes, geflügeltes Wesen. Sie töten und fressen Tiere, die bis zu fünfzig Mal größer sind als sie selbst – Salamander, Fische, Kröten, kleine Vögel –, indem sie ihnen Gift unter die Haut spritzen. In der Paarungszeit fliegen sie ins Licht, schwirren zum Fenster herein und klatschen laut und dumpf gegen die Wände. Sie treten nicht in Rudeln auf. Sie sind einsame Wölfe, die von Wasser und Glitzer angezogen werden. Sie haben nichts zu bedeuten. Dennoch sind sie viel ekliger als die anderen. Vor ihnen hat man Angst, und sie sind am schwierigsten zu töten, denn sie sind schneller und größer und knirschen extra widerlichnass, wenn sie zerdrückt werden. Eigentlich sollte man eher vor dem Aasschwarm in den Wänden Angst haben, nicht vor diesen offensichtlichen Monstern, die sich auf nichts anderes beziehen als auf sich selbst. Aber es ist leichter, Monster zu hassen als den Schwarm in der Wand, den es immer wieder dorthin zieht, wo etwas faul im Staate ist.

Am Valentinstag konnte man zur Feier des Tages eine Kakerlake im Bronx Zoo taufen. »*Love is forever and so are roaches*« hieß es in der Anzeige, neben dem Foto eines Models, auf dem eine Kakerlake herumkrabbelte, wo andere einen Diamantring tragen. »*How do you let your special someone know that you're in it for the long haul?*«, fragte die Anzeigetafel und schlug auch sogleich eine Antwort vor: »*By naming a cockroach after your valentine and giving him/her a roach pin to wear.*« Ich legte die fünfundzwanzig Dollar auf den Tisch, benannte den Kakerlak nach meinem Freund und fand, der Button war ein Symbol – vielleicht nicht unbedingt für die ewige Liebe, aber zumindest für das Verhältnis zwischen Erotik und Untergangsgedanken. Die Prämisse des Jüngsten Gerichts.

ABSCHWEIFUNGEN INS INFERNO DER IDIOTEN

»Cogito ergo boom.«
Susan Sontag, *Styles of Radical Will*

Eines Tages, als ich auf dem Weg zu meinem Universitätsjob war, geschah plötzlich etwas Undramatisches. Auf dem Curriculum stand Susan Sontags »Fascinating Fascism«, ein totzitierter Essay, den sie 1975 für die *New York Review of Books* geschrieben hatte. Der Essay bespricht das Verhältnis zwischen Bildern, Erotik und Politik, genauer gesagt: faschistoide Ästhetik und ihre fortwährende Anziehungskraft. Sontag gründet ihre Gedanken auf zwei Bildbände: *Die Nuba*, mit Fotografien und Erläuterungen der Filmschaffenden Leni Riefenstahl, Hitlers wichtigster Propagandakünstlerin – deren Name, so Sontag, der Ästhetik zuliebe reingewaschen worden war –, und *SS Regalia*, ein Buch, in dem Naziuniformen und andere Gegenstände abgebildet sind. Laut Sontag illustriert *SS Regalia*, wie Naziästhetik zum Symbol für Sadomasochismus und andere Formen von abenteuerlichem oder rabiatem Sex geworden ist, vor allem in homophilen Milieus. Wie kann es sein, fragt sie sich, dass so viele homophile Männer, die im Naziregime ausgerottet worden wären, SS-Uniformen und -Requisiten fetischisieren? Ja, eben weil diese Uniformen das Böseste vom Bösen repräsentieren und weil wir mithilfe dieser Requisiten das Schlimmste in uns ausleben können, um daraufhin die Macht darüber zu erlangen.

Sontag meint, Faschismus sei Theater, das Verhältnis zwischen Demagogen und der Bevölkerung sei erotisch – »*The leader makes the crowd come*« –, und diese Dynamik sei vom Sadomasochismus, der theatralischsten Form von Sexualität, kopiert worden. Wenn Sexualität davon abhängt, in Szene gesetzt zu werden, fügt Sontag hinzu, wird Sex (wie Politik) zur Choreografie. Diese Behauptung führt zu einer nächsten Frage: Entdecken wir Lüste, oder erschaffen wir sie? Werden wir schon bei der frühkindlichen Erziehung auf die Dinge programmiert, die wir wollen, oder eignen wir uns unser Begehren auf unserem weiteren Lebensweg an? Und ist es vielleicht auch denkbar, dass man sich aussucht, welche Art von Perversion man kultivieren will? Die verlockendste psychoanalytische Antwort wäre, dass diese Gewaltfantasien latent in uns schlummern, entweder als etwas Kollektives und Archetypisches oder als Verzerrungen verdrängter Kindheitserinnerungen, die man mutig, ehrlich und spielerisch in sicherem Umfeld ausleben kann. Dies ist eine Version (die moderne, banale Auslegung) der griechischen Idee von Katharsis: Theater als *safe space*, in dem man Ängsten ohne Konsequenzen begegnen kann. In dieser Denkart hallen Echos anderer Denker und Schriftsteller wie Jean Genet, Marquis de Sade und Georges Bataille wider sowie das Echo einer typisch katholischen Form der sexuellen Rebellion, die körperliche Selbstzerstörung und Erniedrigung zu einer Art Erkenntnismethode erhebt.

In der Subway las ich mir noch einmal meine Notizen durch. Legte mir zurecht, was ich sagen würde. Überlegte, wie ich die Studierenden dazu bringen konnte, sich Sontags harter Stimme zu öffnen, und wie ich die Stimmung im Seminarraum gegen moralisierende Lesarten impfen konnte, denn immerhin war dieser Text affektiert und rechthaberisch, aber auch voller Widersprüche und essayhistorisch wichtig. Das ist stets die erste und gleichzeitig auch größte Herausforderung, wenn wir einen neuen Text angehen: Wie kann ich meinen Studierenden die Skepsis nehmen? Ehrgeizige Kids auf amerikanischen Eliteschulen sind darauf gedrillt zu glauben, dass schlau sein und kritisch sein dasselbe sei. Beim Lesen sind sie stets auf der Suche nach dem schwächsten Punkt eines Textes, oftmals handelt es sich dabei um Widersprüchlichkeiten, über die sie sich empören. Dann glauben sie, den Text erobert, ihn in die Knie gezwungen zu haben. Triumphierend recken sie ihre Arme in die Luft, oftmals direkt zu Seminarbeginn, und entfachen einen Wettstreit, wer dem Autor zuerst das Fell über die Ohren ziehen darf. Sie sagen Dinge wie:

»Warum schreibt er nicht über die Sklaverei, warum schreibt er nicht über weibliche Literaturschaffende, warum nimmt er keine Stellung dazu, wie privilegiert er ist?« Somit wird der Text unzugänglich, noch bevor die Diskussion überhaupt begonnen hat, und die Dozentin muss flehend darum bitten, die Autorinnen nicht dafür zu verurteilen, für gewisse Aspekte nicht einzustehen, die sie auch gar nicht auf ihrer Agenda haben.

Doch an diesem Tag kam ich nie im Seminarraum an, denn als die Subway an der Station Long Island City abfuhr und in den Tunnel hinabglitt, der unter dem East River durchführt, knallte es plötzlich hinter mir. Der Zug kam ins Schlingern, bremste, alle Lichter erloschen, und der Waggon füllte sich mit Rauch. Die Lautsprecher blieben länger als eine halbe Stunde stumm, und zunächst auch wir, die Passagiere, die plötzlich gemeinschaftlich stoisch sein mussten. Niemand wurde von sichtbarer Panik gepackt. Ein Mann, der an der Tür herumhing, meinte, er habe gehört, dass vor einer halben Stunde eine Bombe in der A-Line hochgegangen sei. Nein, widersprachen andere, es wird schon alles in Ordnung sein, wir kommen sicher bald hier raus. Ich kam mit Ina, einer jungen polnischen Mutter, ins Gespräch, die mir ihre kleine Box mit homöopathischer Angstmedizin anbot. Wir schleckten ihre Medizin, und nachdem wir eine Stunde später von einem anderen Zug aus dem Tunnel geholt worden waren und uns erklärt worden war, dass alles in Ordnung sei, nur ein technischer Fehler, verabschiedeten wir uns kichernd am Bahnhof Grand Central. Vorher tauschten wir noch Telefonnummern aus. Ich speicherte ihre Nummer unter »Ina Nahtod« ab und kaufte mir ein Stück Kuchen und einen fancy Kaffee. Ich hatte so gute Laune wie schon lange nicht mehr. Die nächsten Tage war ich voller Energie, all meine Ängste bezogen sich jetzt auf reelle Gefahren, nicht mehr auf ungreifbare, persönliche Dämonen. Der kurzzeitige U-Bahn-Schreck führte dazu, dass ich meine Routen änderte. Ich versuchte, den Bus von der Uni nach Hause zu nehmen, und landete irgendwo in der Pampa, auf einem Acker jenseits des LaGuardia Airport. Ich blieb eine Weile dort sitzen und sagte mir selbst, dass das alles Sinn machte. In einem Krieg wäre ich glücklich.

Wie so viele der Philosophen, die sie bewundert, kommt Sontag zu dem Schluss, dass diese Choreografie eine reinigende Funktion hat: Man nimmt dem Bösen den Wind aus den Segeln, indem man in sicheren, abstrakten Formen damit spielt. So gesehen fügt sie sich in eine lange Reihe jüdischer Intellektueller ein, die versucht haben, die Anziehungskraft des Faschismus zu erklären, von Hannah Arendt bis Walter Benjamin, der bereits im Jahre 1936 schrieb, dass Faschismus logischerweise zur Folge habe, dass die Ästhetik in die Politik Einzug halte. Sontag geht noch einen

Schritt weiter und spricht darüber, inwiefern die ästhetisierte Politik die Sexualität infiltriere. Im Gegensatz zu manch anderen, die über dieses Phänomen geschrieben haben, betrachtet sie es nicht nur als eine unschuldige Fantasiespielerei, sondern als ein Strategiespiel, das neue Machtgelüste konstituiere. Ihrer Auffassung nach sind der Ehrlichkeit und der Unschuld dieser Aktivitäten Grenzen gesetzt. Eine dieser Grenzen verlaufe an der Stelle, an der Leni Riefenstahls Name in Unschuld gewaschen werde. Sontag kommt zu dem Schluss, dass man das Wesentliche in Riefenstahls Filmen verpasse, wenn man sie unabhängig von dem Hitlerismus, den Riefenstahl propagierte, anschaue, denn die Ästhetik könne in diesem Falle nicht mehr von der Politik getrennt werden. Man kann diesen Essay also als Sontags Kritik an ihren eigenen Argumenten lesen, die sie 1966 in *Against Interpretation* (*Kunst und Antikunst*) berühmt gemacht haben. Denn sie widerlegt ihre einstige Meinung, dass wir uns von Interpretationen befreien und statt Hermeneutik lieber eine Erotik in der Kunst finden sollen – was auch immer das bedeutet.

»Fascinating Fascism« ist besonders für seinen letzten Satz bekannt, ein Satz, der sich von Sontags ansonsten so nüchterner Sprache abhebt: »Jetzt gibt es ein Patentrezept, das jedermann zur Verfügung steht: die Farbe ist Schwarz; das Material ist Leder; der Anreiz ist Schönheit; die Rechtfertigung ist Ehrlichkeit; das Ziel ist Ektase;

die Phantasie ist der Tod.« Dieser Satz sei einfach nur prätentiöser Quark, rufen Sontags Kritiker. Typisch für eine Art realitätsfernen Ästhetizismus, der seine eigene Verantwortungslosigkeit mit Theorie ausrüste. Klinge vielleicht stilvoll, sei aber Humbug. Außerdem sei dieser Satz untypisch für Sontag, so Greil Marcus, der Kritiker, der 1995 in *The Dustbin of History* (*Der Mülleimer der Geschichte*) Sontags gesamtes Wirken als öffentliche Intellektuelle zerreißt. Marcus macht sich über Sontags berühmtes Credo, man brauche in der Kunst keine Hermeneutik, sondern nur Erotik, lustig, indem er aufzeigt, wie unsexy Sontags Essay tatsächlich ist. Er zitiert den staubtrockenen Anfang, in dem Sontag über Pornografie schreibt und behauptet, man könne nicht über das Phänomen sprechen, bevor man es in drei Unterkategorien eingeteilt habe, um sie sich so, eine nach der anderen, vorzunehmen. Man könne eine Diskussion über Porno mit einem Peitschenschlag beginnen, so Marcus, nicht jedoch mit einem belehrenden Zeigefinger. Marcus vertraut Sontag nicht. »Sie ist eine kalte Schriftstellerin.« Als intellektuelle Prominente habe sie ein gewinnendes Charisma, aber ihr Schreiben sei kühl und tot und abstoßend und ohne Feuer. Vielleicht ist es diese Kälte in ihren Texten, die meinen Studierenden widerstrebt, wenn sie Sontags Texte für das Seminar lesen.

Mein letzter Versuch, »Fascinating Fascism« zu unterrichten, war gescheitert. Ein junger Chinese aus der Bibelgruppe der Universität versank vor Scham beinahe im Boden, als er mitten im Satz feststellte, dass es um homophilen Sex ging, und diese Scham war ansteckend – ich war seinetwegen so peinlich berührt, dass ich das Gefühl hatte, den neckenden Ton, der sich in der Gruppe breitgemacht hatte, durch einen Themenwechsel ausbremsen zu müssen. Plötzlich ging es nicht mehr um Sontag, sondern ich verirrte mich in einem Exkurs darüber, dass alle Akademikerinnen in New York, die sich mit sogenannter Kontinentalphilosophie oder kritischer Theorie beschäftigten, meinem Eindruck nach Teilzeit als Domina in Manhattans BDSM-Kellern arbeiteten, wenn sie sich nicht sogar gegen Bezahlung unterwarfen. Dass ich den Eindruck hätte, dass dies mit der engen Beziehung zwischen bestimmten philosophischen Traditionen und der Kultivierung perverser Neigungen zusammenhänge und dass viele gebildete Menschen in diesen Gefilden tatsächlich glaubten, untheatralischer Sex sei für Sklaven und Idioten, das Sadistische und das Masochistische hingegen sei das einzig Wahre. Ich erschrak, als mir bewusst wurde, dass diese achtzehnjährigen Studierenden, die wie Erwachsene aussahen, in dieser Einrichtung, die mir als einer der unsinnlichsten Orte der Welt vorkam, eines der ausschlaggebendsten Jahre ihrer Sexualität beraubt und stattdessen von den Demagogen des bürgerlichen Nihilismus verführt wurden, dessen Grundlagen besagten, dass alles bedeutungslos, die Welt hässlich und der einzige Ausweg ein aktiver Rückzug zu reaktionären Inszenierungen von Unterwerfung und Dominanz sei, im Namen der Ehrlichkeit.

Doch ich ließ mir nichts anmerken und fuhr fort. Dass diese Einstellung zum BDSM Nährboden in einem Feminismus finde, der ins Taumeln geraten sei und nun, verschmolzen mit dem Kapitalismus, dem französischen libertinen Denken und dem amerikanischen Freiheitsfanatismus, auf ein leeres Theater reduziert werde. Ein Schuss Heidegger, zwei Prisen Salz in die Wunde, drei Esslöffel Selbstgerechtigkeit, vier Shots Tequila, und schwupps habe man dafür gesorgt, dass man die Menschen weiterhin misshandeln könne, und zwar auf diverse einfallsreiche Arten, von denen man glaubte, durch sie sowohl die Sehnsüchte des eigenen als auch der dunklen Herzen anderer zu befriedigen.

Diese kontinentalphilosophischen Damen glaubten, sexuelle Befreiung bedeute, in der Supermarktschlange laut über Dildos und sexuell übertragbare Krankheiten zu sprechen und dass man Gleichberechtigung durch Experimente mit Unterwürfigkeit erlange. Sie hätten sich mit ihrer eigenen Abgestumpftheit gebrieft und sich in Parodien dessen verwandelt, was sie am Feindbild Mann am meisten fürchteten. Und sie sprächen nicht über Prostitution, sondern über »Sexarbeit«, einen Beruf, von dem sie dächten, er könne »empowern« – das könne er sicherlich, warf ich ein,

für ein paar hysterische, reiche Mädchen, die ihre
Masterarbeit über Lacan oder Bataille schrieben,
aber das gelte nicht für die durchschnittliche
Hure. Sie redeten, als ob alle Menschen frei geboren worden wären, als ob niemand vor der Außenwelt und sich selbst geschützt werden müsste,
als ob es ganz normal wäre, einen fremden Menschen in sich zu haben, als gäbe es keinen großen
Unterschied zu Massagen oder anderen Jobs der
Dienstleistungsbranche, als ob Sex nicht geheimnisvoll und verworren wäre. Die Ideologie sei ein
Hexentrank, behauptete ich, gebraut unter Dino-
sauriermännern, die sich an Chauvinismus und
perfektionistische Frauen klammerten, die nicht
die Fähigkeit besäßen zu genießen, und das er-
fülle mich mit Heimweh nach dem beständigen
skandinavischen Freimut, den großartigen Liebhabern in geteilter Elternzeit, den Begegnungen
auf Augenhöhe mit den dürren Jungs zu Hause in
Bergen, die mich unsichtbar machten, unter der
Bettdecke, im Dunkeln, und jedes Bett in einen
Abgrund verwandelten. Ebendiese Treffen seien
es, die zu Grenzerfahrungen würden, nicht das
hier, sagte ich mir selbst, und vielleicht auch den
Studierenden. Diese Philosophen und Schriftsteller, die so eloquent über die Gewalt der Lust
und Liebe sprächen, täten dies, weil sie zu neurotisch und zu sehr in sich selbst versunken seien,
um sich anderen Menschen hinzugeben. Sie theo-
retisierten aus der Vogelperspektive. Die Choreo-
grafien der zerebralen Grenzerfahrungen seien

Sackgassen. Sie führten zu Leerstellen, an denen die Menschen strandeten und nichts weiter als eitle, konzeptuelle Affären aufzeigen könnten, die zunächst wie Freiheit ausgesehen hätten, aber in Wirklichkeit ein lächerliches Abziehbild ihrer einst so phänomenalen Traumräume seien.

Wenn man eine Fantasie auslebe, verfehle man den eigentlichen Sinn, hatte ich zu einem Mann gesagt, der eine Freundin von mir so hart ins Gesicht geschlagen hatte, dass sie sich eine Woche lang nur von Flüssignahrung ernähren konnte. Wahrscheinlich hatte er gedacht, es gefalle ihr, aber eigentlich hatte er ein kompliziertes Verhältnis zu seiner Mutter und litt unter Kastrationsangst, wenn er Frauen begegnete, die nicht zu ihm aufsahen. (In diesem Fall wirkte Freud Wunder.) Sie hatte ihm von ihren ältesten Traumbildern erzählt, er hatte das als Aufforderung missverstanden, und das Ergebnis war nicht nur schmerzhaft, sondern obendrein noch peinlich – nicht unbedingt traumatisierend, einfach nur ziemlich bescheuert.

An diesen Vorfall dachte ich bei meinem Exkurs und erklärte meinen Studierenden, dass diese und ähnliche Situationen mich davon überzeugten, dass es in meinem Idealstaat verboten sein sollte, Pornos zu gucken, bevor man mit mindestens zehn Menschen geschlafen oder die Dreißig überschritten hatte. Nicht aus moralischen Gründen, sondern weil Pornografie das schmutzige Universum, das es eigentlich repräsentieren sollte, sterilisiere. Während ich so redete, kam ich mir vor, als sei ich eine dogmatische Vertreterin der Sozialistischen Jugend geworden, nur dass meine Einwände sich nicht auf Menschenwürde oder Anstand bezogen, sondern darauf, dass die vorherrschende zeitgenössische Pornografie ungeschickte und langweilige Liebhaber hervorbrachte. Die Kränkung sei ästhetischer Natur, nicht ethischer. Ihr sollt auf keinen Fall denken, dass ich hier eine Predigt im Namen einer prüden norwegischen Sexualkultur halte, warf ich ein, ganz im Gegenteil, denn ich hätte nur Einwände bezüglich Pornografie, bei der es überhaupt nicht um Sex gehe, sondern um Macht. Eine Art Pornografie, die die Welt weniger sexy mache statt mehr. Natürlich treffe das nicht auf alle Formen der Pornografie zu – man müsse keine langen Zeitreisen machen, um Pornos aufzutreiben, die unendlich interessanter seien als die meisten dieser hässlichen, kalten Pornos, die heutzutage gratis und leicht zugänglich seien und die, wie man sich denken könne, das Begehren der Jugend auf eine Art und Weise formten, die es ihr erschwere, sich aneinander heranzutasten; durch den eigenen und andere Körper Grenzen zu erfahren, statt sich zum Objekt der anderen zu machen.

Ihre Väter und Großväter waren wahrscheinlich mit verschiedenen Versionen von Pin-up-Ästhetik aufgewachsen: Fotografien von meist schon erwachsenen, oftmals relativ mütterlichen Frauen in allen Formen und Größen, mit Haut, die wie Haut aussah und nicht wie orangefarbener Gummi, mit Schambehaarung, Strümpfen und Schuhen, entspannten und selbstbewussten Gesichtsausdrücken, willensstark, tatkräftigen Hände statt passiven Hinterköpfen. So etwas sieht man heute nicht mehr auf den Startseiten der größten Pornonetzwerke, die den Leuten nur noch geben, was sie wollen, ohne Zeit dafür zu verschwenden, erst einmal erregt zu werden. Stattdessen sind diese Seiten gefüllt mit Teenagern, die ihre Gesichter vor Schmerz verzerren. Derartige Bilder sind Abkürzungen zur Ejakulation, denn sie stimulieren Furcht, Verachtung und Sadismus anstelle von tieferen Gefühlen wie Neugierde, Abenteuerlust und Ehrfurcht. Selbst wenn man das wahnwitzige Übel der Pornoindustrie ignoriert, bleibt die Tatsache, dass diese neue Ästhetik die Lust abkühlt und die Vorstellungskraft einschränkt. Der Ursprung des Begehrens heterosexueller Frauen hat sich vom Bauchgefühl auf die Männerblicke verlagert, und die vulkanischen Abgründe zwischen den Körpern drohen zu erlöschen. Und so bleiben die Menschen, nachdem sie alles ausprobiert haben, was Grenzüberschreitungen zum Verwechseln ähnlich sah, ganz verloren in einer öden Landschaft aus peinlichen Phrasen, sauteuren Dessous und hässlichem Gummispielzeug zurück. Und es muss schon einen Unterschied machen, ob man während der Pubertät, in einem Zustand der explosiven Dauererregung, auf irgendwelchen Bildschirmen gewachste und gebleichte Arschlöcher sieht, während man in seine eigenen Geschlechtsteile hineinwächst, oder ob man sie stattdessen an oder in einem anderen Menschen spürt oder sich zumindest dieses Szenario in seiner Fantasie ausmalt. In dem Fall ist der heutzutage völlig unbegrenzte Zugang zu Pornografie die systematischste Form von Gewalt, der die Gesellschaft ihre jungen Menschen aussetzt: eine Vergiftung des menschlichen Fundamentes.

Was Moralisten Sexualisierung der Gesellschaft nennen, erklärte ich, sei eigentlich das Gegenteil: eine Desexualisierung. Nicht wahr? Nehmen wir zum Beispiel eine Sechsjährige in einem Bikini: Zu sagen, dass sie sexualisiert wird, wäre falsch, denn Kinder begehren bereits, aber dies ist ein grundsätzlich spielerisches und poetisches Begehren, das extrem anfällig für Eingriffe von Erwachsenen ist. Der Bikini ist ein derartiger Eingriff: Die Erwachsenen ziehen einem Kind eine beschädigte und schamvolle Erwachsenensexualität über den Kopf und verletzen damit die geheime, freie, queere, unbewusste Sexualität des Kindes. In dem Moment, in dem das Kind objektiviert wird, in dem man beginnt, über die Schönheit oder den Körper, die Weiblichkeit oder die Männlichkeit eines Kindes zu sprechen, überschreitet man eine Grenze und gibt damit den Startschuss für eine lebenslange Sexualsabotage, der das Kind ausgesetzt sein wird. Dasselbe gilt für viele Aspekte der Pornoästhetik: Sie tritt in die unsichtbare Fantasiewelt des Betrachters hinein, radiert die Fähigkeit aus, selbst Vorstellungen zu erschaffen, und dieses Ausradieren geschieht auf Kosten der Lüste, die man versucht zu befriedigen. Es ist wie Kaugummi kauen: Der Magen öffnet sich für etwas, das nicht existiert. Er füllt sich mit Luft, Säure und künstlichem Hunger. Menschen sind seltener dazu in der Lage, Sehnsucht zu verspüren. Das ist das Schlimmste. Denn wenn man nicht dazu in der Lage ist, sich zu sehnen, verliert man einen wichtigen Zugang zu sich selbst, zu dem Gefühl, dass es eine Kraft gibt, die einen an die Zeit bindet und einem erzählt, wer man ist und was man will. Vielleicht zeigen deshalb mehrere systematische nationale Studien aus den letzten sechzig Jahren, dass Menschen – vor allem Jugendliche – heutzutage weniger Sex haben als je zuvor seit dem Beginn der Aufzeichnungen derartiger Untersuchungen und dass das Alter beim ersten Mal in den westlichen Ländern in den letzten Jahren gestiegen ist, trotz der Tatsache, dass die fortgeschrittene Technologie den Zugang zu allen und allem Möglichen zu jeder Zeit erleichtert. Klar, Tinder und ähnliche Plattformen schaffen fantastische soziale Räume, die für Freude und Freiheit sorgen, aber vielleicht ist genau diese ständige Verfügbarkeit auch abschreckend. Wenn alles nur noch eine Frage des Geschmacks ist, der Nische, der Kontrolle, der Auswahl, ist man weit entfernt von dem blinden Herumfummeln, mit dem die Sexualität eines jeden Menschen ihren

Anfang genommen hat. Vielleicht fühlen sich die Menschen deshalb so einsam.

Ich erinnere mich nicht mehr, ob ich all das gesagt habe, als ich vor meinen beklemmten Studierenden stand und mich in eine Art Schulschwesterrolle hineingeredet hatte. Aber es war ihnen anzusehen, dass sie mir nicht ganz folgen konnten. Ich beendete das Seminar mit dem Verdacht, dass die*der chronisch empörte Studierende in der Ecke mich sicherlich bei der Universitätsleitung anschwärzen würde, weil ich mal wieder ein Seminarklima geschaffen hatte, in dem sich meine Studierenden getriggert und unwohl fühlen könnten.

GEMEINSCHAFTSPROJEKT SCHAM

Die Familienchronik der Menschheit beginnt mit einer Anklage: Eva, du wunderschöne Missgeburt, du hast alles kaputtgemacht! Jetzt sind wir bis in alle Ewigkeiten geschädigt, weil die Mutter aller Mütter eine leichtgläubige Hure war, die Harmonie und Überfluss für Wissen und Freiheit geopfert und Adam gleich mit sich ins Verderben gezogen hat. Es ist ihre Schuld, dass wir uns besudelt vorkommen. Sie hat eine Entscheidung getroffen, vielleicht, weil sie sich mit ihrem Mann gelangweilt hat, der nur ein Prototyp war, aus Schlamm geformt. Oder vielleicht war es ebenso sehr Adams Fehler, denn er war pragmatisch, fehlerlos, während sie nur ein zweitklassiger Hybrid war. Sie wusste es einfach nicht besser. Oder vielleicht waren Adam und Eva gar nicht zwei verschiedene Körper, sondern nur zwei Seiten ein und desselben Hermaphroditen, den die Versuchung in eine Art Sméagol-versus-Gollum-Situation hineingezogen hatte.

Die Erzählung von Adam und Eva hat eine unbeholfene Wirkungsgeschichte, sie ist voll von exzentrischen Charakteren, die für ihre jeweilige Auslegung der Erbsünde gekämpft haben. In *The Rise and Fall of Adam and Eve* (*Die Geschichte von Adam und Eva*) versucht Stephen Greenblatt zu erklären, wie ein kurzer Abschnitt in der Bibel zu einer der wichtigsten Erzählungen der Welt geworden ist, ein Mythos, den vierzig Prozent der Amerikaner beschlossen haben, wörtlich zu nehmen.

Greenblatt ist Shakespeare-Experte und Literaturhistoriker, bekannt als einer der Begründer des sogenannten Neohistorismus, eine Methode der Literaturwissenschaft, die sich, statt sich dem Text selbst zu widmen, eher auf die Menschen und die Zeit konzentriert, die für die Entstehung des Textes verantwortlich sind. Wir seien nach dem Bilde dieser Erzählung erschaffen, sagt Greenblatt, ohne Adam und Eva wäre unser Dasein viel ärmer:

> Adam und Eva bleiben wirkmächtig, sie bieten eine unverzichtbare Möglichkeit, nachzudenken über Unschuld, über die Versuchung und über moralische Entscheidungen; darüber, was es heißt, festzuhalten an einem geliebten Partner; nachzudenken auch über Arbeit, Geschlechtsverkehr und Tod. [...] Zugleich aber halten [die Figuren] den Traum offen, irgendwann einmal irgendwie zurückkehren zu können in eine Glückseligkeit, die verloren ging. Sie besitzen eine ganz eigene, intensive, imaginierte Realität – das Leben der Literatur.

Greenblatt fragt: Was passiert eigentlich, wenn ein Mythos das Wirklichkeitsbild von Milliarden von Menschen formt? Wie werden Mythen zu Fleisch und Blut und politischen Konsequenzen? Welche Kräfte wirken zwischen Mensch und Literatur, dass einige Erzählungen uns über mehrere tausend Jahre heimsuchen?

Der wichtigste Protagonist in Greenblatts Erzählung ist Augustinus, der Partyboy, der zum prüden Bischof wurde und zum vielleicht einflussreichsten Denker des Christentums. Augustinus schrieb Ende des vierten Jahrhunderts die *Confessiones* (*Bekenntnisse*), ein Buch, von dem oft behauptet wird, die erste Autobiografie der Geschichte zu sein, auch wenn es nicht Augustinus' Hauptziel war, ein Selbstporträt zu zeichnen, sondern bestimmte theologische Standpunkte zu diskutieren. Augustinus behauptete, mit uns allen würde grundsätzlich etwas falsch laufen und dass der Ursprung der Verdorbenheit in dem Augenblick liege, in dem Eva sich Gott widersetzt habe. Sein Ziel war es, alle davon zu überzeugen. *Confessiones* war ein polemisches Projekt, und es hatte Erfolg: Das Buch erlangte eine enorme Bedeutung für das westliche Verständnis von Schuld, Sexualität, Verwandtschaft und Erbe. Greenblatt kann sich deshalb vorstellen, dass wir eine ganz andere Sprache über Schuld und Unschuld hätten, wenn nicht Augustinus von einem so chronisch schlechten Gewissen geplagt worden wäre, ein so verkrüppelt symbiotisches Verhältnis zu seiner Mutter gehabt und nicht in den frühen Jahren der Pubertät unglücklicherweise eine Erektion in einem öffentlichen Badehaus bekommen hätte. Das war ihm nämlich mächtig peinlich, vor allem, weil er im Beisein seines Vaters war, der wiederum vor Stolz über den reifen Knaben beinahe platzte.

Aus Sicht eines Marketingstrategen war es nicht unbedingt offensichtlich, sich auf Adam und Eva zu fokussieren, denn schon zu Augustinus' Lebzeiten waren sich die Leute einig, dass die Erzählung ziemlich crazy und ein bisschen kindisch war. Die sprechende Schlange war eine Anspielung auf die heidnischen Mythen, und der Verlauf der Ereignisse ergab keinen Sinn. Augustinus war sich dessen bewusst, wollte die Erzählung aber trotzdem davor bewahren, als Fabel gelesen zu werden. Denn seiner Ansicht nach *musste* die Erzählung vom Sündenfall einfach auf Tatsachen beruhen, damit auch die Erzählung von der Erlösung – dass Jesus für unsere Sünden starb – Durchschlagskraft hatte. Die Erzählung von Jesus und der Jungfrau Maria sei nämlich die Fortsetzung der Erbsündenerzählung. Eva wurde aus Adam erschaffen, Jesus aus Maria. Eva war der Ursprung der Sünde, Maria der Ursprung der Erlösung. Sollte die Fortsetzung wahr sein, musste das auch das Original. Die Menschen mussten davon überzeugt werden, dass Adam und Eva existiert hatten.

Augustinus' Bitte wurde erhört: vom Künstler Albrecht Dürer, der, auf seiner Suche nach Resten der Perfektion in den gefallenen Menschen seiner

Zeit, das definitive Bild von Adam und Eva im Paradies malte. Dürer war sich selbst sein liebstes Modell und ist vor allem für sein Gemälde von Jesus bekannt, das zugleich ein Selbstporträt und wahrscheinlich das erste Duckface-Selfie der Geschichte ist. Der Mann auf dem Bild sieht uns an, mit sinnlichen Rehaugen, langem, glänzendem Haar und einem Kiefer, der voll und ganz darauf fokussiert ist, die Lippen hervortreten zu lassen. Dürers Jesusselbstporträt hat – zufälligerweise – auch Ähnlichkeit mit Russell Brand, dem Komiker, der in seiner Stand-up-Show *Messiah Complex* aufzählt, wie viele von Jesus' Eigenschaften er in sich selbst wiedererkennt, unter anderem, dass er, als großzügiger Liebhaber, »sein Kommen gern hinauszögert«. Dürer erdete die Figuren aus der Bibel, indem er sie wiedererkennbar machte, während er gleichzeitig – wie ein Teenager, der versucht, eine Kardashian auf Snapchat nachzuahmen – sich selbst zum Ikon erhob.

Dürer war damit nicht allein. Die Lebendigmachung von Adam und Eva war ein Gemeinschaftsprojekt, das sich über mehr als ein Jahrtausend erstreckte, von antiken Theologen, Poeten und Renaissancekünstlern, angefangen bei Augustinus, der im vierten Jahrhundert mit seiner eigenen Schuld haderte, bis zu Milton, der über tausend Jahre später, im Jahre 1667, das Projekt mit »Paradise Lost« (»Das verlorene Paradies«) vollendete, laut Greenblatt das beste Gedicht, das jemals in englischer Sprache verfasst worden ist.

Das epische Gedicht basiert auf der biblischen Geschichte von Adam und Eva und endet damit, dass das erste Liebespaar frei in eine unberechenbare Welt hinausspaziert.

Greenblatt zeigt auf, wie die Neurosen und Kindheitserinnerungen dieser Männer die Ideengeschichte geformt haben. Er denkt laut über Augustinus' unterkühlte Beziehung zu seiner Mutter nach und spekuliert, welchen Einfluss das auf sein Verhältnis zu Frauen und folglich auch zu Eva hatte. Greenblatt schreibt über Miltons prüde Jugend und Dürers Narzissmus. Und sie hatten Erfolg, so Greenblatt, Augustinus' Traum von einer wörtlichen Auslegung ging in Erfüllung; in der Renaissance glaubte man tatsächlich, Adam und Eva seien Menschen aus Fleisch und Blut gewesen. In Gemälden und Gedichten begegneten den Menschen jener Zeit mysteriöse Gestalten, in denen sie sich wiedererkannten: zankende Paare, hungrig und durstig, kleinlich und verletzlich. Aber dieser Sieg zog ungewollte Konsequenzen nach sich, so Greenblatt: Die Erzählung begann sich aufzulösen. Adam und Eva wurden zu wirklich. Der Mythos verlor an literarischer, rhetorischer und moralischer Kraft, denn in dem Moment, in dem er zu Fleisch und Blut wurde, wurde er auch verletzlich. Die Dichtung gab sich als Wahrheit aus, sodass sie für Außenstehende lächerlich erschien. Heute lebt die wörtliche Auslegung des Mythos im Creation Museum in Kentucky weiter. Dort kann man bestaunen, wie Adam und Eva, vor nur ein paar tausend Jahren, auf Dinosauriern ritten.

Greenblatts Methode wird mit Argusaugen betrachtet. In dem Essay »Why Stephen Greenblatt Is Wrong – and Why It Matters« (Warum Stephen Greenblatt irrt – und warum das wichtig ist), veröffentlicht in der *Los Angeles Review of Books*, schreibt der Journalist Jim Hinch, dass es schlecht um die Welt der Literatur bestellt sei, wenn ein Leichtgewicht wie Greenblatt mit Preisen ausgezeichnet werde. Wie viele andere Greenblatt-Kritiker meint Hinch, dass sich Bücher wie *The Swerve – How the World Became Modern* (*Die Wende: Wie die Renaissance begann*) aus dem Jahr 2011 nur verkauften, weil sie zugunsten platter Erzählungen über exotische Zeiten und exotische Völker Nuancen übergingen. Derartig zum Leben erweckende Geschichtserzählung sei zu spekulativ, heißt es: Greenblatt schmeichele mit seinen verlockenden psychologischen Porträts und vereinfachten Bildern dem Gefühl des Lesers, die Geschichte begriffen zu haben. Er bediene sich altmodischer Klischees, die das Mittelalter als eine intellektuelle Dunkelzeit dastehen ließen, eine Art gesellschaftliche Pubertät, aus der wir uns herausgewurschtelt hätten, bevor die Welt mit uns aufgeklärten, reifen Menschen ihren Höhepunkt erreicht habe. Greenblatts Kritiker lassen ihn wie eine Art Richard Dawkins der Literaturgeschichte aussehen, der *Säkularismus für Dummies* mit einer Form von fortschrittsoptimistischem Evolutionismus kombiniert – eine Schande angesichts Darwins tiefgründigen Verständnisses von Chaos und Zufall. »Mit anderen Worten«, schreibt Hinch, »*The Swerve* hat die literarischen Preise nicht verdient, mit denen es überschüttet wurde, denn das Buch ist voller sachlicher Fehler und vertritt einen Blick auf die Geschichte, der von seriösen Experten der jeweiligen Epochen, die Greenblatt bespricht, nicht vertreten wird.«

Man kann sich denken, dass *The Rise and Fall of Adam and Eve* als Antwort auf diese – oder Reflexion zu dieser – Kritik geschrieben wurde, denn es existiert eine Parallele zwischen Greenblatts Geschichtserzählung und der Wirkungsgeschichte der Mythen. Ich lese das Buch als eine Art Metareflexion zu der neohistorischen Lesart, die Greenblatt repräsentiert, in der er zwischen den Zeilen die Schwächen seiner eigenen Methode anerkennt und sie gleichzeitig verteidigt. Denn was bedeutet es eigentlich, zu lesen, um Nähe zu etwas aufzubauen, das offensichtlich weit entfernt oder tot ist? Diese Lesart riskiert, dass das Mystische und das Archaische an Schlagkraft verlieren, weil beides zu nahe kommt und der vielschichtigen Vergangenheit Gewalt zufügt. Kein Mensch ist frei geboren, sagen wir uns selbst und machen uns auf die Suche nach unserem eigenen Schicksal im Ursprungsmythos.

Wir drängen uns unseren Ahnen auf, mit Generalisierungen und Psychologisierungen, die für sie wahrscheinlich gar keinen Sinn ergeben hätten. Und was uns dann bleibt, ist oft irgendwie enttäuschend, beispielsweise die lächerliche Erzählung über Augustinus' Mutterkomplexe im Licht der Moderne, psychoanalytische Vorstellungen zu ödipalen Strukturen.

Derartige Projektionen sind oft das Ergebnis intellektuellen Posings, kombiniert mit dem Drang, Menschen der Vergangenheit erobern zu wollen. Trotzdem hat diese fantasiegetriebene, zum Leben erweckende Lesart auch etwas für sich, denn sie kann an dem kalten, analytischen Blick vorbeihuschen, der die Vergangenheit mit einer sterilen Zange am ausgestreckten Arm vor sich hält. Die Lesart ist fehlbar und oft reduzierend, aber ebenso ein wertvoller Versuch, uns selbst und unsere Gegenwart durch etwas Distanziertes zu verstehen. Greenblatts Projekt ist so gesehen mit Augustinus' *Confessiones* verwandt: Er versucht, dem Mythos Leben einzuhauchen und ihn zu aktualisieren, ihn in die Gegenwart zu holen, nicht in erster Linie, um die Vergangenheit zu verstehen, sondern um zu verstehen, inwiefern Erzählungen unser Leben beeinflussen, unsere Gefühle, unsere Weltanschauung und unser Gewissen steuern.

In Schöpfungsgeschichten geht es stets um Folgendes: Irgendetwas war am Anfang, und was dann passiert ist – die Handlungen, Entscheidungen und Reaktionen der ersten Menschen –, hat uns geformt. Unser Gemüt kommt nicht aus dem Nichts, es ist vererbt, und es zwingt uns, irgendwo zwischen Freisein und Unfreisein zu leben und zu handeln: geformt von dunklen, archaischen Ereignissen, aber nicht total an sie gebunden. Der Mythos um Adam und Eva erzählt uns, dass die Menschen schwach und inkonsequent sind und dass Schwäche bestraft wird. Doch in der Erzählung wird auch Verständnis für die Schwäche gezeigt, ein Verständnis, das stärkt und das uns die gebrechliche Schönheit im Ausgegrenzten, im Verlorenen, im Schamhaften sehen lässt. Die Erzählung ästhetisiert den Verfall: Das wirklich Tugendhafte liegt unausgereift in der Sünde. Das Schöne verbirgt sich im Verkrüppelten, Sinn verbirgt sich in der senilen Irrationalität, Güte wird möglich, indem man sich traut, seiner eigenen Kleinlichkeit ins Auge zu blicken. Der Rauswurf aus dem Paradies war also nicht ausschließlich Pech: Er öffnete das Tor zu Selbstbewusstsein, Freiheit und Gnade.

Die Mythen erzählen von dem bulimischen Verhältnis der Menschen zu verbotenen Früchten. Einige geben nach, andere nicht. Greenblatt dramatisiert die Wirkungsgeschichte dieses Mythos, woraufhin wir erkennen, dass noch ganz andere Auslegungen hätten gelten können als diejenigen, mit denen wir leben. In einigen von ihnen handelt

Evas Fall nicht von Schuld und Unschuld, sondern von dem Preis, den Menschen bezahlen, um die Wahrheit über sich selbst zu erkennen, wenn diese Wahrheit sie dazu zwingt, das Vorhersehbare und Sichere für etwas Schwindelerregendes und Trostloses aufzugeben. Unter den früheren Bibelauslegungen waren sich nicht alle sicher, dass Eva, die nachgegeben hatte, die Schurkin war. Immerhin hatte sie sich für das Wissen entschieden.

DER VORHANG FÄLLT,
ERSTER AKT

Das Imperium hat schon Verdacht geschöpft, dass seine Blütezeit vorbei ist. Offensichtliche Sündenböcke gibt es nicht, nur das generelle Gefühl, dass irgendetwas nicht stimmt und verdorben ist. Die Stadtmauern sind porös, jeder schläft mit jedem, und ein Zucken mit den künstlichen Wimpern verrät, wer mit wem unter einer Decke steckt. Die Barbaren stehen nicht nur vor den Toren, sie haben die ganze Stadt infiltriert. Es herrscht komplette Verwirrung darüber, wer regiert und was passieren wird. In den folgenden Jahrtausenden werden Experten darüber streiten, ob das Reich aufgrund von Einwanderung, schwacher Infrastruktur, moralischem Verfall, kultureller Stagnation, Korruption oder außenpolitischem Übermut gefallen ist.

Titus Andronicus aus dem Jahr 1593 ist vermutlich jenes von Shakespeares Werken, dem am wenigsten Aufmerksamkeit zuteilwurde, ein Rachedrama, das, im Gegensatz zu *Hamlet* oder *King Lear*, nicht über Rache reflektiert, sondern sich damit begnügt, Rachsucht in Szene zu setzen und gänzlich auszuschöpfen. Der Text ist ein unsinniges Füllhorn, möglicherweise ist er eine Parodie auf ein Genre, das zu Shakespeares Zeiten sehr populär gewesen ist. Doch abgesehen davon, ob das Stück ernst gemeint war oder nicht: Julie

Taymors Filmadaption *Titus* aus dem Jahr 1999 ist ebenso herzerwärmend wie schrullig. Was zu Beginn des Filmes noch aussieht wie ein relativ demokratischer Wahlkampf, endet in einem Slapstick-Blutbad: Titus, der grausame Antiheld, ermordet die Söhne der gotischen Königin Tamora, backt aus ihren Überresten eine Pastete und bringt die Königin dazu, sie zu essen, bevor Titus komplett durchdreht und seine eigene Tochter tötet.

Einer der Produzenten des Films war Steve Bannon, laut Andrew Breitbart der »Leni Riefenstahl der Tea-Party-Bewegung«. Während und nach der amerikanischen Präsidentschaftswahl 2016 verkaufte Bannon sich als eine Art verwegener Sokrates. Er lud Fotografen in sein Zuhause ein, das aussah wie die Kulisse eines Low-Budget-Rokoko-Pornos. »Dunkelheit ist gut«, sagte er und vermarktete sich selbst, wie er auch *Breitbart* vermarktete, getreu dem Motto »*Honey badger don't give a shit*«. Im selben Jahr verkündete Bannon, dass *Breitbart*, eine im Jahr 2006 von Andrew Breitbart gegründete rechtsradikale Nachrichtenwebseite, eine Allianz mit der Alt-Right-Bewegung eingegangen und zum Informationskanal der Bewegung geworden sei. In diesem Medium war Bannon in seinem Element – ohne *Breitbart* hätte er den Weg ins Weiße Haus wahrscheinlich nie geschafft. Er spielte die Rolle des Aufwieglers, der aus der Hüfte schoss und so tat, als meine er seine Machtgier ironisch, nannte sein Büro im Westflügel des Weißen Hauses »Kriegszimmer« und sah sein Hauptziel als Chefstratege des Trump-Kabinetts darin, den »administrativen Staat zu dekonstruieren«. Wäre es ein Theaterstück, wäre es genial.

Bei Shakespeare findet so manch ein fragwürdiger Wahlkampf statt, doch bei *Titus Andronicus* spielt sich einer der besonders chaotischen Art ab. Zunächst wird er zwischen den beiden Söhnen des verstorbenen Kaisers ausgefochten, die in Taymors Film von ihren jeweiligen Wahlkampfautos aus um die Gunst des Volkes buhlen. Sie rollen durch die Straßen der Stadt, umringt von ihren Wählern und Wahlkampfmanagern, jeder von ihnen begleitet von einem eigenen jazzigen Soundtrack. Beide Menschenmassen verschmelzen vor dem ehrgeizigsten Betongebäude Mussolinis – eine glatte, modernistische Konstruktion, die auf die römische Architektur anspielt, jedoch nicht in nostalgischem Sinne, sondern zukunftsorientiert. Die Parteien stehen sich im Schwarz-Weiß-Kontrast gegenüber wie in einem amerikanischen Western: Bassianus, der tugendhafte, aber naive Humanist, fährt in einem hellen Cabriolet vor, während Saturninus, der Faschist, in einem aufgepimpten Papamobil durch die Gegend cruist und von einer ekstatischen Masse von Menschen bejubelt wird. Sie schwenken Fahnen, die an die deutsche Flagge erinnern, und sind gekleidet, als ob sie auf dem Weg zu einem ironischen Peitschen-und-Leder-Fest wären. Saturninus ist eine Parodie auf faschistische Ästhetik, jedoch mit einem androgynen Touch: Seine Lederjacke ist mit rotem Plüsch gefüttert, und die Extravaganz des schlechten Drag-Make-ups steigert sich exponentiell zur wachsenden Hysterie. Saturninus gewinnt die Wahl, macht jedoch keine überzeugende Figur auf dem viel zu großen Eisenthron.

Die USA spiegeln sich im Römischen Reich – neben *Titus* auch in vielen anderen Hollywoodfilmen. In diesem Fall geht es nicht um Ehre und Ruhm, sondern um den spektakulären Niedergang eines Reiches. Es ertrinkt in selbstbezogener Empörung. Die Darstellung des Ertrinkens ist brillant, psychedelisch. Die Pelzmäntel sind künstlich, der Lippenstift billig. Die Kostüme verweisen auf sich selbst, so wie auch der Film auf sich selbst verweist, während er darauf besteht, dass hier nur Theater gespielt wird. Tamora – die Königin der Goten und die MILF der Geschichte, Matriarchin und Sirene – hat ihr Haar zu Medusa-Zöpfen geflochten, ist unbeholfen geschminkt; ihre Haut altert, und ihre güldene Rüstung ist eher ein Push-up-BH. Sie stimuliert die Lüste aller: nach Rache, Liebe und Unterwerfung. Saturninus – der neu gewählte Femi-Hitler-Kaiser – umschlingt sie im Bett, während er seinen flachen, entblößten Hintern in die Kamera hält, eine Hand auf eine ihrer Brüste gelegt, den Kopf auf die andere. Sie hat sich zurückgelehnt, hochmütig, ihre Hand ruht mütterlich auf seiner Stirn. Der Kaiser ist der Königin faschistischer Jasager, von ihren tätowierten Armen ebenso formbar wie ihre beiden rüpelhaften Söhne, die sie stillt wie die Wölfin des römischen Ursprungsmythos. Die Jungs laufen mit gebleichten Haaren, Plateauschuhen, Silbertrikot und Schulterpolstern herum, sie tanzen und gehen zu ihrem Hardcore-Soundtrack ab und vergewaltigen Titus' Tochter auf das Kommando ihrer Mutter.

Die Handlung ist zerstückelt – man kann ihr nur schwer folgen. Der Erzählstrang wird von fragmentarischen Stillleben badender Athleten, schwebender, abgetrennter Gliedmaßen und von Opferlämmern mit Menschenköpfen unterbrochen. Unter die politischen Ereignisse schleicht sich das ein oder andere Fest, auf dem das Künstliche gefeiert wird. Bei einem von vielen Versuchen, die Ereignisse zu sabotieren, schießen Titus und sein Neffe Pfeile durch ein Loch in einem Deckengewölbe, das an Hadrians Pantheon erinnert. Das Haus aller Götter. Die Pfeile treffen eine aufblasbare Titte. Plötzlich ist alles in Gold und Glitzer und Glamrock getaucht. Inzestuös, homoerotisch und hypersymbolisch. Abgedroschen, auf eine selbstbewusste Art. Respektlos. Ein Leck-mich-am-Arsch für die Wächter des guten Geschmacks. *Honey badger don't give a shit.*

In der ersten Szene des Films sitzt ein Junge allein an einem Respatex-Tisch in einer 1950er-Jahre-Küche. Er spielt Krieg mit Zinnsoldaten und Actionfiguren, hat sich eine Papiertüte über den Kopf gezogen, in die er Löcher zum Durchgucken geschnitten hat. Er ist hyperaktiv und total in sein Spiel versunken. Überall fließt Ketchup. Ein Flugzeug stürzt in Milch, das Spiel eskaliert, er greift sich an den Kopf, seine Augen rollen im Schädel, als hätte er einen epileptischen Anfall, und dann, plötzlich, scheinen die Actionfiguren zum Leben zu erwachen: Ein breitschultriger Soldat stürmt ins Zimmer, durch die vierte Wand. Der Soldat greift sich den Jungen, trägt ihn eine Treppe hinunter, in einen schwarzen Keller hinein – vermutlich ein Symbol für ein jungenhaftes und kriegshungriges kollektives Unterbewusstsein. Was sich als Ideologie und Großmachtpolitik ausgibt, hat in Wirklichkeit vielleicht eher etwas mit persönlichen Sehnsüchten und unbeherrschter Angst zu tun. Die Anfälle eines Kindes im Trotzalter bewegen die Welt. Das moderne Haus wird von Flammen aufgefressen, der Soldat kann mit dem Jungen fliehen, durch den dunklen Abgrund, bis sie in einer Arena landen, die an die Ruinen des Kolosseums erinnert. Unsichtbare Zuschauer applaudieren, und als der Junge sich bückt, um eine seiner Spielfiguren aus dem Sand aufzuheben, erscheint Titus, ein heimgekehrter Kriegsheld, er marschiert mit einem Gefolge von Pferden und Panzern in die Arena – gemeinsam mit einem Heer von Soldaten in Rüstungen tritt er in ein Universum ein, in dem alle Zeiten gleichzeitig existieren. Ab hier übernimmt Shakespeares Text, und Titus hat das erste Wort: »*Hail Rome!*« Heil dir, o Rom. Shakespeares Schauspiel ist ein Sandwich zwischen zwei Metabühnen: der Junge am Küchentisch und der Junge, der Titus' tote Tochter von der Bühne trägt. Der Junge sind wir, das Publikum, die mitschuldigen Zuschauer.

In *Titus* sind Hände Metaphern für die Bedeutung des Handelns und des Behandeltwerdens. Relativ zu Beginn der Erzählung sitzt Titus Andronicus in einem Hinterhof neben einer gigantischen, brüchigen Steinhand, die von einer Götterstatue abgefallen sein muss. Diese Szene deutet bereits an, dass seine eigene Hand abgeschlagen, in einen Gefrierbeutel gesteckt und in den Mund seiner Tochter geschoben wird, nachdem auch ihr die Arme und die Zunge amputiert wurden. Die Tochter kann nicht länger bezeugen, was ihr widerfahren ist, aber das Publikum ahnt trotzdem, dass das Schicksal in ihren abgetrennten Gliedmaßen liegt. Ivanka, nein, ich meine Lavinia, weiß vielleicht nicht, was »Mitschuld« bedeutet, aber das hat nicht viel zu sagen, denn ihre Macht hat nichts mit Cleverness zu tun: Sie ist lediglich eine neutrale Leinwand, auf die verschiedene Leute ihre Fantasien projizieren. Im weiteren Verlauf der Geschichte wird sie sowohl Opfer als auch Komplizin.

Wird sie ihren Vater im Zaum halten oder ihn in einem patriziden Wahn stürzen?

Es wäre erbärmlich zu behaupten, im Stück kämen so viele Hände vor, weil Shakespeares Vater Handschuhmacher war, ebenso erbärmlich, als würde man sich über Trumps kleine Hände lustig machen – dieser Witz wurde im Laufe der Präsidentschaftskampagne immer trauriger –, ein Eingeständnis, wie impotent der Late-Night-Saturday-Night-Live-Talkshow-Spott im Laufe des Wahlkampfes geworden war, und gleichzeitig eine Vorahnung, wie wenig standhaft die politische Satire im Laufe seiner Amtszeit werden würde.

Bannon wurde mit demselben billigen Spott empfangen, als er, neu gekrönt, aus dem Trump Tower trat. Er schien gerührt zu sein. Er sah auch so aus, als hätte er gerade eine Hure erwürgt. Als sein Gesicht, wie rohes Fleisch, die Titelseite des *Time Magazine* zierte, brach eine Flut flacher Witze über ihn herein, guckt mal, die umgestülpte Haut, die fettigen Haare – doch keiner dieser Witze traf. Denn seine Hässlichkeit war eine Stärke, keine Schwäche: Sie war sein rhetorisches *mojo*. Bannons Glaubwürdigkeit beruhte auf der Fähigkeit, Menschen Unbehagen zu bereiten. Diese Rolle ist ebenso alt wie die westliche Ideengeschichte: der ungepflegte, prophetische Perversling, der überall Kaiser ohne Kleider sieht. Bannon war mehr Punk als konservativ, eine wandelnde Mikroaggression, und für seine Jünger war sein Gesicht Sandpapier, das die eigentliche Form der Gesellschaft hervorschliff. Eine ideologische Scheuermilch. Eine Art barocke Karikatur einer sterilen und elitären Linken. Präsident Baroque O'Bannon war das Gegenteil von Obamas lässigem Swag und der chirurgischen Kriegsführung.

Doch schon bald stellte sich heraus, dass Bannon vielleicht gar nicht die Strippen zog, sondern nur Geldgeber war. Auch wenn er vieles ermöglichte, hatte er nicht viel mitzureden. (Unter anderem wollte er, dass *Titus* im Weltraum spielen sollte.) Dennoch: Diese Sperenzien waren das Ergebnis seiner Vorliebe für einen Rachefeldzug ohne Botschaft, eine Tragödie, die weder eine Katharsis noch eine Lösung des Konfliktes bietet, weder *good guys* noch *bad guys* – sondern mehr oder weniger nur charismatische Machos und mehr oder weniger extravagante Sabotageversuche. Es ist ein Theater des Bösen, das, auch wenn es an ein autoritäres Regime erinnert, eigentlich eine zu Brei zerkochte Demokratie ist. Die Handlungen der Protagonisten scheinen unbedacht, zufällig zu sein. Sie rutschen aus ihren ideologischen Kategorien heraus, weil es in ihren Kämpfen nicht um Ziel und Macht geht, sondern um Protz und Tabu.

Wenn der Faschismus das Symbolbild für den Triumph der Form über den Inhalt ist, geht es bei *Titus* um den Triumph des Gefühls über die Form. Der Film ist ein manieristisches Säurebad für die bürgerliche Öffentlichkeit, der Pathos vor Logos wählt, Rhetorik vor Philosophie, Poesie vor Politik, der die mangelnde Sinnlichkeit des staatlichen Humanismus verspottet und die Sehnsucht nach fatalistischen Mega-Narrativen auf eine Weise befreit, die an die Medienstrategie von *Breitbart* erinnert: Es gilt, historische und politische Linien durch einen emotionalen Appell miteinander zu verbinden. Das Online-Medienhaus schafft ein Weltbild, das auf Emotionen aufbaut. Der Chefredakteur bestätigte dies, als er sagte, dass er keine einmaligen Storys bringen würde, egal wie gut sie seien, denn in der Alt-Right-Mentalität gehe es um große Geschichten, die weitererzählt würden.

»Ich habe mich geirrt«, sagt Titus. »Die Erde ist eine Welt der Gefühle, nicht der Form.« Bannon und seine Komplizen wussten, wie man von diesem Standpunkt aus an die Arbeit geht. Sie wussten, dass ihre rhetorische Kraft in apokalyptischen und mythischen Geschichten lag, die sich in den Emotionen widerspiegelten, nach denen sich die Menschen zeitlich und räumlich orientieren – Emotionen, die mit den meisten salonfähigen politischen Programmen unvereinbar sind. Und jetzt, da Bannon schon lange abgeschossen ist und neue Handlanger hinter den Kulissen twittern, ist immer noch nicht bekannt, wo es enden wird oder ob es der sogenannten populistischen Rechten weiterhin gelingen wird, an den Haaren herbeigezogene Mega-Storys in Politik umzuwandeln. Plötzlich wirkt die Linke unsexy und moralisch; völlig ausgelaugt von Konnotationen, die sie einst stark gemacht haben: Coolness, sexuelle Freiheit, provokative Ästhetik, marschierende Körper. Plötzlich sind es Anzug tragende Neonazis, die die politisch inkorrekten Rebellen sind. Und vielleicht hängt die Zukunft von Alt-Right und ähnlichen Bewegungen davon ab, ob sie es wirklich schaffen, diese Gefühle zu monopolisieren, und ob Titus recht hat, wenn er sagt, dass es Emotionen sind, die bestimmen, ob das Imperium siegen oder fallen wird.

OMPHALOSKEPSIS

1

Wo ist im öffentlichen Raum Platz für Gefühle und persönliche Erfahrungen? Im Laufe der letzten Jahre hat man in norwegischen Zeitschriften und Zeitungen in regelmäßigen Abständen lesen können, dass die autobiografische Tendenz in der zeitgenössischen Essayistik die Rolle des Essays als engagierter Bürger bedrohe. Es heißt, die zeitgenössische Literatur werde durch den amerikanischen persönlichen Essay korrumpiert und das »Was wenn?« des Romans durch die autobiografische Tendenz ausgerottet. Der bekennende Essay sei das Symptom einer kranken Kultur, die viral mit dem Triumph der Identitätspolitik über die Realpolitik und anderen Leiden verbunden sei, die den Staat verwüsteten. Wenn Rezensenten trotzdem Gefallen an einem autobiografischen Essay zeigen, dann oft aus dem Grund, dass es in diesem speziellen Fall nicht nur um Nabelschau gehe, sondern auch um etwas Universelles. Sie sagen das, als hätten sie Angst, mit der peinlichen Blindheit des Bekenntnisses in Verbindung gebracht zu werden – und als wäre es nicht selbstverständlich, dass jemand, der ein Buch veröffentlicht, versucht, etwas zu vermitteln, das für andere relevant ist, nicht nur für den Schreibenden selbst. Die Debatte ist seltsam geschlechtsspezifisch: Nabelschau betreiben oft Frauen, Kritik üben oft Männer, und man kann fast vermuten, dass der Kinderwagen schiebende Geisteswissenschaftler hier eine Möglichkeit ergriffen hat, seine latente literarische Misogynie auszutoben. Mit erhobenem Zeigefinger wurden Artikel unter Überschriften wie »Der Essay als Selfiestick«, »Die Verengung der Kampfzone« oder »Montaigne als Pseudo-Essayist« verfasst, in denen die Schreibenden ihren potenziellen Gegnern zuvorkommen, indem sie zugeben, eventuell für konservative Stinkstiefel gehalten werden zu können – das ist stets der Preis, den man zahlt, um auf den bloggenden Elefanten im Raum zu zeigen. Um diesen Trend umzukehren, muss man einen ehrgeizigen essayistischen Journalismus pflegen: Durst nach Realität, politisch engagiert und historisch bewusst – das Gegenteil des Essayismus, der die Bestsellerlisten in den USA anführt.

Die Debatte ist wichtig und verdeutlicht nicht zuletzt, dass die vorherrschende Tendenz in der zeitgenössischen Essayistik das Diagnostizieren von Tendenzen ist. Da mag vielleicht etwas dran sein, aber ich kann nicht anders, als vieles aus der Sparte *creative non-fiction* (die unangenehmste Genrebezeichnung der Welt) zu mögen, dieses großartige Gesöff, das aus Autorinnenschulen und amerikanischen Literaturzeitschriften nur so hervorquillt. Aus der Ferne mag es vielleicht so aussehen, als hätte dieses Genre nichts anderes zu bieten als Traumatagebücher und sentimentale Reiseberichte – Ansammlungen unkritischer Selbstbeweihräucherung, Namedropping, Zitate der vielen kanonisierten Autoren, die Philip Larkin »*our shared myth kitten*« nennt, und kokettierende Zweifel à la *I can't go on, I'll go on*. Das Nervigste ist natürlich, wie diese Autoren Substanz faken, indem sie vielsagende Fragmente zusammenschustern:

2

Omphalos: Griechisch für Nabel, bezieht sich auf den runden Stein im Inneren des Apollon-Tempels in Delphi, der auch Nabel der Welt oder *axis mundi* genannt wird. Ebenso wie andere griechische Orakel war auch das Orakel von Delphi ein lukratives Geschäft mit vielen Investoren. Über einem Spalt, aus dem merkwürdige Gase strömten, saß eine junge Frau auf einem Dreifuß, zugedröhnt, zänkisch und prophetisch, und sagte seltsame Dinge, die gelehrte Männer interpretieren mussten, bevor sie irgendeinen Sinn ergaben.

3

»Jeder Laut, den wir von uns geben, ist ein Stückchen Autobiografie«, schreibt die kanadische Dichterin und Klassische Philologin Anne Carson in »The Gender of Sound« (»Geschlecht des Klanges«), einer Art Essay, der auf den letzten Seiten ihres Gedichtbandes *Glass, Irony, and God (Glas, Ironie und Gott)* auftaucht. Alle Texte und Äußerungen – Radionachrichten, Einkaufslisten, Doktorarbeiten, Stöhnen – sind »ein Stück nach außen projiziertes Innen«. Jedes Mal, wenn wir sprechen oder schreiben, *äußern* wir uns, und wenn wir uns auf diese Art und Weise nach außen kehren, geben wir Dinge von uns preis, über die wir keine Kontrolle haben. Was wir nicht von uns wissen, klebt an unseren Worten, an unserem Tonfall, an unseren Gesten. Derartige Projektionen zu zensieren, so Carson, »ist die Aufgabe der patriarchalen Kultur, die (wie wir gesehen haben) die Menschheit in zwei Gattungen einteilt: die einen, die sich selbst zensieren können, und die andern, die es nicht können«.

Carson erzählt von dem Mann, der seine Frau mit einem leckenden Krug verglichen hat, sie erzählt von Medusa, den Sirenen und Echo – schauderhaften Gestalten, die die Umgebung mit heimtückischer Schönheit, monströser Hässlichkeit oder schlechten Stimmen verdarben. Sie zeigt auf, dass seit der Antike und noch bis heute Rhetoriken existieren, die »weibliche Geräusche mit Monstrosität, Chaos und Tod in ideologische Verbindung bringen«.»Unangenehme Geräusche werden zu einer politischen Krankheit (*nosos*), und man diskutiert die Notwendigkeit, die Städte von einer derartigen Verunreinigung zu befreien.« Die Griechen feierten aus diesem Anlass ein Fest der Reinigung, um zu verhindern, dass die Städte von dem irrationalen Jammern der Frauen besudelt werden. Während des Festes schickten sie ihre Frauen hinaus aufs Land, wo diese den Mond anheulen und somit ihr Inneres von allem Übel reinigen sollten. Vermutlich ist das der Ursprung der Werwölfe – eine Verschmelzung von zwei Mythen: dem Mythos des asozialen Wolfs mit dem der hysterischen Frau.

Heutzutage kann man einen Vibrator kaufen, der *Silver Bullet* heißt, ein genialer Name, wenn man bedenkt, dass der erste Dildo ein medizinisches Instrument gewesen ist, das in Arztpraxen eingesetzt wurde, um weibliche Hysterie zu kurieren, und dass man einen Werwolf nur mit Kugeln aus Silber töten kann. In der Marketingstrategie des *Silver Bullet* werden zwei Mythen miteinander verschmolzen, die ursprünglich von weiblicher Monstrosität handelten und in das Bild der selbstständigen Frau verwandelt werden, die durch eigenes Handanlegen in eine Art pragmatische Ekstase gerät.

4

Das erste Mal, dass ein Mann mir sagte, er finde meine Stimme unerträglich, saßen er und ich – zu diesem Zeitpunkt waren wir ein Paar – an der Bar in einer lauten Kneipe im Pariser Stadtviertel Oberkampf und fabulierten über die Zukunft, die wir uns gemeinsam aufbauen wollten. Wir wollten nach Amsterdam ziehen und eine Radioshow ins Leben rufen, die Stand-up und Theologie und halsbrecherische Diskussionen über Literatur, Liebe und Ideengeschichte miteinander vermengen sollte. Ich war so begeistert von unseren Plänen, dass ich sicherlich wild gestikulierte und mir das Blut in den Kopf schoss, aber das kann ich nicht mit Sicherheit sagen, denn das ist das Tolle am Enthusiasmus – man macht eine kurze Pause von sich selbst. Ich weiß nur noch, wie sein Lächeln gefror. Er rümpfte die Nase und sagte: »Ich habe dich noch nie mit so einer schrillen Frauenstimme sprechen hören.« Er ging auf Abstand. Ich war ganz baff vor lauter Scham. Nichts ist so demütigend, wie gezwungen zu sein, sich von außen zu betrachten, in einem Augenblick, in dem die Begeisterung die Grenzlinie zwischen Innerem und Äußerem wegradiert.

5

Carson schreibt über *sophrosyne*, Besonnenheit, eine der vier Kardinaltugenden der griechischen Philosophie. »Die männliche Tugend der *sophrosyne*, auch Selbstbeherrschung genannt«, so Carson, »zielt darauf ab, diese Kontinuität zu verhindern, die äußere Oberfläche des Mannes von dem abzuspalten, was im Inneren vor sich geht. Der Mann unterbricht die Kontinuität, indem er den *logos* dazwischenschaltet – dessen wichtigster Zensor die rationale Artikulation von Lauten ist.« Aber *sophrosyne* sei für Frauen etwas anderes als für Männer, schreibt sie. »Die Frau ist ein Geschöpf, das ihr Inneres nach außen kehrt. Durch Projektionen und Indiskretionen aller Art – somatische, vokale, gefühlsmäßige, sexuelle – gehen Frauen den Bedürfnissen nach, die nicht nach außen gekehrt werden sollten. Frauen formulieren ohne Umschweife, was nicht ausgesprochen werden sollte.«

Für Frauen sei Selbstbeherrschung keine philosophische oder moralische Tugend, sondern eine Frage des Klangs. Es gehe darum, die Klappe zu halten. Carson gibt Beispiele dafür, wie Frauenstimmen im Laufe der Jahrhunderte wahrgenommen wurden, vom antiken Griechenland bis zu den modernen Politikerinnen, denen, egal wie viel Stimmbildung sie betreiben, ständig vorgeworfen werde, zu schrill zu sein. Carson erzählt von der Vorstellung der Griechen von den weiblichen Genitalien als einem zweiten Mund, der den ersten widerspiegele. Dieses Bild ist ein wiederkehrendes Thema in der westlichen Kulturgeschichte: die Frau als Doppelspalt, eine Hülle mit zwei klaffenden Fotzen. Aus der einen sickern Klänge, aus der anderen sickern Blut und Schleim und Verderben. Beide locken und verführen, bringen Männer ins Schwärmen, bevor sie ihre wahren Gesichter als die stinkenden Gallenhöhlen des menschlichen Daseins zeigen. Solange Frauen derartige durchlöcherte Gestalten sind, ist die Kontinuität zwischen Innerem und Äußerem mit der männlichen Natur unvereinbar.

6

An einem kalten Junitag gingen mein Freund und ich am Strand spazieren, auf den Hebriden, der Inselgruppe nordwestlich vor der schottischen Küste. Wir sprachen über Psychoanalyse, eine intellektuelle Disziplin, dergegenüber er wohlgesonnener war als ich, auch wenn ich mich gerne des psychoanalytischen Vokabulars bediene wie eines rhetorischen Werkzeugkastens, nicht jedoch der Erklärungsansätze, weder für persönliche Therapien noch für Massenpsychologisierung. Die Psychoanalyse stellt scharfe Fragen, gibt jedoch schwache Antworten. Banale Psychoanalyse warte mit aggressiven Verallgemeinerungen auf und unterschätze die tatsächlichen äußeren Bedingungen, die zu Trauer und Wut führten, sagte ich, als ob er es nicht bereits wüsste, als ob er nicht bereits eine ziemlich nuancierte und kritische Beziehung zu dieser Tradition hätte, über die er immerhin noch mehr Bescheid wusste als ich. Ich erkannte die Ironie: Auf Theorien zu blinder Wut reagiere ich mit blinder Wut.

In der Psychoanalyse werde alles zu einer Frage der eigenen Beziehung zu sich selbst, sagte ich, und alles, was therapeutischen Effekt haben solle, werde zu einer Art ewiger Maschinerie des Narzissmus – nicht unähnlich dem, was die Leute über das essayistische Bekenntnis sagen, aber immer noch anders, dachte ich, ohne genau zu wissen inwiefern. Psychoanalyse wurde für mich immer mehr wie das Lesen eines Horoskops: Menschen erkennen sich in allen Diagnosen, filtern heraus, was nicht passt, und fühlen sich geschmeichelt, wenn sie gesehen werden, während sie gleichzeitig die Selbstverliebtheit zu einer Tugend erheben: Selbsterkenntnis und Selbstoptimierung.

Die Sonne hing tief über den steilen Klippen, kohlrabenschwarze Kühe fraßen schillernd grünes Gras und Seeschwalben stürzten sich in die Wellen auf der Jagd nach Fischen, während der Mann referierte und ich querulierte.

Wir waren drei Wochen lang zusammen auf den Hebriden gewesen, ohne Internet oder Telefon, waren über die Inseln gefahren, hatten Fisch gegessen und Gin getrunken. Jeder von uns hatte sich in dem kleinen Haus, das wir gemietet hatten, sein eigenes Büro eingerichtet, wir hatten gearbeitet – und, das musste ich zugeben, schwere Türen zu Orten geöffnet, die man vielleicht das Unbewusste nennen konnte. Wir waren erschüttert und glücklich und benommen, wir balancierten auf schwarzen Klippen über weißer Gischt in einer windgepeitschten Landschaft. Salzige Schaumkugeln des Meeres stoben durch die Luft. Der Boden war ein unkultivierbares Moor.

Wenn jemand sich einer Psychoanalyse unterzieht, sagte mein Freund, sei es das Gegenteil von Schreiben. Der Therapeut konzentriere sich auf etwas anderes als auf das Narrative; auf das, was darunterliege, unbekannt, in den Ritzen. Es sei das Gegenteil davon, sich hinzusetzen und zum wiederholten Male seine eigene Geschichte zu erzählen, denn die Aufgabe des Therapeuten bestehe nicht darin, die Geschichten des Patienten zu glauben. Psychoanalyse sei sprachliche Analyse.

Wie kann es denn das Gegenteil vom Schreiben sein, warf ich ein. Ist es nicht genau das, worum es in guter Poesie und guten Romanen geht: das Zweideutige, die Grenzen der Sprachen, das Durchbohren von Lebenslügen? Meinst du nicht eher, kluge Psychoanalyse ist das Gegenteil von *schlechtem* Schreiben, also dem Schreiben von oberflächlichen Memoiren, Manifesten und Leserbriefen? Und hat Therapie nicht denselben Effekt wie schlechtes Schreiben, indem sie Menschen zu Archetypen macht – zu Hysterikern, Neurotikern und Unanalysierten – und die Reaktion eines Menschen auf seine Umwelt als Lust, Unterdrückung, Angst, Narzissmus oder Hemmung diagnostiziert? Ist das nicht die ultimative, invasivste Objektivierung: den Abfall des Erzählten zu durchwühlen und den Müll unter diese eng gefassten Sammelbegriffe zu kehren? Sind die Lügen des Erzählten nicht ebenso wahr wie das, was preisgegeben wurde? Und ist es nicht so, dass das analytische Vokabular zur Disziplinierung verwendet werden kann, um Macht auszuüben, indem man dem Schmerz der Menschen seine äußeren Ursachen abspricht und ihn stattdessen ihrem Inneren zuschreibt?

»*Cheer up*«, sagte er.

7

In »The Gender of Sound« gehen eigenartige Dinge vor sich. Carson kritisiert zum Beispiel Gertrude Steins Biografinnen für ihre »Sätze, die auf eine kunstvolle Weise die faktische und die metaphorische Ebene durcheinanderbringen« – doch sie macht sich dessen selbst schuldig. Und es mag so aussehen, als ob Carson ihr eigenes Projekt sabotiere, wenn sie verschiedene Charaktere und Geschichten miteinander verschmilzt, Stücke aus verschiedenen Mythen herauspflückt und sie zu einer poetischen Gesellschaftskritik zusammenfügt, die nicht den Regeln ehrenwerter akademischer Forschung folgt. Aber vielleicht ist diese Ausreizung des Genres nur ein Beispiel für das Ideal, nach dem sie sucht. Denn hier verpasst sie sich und ihren eigenen Analysen maximale Reibung, indem sie den Essay in einem Gedichtband veröffentlicht statt in ihren Arbeiten zur klassischen Philologie. Auf diese Weise erweitert sie die Grenzen sowohl des Gedichts als auch der Sachprosa.

Ich vermute, in Carsons Essay geht es nur scheinbar, oder zumindest nur oberflächlich, um Gender. Ein viel wichtigerer Aspekt ist, was Öffentlichkeit ist und sein kann. Und dazu äußert sie gar sonderbare Wünsche. Unter anderem schreibt sie, dass sie nach einem Ideal sucht, bei dem es nicht um Selbstkontrolle und Unterdrückung geht:

Seit kurzem hinterfrage ich das griechische Wort *sophrosyne*. Ich denke nach über das Konzept der Selbstbeherrschung und frage mich, ob es wirklich, wie die Griechen glaubten, eine Antwort ist auf die meisten Fragen nach dem Guten im Menschen und auf das Problem der Höflichkeit. Ich frage mich, ob es nicht vielleicht doch eine andere Vorstellung von der menschlichen Ordnung geben könnte als Unterdrückung, eine andere Vorstellung von menschlicher Tugend als Selbstbeherrschung, eine andere Art von menschlichem Selbst als das, das sich auf die Trennung von Innen und Außen gründet. Oder sogar etwas anderes, was das Wesen des Menschen ausmacht, als das Selbst.

Ein anderes Verständnis von Tugend als Selbstkontrolle? Eine dritte Möglichkeit neben Intimitätstyrannei und Expertenherrschaft? Der Essay ist an sich schon ein Beispiel dafür, wonach sie sucht. Schließlich geht es nicht wirklich um Frauen und Männer, sondern um Genre-Theorie und soziales Leben. Die Gender-Thematik ist eine Tarnoperation. Die heteronormative Sprache behauptet nicht unbedingt, etwas Wahres über Geschlecht und Gender sagen zu können, sondern in der Lage zu sein, auf fruchtbare Weise zur Veranschaulichung bestimmter sozialer Dynamiken beizutragen. Das gefällt mir. Gender-Pronomen sind in meinem Wortschatz nur sprachliche Figuren. Die Annahme ist, dass man, egal woran man glaubt – so geboren oder so geworden oder was auch immer –, sich einig sein kann, dass »die Frau« womöglich der älteste dramatische Charakter im Universum ist, eine Rolle, in die Millionen von guten Schauspielerinnen eingetaucht sind, von denen jede ihre eigene Interpretation beigesteuert hat, ihre Züge und Stimmlage; eine unendlich reiche Tradition, Badewasser, das wir nicht zusammen mit den rosafarbenen Socken und dem geschlechtskonditionierten Kinde ausschütten wollen.

8

Der Parthenon-Tempel auf der Akropolis liest sich wie ein gigantischer, pädagogischer, *sophrosyner* Comic. In seiner Blütezeit, bevor das Haus der Athene in eine Kirche umgewandelt und der Jungfrau Maria geweiht wurde, daraufhin in eine Moschee, dann in ein Lagerhaus für Schießpulver, bevor es schließlich zur Touristenattraktion wurde, diente der Tempel sowohl als eine Art Times Square als auch als ein Ort des Aussiebens, der den Griechen dabei half, zwischen Bürgern und Ausländern zu unterscheiden. Ein Athener konnte den Skulpturencomic des Gebäudes auf eine Art und Weise lesen, wie es ein Besucher nie vermochte. Die Einheimischen waren Mitschöpfer, was die Deutung der Ornamente betraf. Sie verstanden sofort, dass sich alle vier Schlachten, die in den Metopen stattfanden, auf den Perserkrieg bezogen, ohne dass dieser ausdrücklich erwähnt wurde. Auf der Ostseite kämpften die Götter gegen die Giganten, auf der Westseite die Athener gegen die Amazonen und auf der Nordseite wütete der Trojanische Krieg. Die zweiundneunzig Tafeln werden oft als Denkmal für den Sieg der Vernunft über das Tierische und das Chaotische gelesen, aber wenn man die harmonischen Linien und die Symmetrie zwischen den Teilen betrachtet, könnte man meinen, dass es in diesem Comic nicht wirklich um Sieg oder Niederlage ging, sondern um eine Art Harmonie zwischen dem Inneren und dem Äußeren, dem Einheimischen und dem Fremden, zwischen Ordnung und Chaos. Auf der Südseite des Gebäudes konnten die Athener zu den Metopen aufblicken und den Kampf zwischen einem Lapith und einem Zentauren betrachten (Rationalität und Leidenschaft, Vernunft und Emotion), in dem die beiden Körper zusammen einen perfekten Kreis bilden: Beide kämpfen, beide sind schön, niemand gewinnt. Wenn dieses Gebäude als Grundpfeiler der Wiege der westlichen Zivilisation angesehen werden kann, als ein Ort, der zur Bildung der ersten Demokraten beigetragen hat, dann ist er es wert, im Gedächtnis zu bleiben. Denn es sagt etwas über ihr Selbstbild und die Mythen in ihnen aus, als sie bei den Panathenäen an der Seitenwand des Tempels entlangmarschierten, sich in einem Fries widererkannten, auf dem die Ebenbilder ihrer Vorfahren abgebildet waren, die genau das Gleiche taten wie sie: Sie trugen ein *peplos*, ein frisch gewebtes Tuch, zu Athene, der fehlbaren, aber großartigen Matriarchin.

9

Das erzählte ich meiner Mutter, als wir in einer pastellfarbenen Abgaswolke im athenischen Sonnenuntergang standen, zwischen Marmorruinen, die keine Ähnlichkeit hatten mit den glänzenden Tempeln aus der Zeit, als die Akropolis noch ein schillerndes Las Vegas war. Damals war sie vollgebaut, dicht an dicht mit unbedeutenden Tempelchen zugestapelt, mit Skulpturen, von lokalen Unternehmen in Auftrag gegeben, weil sie der Meinung waren, sie hätten aufgrund ihrer Leistungen eine Gotteskopie verdient. Meine Mutter saß auf einem Stein und rauchte, hörte mir zu, schien nicht allzu beeindruckt. Sie hatte sich noch nie besonders für meine Herumnerderei begeistern können, und trotz all ihrer intakten marxistischen Rückenmarksreflexe toleriert sie meine Mythomanie und kulturelle Nekrophilie, obwohl sie das, wie ich vermute, für bürgerlich hält. Sie ist gebildeter als ich, und sie hat einen guten Geschmack, sie mag den Funktionalismus, klare Linien und Literatur ohne Metaphern, eitle Fremdwörter und Namedropping. In ihrem gebildeten Freundeskreis ist gute Literatur »volkstümlich«, und das schlimmste Urteil, das sie über ein Buch fällen können, ist zu sagen, dass sie es nicht verstanden haben. Als ich meiner Mutter einst einen Gedichtband von Anne Carson geschenkt hatte, artete es in einen Streit zwischen ihnen und mir aus. Sie waren der Meinung, die

Intertextualität des Buches mache es exklusiv, wie *The Simpsons*, eine TV-Serie, die ihrer Meinung nach einen Generationswechsel darstellte, bei dem die neue Generation nicht in erster Linie danach strebte, etwas Neues zu erleben, sondern sich schlau zu fühlen und Teil eines Insiderkreises zu sein. Ich sagte, dass ich es arrogant finde, darauf zu bestehen, dass alles, was esoterisch ist, elitär sei, als ob die Spanne zwischen breit und schmal dieselbe sei wie die Spanne zwischen hoch und niedrig. Kuriosität ist nicht dasselbe wie Exklusivität, und selbst wenn, na und? Glücklicherweise ist Literatur keine Demokratie.

10

Vor Kurzem stieß ein junger Forscher aus Oxford auf Hinweise, die darauf deuteten, dass der Fries am Parthenon vielleicht doch gar nicht die Panathenäen darstellt, sondern eine Menschenmasse, die zu einer Jungfrauenopferung marschiert. Das Stück Stoff, das sie mit sich tragen, ist vielleicht gar kein *peplos*, sondern ein Leichenkleid. Und die Frauen, die an der Spitze des Zuges gehen, sind vielleicht keine mächtigen Priesterinnen, sondern die Töchter des Anführers, zwei junge Jungfrauen, die sich ausziehen und die Totengewänder überstreifen sollen, bevor sie getötet werden. Sollte das stimmen, illustriert das Gebäude im Zentrum der westlichen Zivilisation – in der Wiege der Demokratie – nicht nur Gemeinschaft und nationale Traditionen, sondern auch einen perversen Kindsmord.

11

»Vielleicht ist meine *sophrosyne* krank?«, schrieb ich in einem Liebesbrief an einen Freund, der in Griechenland lebte und Aristoteles studierte. »Ich denke eigentlich nicht, denn ich will gerne glauben, dass der Zentaur lauter ist als der Lapith, weil er mit den Hufen scharren und wiehern kann. Ich glaube an *sophrosyne*, wenn alles zusammenkommt, aber das sehen deine Griechen vielleicht anders. Eine falsch verstandene Selbstbeherrschung, um sie einzeln zu kultivieren, eins nach dem anderen, und dann folgt die traurige Vernunft? Und dann? Wenn meine Augen müde sind und die Haut so blasiert wie ein beschnittener Pimmel?«

Wir waren zweiundzwanzig Jahre alt. Er studierte Philosophie, ich Rhetorik. Ich fand seine ontologische Unsicherheit unbegründet, er fand, ich würde den Dingen mehr Bedeutung beimessen als eigentlich notwendig. Er hatte ein überentwickeltes Gewissen, ich nicht. Er interessierte sich für griechische Philosophie, ich interessierte mich für griechische Mythologie. Er war auf der Suche nach Wahrheit, ich war auf der Suche nach dem Abstrakten. Er war der Meinung, Make-up würde die Fantasie beleidigen, ich wollte meinen Blick in Lidschatten ertränken. Er war der Akademiker in der Mache, ich war das Fliegengewicht in der Mache, überzeugt davon, dass wir einen antiken Kampf zwischen Inhalt und Form austrugen.

»Natürlich sehen die Griechen das anders«, schrieb er zurück. »Es geht hier nicht um Entscheidungen, es geht um Charakter. Wenn das ungezügelte Pferd erst einmal Raum eingenommen hat ... Also, Vernunft kann nicht kultiviert werden, sie ist diejenige, die die Zügel in der Hand hält – ganz automatisch, könnte man sagen. Es gibt keine andere Vernunft, die wiederum die Kontrolle über die Vernunft / den Fuhrmann hat. (Du redest so, als ob du über das Ganze erhaben wärst – unmöglich.) Trotzdem denke ich, dass wir in einer schlechten Zeit leben und dass wir das Tugendlose dafür verantwortlich machen können. Und vielleicht sind wir noch so jung, dass es für uns noch Hoffnung gibt.«

12

In *Barna fra Sukhavati* (Die Kinder von Sukhavati) aus dem Jahr 1987, einem Kinderbuch von Jostein Gaarder, wird die Geschichte von Lik und Lak erzählt, zweier Kinder von einem fremden Planeten, die in einer Raumkapsel nach Bergen kommen, mit der Mission, die Menschen davon zu überzeugen, dass das Leben ein Abenteuer ist. Lik und Lak waren genau wie andere Kinder, mit der Ausnahme, dass sie keine Nabel hatten. Sie waren nie geboren worden, hatten nie Eltern gehabt, und als ich mit zehn Jahren dieses Buch las, bebte ich vor Neid. Sie waren waschechte Kosmopolitinnen. Ich stellte mir vor, dass sie alles tun durften, dass sie spielen und denken konnten, was sie wollten, in einer Sphäre, die nicht von riesigen, dummen Erwachsenen mit knochigen Knien und großen, eindringlichen Nasenlöchern besudelt wurde. Lik und Lak waren anarchistische Fortschrittsapostel – effektive und objektive Eroberer und Entdeckerinnen. Und wie so viele andere fiktive Kinderheldinnen – Pippi Langstrumpf, Oliver Twist, Annie – lebten sie ohne Eltern. Lik und Lak waren Außerirdische, die auf der Ebene der Ewigkeit außerhalb des Universums aufgewachsen waren, und sie waren nicht mit dieser Ur-Narbe gezeichnet, diesem Mangel, der uns Weltlichen eingestempelt worden war: der Schmiss der Vergangenheit, der Geburt und der Familie.

13

Die Theorie der Kreationisten, dass Gott das Universum erst vor Kurzem erschaffen hat, wird Omphalos-Hypothese genannt. *Omphalos*, der Nabel, denn eine der Hauptstützen der Hypothese ist, dass Adam einen Nabel hatte, obwohl er nie geboren worden war. Gott hatte ihm künstliche Spuren der Abstammung vermacht. Kreationisten versuchen, sich und andere davon zu überzeugen, dass die Welt jünger ist, als Wissenschaftler behaupten, und Adams Nabel ist eine Art Beweis: Wenn er so aussah, als hätte er einen irdischen Ursprung, der sich in andere Zeitalter zurückverfolgen lässt, könnte dies auch bei allen anderen Kreationen der Fall sein. Gott hatte die Fossilien in das Sediment gepflanzt. Gott hatte die Berge so aussehen lassen, als würden sie von Gletschern geformt. Doch die Kreationisten streiten sich darüber, warum Gott genau diese Strategie gewählt hat. Wann und wie hat Gott Adam und Eva Nabel gegeben? Vielleicht kamen die Nabel erst, als sie ihre Unschuld verloren hatten und aus dem Paradies geworfen wurden – weil sie gesündigt hatten und sich nun selbst wahrnahmen –, oder vielleicht sind ihre Nabel Narben, verursacht von Gottes Zorn über Evas rebellischen und körperlichen Wissensdurst.

14

Wenn man dazu bewegt werden soll zu *glauben*, und zwar auf eine Art und Weise, die Konsequenzen für das eigene Leben hat, reichen Argumente oder Fakten nicht aus. Man braucht Geschichten, schöne Sätze, gute Beispiele und, was vielleicht am wichtigsten ist: Beschreibungen, die die Botschaft echt und aktuell und wichtig erscheinen lassen. Die Kreationisten beispielsweise müssen versuchen, die Menschen dazu zu bringen, sich das Ganze einmal vorzustellen: Menschen, die auf Dinosauriern reiten, Adams Nabel. Wenn man in die Ideengeschichte eintauchen will, lohnt es sich daher, die Geschichte der Beschreibung zu betrachten und sich zu fragen, wie Beschreibungen in verschiedenen Perioden funktioniert haben und wie viel Arbeit die Beschreibungen selbst leisten können, nicht nur als objektives Niederschreiben der Realität, sondern auch als Formen der Sinnfindung.

In der klassischen Rhetorik existiert die lange Tradition, über die Möglichkeiten der Beschreibungen nachzudenken. Ekphrasis setzt sich zusammen aus dem griechischen ek, »aus«, und phrasein, »Redeweise«, und bedeutet im rhetorischen Sinne eine detaillierte Beschreibung oder Belebung von etwas, das physisch nicht vorhanden ist. Der entsprechende lateinische Begriff ist Descriptio. In der klassischen Rhetorik ist Ekphrasis ein rhetorisches Werkzeug, mit dem innere Bilder erzeugt werden, die sich in Zeit und Raum erstrecken und eher als Erzählungen erlebt werden statt als gefrorene Bilder. Informationen werden eher als Sinneseindruck wahrgenommen statt als Erleuchtung und gelten als überzeugend, sobald sie sich der Zuhörerin aufdrängen und sie dazu bringen, sich Dinge vorzustellen und dadurch aktiv an der Sinnstiftung teilzuhaben. »Von allen unseren Sinnen«, sagt Quintilian, »ist der Sehsinn der schärfste, und daher kann das, was mit dem Ohr wahrgenommen oder im Geist erfahren wird, am leichtesten im Gedächtnis gespeichert werden, wenn es dem Geist auch durch Sehen vermittelt wird.« Die Ekphrasis zieht die Empfängerin an und verleiht ihr das Selbstbewusstsein, sich mit dem, was vermittelt wird, auf eine Weise zu identifizieren, die an Tagträume, Fantasien und Erinnerungen erinnert.

In seinem Kommentar zu Aristoteles' Text über das Gedächtnis schreibt Thomas von Aquin, dass Erinnerung, und somit auch das Verstehen, nicht ohne Phantasmen, also innere Vorstellungen, existieren kann. Wenn die sinnlich wahrnehmbaren Objekte außer Reichweite sind, können sie nur begreiflich sein, indem wir sie vor unserem inneren Auge sehen. Ohne Phantasmen können also weder Erinnerungen noch das Verstehen von Dingen existieren, keine Form des Denkens, die diese Art der visualisierenden Sinnstiftung aktiviert. Deshalb, so Thomas von Aquin, kommt Aristoteles zu dem Schluss, dass das Gedächtnis in einem zufälligen Verhältnis zu den intellektuellen Fakultäten der Seele steht; das Gedächtnis gehört in erster Linie dem sinnlich Begreifbaren und der gesunden Vernunft an. Die Verbindung zwischen dem Visuellen und der Erkenntnis wird besonders in der Etymologie des Wortes »Ästhetik« deutlich. Es kommt vom griechischen *aisthesis*, das man mit »Wahrnehmung mit den Sinnen« übersetzen kann. In der klassischen Rhetorik ist es also der visuelle Charakter der Ekphrasis, der Fakt, dass sie an den, laut Quintilian, schärfsten aller Sinne gekoppelt ist, der sie zu einer essentiellen, und oftmals unterschätzten, Quelle der Erkenntnis macht.

In den Rhetorikschulen des alten Rom wurden Jungen dazu erzogen, gute Redner und gute Bürger zu werden, deshalb spielten rhetorische Übungen (progymnasmata) und besonders Ekphrasisübungen eine wichtige Rolle. Augustinus selbst ist Schüler einer solchen Schule gewesen und war der Meinung, dass auch das Christentum davon profitieren würde, diese Art rhetorischer Mittel anzuwenden, die er dort gelernt hatte. Da war nichts Unehrliches dran, sagte er, ganz im Gegenteil war es eine gute Sache, denn man könne ja die Rhetorik nicht den Menschen mit bösen Absichten überlassen.

An der Rhetorikschule stand der angehende Redner vor einem Publikum und beschrieb Objekte, Personen, Tiere, Orte oder Ereignisse mit dem Ziel, sie so anschaulich zu machen, dass die Zuhörer sie sich bildlich vorstellen konnten. Es ging um das Erkenntnispotenzial der Ausschmückung, was man in der Rhetorik Elocutio nennt, die »Einkleidung der Gedanken in Worte«. Die Redner spielten mit allen möglichen sprachlichen Tropen und Mitteln – Vergleichen, Apostrophen, Personifikationen, Metonymien und Chiasmen –, doch an vorderster Stelle stand die Metapher. Denn die Metapher zeichnete sich dadurch aus, wahr zu sein.

Die Wahl der Stilfigur und der Grad der Fantasie und der verzierten Spinnereien mussten in erster Linie im Verhältnis zum Charakter des Themas stehen. Für den Parthenon oder das Kolosseum eignete sich eine überschwängliche, blumige und pathosgefüllte Beschreibung, während man ein kleines Porträtgemälde eher in weniger ausgefeiltem, mäßigem Ton besprach. Die Beschreibungen waren oft sehr detailliert, da man glaubte, visuelle Details seien leichter vorstellbar als große Abstraktionen. Das Ziel war stets, das Publikum zu bewegen und die Sprache mit Vitalität zu füllen. Quintilian verglich Stilfiguren mit den Bewegungen von Myrons *Diskobolos*; beide erzeugen eine Illusion von Bewegung und damit eine Illusion von Leben.

Es gibt antike literarische Ekphrasen, die älter sind als die Rhetorikschulen. Ein Beispiel, das in Rhetorikschulen häufig als nachahmenswertes Modell angeführt wird, ist Homers Beschreibung von Achilles' Schild in der *Ilias* (ca. 750 v. Chr.). Eine detaillierte Beschreibung des Schildes und des darin eingravierten Motivs lautet:

> Ihre Mauer indes bewahreten liebende Weiber,
> Und unmündige Kinder, gesellt zu wankenden Greisen.
> Jen' enteilten, von Ares geführt und Pallas Athene:
> Beide sie waren von Gold, und in goldene Kleider gehüllet
> [...]

Der Anfang ist eine Kunstphrase. Homer beschreibt Menschen in Bewegung, in Raum und Zeit, und keine statischen Figuren in einem Bildmotiv. Aber dann, in der letzten Zeile des Verses, tritt der Betrachter einen Schritt zurück und erkennt, dass es sich um einen gravierten Schild handelt, der beschrieben wird. »Beide sie waren von Gold« ist eine technische Beschreibung, die die Visualisierung des Schildes erleichtert, während der Rest des Textes einem anderen Zweck dient: dem eingravierten Motiv Leben einzuhauchen.

Homers griechische Zeitgenossen erkannten noch eine weitere Bedeutungsebene im Schild des Achilles, eine Ebene, die in der Beschreibung nicht explizit erwähnt wird, aber implizit für diejenigen mitschwingt, denen der Kontext vertraut ist. Bei der Beschreibung des fiktiven Krieges, der sich auf dem Schild abspielt, konnten Homers Zeitgenossen Parallelen zu seiner eigenen Situation und dem äußerst realen Krieg zwischen den Griechen und den Trojanern ziehen. Darin liegt eine enorme rhetorische Kraft, denn wenn man selbst die Lücken füllt und es schafft, selbst eine wichtige Rolle in einer großen Geschichte zu spielen, trifft die Botschaft den Empfänger mit maximaler Kraft. Was wir uns vorstellen können, fühlt sich heftiger an als das, was wir vor uns sehen. Oder, wie die Kunsthistorikerin Caroline van Eck über rhetorische »Selbstsinnstiftung« sagt: »Jeder, der Kunst und schöne Frauen liebt, weiß, dass der Betrachter sich die Dinge, die dem Auge verborgen sind, sehr gut vorstellen kann und dass dieser Vorgang ihn nur noch näher an das Objekt der Begierde bindet.« Kleinere Teile zu einem größeren Ganzen zusammenzufügen, löst bekanntermaßen Freude aus. Comedy beispielsweise basiert auf dem Bedürfnis, dem Empfänger eine Freude zu bereiten, indem er eine Referenz auf ein kulturelles Phänomen versteht und die eigene Fantasie benutzen kann, um das große Ganze zusammenzupuzzeln. Auf diese Weise fördert ekphrasische Aktivität die positive Einstellung des Empfängers gegenüber dem Gesagten und dem Redner. Ekphrasis ist ein Werkzeug, das die Forderung der rhetorischen Lehre erfüllt, eine gute Rede müsse das Publikum dazu bringen, dem Redner und dem Gesagten gegenüber wohlgesonnen zu sein.

Die Hirnforschung bestätigt Quintilians Idee, dass wir uns Dinge besser merken können, die wir sehen, statt sie nur zu hören, und dass das Visuelle eine größere Auswirkung auf uns hat als das Auditive. Die Menschen sind darauf programmiert, schnell auf intensive Bilder zu reagieren. Angesichts der Rhetorik des inneren Bildes handeln wir unmittelbarer und ohne ein Für und Wider abzuwägen. Und wir handeln gern nach solchen Bildern, denn wir bevorzugen Abkürzungen zur Erkenntnis. Wir wollen uns gern so schnell wie möglich ein Urteil bilden – und Bilder sind für die Zufriedenstellung dieser kognitiven »Faulheit« besser geeignet als Worte oder Abstrakes.

Zum Leben erweckte Beschreibungen sind jedoch eine merkwürdige Form von Beweis, denn schließlich stehen die Bilder in unserem Kopf nur in indirektem Verhältnis zum Absender, weshalb er nicht dafür verantwortlich gemacht werden kann, wie Inhalte vom Empfänger aufgenommen werden. Und genau das kann der Absender ausnutzen, mit Bildern kann er Assoziationen im Kopf des Empfängers pflanzen, Bilder, die als visuelle Argumente dienen, auch wenn sie nicht logisch sind. Visuelle Argumente sind in der Regel Enthymeme, lückenhafte Argumente, die der Empfänger selbst ergänzen muss. Das Enthymem ist die Antwort der Rhetorik auf den Syllogismus der Dialektik, unterscheidet sich jedoch insofern von ihm, als es um wahrscheinliche und nicht um rationelle Wahrheiten geht. Das muss nicht unbedingt ein Nachteil der visuellen Argumente sein, denn selbst wenn sie die Forderungen der dialektischen Rationalität nicht erfüllen, haben sie den Vorteil, dass von ihnen keine Vernunft erwartet wird. Wird zum Beispiel von einem Mann erzählt, der mit einem Troll mit rauen Fäusten und stinkendem Atem verglichen wird, kann das bei den Zuhörern ein negatives Bild zu allem, was mit diesem Mann in Verbindung steht, auslösen, ohne dass dem Erzähler zum Vorwurf gemacht werden kann, logisch gültige oder ungültige Behauptungen aufgestellt zu haben, um den Trollmann in einem schlechten Licht dastehen zu lassen.

Wir leben in der Illusion, dass Bilder nicht lügen können, eine kognitive Gewohnheit, die das Sehen mit dem Glauben verbindet. Die Konsequenzen davon sieht man in Gerichtsverhandlungen, in denen nur eine Interpretation eines bildlichen Beweises vorgelegt wird, weil man davon ausgeht, dass die Bedeutung des Bildes keinerlei Diskussion bedarf. Unser Hang dazu, Bilder als Beweismittel zu erleben, wird oft missbraucht. Gerade weil der Betrachter nicht versucht, das Bild rational zu verstehen, können bei ihm unwillkürliche Reaktionen hervorgerufen werden, was dem Absender die Möglichkeit gibt, Ideen zu säen, die er nicht mit guten Argumenten untermauern kann. Dies kann sowohl mit Ekphrasen als auch mit optisch visuellen Bildern geschehen.

Die Vernunft war also nicht immer der unübertroffene Weg zur Erkenntnis. In der Antike war der Appell an die Gefühlswelt eine ebenso legitime Quelle zur Wahrheit wie der Appell an die Vernunft, ein technisches Beweismittel war ebenso viel wert wie der Syllogismus der Argumentation. Gefühle könne man nicht fälschen, hieß es, weshalb man ihnen vertrauen könne. Der Sprecher selbst musste die Emotionen spüren, die er seinem Publikum vermitteln wollte. Er musste sich im gleichen Sinneszustand befinden, in den er sein Publikum versetzen wollte. Wenn ihm das nicht gelang, war er nicht glaubwürdig, er war nicht in der Lage, wirklich zu kommunizieren. Helen Mirrens Aussage, bei gutem Schauspiel gehe es nicht darum, was man mit seinem Gesicht mache, sondern in welche Sinneszustände man sich selbst versetzen könne, liegt dieselbe Idee zugrunde.

Im Mittelalter war die Kunst ein Teil des Kirchenprojektes, die christliche Botschaft zu verbreiten. In dieser rhetorischen Situation, in der es das Ziel der Kirche war, die Menschen, die größtenteils Analphabeten waren, für sich zu gewinnen, wurde neben Bildern auch deren Fähigkeit, die Menschen zu bewegen, ihnen zu behagen und sie zu lehren, zum wichtigsten rhetorischen Instrument. Die Bilder des Mittelalters sollten daher ekphrasisch verstanden werden. Sie stellten einen Moment dar, der von einem größeren Ganzen erzählte, das der Betrachter sich vorstellen sollte, während er das Werk betrachtete.

Die mittelalterliche Kunst implizierte auf diese Weise einen aktiven und involvierten Betrachter – einen Betrachter, der ein Werk in Bezug auf seine eigenen Erinnerungen kontextualisierte, zeitlich und räumlich auf dem Bild aufbaute und es als Ereignis betrachtete. Ziel war es, religiöse Gefühle zu wecken. Der Zweck der Altartafeln war also nicht primär ästhetisch, sondern rhetorisch. Und weil diese Bilder als rhetorische Äußerungen geschaffen wurden, verpasst man so einiges, wenn man sie wie ein modernes Gemälde betrachtet. Mittelalterliche Kunst funktionierte wie unsere Werbebilder, nicht als Galeriekunst: Sie wandte sich direkt an das Publikum, um den Betrachter davon zu überzeugen, dass die Botschaft des Bildes wahr, gut und schön ist. Auch ihre rhetorischen Strategien erinnern an moderne Werbung. Sie macht den Empfänger zum Mitschaffenden und Sinnstiftenden, um so Identifizierung zu fördern und Nähe herzustellen.

In der Renaissance änderte sich die rhetorische Situation. Nun sollten das Bild und derjenige, der es kreiert hatte, allein für die Bedeutung verantwortlich sein, was dazu führte, dass der Empfänger eine andere Rolle einnahm. Vielleicht ähnelte das Kunstpublikum der Renaissance dem passiven, nervösen Galeriebesucher von heute, der sich selbst ein bisschen zu ernst nimmt und aus lauter Furcht, die Kunst nicht zu verstehen, das Bild irgendwie nüchtern betrachtet und deutet, das dort, ziemlich anonym, an einer nackten

Wand hängt. Vielleicht kann man über diese kühle Analyse sagen, sie sei angemessen angesichts der Rezeption von Kunst in der Renaissance, jedoch unzulänglich im Vergleich zur kontextabhängigen Kunst des Mittelalters.

Da Emotionen im Laufe der Ideengeschichte eine sich ändernde Position als Erkenntnisquelle zugeschrieben wurde, hat auch die Affektenlehre unterschiedliche Rollen eingenommen, und diese Verschiebungen haben dazu geführt, dass Kunst erschaffen wurde, die in unterschiedlichem Maße als Rhetorik aufgefasst werden muss und nicht nur als ästhetischer Ausdruck. Auf der einen Seite gab es die Stoiker, die glaubten, dass es keine höhere Autorität als die Vernunft gebe und dass Emotionen Gegenstand der Vernunft sein müssten, wenn sie Wahrheit enthielten. Nur durch Vernunft könne man das wahre Wesen der Dinge erkennen. Am anderen Ende der Skala finden wir die Gegenseite, die Emotionen als Zugang zur religiösen Erkenntnis und damit zur Wahrheit verstand.

Seit der Revolution der Wissenschaften im 16. und 17. Jahrhundert dominierte die Vernunft als die legitimste Quelle der Erkenntnis; wir sprechen hier von wissenschaftlicher Wahrheit als einer Art Wahrheit, die zu einer Sphäre des Gefühlslebens gehört. Und vielleicht ist diese etwas künstliche Trennung zwischen Vernunft und Gefühl die Wurzel des modernen Missverständnisses, dass ein Spiel mit Gefühlen eine manipulative Praxis sei – eine Auffassung, die beispielsweise angesichts der mittelalterlichen Kunst oder der Formsprache der barocken Gegenreformation, in der Emotionen als etwas Konkretes und Universelles verstanden wurden, einschränkend sein kann.

Als ich Anfang zwanzig das merkwürdige norwegische Klischee auslebte, in Paris Kunstgeschichte zu studieren, lernte ich, dass eine ernst zu nehmende Kunsthistorikerin die wissenschaftliche und nicht-kontextuelle Beschreibung von Gemälden pflegen muss, wie in Erwin Panofskys Essay »Ikonographie und Ikonologie« vorgeschrieben. Panofsky war selbst ein Meister der Beschreibung, er konnte Motiven Leben einhauchen, doch es war der schematische und nicht-kontextualisierende Teil seiner Methode, der in den Einführungskursen der Kunstgeschichte studiert und gepredigt wurde.

Später lernten wir, dass viele rhetorisch orientierte Kunsthistoriker die Trennung zwischen Kunstwerk als historischem Dokument und Kunstwerk als ästhetischem Objekt problematisierten – und dass Kunstgeschichte, wie auch so manch andere geisteswissenschaftliche Fächer, im 20. Jahrhundert eine Entwicklung durchlief, die für eine Vielfalt von spekulativen Annäherungen sorgte. Trotz des Eindrucks, den ich am äußerst konservativen Institut der Sorbonne gewann, wurde es nicht länger als kontrovers betrachtet, zu behaupten, dass Geschichte sich unentwegt abspielt und dass Ereignisse und kulturelle Artefakte daher jederzeit neu interpretiert werden können, sodass alle Formen der Geschichtsschreibung leichtfüßig und bereit sein sollten, von der neuen Gegenwart problematisiert zu werden. Auch das Präsentieren ekphrasischer Beschreibungen von Gemälden wurde nicht als kontrovers betrachtet. Gunnar Danbolt, Norwegens bekanntester Kunsthistoriker, tat dies jede Woche im Radio.

Mit dem Wunsch, eine organischere und einfühlende Interpretationsmethode zu entwickeln, lassen sich Kunsthistoriker wie Danbolt von der mittelalterlichen Quadriga, dem Viergespann des Lesens, inspirieren. Dieser Ansatz konzentriert sich nicht nur darauf, was Bilder sind, sondern auch, was Bilder *tun*. Bei derartigen allegorischen Interpretationen von Bildern wird die Ekphrasis häufig als eine Art Aktualisierungsstrategie verwendet: Die anschauliche Beschreibung präsentiert die Vielfalt des Bildes. Ziel ist es, den Leser oder die Zuschauerin einzubeziehen. Die Lehre, wie bestimmte Emotionen beim Empfänger erzeugt werden können, wird als Affektenlehre bezeichnet und häufig mit der Systematisierung im Barock – insbesondere in der Barockmusik – in Verbindung gebracht, bei der es darum geht, wie die Emotionen des Publikums umworben werden können. Doch ihre Wurzeln liegen beim emotionalen Appell aus der Lehre zur klassischen Rhetorik. Ebendiese Tradition wird auch heute noch am Leben erhalten, wenn wir ein Bild aus der Vergangenheit betrachten und es so beschreiben, als ob das Dargestellte im Hier und Jetzt stattfände.

Indem man Bilder als Rhetorik versteht – als visuell überlieferte Botschaften, die auf eine bestimmte Art und Weise in einem bestimmten Kontext funktionieren sollen –, eröffnet sich eine Alternative zum kantischen Kunstverständnis, das seit dem 18. Jahrhundert die ästhetische Theorie dominierte, ein Kunstverständnis, das in Zeit (Moderne) und Raum (westliche Kultur) begrenzt war. Wir können ein altes Kunstwerk nicht mit demselben Blick betrachten, mit dem die Zeitgenossen des Werks es gesehen haben – ein solcher Blick ist für uns unzugänglich, weil wir unsere eigene Kompetenz nicht ablegen können. Wir können das Werk jedoch kontextualisieren und aktualisieren, sodass verschiedene Aspekte die Möglichkeit haben, zum Vorschein zu kommen. Daher kann eine Beschreibung, die ein Kunstwerk zum Leben erweckt, ein Werkzeug in einem kulturellen Erinnerungsprojekt sein, ein Mittel zum Zweck, um alternative Arten des *Erinnerns* zu eröffnen und einem porösen historischen Bewusstsein und der Polyfonie der Vergangenheit einen Raum zu schaffen. Innerhalb eines solchen kulturellen Erinnerungsprojektes lässt sich auch zeitgenössische Geschichte schreiben: darüber, was sich in diesem Moment vor unseren Augen abspielt, beim Abendessen, in der zeitgenössischen Literatur, in den Nachrichten.

15

Es wundert mich nicht, das viele der Meinung sind, Kritiker seien aufgeblasene Schnösel, wenn sie so grimmig hinter ihren Feuilleton-Seiten hervorlugen und ihren Platz in der Öffentlichkeit einnehmen, indem sie ihr Halbwissen zu einem Thema zum Besten geben, das sie mal eben überflogen haben. Besonders schlimm ist es mit Texten wie diesem, einem Essay über Essays, einer Kritik an Kritikern, also intensivem Studieren von intensiven Studien, also jenem, was man in der Philosophie gern *Metakritik* nennt. Der Begriff stammt von dem deutschen Philosophen Johann Georg Hamann, der die erste Kritik zu Immanuel Kants erster Kritik schrieb. Er bekam das Manuskript noch vor der Erstveröffentlichung in die Hände, so wie Kritiker heutzutage PDFs zugeschickt bekommen, wenn sie gebeten werden, eine Rezension zu schreiben.

Hamann teilte Kants Meinung zum Enthusiasmus nicht. Während Kant glaubte, Enthusiasmus würde zu Fanatismus und Aberglaube führen, hatte Hamann großes Vertrauen in dessen Potenzial. Er widersprach den Denkern der Aufklärung, die an die Vernunft glaubten, und war nicht von der Idee der rationellen Autonomie überzeugt. »Ich betrachte logische Beweise, wie gut erzogene Mädchen Liebesbriefe betrachten«, sagte er und bestand darauf, dass es keine Vernunft ohne Erfahrung gebe. Aber seine Gegenvorstellungen waren nicht gerade leichte Kost wie andere Kant-Kritiken, die im Großen und Ganzen darauf hinausliefen, Kant habe einen Stock im Arsch und sei ziemlich unsexy im Kopf. Hamann lebte in einer völlig anderen Welt als Kant. Er spielte die Laute, würzte seine Texte mit schwarzem Humor und Rätseln, kultivierte Faulheit und Melancholie, sagte Dinge, die er selbst nicht verstand, und – so heißt es – verschwendete sein Talent in zwielichtigen Schwulenbars in London. Er war also ein typischer Kritiker, ein typischer Essayist: faul und verträumt, mit Enthusiasmus als Hauptantriebskraft. Für Hamann war Lust die Voraussetzung für das Denken und Glauben, nicht deren Feind. Er war sogar der verwegenen Meinung, die Geschlechtsteile seien des Menschen Verbindung zu Gott und dass es unmöglich sei, einen schaffenden Geist zu begreifen, ohne einen Begriff von Genitalien zu haben. Der Prüde lehne Gott und das Gute ab, und der Akt, sich an seine eigene Jungfräulichkeit zu klammern, sei eine kryptische Art zu zeigen, dass man versorgt sei, ein egoistischer Versuch, sich über das Relationale und Verletzliche zu erheben. Diesem Glauben an das Potenzial der Erotik als Erkenntnismethode liegt Hamanns Aussage zugrunde, Kants Arbeiten seien jungfräulich, nicht etwa so jungfräulich wie die heilige Maria, sondern wie die mythologische Frauengestalt, die nur jungfräulich blieb, weil sie in ihrem stillen Kämmerlein masturbierte.

Das erinnert mich ein bisschen daran, was

Leute, die Kritiker nicht ausstehen können, über Kritiker sagen. Und sie haben nicht ganz unrecht. Mir ist es peinlich, zu lesen, ich sei eine »Kritikerin«, aber ich weiß auch, dass dieses Unbehagen schierer Narzissmus ist, eine langweilige Mischung aus Selbstliebe und Selbstverachtung, mit einem Schuss Angst, mit Klugscheißern in Verbindung gebracht zu werden, die sich archaisch ausdrücken. Oder Angst vor dem Bild von der Kritikerin als Blutegel, die sich von der Arbeit von Künstlern ernährt, motiviert durch größenwahnsinnige Hirngespinste, dass ihre eigene Sicht auf die Welt und die Kunst so großartig und weitsichtig ist, dass jeder einmal davon naschen sollte. Schau nur, wie geistreich ich bin, rufen wir den Lesern aus den Zeitungen und Zeitschriften entgegen, schau nur, wie viel ich fühle und weiß! Schau nur, wie elegant ich zwei Themen, die nichts miteinander zu tun haben, zusammenwebe!

Doch genau in dieser erbärmlichen Arroganz liegt der Keim dessen, was Kritik meiner Meinung nach am besten kann. Denn ich glaube, dass dieses Bedürfnis, andere daran teilhaben zu lassen, wie wir die Welt um uns herum wahrnehmen und aus welcher Perspektive wir ein Kunstwerk oder ein Buch oder was auch immer betrachten, oft wirklich Ausdruck des Wunsches ist, uns aus einer Art Einsamkeit zu befreien. Allein im stillen Kämmerlein zu sitzen und etwas zu erschaffen, das Fremde später sehen sollen – ein Buch, ein Bild, eine Rezension –, ist der Ausdruck von Sehnsucht nach dem unsichtbaren Zusammensein mit einem unsichtbaren Leser: einem anderen Menschen, den wir in unseren eigenen Kopf hineinziehen wollen, am liebsten in unsere eigenen Augäpfel. Wenn das gelingt, wenn ein Fremder sich gewillt zeigt, sich anzusehen, was man erschaffen hat, wird die Öffentlichkeit zu einer Art erhabener Dreifaltigkeit: Es entsteht eine Dreiecksbeziehung zwischen Werk, Schreibendem und Lesender. Und wenn man daran glaubt, dass Lust oft wie ein Dreieck strukturiert ist, dann stimmt man der Hypothese eventuell zu: nämlich, dass Kunst und Kunstkritik sich sehr gut als Tatort für die Bildung einer Art unpersönlicher Intimität machen – eine öffentliche Form der Liebe. Das klingt schwülstig, aber ich glaube, ich meine das ernst. Denn so, wie wir auch sagen, dass es in einer Freundschaft oder einer Liebesbeziehung nicht reicht, sich gegenüberzusitzen und sich bedeutungsschwanger in die Augen zu starren, so muss man auch in der Öffentlichkeit gemeinsam in eine dritte Richtung schauen. Zumindest wenn das Ziel ist, die Verstehenshorizonte miteinander verschmelzen zu lassen, wenn auch nur für einen Augenblick. Leserbriefen und Leitartikeln gelingt dies oft nicht: Sie rennen offene Türen ein, denn ihre Kommunikation weist die Struktur eines Pfeils auf, vom Absender an den Empfänger. In derartigen Begegnungen gibt es nicht viel, das sich bewegt, denn Menschen lassen sich selten durch Argumente bewegen, wenn sie nicht mit Emotionen und inneren beziehungsweise äußeren Bildern angereichert werden.

Wenn der öffentliche Diskurs über kulturelle Artefakte vermeiden will, ein Gruppenwichsen zu werden, ein Ort, an dem Hamanns jungfräuliche Monster solipsistisch auf ihren jeweiligen Hügelchen sitzen, muss jeder im Dreieck bereit sein, mit und gegen sich selbst zu sprechen und sich der Spannung zwischen sich und den beiden anderen Elementen hinzugeben. Und das funktioniert nur, wenn man die kulturellen Artefakte wirklich zum Denken benutzt, nicht als Mittel zum Zweck, nicht, um zu illustrieren, was man ohnehin schon über die Welt denkt oder was man gerade in einem Seminar über Agamben oder Benjamin oder wen auch immer gelernt hat. Die Kritik fordert in erster Linie Wachsamkeit, nicht nur hinsichtlich des Werkes, sondern auch hinsichtlich der eigenen Reaktionen. Man muss die eigenen Rückenmarksreflexe protokollieren. Sich fragen: Warum reagiere ich so? Warum wurde mir jetzt übel? Warum langweile ich mich, warum bin ich so aufgedreht, dass mir schwindelig wird, warum habe ich das Gefühl, dass dieser Roman oder diese Memoiren mich mit schmutzigen Tricks hinters Licht führen?

16

Memoiren sind ein Genre, mit dem man in Norwegen nicht wirklich operiert – vielleicht zum Glück, denn wie Joan Didion (die Essayistin, die auch schon Selbstbiografie begangen hat) einmal irgendwo gesagt hat, ist *memoir* ein weiches Wort. Die Bezeichnung »Memoiren« lässt mich an Helen denken, die glamouröse Autorin aus Manhattan in Todd Solondzs unglaublich komischem Film *Happiness* aus dem Jahr 1998. Helen ist sich sicher, dass sie, um bessere Bücher zu schreiben, schlimme und gewalttätige Erfahrungen machen muss. Bleich und dünn, in einem engen schwarzen Kleid, von Liebhabern umschwärmt, träumt sie von einem Unglück. Sie wird abhängig von den Annäherungsversuchen ihres eigenen Stalkers, von dem sie hofft, dass er ihr etwas antun möge, und ist schwer enttäuscht, als sie herausfindet, das es sich bei ihm lediglich um den fetten Loser aus dem Nachbarapartment handelt. »*If only I'd been raped as a child*«, sagt sie, »*then I'd know authenticity.*«

Das ist oft die erbärmliche Prämisse des Genres: Memoiren werden geschrieben, weil jemand davon ausgeht, ein bestimmtes Leben sei aufgrund von etwas Traurigem interessant und dass dieses Traurige von demjenigen erzählt werden sollte und könne, dem es widerfahren ist. Aber das ist nicht unbedingt der Ausgangspunkt für einen autobiografischen Essay. Denn der Unterschied zwischen dem »Ich« des Essays und dem »Ich« der Autobiografie ist, dass das essayistische Ich nicht davon ausgeht, sich selbst zu kennen. Es weiß, dass die Erinnerung konstruiert ist, die Selbstwahrnehmung verdreht und dass es seine eigenen Motive nicht versteht. Wie auch Joan Didion irgendwann mal gesagt hat: »Wenn ich auch nur mit dem geringsten Zugang zu meinem eigenen Gemüt gesegnet wäre, dann bräuchte ich nicht zu schreiben.« In einem guten Essay stülpt sich das Bewusstsein über sich selbst zurück. Deshalb stimmt es vielleicht, was Oscar Wilde sagte: dass der Essay die einzig anständige Form der Autobiografie sei. Denn im Essay geht es nicht um »mich« oder »dich«, sondern um »das«, »das« und »das«. Die Schriftstellerin versteckt sich in allen Betrachtungen. Der Essay ist ein Verschwindezauber.

Doch sie wird mitgerissen, die bekennende Fotze, das muss man sich eingestehen. Wir müssen sie an der kurzen Leine halten. Das steht ihr gar nicht gut. Wir wollen doch so gern die mysteriöse Lady in der Ecke sein, still und kontrolliert, mit eingezogenen Wangen. Aber über diese Art Selbstkontrolle verfügen wir nicht. Alles rast, leckt, verdammt nochmal. Es ist schwer zu sagen, an welchen Stellen der autobiografische Essay einfach nur bescheuert ist und wann ein konzeptuelles Bauwerk, bei dem eine Angeberin auf den Angebereien eines anderen aufbaut, vielleicht mit dem Ziel, sich in eine lange Tradition geifernder Mystiker und geilsmarter Furien einzureihen, ein Unterfangen, das eher mit der Sehnsucht nach Frauen als mit der Sehnsucht nach Männern zu tun hat. Oder ist der Essay vielleicht nur ein Bukett Freud'scher Versprecher? Vielleicht sabotiert sie sich selbst, wohl wissend, dass das Mädchen hässlich wird, sobald es »Ich« sagt, grotesk wird, wenn es »Ich will ...« sagt. Ist das die Nabelbeschauerin, die ironische Selbstgespräche führt und den Verlag nur als Katalysator und exhibitionistischen Turn-on für den Blick des Leser benutzt? Meint sie es todernst und ist vielleicht sogar ehrlich? Ist das ein Liebesbrief? Ein Hassbrief? Wer sieht den Unterschied zwischen den beiden Genres? Vielleicht ist das Ziel eine nachhaltige Form der Leichtgewichterei? Nachhaltige Verwicklung? Insofern liegt der Schlüssel irgendwo in der Bekenntnistradition. Nicht als Ideologie, sondern als eine Geste, eine Choreografie, ein Kostüm. Kultivierte Denker erinnern uns gerne daran, dass die Geschichten, die wir von uns selbst erzählen, Fiktion sind, das narrative Selbst eine Lüge, als wäre das eine besonders tiefsinnige Erkenntnis. Als wüssten wir das nicht längst. Als wäre nicht genau das der springende Punkt: an dem Maskulinen vorbeizureden, dem verängstigten Gelaber über die Wahrheit und ihre Unzulänglichkeiten.

17

»How many Feminists does it take to change a light bulb?«
»That's not funny!!!«

Als der versoffene und scharfzüngige Provokateur Christopher Hitchens im Jahr 2007 den Essay »Why Women aren't funny« veröffentlichte, bekam er selbstverständlich viel Gegenwind, vor allem von Komikerinnen. Der beste Kommentar kam jedoch erst fünf Jahre später, von der Essayistin Meghan Daum, die in ihrer wöchentlichen Kolumne in der *Los Angeles Times* schrieb, dass Hitchens gar nicht so unrecht habe. In dem für sie typischen Stil – trocken, ohne viel Bohei, kaum affektiert – gab sie es zu: Ja, es gibt nicht so viele lustige Frauen wie Männer, aber das liegt ganz offensichtlich daran, dass Humor Macht ist und viele Frauen gelernt haben, nicht in den Ring zu treten. Humorlose Frauen müssen deshalb mit sich selbst ins Gericht gehen, fordert Daum: Eine witzereißende Frau ist mehr Persönlichkeit als Körper – »*and that takes balls*«.

Meghan Daum wurde 1970 in Los Angeles geboren, ist in New Jersey aufgewachsen und studierte Literarisches Schreiben an der Columbia University in New York. Sie schaffte ihren Durchbruch mit der Essaysammlung *My Misspent Youth* über das Leben als junge, mittellose, aufstrebende Künstlerin in New York. Daum wurde hochgelobt, »*the voice of a generation*« genannt. Die Essaysammlung *The Unspeakable* aus dem Jahr 2014 ist ein Porträt derselben Generation, die nun bereits in ihren Vierzigern ist und immer noch versucht, erwachsen zu werden.

Sie schreibt leichtfüßig und zuverlässig, in einer klaren und unprätentiösen Sprache, über Hunde, Krankheiten, Freiwilligenarbeit, darüber, keine Kinder zu wollen. Über Tütensuppe. Sie schreibt gegen die »Foodie-Kultur« an: über Essenssnobs und Gesundheitsfanatismus im Schafspelz. In dem Essay »Matricide« gestand sie, dass sie nichts als Erleichterung empfand, als ihre Mutter starb, und erzählte von der Scham, nicht so zu reagieren, wie es die Todesfall-in-der-Familie-Etikette vorsieht. Einer der besten Essays in dieser Sammlung ist eine Verteidigungsschrift für Joni Mitchell, in der Daum argumentiert, dass die Sängerin völlig missverstanden werde: Mitchell sei keine bekennende Sentimentalistin, sondern eine dystopische Nietzscheanerin. Sie werde nicht von Gefühlen angetrieben, sondern von Ideen.

Daum ist der Meinung, die amerikanische Kultur sei von dem Gedanken besessen, dass schwere Zeiten uns zu besseren Menschen machten. Es werde erwartet, dass Leiden in einer Offenbarung kulminiere, einem Augenblick der Erleuchtung, in dem all der Schmerz plötzlich Sinn mache. Essays sind Brandfackeln für diese Art der Rhetorik. Im letzten Essay der Sammlung,

»Diary of a Coma«, übernimmt sie das Zepter von der Matriarchin der amerikanischen Essayistik, Susan Sontag, die 1978 *Illness as Metaphor* (*Krankheit als Metapher*) veröffentlichte. Daum berichtet von einem absurden viertägigen Koma, in das sie vor ein paar Jahren gefallen ist, wodurch sie sich überhaupt nicht verändert habe, trotz all der Schmerzen, die dieses Ereignis verursacht hatte. Als sie vom Krankenhaus nach Hause kam, war sie »nicht klüger oder reifer als zuvor. Es gab keinerlei Offenbarung oder Aha-Effekt«. Versöhnung ist kein Ziel in ihren Essays. Daum zeigt, dass man auch über ungelöste und bedeutungslose Erfahrungen schreiben kann.

Der Titel *The Unspeakable* ist irgendwie peinlich. Das Unaussprechliche. Als ich das Buch das erste Mal in die Hand nahm, war ich mir sicher, dass das ironisch gemeint war, aber es stellte sich heraus, dass es ihr voller Ernst war: Sie sagt mehrmals, unter anderem im Vorwort und in Interviews im Rahmen der Veröffentlichung, dass viele sicherlich von diesem Buch schockiert sein würden, weil sie über Dinge spreche, über die man eigentlich nicht reden sollte. Diese Art von Hochmut ist symptomatisch, nicht nur für dieses Buch, sondern für den autobiografischen Essay im Allgemeinen. Es ist, als glaubten viele Essayisten, ein Text bräuchte eine Daseinsberechtigung abgesehen von dem Anspruch, gut geschrieben zu sein, und sie müssten deshalb versuchen, sich selbst zum Aktivisten für die Meinungsfreiheit zu erklären, zum Zeitgeist-Entlarver oder zu einem weitsichtigen Kopernikus. Es nervt, dass Daum das Bedürfnis verspürt, sich auf diese Weise aufzuplustern. Ihre Essays sind gut, aber wirklich entrüstet haben sie mich nicht, und Daum muss extrem sensible Menschen kennen, mit extrem hoher Hemmschwelle, wenn sie wirklich davon ausgeht, dass ihre Sichtweise auf die freiwillige Kinderlosigkeit die Grenzen des Sagbaren überschreitet. Und wenn dieses Buch ihre dunkelsten Neigungen aufdeckt, so wie sie es ankündigt, dann scheint sie ein recht pastellfarbenes Gemüt zu haben.

Was *The Unspeakable* trotzdem auszeichnet, ist Daums Fähigkeit, der Zusammenfassung ihres eigenen Lebens in langen Sätzen zu widerstehen, ohne dass das Buch sich in postmoderner Prahlerei verirrt. Sie schreibt Essays, keine Autobiografie. Sie versucht nicht, die Fragmente, die das Leben zu einem Narrativ machen, zusammenzupuzzeln, macht aber auch keine große Nummer aus der Fragmentierung und umgeht einfache moralische und intellektuelle Lehrsätze.

18

Gertrude Stein schrieb im Jahr 1941 *Ida. A Novel* (*Ida. Ein Roman*), kurz nach der Veröffentlichung von *Everybody's Autobiography* (*Jedermanns Autobiografie*). Der Roman handelt von einem unbeholfenen Mädchen, das sich langweilt, bis plötzlich die Dinge ins Rollen geraten, ohne dass wir verstehen, was genau eigentlich los ist oder in welcher Reihenfolge sich die Geschehnisse ereignen. Gertrude Steins Bücher und Sätze sind verschnörkelte Kreiskompositionen, die die Sprache schicksalsträchtig erscheinen lassen, als würden alle Dinge in dem Augenblick erschaffen, in dem sie ausgesprochen werden. In »The Gender of Sound« erzählt Anne Carson von Hemingways Besuch bei Stein. Er konnte sie nicht ausstehen. Der große, lesbische Körper löste Assoziationen zu Rindfleisch und Kannibalismus in ihm aus, und ihre Stimme war so grotesk, dass er es nicht ertrug, dort zu weilen. Er manövrierte sich aus der Situation heraus, in aufgekratzter Wut ob dieses Frauenkörpers, der ihm nicht behagte, der nichts *für ihn* war, als hätte er Angst, ihr rauer Mund würde ihm den Schwanz abnagen. Ähnlich wie Hemingways Stein ist Steins Ida widerlich – nicht wie so eine Kampflesbe, sondern wie ein verwöhntes Gör, das sich an Erfahrungen labt. Ida besorgt sich viele Männer und einen Hund, der Love heißt. Sie erzählt Love, dass sie gerne einen Zwilling hätte, denn da wisse niemand, welcher Zwilling nun wer sei. Wenn sie mehrere wäre, könnte niemand behaupten, sie wirklich zu kennen. Steins Ida will vor ihrem eigenen Namen davonlaufen, wie eine Vagabundin zwischen verschiedenen Ländern umherziehen, durch Europa und Amerika, in einer Welt, in der die Öffentlichkeit den Platz der Religion eingenommen hat. Steins Ida ist gespalten. Sie unterliegt der Macht diverser Männer, ist aber teilweise auch selbst ein Mann. Sie ist Winnie the Winner und andere unsichtbare Freunde. Sie schreibt Briefe an ihre verschiedenen Persönlichkeiten und unterschreibt entweder mit »ida« oder »IDA« oder »ida-ida« und schreibt: »*Oh, Love, my love Love* ... niemand soll wissen, wer wer ist.«

19

Ob es einem gefällt oder nicht, es ist nun mal ein Fakt, dass die amerikanische Literatur sich in den letzten zehn Jahren in einem goldenen Zeitalter ambitionierter, autobiografischer Essayistik befand, die persönliche Erfahrung mit großen philosophischen, politischen und kulturellen Themen verknüpfte. Diese Ära wurde allerdings im Jahr 2017 für beendet erklärt, unter anderem von Jia Tolentino vom Magazin *The New Yorker*, nachdem die Welle miserabler Vaginamonologe, die das Land überschwemmt hatte, wieder abgeebbt war. Aber die großen Verlage ließen sich davon nicht beirren und gaben weiterhin persönliche Essaysammlungen heraus. *The Argonauts* (*Die Argonauten*) von Maggie Nelson und *White Girls* (2013) von Hilton Als sind zwei Beispiele für Texte dieser Art, die aus der Szene nicht mehr wegzudenken sind, ohne dabei primär polemisch zu sein oder eine bestimmte ideologische oder politische Position zu vertreten – im Vordergrund steht, dass beide mit ihren eigenen Erfahrungen und Neigungen ins Gericht gehen und daraus Schlüsse für die Gegenwart ziehen. Nicht etwa, um etwas über sich selbst zu lernen, sondern um zu erfahren, wie Menschen gerade funktionieren. Nelson und Als lassen sich nicht von Vorwürfen des Narzissmus und des Nabelschauens aufhalten. Sie wissen, was sie tun, und entschuldigen sich nicht.

Diesem Typ Essay liegt die Behauptung zugrunde, dass alle die Befugnis haben, aus ihrer Sicht über alles Mögliche zu sprechen, solange man ehrlich sagt, von wo aus man schreibt und was man weiß und nicht weiß – das ist, so gesehen, ein Ausdruck eines typisch amerikanischen, hyperdemokratischen Individualismus. Doch es geht auch um ein literarisches Ideal. Die Voraussetzung für die Texte ist der Glaube daran, was ein Essay bewirken kann, und an den Wert des Denkens, das auf Erfahrung beruht, mit all dem Chaos, das ein gelebtes Leben unter normalen Umständen mit sich bringt. Man könnte sogar behaupten, der Essayist könne über die Dinge sprechen, die in der Sprache des Forschers, des Romanautors und des Fahnenträgers unter den Tisch gefallen sind. Die Autobiografie als Kulturkritik und philosophische Übung: die Nabelschau.

The Argonauts ist *ein* langer Essay, während *White Girls* eine Essaysammlung ist. In beiden begegnen wir queeren Essayist*innen, die von sich und ihren Ikonen erzählen. Hilton Als unterscheidet sich dahingehend von Maggie Nelson, als er gender- und rassenpolitische Fragen miteinander verwebt und den Leser mitnimmt in die USA, in denen, seiner Ansicht nach, das Patriarchat und die Sklaverei, inklusive ihrer Nachwehen, zwei Seiten der gleichen Medaille sind. Als ist zurückhaltender als Nelson, weniger ausliefernd, und seine Stimme ist am schärfsten – und paradoxerweise am intimsten –, wenn er über Prominente schreibt und über die Menschen, die in deren Schatten stehen.

Beide Bücher besprechen, wie Menschen einander kategorisieren und ihre zugeschriebenen Rollen ausleben – in einer Sprache, die von Nahaufnahmen der Widersprüchlichkeit dominiert ist –, ohne dass sie sich anmaßen, Zweifel zu üben oder Kategorien zu zerschlagen oder Theorie zu demonstrieren. Beide Bücher sind dynamisch, willensstark und richtungsweisend, ohne dass die Leserinnen oder die Autoren wissen, wohin die Reise gehen soll.

The Argonauts ist die Liebesgeschichte über Maggie Nelsons Zusammenleben mit dem Künstler Harry Dodge. Harrys Sexualität ist fließend. Er lässt sich die Brüste abnehmen und unterzieht sich einer Testosteronbehandlung, hat aber kein Bedürfnis, sich einen Schwanz anzuschaffen. Wenn die Leute fragen, antwortet er, dass er bleibt, wo er ist. Maggie Nelson nennt sich nicht lesbisch, obwohl sie vorher mit Cis-Frauen in Beziehungen gelebt hat. Sie lässt uns keine Abkürzungen aus komplizierten Gesprächen nehmen. Und genau darum geht es, um diese Beharrlichkeit, dass die Dinge noch chaotischer sind, als wir annehmen. Das Buch ist voll von genreloser, großzügiger Liebe, für Harry, für den Stiefsohn und für das neue Kind, Iggy.

Nelson beschreibt die ideologischen Kämpfe,

die sich innerhalb der Frauen- und der LGBTQ+-Bewegung abspielen. Sie berichtet, dass radikale Aktivistinnen von der neoliberalen Assimilationspolitik eher salonfähiger Parteien frustriert sind, die es sich zur Aufgabe gemacht haben, zwei historisch unterdrückende Institutionen zu unterwandern: das Militär und die Ehe. Nelson zitiert den Poeten C. A. Conrad: »Ich bin nicht der Typ Schwuler, der davon träumt, sich Regenbogenaufkleber aufs Maschinengewehr zu kleben.«

Trotz einiger Abstecher theoretischen und anekdotischen Charakters ist *The Argonauts* ein ordentlicher und chronologischer Essay. Die Form zieht im Vergleich zu Nelsons früheren, lyrischeren Büchern kaum Aufmerksamkeit auf sich und wirkt weniger kaleidoskopisch als beispielsweise *The Art of Cruelty*, erschienen 2012, in dem sie in einer Tirade aus philosophischen und literarischen Referenzen und Kunstanalysen über die Darstellungen des Bösen schreibt, wie beispielsweise Sadomasochismus und andere Formen des in Szene gesetzten Machtspiels.

The Argonauts stellt schwierige Fragen. Wie sollen wir miteinander sprechen, ohne der Vielschichtigkeit unseres Gegenübers Schmerzen zuzufügen? Die tröstende Antwort, die wir sowohl in *The Argonauts* als auch in *White Girls* finden, lautet, dass es nicht um Worte geht, sondern um unsere Gedanken darüber, was unsere Worte beinhalten können: Es ist in Ordnung, politisch unkorrekt zu sein, wenn man es nur gut meint und genug Fantasie hat, um zu erkennen, dass unser Gegenüber mehr ist als eine sexuelle Orientierung, eine Ethnizität, ein Geschlecht. Das Ziel ist es nicht, uns unsere Stempel wegzunehmen, sondern sie auf eine clevere und liebevolle Weise zu verwenden. Nelson gehört nicht zu denjenigen, die meinen, dass alles einfach nur fließt und Sprache unzureichend ist.

Hilton Als ist unter anderem ein Schwarzer, homophiler Mann aus New York, der lange für den *New Yorker* und die *Village Voice* geschrieben hat. Er erklärt nie genau, was es mit dem Titel *White Girls* auf sich hat, aber es wird schnell deutlich, dass es sich dabei um eine poröse Kategorie handelt, da die Sammlung unter anderem Essays über Michael Jackson und Truman Capote beinhaltet (»Truman Capote became a woman in 1947«). Als beantwortet Fragen über Rasse mit Anekdoten über Gender, als wären es austauschbare Variablen. Er bespricht tabuisierte Liebesbeziehungen zwischen *weißen* Frauen und Schwarzen Männern in den USA und ist der Meinung, dass es eine Allianz gibt, basierend auf gemeinsamen Erfahrungen mit *weißen* Männern.

In einem Essay über Malcom X verspottet Als den weichen Jargon, der den Diskurs zu »The Other«, »Toleranz« und »Unterschied« durchdringt. Er spricht von nicht-*weißen* Autoren, die in die banalsten Fallen der Identitätspolitik tappen und deshalb nicht viel zu sagen haben. Diese

Autoren werden auf exotische Maskottchen reduziert. Als wandelt Wörter wie *fucked* und *lynched* in Metaphern um, die Machtstrukturen verbildlichen, und verdreht die Augen, wenn jemand in politisch korrekten Floskeln spricht. Er neckt den Leser. Er ist genervt, wenn er angefragt wird, über Fotografien von öffentlicher Lynchjustiz zu schreiben, und berichtet von der Energie, die er aufbringen muss, damit *Weiße* sich in seiner Gegenwart wohlfühlen – aufpassen, im Dunkeln nicht hinter anderen durch eine Tür zu gehen, den Bürgersteig wechseln, wenn ihm nachts eine Frau entgegenkommt.

Schriftlich kann Als nerven. Der Ton in seinen Essays ist oft verdrießlich, starrsinnig, versnobt. Dann ist er wieder mild, liebevoll, wie in dem zweiteiligen Essay über den Komiker Richard Pryor. Der erste Teil ist ein Lobgesang, der zweite ein bitterer Monolog, geschrieben mit der Stimme von Pryors Schwester – eine belesene und sich gewählt ausdrückende Furie, die ihren Lebensunterhalt mit dem Einsprechen von Voiceovers in Pornofilmen verdient. Dass Als sich die Freiheit nimmt, Fiktion in einem Essay unterzubringen, wirkt beim ersten Lesen lästig, doch wenn man sich das Ganze näher anschaut, erkennt man, dass der fiktive Monolog der Schwester Als' alternative Stimme ist, die Schattenseite des Lobgesangs, den wir zuvor gehört haben.

Richard Pryor – verspielt, derb, aufgewachsen in einem Hurenhaus – ist einer der Gottväter des amerikanischen Stand-up. Überall kann man sein Echo hören: im Tonfall von Mitch Hedberg, in der höhnischen Wut von Chris Rock, in Eddie Izzards Pantomime und seiner Fähigkeit, die Bühne für das innere Auge des Publikums zu möblieren, in der moralischen Antimoral von Louis C. K., einem Komiker, der oft alte Pryor-Witze umschreibt. Pryors Witz über Männer, die nicht verstehen, dass die Frau neben ihnen wegen ihres eigenen Mangels an Großzügigkeit im Bett nicht schlafen kann, kommt in C. K.s Show noch besser an, wenn er sich über Typen lustig macht, die sich beschweren, dass ihre Freundinnen so aufdringlich nach Sex verlangen. »*She's not needy!*«, ruft C. K. »*She's horny!*« »*You did nothing for her down there!*« Auf diese Art und Weise ist Pryors Geist in den Shows aller meiner Comedy-Helden anwesend: Dave Chappelle, Stewart Lee und Maria Bamford, die Schrulle, die die wildesten Shows der Branche veranstaltet, wenn sie nicht gerade im Irrenhaus sitzt.

Als ich vor einigen Jahren einen Essay gepitcht habe, in dem ich darüber schreiben wollte, warum Louis C. K. meiner Meinung nach der wichtigste Moralphilosoph unserer Zeit sei, war keine Zeitung und kein Magazin daran interessiert. Und das war vielleicht auch besser so, denn wenn ich diesen Essay damals geschrieben hätte, würde ich jetzt mit einem künstlichen Bart im Gesicht zum Briefkasten gehen, jetzt, da auch C. K. mit in den Weinstein-Sog hineingezogen wurde. Trotzdem war an meinen Gedanken etwas dran. Und diese Gedanken stehen in gewisser Weise in einem Bezug zu den News, dass C. K. sich gerne mal vor Leuten einen runterholt, die nicht wollen, dass er sich vor ihnen einen runterholt. Sie stehen in einem Bezug zu der Wut der Leute, ausgelöst dadurch, dass er knapp ein Jahr nach den Anschuldigungen schon wieder im Comedy Cellar auftrat, als hätte er seine Strafe bereits abgesessen. »Strafe absitzen«, hieß es, mit dieser verwirrenden Rhetorik, die für diesen politischen Augenblick, in dem die juristische Sprache alles durchdringt, so symptomatisch geworden war, in dem hysterischen Glauben, das Gesetz würde die Welt von Unzucht reinigen. Aber die Strafe, die C. K. absitzen musste, war nicht juristischer Natur, sondern moralischer, und es ging nicht um Verbrechen im Stile Weinsteins. Das Interessante an C. K.s *fall from grace* war, dass genau dieses Benehmen, das ihn in Ungnade hat fallen lassen, ihn überhaupt erst so berühmt gemacht hatte. Seine gesamte Karriere baute auf dem Bild des perversen Untermenschen auf. »Ich bin Abschaum!«, war die Botschaft seiner Shows. »Ich bin das Letzte! Ich bin ein Ekel! Ich bin ein pathologischer Wichser!« Doch als sich herausstellte, dass er genau das war, kochten die Menschen vor Wut, fühlten sich hintergangen. Das sagt einiges darüber aus, welche Erwartungen Menschen zu dem Verhältnis zwischen Leben und Kunst haben.

»Das wär ein fetter Mann, den ich ficken

würde«, sagte ich zu meinem Freund, als C. K. irgendwann mal auf dem Fernsehbildschirm aufgetaucht war. Er rümpfte die Nase. Das Ding war, dass ich ihn liebte, so wie ich Prominente normalerweise nicht liebe, weil er, im Gegensatz zu den meisten Künstlern, Werke erschuf, die wirklich einen Entgiftungseffekt hatten. Während Theater und Literatur etwas anderes, sicher Hochwertigeres, bieten, sind die tristen, abstrakt-bekennenden Monologe des Stand-ups tatsächlich entgiftend. Deshalb widme ich einen Großteil meiner kostbaren Zeit der Suche nach neuen Youtube-Clips von unbekannten Amateuren, die versuchen, witzig zu sein, während sie in irgendeinem gottverlassenen Kellerclub auf einer Bühne stehen, anstatt mich mit der Literatur oder der Tanzkunst zu beschäftigen, obwohl es die beiden Ausdrucksformen sind, die ich am meisten schätze. Ich schaue mir keinen Stand-up an, um unterhalten zu werden, sondern um mich dem abscheulichen Zustand der Apathie und einer Art ironischer Selbstverachtung hinzugeben. Alle guten Komiker sind Loser. Sie sind nie besonders attraktiv, erfolgreich oder sozial kompetent. Dies macht sie zu einer angenehmen Gesellschaft an Tagen, an denen man aufwacht und sofort feststellt, dass dieser Tag verschwendet ist, verschwendet werden muss. Man steht auf, nur um gleich wieder ins Bett zu gehen, mit einer Box Vanilleeis, und sich dem Stand-up-Dasein hinzugeben, in dem der Loser allein im Rampenlicht steht. Das ist kein Zustand der Begeisterung. Ich lache nicht, wenn ich mir Stand-up ansehe. Das sei fast schon unheimlich, sagt mein Freund, wie ich einfach nur dasitze, mit diesem *deadpan* Zombie-Gesichtsausdruck, und mir eine Folge nach der anderen oftmals guter, oftmals miserabler Monologe über Zügellosigkeit, Herumgewichse und schlechte Dates reinziehe. Dies ist meine einzige Quelle zur Katharsis. Nicht etwa, um mich moralisch über die Comedy zu erheben, sondern eine Katharsis, wie Aristoteles sie verstanden hat: als Menstruation. Eine natürliche, zyklische, richtungslose Reinigung. Ohne Sinn und ohne Ziel, einfach nur eine Notwendigkeit. So fühlt es sich an, wenn die muntere Demütigung des Komikers mich von Angst befreit. Stand-up gibt mir eine Pause von mir selbst, von meinen Emotionen und meinen Gedanken. In diesem Sinne funktioniert Stand-up genau wie Pornografie: Sie macht mich zu einem Menschen ohne Lust, ohne Antrieb, ohne Verlangen, versunken in eine Art perversen Zen-Zustand.

Einige unter uns organisieren ihre Lust nach dem Igelprinzip: Die Stacheln werden, je nach Art der Bedrohung, entweder in alle Richtungen aufgestellt oder gar nicht. Und Stand-up-Comedy macht die Welt zu einem sichereren, milderen und netteren Ort, sie macht uns apathisch und weniger defensiv. Die Stacheln werden eng an den Körper angelegt.

Außerdem gibt es hier eine moralische Komponente: Ich bin mir sicher, dass alle meine Lieblingskomiker liebe Menschen sind. Ich glaube, Liebsein ist eine Voraussetzung für guten Humor. Das bedeutet nicht, dass alle meine Lieblingskomiker nicht auch die Rüpel sind, für die sie sich ausgeben, sondern dass sie dennoch eine Art moralische Integrität haben, die sie daran hindert, sich für ihre hässlichsten Taten zu rechtfertigen. Sie sind witzig, weil sie sich zugleich hassen und vergeben und weil sie die Tragödie der gesamten Welt in ihren eigenen Gedanken und Handlungen wiedererkennen. Sie erschaffen ein Weltbild, das nicht auf Sündenbockmechanismen oder Ressentiments basiert, sondern auf einer Art radikaler Vergebung. Einer Form undogmatischer Moral, die nicht prinzipiell ist, sondern eine direkte Konsequenz von roher, körperlicher Erfahrung.

Selbstgerechtigkeit ist nie lustig. Ein Witz, der durch Rache oder Ressentiments motiviert ist, fällt unten durch. Jeder weiß instinktiv, wann sich hinter einem Witz in Wirklichkeit ein verkorkstes Herumjammern versteckt. Es sind diese Witze, denen eine Art abgenutzte Frustration über die Humorlosigkeit unserer Welt folgt: »Was denn? War doch nur Spaß!« Das hätte C. K. nie gesagt. Selbst nach dem Skandal erfüllte er die Faustregel, die er in vielen Stand-up-Shows gepredigt hatte: Wenn jemand sagt, dass du ein Arschloch bist, kannst du nicht sagen: »Nein, bin ich nicht.« Es liegt nicht an dir, das zu entscheiden. Wenn jemand sagt, du bist ein Arschloch, bist du wahrscheinlich ein Arschloch.

Vielleicht könnte man behaupten, dass die Stand-up-Show (nicht der Roman oder die Dissertation) die engste Verwandte des autobiografischen Essays ist. Sowohl eine gute Stand-up-Show als auch diese Art des Essayschreibens wird von dem Glauben angetrieben, dass ein Leben, das vor einem Publikum entblößt wird, einen Nerv treffen kann wie kaum etwas anderes. Durch die Essayistin und den Stand-up-Komiker kann die Leserin oder das Publikum über das Verhältnis der eigenen Selbstverachtung und der eigenen Selbstfürsorge nachdenken. Es ergibt also Sinn, wenn Als über Pryor schreibt, dass er ihn liebt und ihn verabscheut.

Er spiegelt sich in ihm. Der Essay über Pryor ist ein Doppelporträt.

White Girl schmeichelt sich weniger bei der Leserschaft ein als *The Argonauts*. Das Letzte, was Als will, ist zu gefallen, die Leserin das Buch genießen zu lassen und ihr das Gefühl zu geben, ihre Sicht auf dieses ganze Sexualitäts- und Genderchaos sei sicher, gut und progressiv. Für Nelson und Als sind Behauptungen über eine geschlechtsrelativistische »Gehirnwäsche«, »so geboren oder so geworden«, irrelevant. Beide Bücher sind in einer Sphäre geschrieben, die weit entfernt ist von denjenigen, die sich an tendenziösen Interpretationen von Genetik und Neurologie festhalten, um weiterhin glauben zu können, dass Nicht-Männer und Nicht-*Weiße* dümmer seien als sie selbst oder sich wesentlich von ihnen unterschieden. Dieser

Kampf ist in diesen Essays schon Schnee von gestern. Hier werden stattdessen die Dogmen unter die Lupe genommen, die in ihren eigenen Reihen herrschen. Nelson schlägt zum Beispiel vor, dass sich Befürworter einer selbstbestimmten Abtreibung, anstatt ihre Gegner zu verspotten, darauf konzentrieren sollten, deren Parolen zu nuancieren und sich zu eigen zu machen. Sie sollten »*It's a child, not a choice*« durch »*It's a child and a choice*« ersetzen, anstatt so zu tun, als ob Abtreibung völlig unproblematisch sei.

Einige sind so geboren, andere sind so geworden. Was ist das Problem, fragt Nelson, als andere Queers aufgeschrien haben, weil Schauspielerin und Politikerin Cynthia Nixon (Miranda aus *Sex and the City*) ihre nicht-heterophile sexuelle Orientierung als »eine Entscheidung« beschrieb? Eine politische Bewegung, die die Erfahrung des Einzelnen ignorieren muss, um ihre interne Logik aufrechtzuerhalten, ist nicht sehr stabil. Alle Formen von Begehren haben ein Daseinsrecht, sie *existieren* einfach und können nicht auf einer Produktiv-/Destruktiv-Achse beurteilt werden. Denn wer will schon Teil eines Feminismus sein, der zum Beispiel Frauen verurteilt, die sich für *Fifty Shades of Grey* begeistern – als gäbe es nicht schon genug Kämpfe auszutragen, ohne sich noch mehr vorgeschriebenen Tugenden unterwerfen zu müssen. »Faustregel«, sagt Nelson. »Wenn etwas bewusst entfernt werden muss, damit die Rechnung aufgeht, stimmt normalerweise etwas nicht.«

Nelson und Als sind keine Fortschrittsapostel, sie sind nicht einmal besonders lösungsorientiert. Ihr Ziel ist nicht Stabilität, sondern ein tiefgreifenderes Verständnis von Unterschieden. Doch auch wenn sich beide ihrer soziopolitischen Position bewusst sind und auch der Kämpfe, die ihnen den Weg gebahnt haben, weigern sie sich, sich von einer Loyalität gegenüber Allianzen zähmen zu lassen. Sie operieren jenseits von Identitätspolitik. Sie sind undogmatische Moralisten, die die Haare ihrer Kameraden gegen den Strich kämmen, sich philosophischer Floskeln und exkludierender, reduzierender Parolen bedienen. Sie suchen nach Reibung, Widerstand in der Sprache – nicht als sprachphilosophische Übung, sondern um den Menschen in ihrer Umgebung näher zu kommen. Nelson und Als beziehen sich auf Rasse, Geschlecht und Liebe, wie gute Essayisten es nun einmal tun: dynamisch, rastlos, im ständigen Kampf gegen das Orthodoxe. Sie sind queer – literarisch, politisch und sexuell. Alle guten Essayisten sind ein bisschen queer.

20

»Who is the Tolstoy of the Zulus?«
   Saul Bellow

»Tolstoy is the Tolstoy of the Zulus.«
   Ralph Wiley

»Und trotzdem wusste ich, dass wir etwas waren, dass wir ein Stamm waren – erfunden, gemacht, aber deshalb nicht weniger wirklich.«
   Ta-Nehisi Coates

In einer Sporthalle in Laksevåg standen achtundvierzig Kinder und trugen Masken. Die Masken waren auf Papier vorgezeichnet, dann von ungeschickten Kinderhänden ausgeschnitten, auf Pappe aufgeklebt und an Schaschlikspießen befestigt worden. Einige der Masken waren gelb, trugen dreieckige Hüte, die Augen waren schräg ausgeschnitten worden. Andere Masken waren rot und hatten schwarze Streifen auf den Wangen, an der Stirn waren Federn befestigt. Andere waren braun oder blauschwarz mit gigantischen knallroten Lippen. Wir standen in Reih und Glied vor der Sprossenwand, den Eltern und Lehrern zugewandt, hielten uns die Masken vors Gesicht und sangen: »Manche Kinder sind braun, wie frischgeback'nes Brot, andere sind gelb, und andere sind rot. Manche Kinder sind fast blau, und andere sind weiß. Von außen sind wir anders –

doch innen sind wir gleich.« Wir meinten es gut, waren jedoch nur eine erbärmliche Blackfacing-Show, die zur selben Zeit, Anfang des 21. Jahrhunderts, in den USA undenkbar gewesen wäre, dem Land mit dem nationalen Narrativ, dessen Hauptthema Vielfalt und Rasse ist.

Das Lied und die Masken drücken eine Idee aus, die großen Anklang findet: Gerechtigkeit hängt davon ab, dass wir andere Menschen als Ebenbürtige betrachten – nicht einfach nur als gleichwertig, sondern auch gleich im innersten Kern –, dass wir erkennen, dass unterschiedliche Erfahrungen nur oberflächlich sind. Das ist vielleicht der norwegische Traum, das genaue Gegenteil vom amerikanischen.

Es war der internationale Tag der Vereinten Nationen, und meine Klassenstufe von der Damsgård-Grundschule hatte ein Programm vorbereitet. Die nächste Nummer auf dem Programm war »*Sommerfugl i Vinterland*« (Schmetterling im Winterland). Unser Lehrer hatte die einzigen nicht-*weißen* Mädchen aus unserer Klasse ausgewählt, die das Lied spielerisch darstellen sollten, wir anderen sangen im Chor. Das Mädchen aus dem Iran spielte die Mutter, während das Mädchen, das aus Äthiopien adoptiert worden war, ihre Tochter darstellen sollte. Die beiden, in bunten Schleiern eingehüllt, die der Lehrer in der Kostümabteilung gefunden hatte, zogen langsam und pflichtbewusst einen Koffer hinter sich über den Fußboden der Sporthalle, während der Rest von uns sang. Die Geschichte war bekannt: Die Begegnung zweier Unglücksraben mit der großen, warmherzigen Masse, die sie willkommen hieß. So wurde uns in einer Schulklasse in Westnorwegen Diversität vermittelt, während wir da so standen und Köpfe auf Spießen in die Luft hielten.

Wie kann die amerikanische Rassendebatte, die sich in den letzten Jahren wieder verhärtet hat und mehr polarisiert, ins Norwegische übersetzt und, in einem Land, das im Gegensatz zu den USA nicht auf den Knochen ausgebeuteter Körper errichtet worden war, gedeutet werden?

»Sie haben aus uns eine Rasse gemacht. Wir haben aus uns ein Volk gemacht«, schreibt Ta-Nehisi Coates in *Between the World and Me* (*Zwischen mir und der Welt*). Das Buch ist in Form eines Briefes geschrieben, in dem Coates sich an seinen Sohn richtet und darüber spricht, was es bedeutet, in Amerika als Schwarz kategorisiert zu werden. Das Buch wurde 2015 mit dem American Book Award für Sachprosa ausgezeichnet, was dazu führte, das Coates vom gewöhnlichen Journalisten des *Atlantic* zu einer zentralen Stimme der amerikanischen Öffentlichkeit wurde.

Das Buch ist kurz und kompakt, rasant und temperamentvoll. Coates beschreibt die Angst, die seine Kindheit und Jugend in Baltimore geprägt hat, die Liebe, die er in Menschen und in den Büchern der Howard University (Amerikas wichtigster »Schwarzer« Uni) gefunden hat, und er beschreibt die USA, die seiner Meinung nach den verlorenen Traum aller, die sich als *Weiße* sehen, träumen.

Coates sagt, er sei überrascht, plötzlich *der* zeitgenössische Schwarze Intellektuelle geworden zu sein, an dessen Texten *weiße* Amerikaner am meisten interessiert seien. Und die *weiße* Fangemeinde, die von diesem Buch angezogen wurde, ist wirklich ein Paradoxon, denn das Buch lädt keine *weißen* Leser ein, sich auf seine Seite zu stellen, sondern weist ihnen Schuld und Verantwortung zu – keine Art von Schuld, die mit Geständnis weggezaubert werden kann, sondern eine Schuld, die den Menschen die moralische Pflicht zuweist, alle Privilegien aufzugeben, die sie aufgrund ihres *Weißseins* genießen. Coates schreibt, dass *weiße* Menschen eine moderne Erfindung seien, eine Konstruktion, in der es um Unschuld gehe – eine Schönfärberei der schmerzhaften Geschichte. Er schreibt, das Konzept von »Rasse« sei ein Kind des Rassismus, nicht dessen Vater. Er beschreibt die *one-drop-rule*, die Regel, die Anfang des 20. Jahrhunderts eingeführt wurde, wonach jeder, der auch nur einen Tropfen afrikanisches Erbgut in sich trug, als Schwarz kategorisiert werden sollte. Die Regel war dazu da, das sogenannte »unsichtbare Schwarzsein« in den Griff zu bekommen, was von Staat zu Staat unterschiedlich gehandhabt wurde, sodass ein Mann, der in South Carolina als Schwarz galt, als *weißer* Mann in North Carolina leben konnte.

Die Grauzonen in den Rassekategorien werden deutlich, wenn man sich mal überlegt, wie viele US-Bürgerinnen und -Bürger – sowohl diejenigen, die als *Weiße* angesehen werden als auch die Schwarzen – Nachfahren *weißer* Sklavenhalter sind, die ihre Schwarzen Sklaven vergewaltigt haben. Rasse existiert eigentlich nicht, trotzdem ist die Rassenfrage der Kern des Narrativs der USA. Wie die meisten Nationen sind auch die USA auf konkreten Fiktionen errichtet worden.

Als Sohn eines Black-Panther-Mitglieds und Mitbegründers der Black Classics Press war Coates schon früh auf der Suche nach Erzählungen über die Größe »seines Volkes«. Er erzählt, dass er sich vor allem in den vergangenen Jahren, durch die Morde an Schwarzen Jugendlichen durch die Staatsmacht und durch seine Arbeit als Journalist, stärker radikalisiert habe, was ihm ein tieferes Verständnis dafür vermittelt habe, wie fundamental Rassismus in Amerika sei.

Die dunkelsten Seiten des Buches sind schwer zu schlucken, besonders wenn man den Verdacht hegt, dass die Zeitschrift *The New Republic* recht hatte, als sie schrieb, dass Coates' Buch »genau das Dokument ist, das Amerika gerade braucht« – in einer Medienrealität, die ihren Blick erneut und ernsthaft Gesellschaftsstrukturen und politischen Entscheidungen zugewandt hat, die laut Coates dazu führen, dass Schwarze Körper in den Vereinigten Staaten immer noch unfrei sind. Seine Stimme – bitter, kompromisslos, manchmal ein wenig melodramatisch – repräsentiert eine rhetorische Veränderung des amerikanischen Debattenklimas, eine Veränderung, die vielleicht mit Obama begonnen hat – aber ihre versöhnliche Rhetorik der Hoffnung und des Wandels längst aufgegeben hat – und durch die gestiegene Aufmerksamkeit für Masseninhaftierungen, Polizeimorde und die Black-Lives-Matter-Bewegung verstärkt wurde.

»*Don't despair*«, verzag nicht, soll Barack Obama zu Coates gesagt haben, als sie sich im Jahr 2013 im Weißen Haus getroffen haben. Aus diesem Kommentar hört Coates ein rhetorisches Erbe heraus, dem er sich nicht ganz anschließen kann. Obama veröffentlichte im Jahr 2006 *The Audacity of Hope* (*Hoffnung wagen*), als er noch Senator war, währenddessen schrieb Coates an den Memoiren *The Beautiful Struggle*. Diese beiden Titel zeichnen ganz unterschiedliche Bilder. Während Obama das Erbe Martin Luther Kings repräsentiert – den Traum, die Hoffnung, kosmische Gerechtigkeit –, betrachtet Coates den amerikanischen Traum, die Vorstellung von den USA als Land der unbegrenzten Möglichkeiten für jeden, der nur hart genug arbeitet, als eine schmerzhafte Lüge, die nur dazu beiträgt, die weiße Vorherrschaft zu erhalten. Politische Hoffnung stellt sich oft als Falle heraus. Hoffnung hält die Menschen in Schach, Hoffnung pisst den Schwächsten einer Gesellschaft ans Bein, Hoffnung verspricht mit einer Art protestantischer

Prophezeiung, dass es einem gut gehen wird, solange man hart arbeitet. Als ob es an einem selbst läge. Auf diese Weise wird Politik zu der Frage, wozu man selbst imstande ist. Coates will diesen Traum nicht mitträumen, sondern lieber in den Kampf und in die Geschichte investieren. Er benennt seinen Sohn nach Samory Touré, dem westafrikanischen Gründer des Wassoulou-Imperiums, eines muslimischen Staats, der sich den französischen Imperialisten bis zum Jahr 1898 widersetzte. »The struggle is in your name«, schreibt er an seinen Sohn und gibt ihm mit diesem Namen eine alternative Hoffnung.

Aber was geschieht nun mit dem progressiven Verständnis von Gesellschaft, wenn Menschen aufgrund ihrer Identität mobilisiert werden? Was geschieht mit dem Klassenkampf und dem Gerechtigkeitsdenken, wenn Rasse oder Geschlecht den sozioökonomischen Status übertrumpfen? Macht Coates' Ästhetisierung des Konfliktes zwischen dem Schwarzen und dem *weißen* Amerika ihn nicht zu einem reaktionären Fatalisten? Thomas Chatterton Williams schreibt in der *London Review of Books*, dass Coates Verachtung und Empörung schüre, die den Bogen überspannten. Williams' Text tauchte häufig in meinem Facebook-Feed auf, geteilt von *weißen* Akademikern, die der Meinung waren, Williams, der selbst Schwarz ist, drücke aus, was sie selbst nicht in Worte fassen konnten:

»Muss meine Haut mich angesichts aller anderen Werte erblinden lassen?«, schrieb ein frustrierter Ralph Ellison im Jahr 1963. Diese Frage würden Coates und viele andere heute gar nicht mehr stellen. Jetzt begründet sich die Krise des Schwarzen Intellektuellen, wenn es denn eine Krise ist, nicht darauf, dass er keine Plattform hat, auf der er sein Volk repräsentieren kann, sondern dass es ihm so leichtfällt, sich an Gefühle von Ressentiment und Empörung zu klammern – obwohl er sich endlich, nach einem langjährigen Kampf, an einer Machtposition befindet.

Diese Kritik ist nicht neu. Die meisten einflussreichen Schwarzen amerikanischen Schriftsteller sind dafür kritisiert worden, nicht konstruktiv und optimistisch genug zu sein. Es geht ja schließlich vorwärts, heißt es, warum sabotiert ihr die positive Entwicklung, indem ihr die Kämpfe ignoriert, die bereits gewonnen wurden? Es werde Zeit, sich davon loszumachen, sagen diejenigen, die den Rassendiskurs nicht als anspruchsvoll erachten – oft dieselben Leute, die die Protestbewegungen der Sechzigerjahre romantisieren, aber den heutigen Aktivismus als unkonzentriert und jammerig abstempeln, in dem es nicht mehr um Klassenkampf und Systemkritik gehe.

Immer und immer wieder entgleist der Rassendiskurs in eine Debatte über politische Korrektheit. Eine Debatte überlagert eine andere, und man tut so, als ginge es um ein und dasselbe, um sich nicht mit dem brennendsten der beiden Themen auseinanderzusetzen. Das Argument ist inzwischen bekannt und wird von vielen so aufgefasst, als würde es nicht ganz den Ton treffen: Das ständige Gerede von Rasse und Geschlecht sei ein Symptom dafür, dass junge Menschen heutzutage unpolitisch seien, eingelullt in das Geschwätz über Anerkennung der Identität unterdrückter Gruppen, statt über Ausgleich und Umverteilung zu sprechen; nicht imstande, kritisch zu denken. Als Kritik am Zeitgeist ist an solchen Karikaturen vielleicht etwas dran, aber als Reaktion auf die neue Welle des Bewusstseins für Rassendiskriminierung wirken sie eher wie Blitzableiter. Vielleicht gibt es immer Grund, misstrauisch zu sein, wenn jemandes Ausdruck von Schmerz als »nicht anspruchsvoll« abgelehnt wird. Wenn jemand sagt, dass er leidet, ist es wohl das Beste, davon auszugehen, dass das der Wahrheit entspricht.

Als Reaktion auf den Vorwurf, Hoffnungslosigkeit heranzuziehen, schrieb Coates einen Artikel für den *Atlantic*, »Hope and the Historian«, in dem er behauptet, dass Hoffnung im Gegensatz zu Angst eine überbewertete menschliche Kraft sei. Er ist der Meinung, falsche Hoffnung habe Zynismus zur Folge und dass »Schriftsteller, die sich dazu verpflichten, nur von Hoffnung zu schreiben, sich dem Ahistorischen und dem Mythischen verpflichten. Ich kann nicht so schreiben – weil ich nicht so lesen und denken kann. Ich muss offen dafür sein, dass Dinge in sich zusammenfallen. Ein Großteil unserer Geschichte handelt davon, dass einiges einfach nicht geklappt hat.«

Dies ist kein kontroverser Standpunkt, denn seit wann ist es Aufgabe des Autors, optimistisch zu sein? Vielleicht werden nur diejenigen, die immer noch behaupten, trotz des Fortschritts diskriminiert zu werden, abgewiesen. Denn es ist unwahrscheinlich, dass diejenigen, die Coates dafür kritisieren, dem Leser keine konstruktivere Zukunftsvision zu servieren, dasselbe über kanonisierte kritische Philosophen wie Adorno, Foucault oder Heidegger sagen würden.

Coates' Kritiker müssen die Nerven geflattert haben, als der Comic *Black Panther* in neuem Gewand wiederaufgelegt wurde, und zwar mit Ta-Nehisi Coates als Texter. Wieder würde T'Challa in den Kampf ziehen, in einem Universum, in dem das Böse vom Guten besiegt wird und angeborene Narben Superkräfte freisetzen. Auch wenn das offensichtlich nicht der Fall ist, so Coates in einem Blog-Eintrag, war T'Challa – The Black Panther, der mystische Herrscher von Wakanda – »stets eine Manifestation des Schwarzen nationalistischen Traums, eine wandelnde Ablehnung aller Mythen der *weißen* Herrschaft«.

Between the World and Me ist dynamischer, als der erste Eindruck vermitteln mag. Der Ton ist düster, aber nicht resigniert – soll heißen, er ist vielleicht politisch resigniert, aber nicht intellektuell. Das Interessanteste an dem Buch ist nicht etwa Coates' Beschreibung der Gefährdung, der der Schwarze Körper ausgesetzt ist, in einem Land, in dem die von Polizisten ausgeführten Morde gezeigt haben, dass die Staatsmacht ohne Grund töten darf. Es ist auch nicht die Beschreibung der gewalttätigen Prämissen des amerikanischen Traums. Sondern wie Coates uns zusehen lässt, wie seine Gedanken Form annehmen. Coates spielt mit offenen Karten: Während er sich durch die Archive arbeitet und Menschen trifft, die seine Mythen, an denen er festgehalten hat, wie Blasen zerplatzen lassen, ändert er seine Meinung über die Überzeugungen der Widerstandsbewegung und über die Idee eines Schwarzen Volkes. An der Howard University entfernt er sich vom Schwarzen Black-Panther-Nationalismus und entwickelt ein tieferes Verständnis dafür, warum er seinen Blick immer Malcolm X statt Martin Luther King zugewandt hat. Er lehnt die christlich-pazifistische Rhetorik von Martin Luther King zugunsten von Malcolm X ab, einem Symbol, das »mir alles vermittelt hat, was ich sein wollte – kontrolliert, intelligent und völlig angstbefreit«. Coates scheint seine Nachfolge angetreten zu haben:

> Malcom war der erste politische Pragmatiker, den ich kannte, der erste aufrichtige Mensch, den ich je gehört hatte. Er gab sich

nicht damit ab, jenen Menschen, die sich für *weiß* hielten, ihre Überzeugungen zu erhalten. Wenn er wütend war, sprach er es aus. Wenn er Hass empfand, so empfand er ihn, weil der Hass des Sklaven auf den Sklavenhalter so menschlich war wie Prometheus' Hass auf die Vögel. Er hielt für dich nicht die andere Wange hin. Er wurde für dich kein besserer Mensch. Er war nicht dein Gewissen. Malcom sprach wie ein freier Mann, wie ein Schwarzer, der über die Gesetze erhaben war, die unsere Phantasie erstickten.

Coates lässt die afroamerikanische Tradition, keine Gewalt anzuwenden, wie eine Art Stockholm-Syndrom aussehen und stellt sich den Müttern, die den Polizisten verzeihen, die ihre Söhne ohne Grund ermordet haben, mit Unverständnis gegenüber. Das ist vielleicht das Schlimmste am Erbe Martin Luther Kings: das Beharren, auch noch die zweite Wange hinzuhalten. Aber gerade in diesem Pazifismus, in dem die Fähigkeit zu vergeben verherrlicht wird, liegt viel Trost und viel Tradition. Coates selbst sieht, dass viel verloren geht, wenn er der Religion den Rücken kehrt, einer Sicherheit, die er an seinen Sohn weitergeben könnte, mal etwas anderes als Angst, Chaos und Geschichte:

> [...] meine eigene Distanz zu der Institution, die so oft die einzige Stütze von uns Schwar-

zen war. Ich frage mich oft, ob mir durch diese Distanz etwas entgeht, irgendeine kosmische Hoffnung, eine Weisheit, die über meine kleinliche, dingliche Wahrnehmung der Welt hinausgeht, etwas jenseits des Körperlichen, das ich dir hätte vermitteln können.

Coates wird ununterbrochen mit anderen afroamerikanischen Schriftstellern verglichen, als Teil eines Erbes, das oft mit dem Autor Richard Wright beginnt und bei James Baldwin kulminiert. Wright schrieb im Jahre 1940 den Roman *Native Son* (*Sohn dieses Landes*) – welcher aus irgendeinem perversen Grund im Norwegischen den Titel *Nigger* bekam – und veröffentlichte 1946 seine Autobiografie *Black Boy* – die wiederum im Deutschen grausamerweise mit *Ich Negerjunge* übersetzt wurde –, in der er unter anderem über seine Zugehörigkeit zur Kommunistischen Partei in Chicago spricht. Baldwin war ab den 1950er-Jahren einer der wichtigsten Essayisten und Schriftsteller Amerikas. Toni Morrison, die Nobelpreisträgerin, der einst von den Kritikern ans Herz gelegt wurde, es würde doch jetzt mit der Rassismusdebatte mal reichen, hat ihren Beitrag dazu geleistet, Coates zum Genie zu erklären und ihn in der Öffentlichkeit als Baldwins Erbe zu etablieren. Doch Coates ist nicht vom selben literarischen Kaliber wie Baldwin, und er hat ein ganz anderes Gemüt. Baldwin war eine Medienpersönlichkeit, während Coates darauf beharrt, kein öffentlicher Intellektueller zu sein. Baldwin war attraktiv und homophil, beinahe aggressiv charismatisch, während Coates unbeholfen ist, mit einem fast schon Shrek-haften Erscheinungsbild, ein Nerd, der mit Comics und *Dungeons & Dragons* groß geworden ist. Und während Baldwin ein Mann war, der seine evangelischen Impulse nicht ablegte, obwohl er aus der Kirche ausgetreten war; ein Mann, der sich in der Rolle des Anführers und Predigers wohlfühlte, ist Coates ein einsamer Denker – man kann sich kaum vorstellen, dass er die Massen in die eine oder andere Richtung führen könnte. Coates will über *The Beautiful Struggle* sprechen, den schönen Kampf, nach dem er seine Memoiren benannt hat.

Das Buch wurde in den USA und an die USA geschrieben, auf eine so spezifische Art und Weise, dass bei der Reise über den Atlantik vieles verloren geht. Wenn Coates einen institutionalisierten Rassismus beschreibt, der alle zu Schuldigen erklärt, kann man das als eine Botschaft lesen, die sich an die Amerikaner richtet, die entweder von den Ressourcen der Ausgebeuteten leben oder Nachfahren der Ausbeutung sind. Wenn Coates die USA auf diese Art und Weise beschreibt, spricht er nicht nur von Sklaverei, sondern von politischen Beschlüssen und Strukturen – Ghettos, Gefängnisse, Universitäten, Rechtssysteme –, die seiner Auffassung nach Afroamerikaner weiterhin benachteiligen. Aber nicht alle Nationen bauen auf eine derartige Dynamik.

•

»*I am not your cracker.*« Ich habe große Lust, das zu sagen, wenn ich Childish Gambinos fantastisches Musikvideo zu *This Is America* anschaue. Es war wie die reinste Crack-Epidemie im Frühjahr 2018 und wurde als ultimative Darstellung des Zeitgeistes verstanden. YouTube wurde mit Fanvideos überflutet, die den Clip vor den heimischen Webcams auseinandernahmen und auf alle subtilen Referenzen hinwiesen – das bedeutet Polizeigewalt, dies ist ein Hinweis auf Jim Crow, hier eine Anspielung auf *Get Out*, hier auf das Massaker in Charleston. Das Musikvideo wurde in einem großen Fabrikraum gefilmt. Im Hintergrund spielen sich gewalttätige Ereignisse ab, während wir von der genialen Choreografie im Vordergrund abgelenkt werden. Donald Glover – Schauspieler, Komiker, Schöpfer der TV-Serie *Atlanta* und Musiker unter dem Namen Childish Gambino – ist ein wahnsinnig guter Tänzer.

Doch an der Rezeption des Videos störte irgendetwas, was mich an James Baldwins Credo denken ließ: »*I am not your negro.*« Baldwin beharrte darauf, dass der »*negro*« ein Fantasiegebilde des alten, *weißen*, männlichen Amerikaners sei, ein Sündenbock, in dem er eigentlich nur seine Neurosen spiegle, nicht die Schwarze Natur.

Ähnliches könnte man vielleicht über die Art und Weise des Blickes sagen, mit dem die USA *This is America* aufgenommen haben. Das Video ist an ein Publikum gerichtet, das eine masochistische Beziehung zur Geschichte hat, das so tut, als wäre es aktiv und *woke*, aber tatsächlich alle Beteiligten in Karikaturen festhält. Denn wie so vieles aus dem Rassendiskurs in den USA wurde das Video als Vorwurf verstanden: Alle sind schuldig. Das Musikvideo, so hieß es, zwingt dich dazu, dich mit deinen *blind spots* zu konfrontieren, die es dir ermöglichen, unterhalten und unbescholten durch diese Welt zu gehen, ohne für deine eigene Rolle in diesem System Verantwortung zu übernehmen. Die Prämisse war eine Art amerikanische Erbsünde: Alle sind stets und schon immer schuldig an der Aufrechterhaltung der rassistischen Strukturen. Aber wenn man nun nicht an Erbsünde glaubt? Wenn man nun stattdessen glaubt, die Vorstellung von einer Erbsünde sei ein Ablenkungsmanöver, das uns von der konkreten Politik ablenke, die die Dinge Schritt für Schritt ein wenig besser machen kann? Ich hatte große Lust zu sagen: »Ich bin keine Erbin der Sklavenhalter. Ich bin nicht dein Tyrann. *I am not your cracker.*«

•

Als naive und einigermaßen wohlmeinende Norwegerin – privilegiert dank Studiendarlehen, nicht dank Sklaverei – kann man sich in dieser

Debatte schnell blamieren. Ich musste erst ein halbes Jahr im östlichen Teil Brooklyns wohnen, bevor ich lernte, nicht die Polizei zu rufen, wenn sich vor meinem Schlafzimmerfenster kriminelle Machenschaften abspielten. Ich verstand erst, nachdem ich es ein paarmal miterlebt hatte, dass in den *hoods* rund um die New Yorker Sozialbauten alles nur schlimmer und gewalttätiger wird, wenn die Polizei dazustößt. Als ich endlich lernte, stattdessen meinen Kopf aus dem Fenster zu stecken und der Frau in meinem Alter, die kurz davor war, vor unserer Haustür verprügelt zu werden, zuzurufen, ob ich ihr irgendwie helfen könne, wurde ich gebeten, die beiden doch in Ruhe zu lassen und um Himmels willen nicht die Polizei zu rufen. »*Honey*«, rief sie mir vom Treppenabsatz zu, mit einer Mischung aus Nachsicht und Hohn ob meines Bedürfnisses, ihre Alliierte zu sein, »das ist nur ein Streit unter Lovern.«

Sie und der Typ, der sie schlug, waren gegen mich und die Polizei alliiert. Ich durfte ihren Kampf nicht mitkämpfen, hatte nichts darin zu suchen. Ich kann mir vorstellen, dass sie Coates zugestimmt hätte: Dass ich in ihrer Straße wohnte, als eine der *weißen* Studierenden, die die Schwarze Mittelklasse immer weiter in die Peripherien hinausdrängen, in die Sozialwohnungen, machte mich mitschuldig an der strukturellen Gewalt, die Coates beschrieb. Coates erklärt, dass Gewalt in Schwarzen Communitys nichts mit Kultur zu tun habe, sondern mit Ghettoisierung und systematischer Diskriminierung. Gewalt in Schwarzen Vierteln sei das Ergebnis von Angst und ein Versuch, eine interne Justiz zu schaffen, die den *weißen* USA zuvorkomme. Coates erwähnt ein archetypisches Gespräch zwischen seinen Eltern, das er mithörte, nachdem sein Vater ihn verprügelt hatte: »Cheryl, was ist dir lieber? Dass ich ihn verprügele oder die Polizei?«

Coates bedient sich des Vokabulars der feministischen Theorie. Alles beginnt im Körper. Erniedrigung ist immer physisch. Wer diese Kränkung nicht am eigenen Leib gespürt hat, wird nie verstehen. Das ist etwas, das nur erfahren werden kann.

Die Chauvinistin in mir war sich bewusst, dass ich aus einer überlegenen Kultur hierhergezogen war. Ich dachte wohl, halb unbewusst, dass der Kontext, aus dem ich kam, es mir ermöglichte zu bezeugen, dass Umverteilung wichtiger ist als Anerkennung und dass man Klassenkampf der Identitätspolitik vorziehen sollte. Diese Einstellung erstickte viele Gespräche im Keim. Bei einer typischen Diskussion mit einer Freundin, einer wohlhabenden, Schwarzen, alleinerziehenden Mutter aus den Südstaaten, sagte ich, dass der Grund, warum wir uns nie einig seien, darin bestehe, dass sie alles auf Identitätspolitik reduziere. »Für dich ist alles eine Frage der Unterdrückung«, sagte ich, »dein Feind ist immer ›*weißes*, männliches Privileg‹. Es gibt so viele weiße Männer, die ich liebe«, sagte ich scherzhaft, »und ich denke, ihr Schmerz ist genauso interessant wie meiner und deiner, obwohl viele von ihnen vielleicht nicht verstehen, was es bedeutet, wenn ihr Körper malträtiert wird. Außerdem«, fügte ich hinzu, »habe ich nicht das Gefühl, mehr mit anderen Frauen als mit Männern gemeinsam zu haben, nur weil wir zufällig vom gleichen Geschlecht sind.« Sie verdrehte die Augen, lachte herablassend und konnte meine Argumente nur als realitätsfern abwinken. Sie sprach in einem Ton, der mich an die Nachbarin mit der blutigen Lippe erinnerte: »*Being a little ignorant about our social political status and heritage, are we?*«

Einer der Hauptaspekte von *Between the World and Me* ist, dass gute Absichten fragil sind, historische Pathologien stark. Wir können natürlich »Kinder des Regenbogens« und »We shall overcome« singen, *bis Dovre fällt*, ohne dass das auch nur die geringste Konsequenz hat, außer dass es uns in einen politischen Tiefschlaf wiegt. Coates meint, dass die *weiße* Vorherrschaft nur beendet werden kann, wenn diejenigen, die sich als *weiß* lesen, auf ihre Privilegien verzichten, sich ihre Schuld eingestehen und sich aktiv an der Abschaffung der Politik beteiligen, die an diesen rassistischen Strukturen festhält. Seine Argumente sind konkret: In »The Case for Reparations«, dem vermutlich meistdiskutierten Artikel in der amerikanischen Presse des Jahres 2015, argumentiert er eindringlich dafür, dass die USA Reparationszahlungen für die Sklaverei beschließen oder die Schwarze Bevölkerung auf eine andere Art entschädigen sollten. Etwa zur gleichen Zeit verurteilte er Bernie Sanders dafür, sich nicht hinter diesen Vorschlag zu stellen: »Die offenen Wunden des Rassismus mit klassentheoretischen Mitteln heilen zu wollen«, so Coates, »ist, als würde man eine Schusswunde nur mit Bandagen verbinden.«

Auch wenn *Between the World and Me* die Welt auf eine Art und Weise beschreibt, die sich nicht ohne Weiteres in andere Länder importieren lässt, die Gerechtigkeit in erster Linie als eine Frage der Verteilung und nicht als eine Frage der Identität verstehen – eine Frage der Gleichheit statt der Differenzen –, sollte dieses Buch dennoch aufmerksam und mit großzügigem Blick gelesen werden, denn das Gefühl, das hier ausgedrückt wird, und das Verhältnis zu Geschichte und Erbe, das es repräsentiert, ist gleichermaßen eine Erinnerung und eine Warnung, welch tiefe Wunden entstehen, wenn jemandes Schmerz als irrelevant und veraltet abgeschrieben wird.

Between the World and Me ist ein Buch über klaustrophobische und lähmende Angst. Coates fürchtet sich vor seiner eigenen Wut, er hat Angst um den Körper seines Sohnes, um die Körper aller Kinder, die Schwarz gesehen werden. Dennoch macht dieses Buch Mut, eben weil es sich traut, an den Schmerz zu denken, ohne ihn gleichzeitig heilen zu wollen. Und es lässt eine Norwegerin, die sich für *weiß* hält, über Unterschiede nachdenken und darüber, was es bedeutet, über eine vollkommen unbekannte Art von Schmerz zu lesen. Dieses Buch ist das Gegenteil der Maskerade in meiner Grundschule, das Gegenteil aller Versuche, die Abstände, die zwischen Menschen entstehen, wenn sie unterschiedliche Erfahrungen machen, zu vertuschen. In diesem Sinne findet man mehr Hoffnung und Tatkraft in diesem Buch als in dem Mantra, dass Unterschiede nur oberflächlich seien, dass wir Menschen im Inneren alle gleich seien. Denn im besten Fall beginnen die meisten guten Dinge – Gespräche, Liebe, Erotik, Politik, Bücher – damit, sich blind und mit vollem Herzen auf die Unterschiede einzulassen.

21

Trauer liegt in der Luft. Man merkt es an den Bestsellerlisten und in den Buchhandlungen. Die Intensität ist zum Teil vielleicht eine Gegenreaktion auf die Ironie-Generation: Jetzt darf man sentimental und trauernd über Krankheit und Tod reflektieren. Gut so. Aber wenn man im Reich der Empörten und Gekränkten lebt, kann sich vor allem die Rhetorik des gepeinigten Körpers erdrückend und übergriffig anfühlen, selbst wenn man empathisch und offen sein will. Denn manchmal kommt einem das Herumgejammere so vor, als würde einem der Kopf kolonisiert, und dann ist es wichtig, die Zunge im Zaum zu halten und diese Zeugnisse nicht nur als außer Kontrolle geratene Identitätspolitik abzutun, sondern darüber nachzudenken, welche Geschichten über Ungerechtigkeit und Schmerz interessant sind und welche nicht. *A Little Life* (*Ein wenig Leben*), der amerikanische Bestsellerroman von Hanya Yanagihara aus dem Jahr 2015, ist ein Beispiel für eine dieser Geschichten, die nicht interessant sind, und eine Erinnerung daran, dass auch Romane eine ebenso peinliche Pornografie des Elends liefern können wie Memoiren, auch wenn sie nicht den gleichen Wirklichkeitsanspruch haben.

A Little Life ist eine achthundertseitige sinnlose Wehklage über Vergewaltigung, Selbstverletzung, Pädophilie, Tod und Verderben. Der Roman erzählt aus dem Leben von vier Freunden;

er setzt ein, als sie sich im Teenageralter kennenlernen, und endet, als die Männer, die noch leben, Mitte sechzig sind. Nach dem College ziehen sie nach New York, mit himmelhohen Ambitionen im Gepäck, die sich nicht als utopisch herausstellen. Der attraktive, bescheidene Willem wird zum weltberühmten Schauspieler. Malcolm steht eine glorreiche Karriere als Architekt bevor. WB, die Inkarnation des Künstlermythos – narzisstisch, abhängig davon, sich mit Leuten zu umgeben, die weniger Erfolg haben als er selbst –, wird für seine Malereien bekannt, die er von seinen Freunden anfertigt. Jude, der Protagonist des Buches, wird zu einem der unbarmherzigsten Anwälte der Stadt. Die vier wandeln in glamourösen Kreisen, zwischen Koks und dekadenten Orgien, auf Galerieeröffnungen und in Fabriklofts, die zu hippen Wohnungen umgebaut wurden. Schöne Menschen. Fließende Genderidentitäten.

Auf den letzten vierhundert Seiten geht es vor allem um Jude St. Francis, den schüchternen Jungen, dessen Beine nicht tun, was er will; es geht um chronische Schmerzen und eine grauenvolle Vorgeschichte, die er sich weigert zu erzählen. In unzähligen Szenen steht er im Bad und verletzt sich mit einer Rasierklinge. Als Neugeborener wurde er in einem Müllcontainer gefunden, von Mönchen in einem Kloster aufgezogen und jahrelang von ihnen missbraucht, bis einer der Mönche ihn entführt und zur Prostitution zwingt. Die beiden reisen quer durch ein Amerika, das ziemlich dicht von pädophilen Männern besiedelt zu sein scheint – jedes Motel stellt sich als verstecktes Quartier für einen Kinderpornoring heraus. Jude wird gerettet und in ein Jungenheim gebracht, doch selbst dort wird er missbraucht. Jedes Mal, wenn man glaubt, dass die Dinge besser werden, tauchen neue Sadisten auf. Auch als Erwachsener wird er vergewaltigt. Jude fühlt sich schmutzig und unwürdig und ritzt sich, um sich selbst zu bestrafen, um sich zu reinigen, aber auch, um die Kontrolle über den Schmerz zu übernehmen.

Das Buch wurde gefeiert und für die renommiertesten amerikanischen Literaturpreise nominiert. Ein Kritiker vom *Guardian* versprach ein tränenreiches Leseerlebnis: »Wenn Sie uns mit einem dicken Buch am Strand sitzen und heulen sehen, dann wissen Sie warum.« Das *Wall Street Journal* berichtete von den Twitter-Reaktionen, die das Buch als »erschütternd«, »grauenvoll« und »traumatisierend« beschrieben, was gleichbedeutend sei mit »das beste Buch, das wir je gelesen haben«. *Newsweek* nannte es ein »Wunder«. »Rührend und grenzüberschreitend«, schrieb die *Washington Post*.

Von Daniel Mendelsohn hingegen bekam das Buch in der *New York Review of Books* Gegenwind. Er erkannte in dem Roman ein Symptom für die neue amerikanische Opferkultur, deren Angehörige es nicht schafften, über die Grenzen der eigenen soziopolitischen Identität hinauszudenken, geschweige denn über die Gründe, warum sie kleineren oder größeren Übergriffen ausgesetzt seien. Mendelsohns Analyse war die vernünftigste, sie war völlig zutreffend, obwohl sie sich auf einer eher zahmen und einfallslosen Vorstellung von heutiger Jugend ausruhte.

A Little Life ist ein Zerrbild von *Justine*, dem ursprünglichen Mönchvergewaltigungsroman aus dem Jahr 1787 von Marquis de Sade. *Justine* ist ein kleines Meisterwerk, ein Buch, das die Leserin mit einbezieht und sie dazu zwingt, gruselige Gedanken zu denken: Genießt Justine ihre Folterungen? *Will* sie vergewaltigt werden? Was schlummert da in uns, das zu Beginn des Buches so begeistert von den Misshandlungen war und das uns zum Ende hin emotionell abgestumpft hat, außerstande, Schaulustigkeit oder Abscheu zu empfinden, als sich dasselbe sadomasochistische Szenario zum x-ten Mal abspielt? Neben wiederholter Gewalt wirft das Buch schwierige Fragen zu Macht und Unterwerfung auf und zur Unzuverlässigkeit der Literatur, die eigentlich Empathie generieren soll. Yanagihara macht das genaue Gegenteil: Sie scheint sich mit ihren Wiederholungen tiefer in den Leser hineinbohren zu wollen. Es ist die Autorin, die in diesem Szenario die Sadistin ist, und sie setzt einen masochistischen Leser voraus, der zufriedengestellt wird, weil er sich in Leiden wälzen kann, ohne sich fragen zu müssen, was Leiden bedeutet oder an welche Triebe im Menschen ein derartiges ästhetisiertes Elend eigentlich appelliert – von diesem Typ Leser gibt es en masse, wenn man mal danach geht, wie gut der Roman beim Publikum angekommen ist. Ein anderer Rezensent des *Guardian* versprach, dass man durch dieses Buch zerstört und zum besseren Menschen werde: »Eine vernichtende Lektüre, die Ihr Herz [...] wachsen lässt.« Diese Vorhersage sollte man nicht garantieren. Denn selbst wenn das Buch eine Illusion erschafft, dass man sich einer Sache ausgeliefert hat, die neue Türen in einem öffnet, gibt es eigentlich keine Reibung, nichts Fruchtbares, nichts, was dazu einlädt, seinen Horizont zu erweitern. Das Herz wächst nicht, es verkümmert und verhärtet.

Ein weiterer Mega-Erfolg aus New York stammt von Ariel Levy, Kolumnistin beim *New Yorker*, die schon seit jungen Jahren Reportagen über Genderproblematik schreibt. *The Rules Do Not Apply* (*Gegen alle Regeln*) aus dem Jahr 2017 ist eine Autobiografie. Eben noch verliebt, schwanger und an der Spitze der Karriereleiter, bringt Levy in einem Hotelzimmer in der Mongolei einen neunzehn Wochen alten Fötus tot zur Welt, ist plötzlich Single und muss ihr idyllisches Haus verkaufen. Es ist auch eine Geschichte über ein abenteuerlustiges Kind, das zu einer ehrgeizigen und mutigen Frau mit einer brillanten Karriere, fantastischen Eltern, exotischen Liebhabern und symbiotischen Freundschaften heranwächst.

»Seit ich ein kleines Mädchen war«, schreibt Levy, »hat man mir gesagt, dass ich zu leidenschaftlich bin, zu energisch, *zu viel*.« Das ganze Buch ist von dieser Art grandioser Selbstmythologisierung getränkt, die als Selbstkritik getarnt ist – oder *humble brag*, wie es im Amerikanischen heißt.

The Rules Do Not Apply ist in der für den *New Yorker* charakteristischen staubtrockenen Prosaform geschrieben – voller Details um der Details willen und ein Überfluss an einfallslosen, unnötigen Adjektiven, die dem Text eine falsche Aura literarischer Präzision verschaffen, wie »gelbes Handtuch« oder »schwarzes Auto«. Das Buch ist außerdem peinlich rassistisch: Levy beschreibt die Afrikaner, denen sie begegnet, als freundliche und majestätische Wesen, die sich in Rudeln durch eine goldene Landschaft bewegen. Aber es sind nicht nur diese Schwächen, die *The Rules Do Not Apply* zu einem provozierend furchtbaren Buch machen. Was das Buch so scheitern lässt, ist die bodenlose Selbstverliebtheit der Erzählerin – es kreiert ein Leseerlebnis, als wäre man mit einem verwöhnten reichen Mädchen in einem Zimmer eingesperrt, das es nicht fassen kann, das Barbie-Leben, das die Welt ihr schuldet, nicht bekommen zu haben.

Nur die wenigsten werden den von ihr beschriebenen Feminismus wiedererkennen, der ihrer Generation einst versprach, dass ihnen die Entscheidung, wer sie sein wollten, freistehe und dass sie die biologische Uhr austricksen könnten, indem sie sich gesund ernährten und viel Geld hätten. Sie weist zwar auf ihre eigenen Wahnvorstellungen und ihre eigene Selbstüberschätzung hin, ohne jedoch das Bedürfnis der Leserin zu befriedigen, einer Erzählerin zu begegnen, die eine erwachsene Beziehung zu sich selbst hat, weil sie nicht über ihre eigene Geschichten reflektiert, sondern uns nur dazu einlädt zuzusehen, während sie sich auszieht und auspeitscht. Nach Dankbarkeit und Fürsorge sucht man in diesem Buch vergeblich, auch nach der Einsicht, dass vielleicht andere Menschen ein ebenso reiches Innenleben führen wie sie selbst.

Oberflächlich gesehen haben *The Rules Do Not Apply* und Maggie Nelsons *The Argonauts* viel gemeinsam. Beide Memoiren wurden von relativ jungen, queeren, amerikanischen Frauen geschrieben, es geht um Erwartungen, kreative Befruchtung und das zehrende Zusammenleben mit Partnern. Doch dort, wo *The Argonauts* philosophisch und kulturkritisch ist, literarische Ambitionen aufweist und sich um ein Ich zentriert, das sich aufrichtig brutal selbst reflektiert, ist *The Rules Do Not Apply* eine narzisstische Fabel, die keine anderen Ambitionen hat, als den Leser davon zu überzeugen, welch großartiger Mensch die Autorin ist.

Zum Ende des Buches erzählt Levy von ihrem Interview, das sie mit Maureen Dowd geführt hat, einer legendären *New-York-Times*-Journalistin, die in dem Buch die Rolle einer weisen, alten Magierin einnimmt, weil sie »man kann nicht alles haben« sagte, als Levy sie fragte, ob sie sich jemals Kinder gewünscht habe. Man kann nicht alles haben. Levy denkt sofort, diese Aussage sei schlicht die resignierte Anerkennung der Niederlage, aber im Laufe der Erzählung muss sie einsehen, wie wahr sie ist. Warum dauert es nun mehrere Jahre – und zweihundert Buchseiten –, bis sich diese Erleuchtung durchsetzt? Die meisten Erwachsenen wissen, dass sie nicht alles haben können.

22

Ich will einen Quatsch-Essay schreiben, den ich »Omphaloskepsis« nenne. Es soll ein langer Brief an mich selbst werden, in der Du-Form. Bei diesem Experiment will ich herausfinden, was passiert, wenn man so gründliche Nabelschau betreibt, dass der Bauch den Kopf aufschlürft und man auf links gedreht wird. Die Idee ist vielleicht ein bisschen kindisch-trotzköpfig, das seh ich ein, aber auch unwiderstehlich, denn ich kapier einfach nicht, wie so viele Menschen, vor allem Literaturwissenschaftler, so sauer auf den selbstreflektierenden Essay sind, so moralistisch im Namen der Literatur, so empört und besorgt bezüglich des Gesundheitszustands der Öffentlichkeit.

Denn was heißt es schon, in der Öffentlichkeit und speziell im Essay vom »Ich« zu schreiben? Ist es eine so aberwitzige Behauptung, man kenne sich selbst und habe eine zusammenhängende Lebensgeschichte zu erzählen, oder kann sich darin noch etwas Interessanteres verbergen, eine Art Hintertür zu Philosophie und Politik? Ich glaube schon. Ich glaube, es gibt sowohl Vorteile als auch Grenzen, die Welt aus einer so chaotischen, respektlosen und kurzsichtigen Perspektive unter die Lupe zu nehmen. Der Essayist, der sich persönlich ausliefert, ist vielleicht ein Idiot im ursprünglichen Sinne des Wortes: eine Privatperson, die am Rande der Öffentlichkeit herumschwirrt, in sich selbst und seinen eigenen primitiven Interessen verloren. Kein Staatsmensch. Kein gewissenhafter Verwalter eines Erbes. Aber genau deshalb, eben weil er ein Idiot ist – ein Kind –, serviert er uns zufällig entdeckte Erkenntnisse über des Kaisers neue Kleider und darüber, wessen Hintern auf dem höchsten Thron sitzt.

In der Essay-Ausgabe der norwegischen Literaturzeitschrift *Vinduet* verzweifelt Eivind Tjønneland darüber, wie schlecht es um die Essayistik stehe. Tjønneland, emeritierter Professor der Nordischen Literatur an der Universität Bergen und einer der besten und kenntnisreichsten Essayisten des Landes, ist der Meinung, wir hätten zu viele Selfie-Schriftsteller und zu wenig Essayisten – alle aufstrebenden Autorinnen seien nur an sich selbst und ihren eigenen kleinen Erfahrungen interessiert. »Der selbstbezogen-sentimentale Pseudoessay«, sagte er, »kombiniert oft und gern eine verdorbene Sehnsucht nach dem Metaphysischen mit einer schamlos-stupiden Nabelschau.« Als Heilmittel gegen Bekenntnisessayistik verschreibt er Studien in Phänomenologie – die Lehre darüber, wie uns die Welt unmittelbar erscheint –, um eine »sentimentale Selbstbezogenheit zu vermeiden, die eine neue Generation Pseudoessayistinnen hervorbringt«. Die Kritik ist nachvollziehbar, der Text lustig, die Stimme erfrischend mürrisch. Dennoch kann ich die Prämisse dieser Art von Diagnose nicht akzeptieren: Die verwischte Trennlinie zwischen öffentlichem und privatem Bereich führe zu Intimitätstyrannei, zur

Verkrüppelung habermasianischer Ideale und zu anderen amerikanischen Zuständen. Denn wenn es funktioniert, ist der persönliche Essay kein Symptom einer narzisstischen Kultur und des Niedergangs des öffentlichen Menschen, sondern ein Versuch, sich in eine viel ältere literarische Tradition einzuschreiben, in der Menschen versuchen, ein großes Ganzes mittels des kleinen Teils zu verstehen, der unser eigenes Leben ausmacht. Es ist eine hermeneutische Übung mit einer vielfältigen Geschichte, voller unterschiedlicher Vorstellungen darüber, was es bedeutet, »Ich« zu schreiben. Und außerdem ist gar nicht gesagt, dass Selbstbezogenheit nur dem explizit Autobiografischen vorbehalten ist. Der unanalysierte Narzissmus kann selbst in den kühlsten, objektivsten Abhandlungen erdrückend anwesend sein.

Wenn wir an dieser Stelle die beleidigte, feministische Tour fahren wollten, könnten wir behaupten, dass diejenigen, die die literarische Nabelschau kritisieren, es gewohnt sind, die Schrift für sich zu beanspruchen und sich über einen Kanon zu definieren. Wir könnten uns also anmaßen zu sagen: Wer die literarische Nabelschau kritisiert, ist nicht darauf angewiesen, von einem »Ich« zu sprechen, und wird trotzdem verstanden. Man könnte meinen, die Trennung zwischen dem privaten und dem politischen Essay werde von denjenigen künstlich am Leben erhalten, die glauben, vom neutralen Nullpunkt der Sprache aus zu denken. Man könnte argumentieren, dass Nabelschau, angesichts solch konservativer Einstellungen zur Rolle des »Ich« in der Essayistik, alles andere als unpolitisch ist.

Ein wichtigeres Gegenargument ist allerdings, dass das Verhältnis zwischen dem »Ich« und dem »Wir« oft mystisch ist und dass das »Ich«, vor allem in guter Essayistik, komplexer ist als das »Wir«. Das »Wir« und seine Vettern (»man«, »der Mensch«) können sich hinter Abstraktionen und Generalisierungen verstecken, die das »Ich« unzugänglich macht. Daher ist oft weniger intellektuelle Arbeit erforderlich, wenn man sagt: »Der Mensch ist gefallen, fehlbar und egoistisch«, statt einfach zuzugeben: »Ich hab Scheiße gebaut.«

DREI DIALOGE

Die Schriftstellerin ist nur ein erbärmliches Anhängsel ihres Buches, denke ich oft, wenn ich mich auf Literaturveranstaltungen verirre. Ein Autorinnengespräch hat einem Werk in der Regel nicht viel hinzuzufügen, denn – so lautet das Klischee – wenn ein Buch gut ist, ist es schlauer als diejenige, die es geschrieben hat. Auf Literaturveranstaltungen wird man über Schreibprozess und Inspiration ausgefragt, die Leute sind auf der Suche nach Schlüsseln, die es nicht gibt. Trotzdem kann es vorkommen, dass in diesen Gesprächen etwas passiert. Sowohl dem Interviewer als auch dem Interviewten fällt etwas aus den Taschen. Das kann zu komischen rhetorischen Situationen führen, destabilisierend, aufrüttelnd, es kann passieren, dass man Zeuge von einer Art zufälliger Auflösung von Identität wird. Das Mysteriöse an *aufgeschriebenen* Porträtinterviews ist, wie die Sprache der Interviewten fast immer auf die Sprache der Interviewenden abfärbt. Die Journalistin beginnt, die Syntax der Schriftstellerin nachzuahmen, ohne dass sie es selbst zur Kenntnis nimmt. Sogar in kritischen Porträts stößt man auf diesen asymmetrischen, unterbewussten Flirt. Da die Interviewende von der Interviewten abhängig ist, weil es sonst nichts zu schreiben gäbe, formt sich ihre Sprache nach der anderen, als würde die Interviewende zum textlichen Kind der Interviewten – unterwürfig oder rebellisch, bewundernd oder ikonoklastisch. Das Ganze hat etwas Schönes und beinahe Rührendes, denn das sagt einiges darüber aus, welch sprachliche Schwämme wir sind und wie wichtig es für unsere Sprachentwicklung ist, andere nachzuahmen und uns beeinflussen zu lassen.

Imitation ist unterbewertet, Originalität überbewertet – jedenfalls wenn es um Gespräche über Literatur geht. Bei jeder anderen Kunstform nimmt man es als Selbstverständlichkeit hin, die Werke der großen Meister zu kopieren oder sich einzuverleiben, bevor man überhaupt erst imstande ist, selbst etwas zu kreieren. Währenddessen hat man in der Literatur eher romantische Vorstellungen, was Originalität betrifft. Beschämt versuchen wir, unsere Inspirationsquellen zu verbergen. Dieser Tendenz steht das Interviewformat gegenüber. Ein Fan unterhält sich mit einem Schriftsteller, in einer Art Literaturgebet, in dem man das, was Harold Bloom »The Anxiety of Influence« nennt, höchstens hinter vorgehaltener Hand erwähnt und sich eher Jonathan Lethems »The Ecstasy of Influence« zu Herzen nimmt – im Folgenden veranschaulicht an drei Dialogen (mit Wayne Koestenbaum, Greil Marcus und Madame Nielsen) über Schmuck, Performance und kulturkritische Haltungen.

Der flagellierende Flaneur

Wayne Koestenbaum erlaubt sich, genauso obskur zu schreiben, wie er nun mal will. Er schreibt Essays und Gedichte über die Oper, über Hotelzimmer, Divenanbetung, Trancezustände und Demütigung, und dabei ist es ihm schnurz, ob er volksnah oder elitär wirkt, nett oder durchtrieben – wofür ihm andere im Business durchaus dankbar sind. »Ich quetsche mein verletzliches Inneres heraus«, erzählt er über seinen Schreibprozess. »Ich reinige mich. Und dann nehme ich den Inhalt unter die Lupe – mein ausgeliefertes Inneres – und beginne mit den blutigen Ermittlungen.«

Koestenbaum ist ein New Yorker Erzpoet, Erzschwuler, Erzjude. Wenn man ihn mit zusammengekniffenen Augen betrachtet, könnte man ihn für ein Klischee halten. Doch in dem rosafarbenen Anzug und hinter der exzentrischen Brille verbirgt sich ein herrlicher und aufmerksamer Schriftsteller – erotisch und voller Tatendrang, seine skatologische Sprache feucht und trocken zugleich.

In der fragmentarischen Essaysammlung *Humiliation* aus dem Jahr 2011 schreibt er über Demütigung, indem er wie eine Drohne über einer kulturellen Landschaft schwirrt, die von Liebhabern, Studierenden und Idolen wie Björk, Jean Genet und Elizabeth Hardwick bewohnt ist. Er bespricht ein Wirrwarr von widersprüchlichen Definitionen des Wortes »Demütigung«.

Humiliation ist eine Anhäufung von Interpretationen und Anekdoten, eine Art essayistischer Müllhaufen. Jedes Fragment ist nummeriert, denn dem Chaos liegt ein System zugrunde. Er beschreibt die Form des Buches als eine Fuge, geschrieben in einem *fugue state*, ein Begriff, der sich sowohl auf die Oper als auch auf ekstatische, wenn nicht gar psychotische Zustände bezieht. Außerkörperliche Erfahrungen. Astralprojektionen. Thema gespiegelt in Form. Die kurzen Bruchstücke und Assoziationssprünge ahmen die Erfahrung einer halsbrecherischen Erniedrigung nach. Das Fragment auf diese Weise zu benutzen, wird oft als prätentiös wahrgenommen: als ein Ausdruck für Faulheit oder Ermangelung der Fähigkeit, eine Verbindung zwischen den vielsagenden, zusammengesetzten Phänomenen zu artikulieren. Inwiefern die Fragmentierung eine kunstvolle literarische Methode ist oder doch eher die Form der Gedanken präziser repräsentiert als die klassische Erzählung, ist an dieser Stelle nicht die richtige Frage. Die Frage ist eine Lüge, denn der Konflikt ist falsch. Es gibt keinen essentiellen Unterschied zwischen Kohärenz und Fragmentierung. Das Fragment erzählt, und die Erzählung ist eine kuratierte Zusammenstellung von Fragmenten.

Koestenbaums Bücher sind außerdem schamlos intertextuell. Er nimmt querbeet Bezug auf alles Mögliche, ohne sich darum zu scheren, ob die Lesenden ihm noch folgen können oder wissen, worauf er anspielt. Diese Art von *namedropping* kann sich für sensible Lesende so anfühlen, als würden sie ausgeschlossen, eine wohlgesinntere Lesart erkennt darin jedoch den Wunsch nach der Bildung einer Gemeinschaft, den Versuch, mit offenen Karten zu spielen, und dass er seine Helden, statt sie wie Gespenster zwischen den Zeilen zu behandeln, in seine Texte einlädt, ihnen damit die Ehre erteilt, die ihnen gebührt. Der Schriftsteller verrät den Lesenden, wer er ist, mittels derer, die er gernhat, statt ihnen die Geschichte eines unabhängigen Individuums aufzutischen. Diese Strategie wird von einigen Schriftstellern und Büchern, in deren Schuld Koestenbaum steht, bis ins Extreme verfolgt, beispielsweise von David Markson in *Vanishing Point*, einem Roman aus dem Jahr 2004, der nur aus Einzeilern besteht, die sich an verschiedene Künstlerinnen und Schriftsteller richten. Auf wundersame Weise wirkt dieser Roman wie das intime Selbstporträt eines Geisteslebens, ohne dass ein einziges Ich vorkommt, ohne auch nur die geringste Information über Familie, Karriere oder Kindheit des Autors. Markson schafft ein kaleidoskopisches Bild der Affinitäten und literarischen Verliebtheiten des abwesenden Ichs und bekennt sich damit zu viel mehr als zu den üblichen Bekenntnissen einer ordinären Lebensgeschichte. Im Gegensatz zu Markson ist Koestenbaum in seinen Büchern explizit anwesend – er masturbiert, kackt, hält Vorlesungen, fickt, besucht Kunstausstellungen –, doch ebenso wie Markson erzählt er uns in erster Linie mittels derer, die er bewundert, wer er ist beziehungsweise wer er werden will.

Ich interviewte Koestenbaum an einem Winterabend, in einem französischen Café auf der Upper West Side, anlässlich der Veröffentlichung des zweiten Buches seiner geplanten Trancetrilogie, die bisher aus *The Pink Trance Notebooks* (2015) und *Camp Marmalade* (2018) besteht. Die Bedienungen, die in ihren gestreiften Baumwollpullovern aussahen wie Comic-Franzosen, ließen launigen Jazz durch die Lautsprecher dudeln. Die Fenster zum Broadway hinaus waren von Weihnachtslichterketten eingerahmt. Als ich unser Gespräch später transkribierte, fiel mir auf, wie meine Stimme auf dem Diktiergerät sich der seinen im Laufe des Gesprächs immer mehr anpasste. Ich äffte ihn nach. Wir sprachen zäh und langsam. Die Stimmung war dekadent. Wir bestellten fancy Kaffee, der uns von einem scheißschönen Jüngling serviert wurde, der gern Teil des Gespräch gewesen wäre – er war gerade aus dem Mittleren Westen nach New York gezogen, um Künstler zu werden. Später hörte ich auf der Aufnahme, wie der Jüngling um uns herumklapperte, kurze Kommentare und Fragen einstreute, und wie er sich, noch bevor der Abend zur Nacht geworden war, sowohl meine als auch Koestenbaums Telefonnummer beschaffte. Als ich ging, drückte er mir eine Papiertüte voller Croissants in die Hand und versprach mir, Kontakt zu halten, sodass ich auch ihn interviewen könne, sobald er seine großen Ziele erreicht hatte und berühmt geworden war.

Koestenbaum hatte sich an jenem Abend nicht schick gemacht. Er trug eine praktische Steppjacke und keine exotische Haarfarbe. Das war das erste Mal, dass ich ihn so anonym sah. Einen Augenblick lang hatte ich den Verdacht, er habe seine Staffage für immer abgelegt, doch als er zu sprechen begann, war ich beruhigt.

ILT: Sie bedienen sich eines klassischen deutschsprachig-französisch-new-york'schen Essaykanons, mit Walter Benjamin, Antonin Artaud, Roland Barthes, Samuel Beckett, Friederike Mayröcker und Susan Sontag in zentralen Rollen …

WK: Und Ihre Frage lautet: »Warum genau dieser Kanon?«?

ILT: Ja. Denn Teile Ihres Kanons sind auch mein Kanon, und ich will herausfinden, wie ich ihn rechtfertigen kann. Ich bin nicht so gut darin, ein Fan zu sein. Das macht mich nervös. Ich nehme mich selbst zu ernst. Ich frage vielleicht auch, weil der Essaydiskurs in Norwegen sich in letzter Zeit in die Richtung bewegt hat, dass Leute sich über Schriftsteller lustig gemacht haben, die Benjamin zitieren.

WK: Ja, wie wir alle wissen, ist Norwegen das wunderbarste Land der Welt.

ILT: Das Land ist ein Klugscheißer, und ein erdrückender Ort. Aber ich komme nun mal von dort, und wir bringen Literaturdebatten auf den Titelseiten der Zeitung, und das soll schon was heißen.

WK: Sie haben recht: Sontag, Barthes, Benjamin, Artaud und gewisse Musiker und Komponisten wie Ravel dienen meiner Arbeit als Organisationsprinzipien, als Quellen der Vergebung – als Tabernakel und heilige Stätten für meine eigenen Hoffnungen und Ambitionen. Ihr Leben und ihr Werk sind mir Vorbilder gewesen, sie verbildlichen, was ich erreichen will. Das hat auch mit der extremen Einsamkeit des Schreibens zu tun. Das mag jetzt vielleicht enorm klingen. Aber so ist es. Man ist ziemlich allein, wenn man schreibt, wenn man tief in der Sprache versunken ist, auf eine schreckliche Art, aber die Nähe zu anderen Stimmen spendet Trost und dient als Adrenalinquelle, Endorphin-Booster, Aphrodisiakum, damit man sich zu Hause fühlen kann, den Segen dieser Figuren spürt – und dieses Gefühl kann ziemlich konkret sein, wie beispielsweise mein Verhältnis zu John Ashbery. Er war schon immer ein Vorbild für mich. Ich liebe seine Gedichte, aber mir imponiert vor allem sein breit gefächerter Enthusiasmus. Durch meine Bewunderung für ihn wurde mir erst klar, dass ich ein total privates Leben führen und trotzdem in einem sozialen Gefüge existieren kann. Wenn auch nur in einem Gefüge mit Ashberys Texten und Texten von anderen Schriftstellern wie ihm.

ILT: Es ist also der Einsamkeit geschuldet, dass Sie der Ehrfurcht und dem Enthusiasmus in Ihren Büchern Platz einräumen?

WK: Es ist ein Treibstoff. In einem meiner Bücher schreibe ich, dass »ich billige Lust auftische, damit ich mich lebendig genug fühle, um zu analysieren«. Das ist eine ziemlich wahre Aussage über meine »Methode«. Ich umgebe mich mit Fantasiebildern von Dingen und Menschen, die ich liebe, und steigere mich in diese Liebe rein, um noch mehr Energie für mein Schreiben zu gewinnen. Das tu ich aus demselben Grund, aus dem ich Kaffee trinke: Je mehr Energie ich habe, umso schneller bewege ich mich zwischen den Wörtern, umso elastischer werden meine Gedankengänge. Für viele funktioniert Wut auf diese Weise. So ging es mir früher auch. Als ich jung war, schuf ich mein eigenes Genre: »Hasspoesie«. Doch wenn ich mich an die Schreibmaschine setzte, um Hasspoesie zu verfassen, schrieb ich mit einer Stimme, die mir fremd war. Irgendwann ließ ich dieser Stimme in meiner üblichen Poesie freien Lauf, doch wenn sie nur in Hasspoesie ihren Ausdruck fand, kam sie mir ungesund vor.

ILT: Vielleicht sind alle, die allein an der Schreibmaschine am glücklichsten sind, Enthusiasten, auch wenn sie total depressiv sind? Als Kritikerin habe ich oft gespürt, dass sich Enthusiasmus beim Schreiben wie ein Fluchtweg vor der Wut anfühlen kann.

WK: Wut ist kein wichtiger Treibstoff mehr für meine Arbeit. Selbstverachtung, ja, gepaart mit etwas Groll, aber eher ein Groll auf meine eigenen Grenzen und die Grenzen der Sprache und auf die Augenblicke, in denen mich jemand auf meine Grenzen hinweist.

ILT: In *Camp Marmalade* geht es um Reue. Zuvor haben Sie über Demütigung geschrieben. Und jedes Mal werden diese erniedrigenden Gefühle als etwas Körperliches dargestellt. Sie benutzen die Wörter nicht als abstrakte Begriffe oder Erkenntnisse, sondern als völlig körperliche Erfahrungen. Die Scham ist nicht zerebral, sondern physisch. Ich musste oft daran denken, was Sie mir bei unserem ersten Treffen vor drei Jahren erzählt haben: dass Sie ein Buch über Walter Benjamins Körper schreiben wollen. Gehen Sie davon aus, dass die Abscheu, die er für seinen eigenen Körper und seine Lüste empfand, eine Art intellektuelle Zentrifugalkraft war? Welchen Platz nimmt der Körper in der Philosophie ein?

WK: Es rührt mich, dass Sie sich noch daran erinnern. Es ist mein tiefster Wunsch, eines Tages dieses Buch zu schreiben. Ich glaube nicht, dass es dazu kommen wird, aber ... Was ich damals meinte, war wohl, ja, dass die Selbstverachtung, die er für seinen Körper empfand, für seine Arbeit nicht ganz irrelevant war. Als Jude, natürlich ... Es ging auch um den Körper im Exil und den ungelenken Körper. Ich habe mir wohl eingebildet, dass ich, als der Erste, der seinem Körper Aufmerksamkeit schenkt, wenn auch posthum, stärker von ihm geliebt werde.

ILT: Glauben Sie, dass Schriftsteller, die über das beziehungsweise aus dem politischen oder intellektuellen Exil schreiben, sich eher entfremdet fühlen, auch vom eigenen Körper?

WK: Die Schriftstellerinnen, die Sie als meinen »Kanon« betitelt haben, haben allesamt ihre körperliche Situation zu Stützpfeilern ihrer Arbeit gemacht. Allerdings war das bei Sontag nicht so offensichtlich, aber in ihren Tagebüchern gibt sie zu, es trotzdem getan zu haben, in aller Heimlichkeit.

ILT: In Ihrem neuen Buch gehen Sie mit dem Fugen-Zustand noch einen Schritt weiter als in *Humiliation*. Diese Gedichte, wenn es denn Gedichte sind, kommen mir wie eine niedergeschriebene Dissoziation vor, eine Art literarisches Selbstvergessen. Ich musste an diesen einen Satz denken, den Sie irgendwo geschrieben haben, dass man sich, statt die Maßlosigkeit auf die Müllhalde der Geschichte zu werfen, der schwierigen Aufgabe stellen und den Tyrannen in sich kennenlernen sollte. Ich habe sie Ähnliches über Narzissmus sagen hören. Was ist eigentlich das Verhältnis zwischen Dissoziation und Bekenntnissen?

WK: Wenn es um ethische Fragestellungen geht, ist es total legitim, Narzissmus und Nabelschau zu kritisieren. Ein Politiker, der sich nicht gegen Waffenkontrolle ausspricht, weil seine Kampagne von der National Rifle Association finanziert wird, macht sich einer Art Narzissmus schuldig: Er stellt seine eigenen Interessen vor die Interessen der Gesellschaft. Aber ich bin der Meinung, dass für die »seriöse Literatur«, um mal einen prätentiösen Begriff zu benutzen, andere Regeln gelten. Was einige Literaturkritiker Narzissmus nennen, ist oft nur ein Versuch, das »Selbst« zu beschreiben, ein Projekt, das innerhalb und in Fortsetzung dessen erschaffen wird, was seit vielen Jahrhunderten das Ziel der Literatur ist. Innerhalb dieses Rahmens ist der Vorwurf, egozentrisch zu sein, eine Ablehnung der Beharrlichkeit der Literaturgeschichte, Themen zu beschreiben, die traditionell als widerwärtig oder unhöflich empfunden werden. Wenn Beckett über Kacke schreibt, dann tut er das nicht, weil er sich selbst zu viel gönnt, sondern weil er versucht, Territorien der Literatur zu erforschen, die bisher noch nicht erobert worden sind. Wenn

Beckett stattdessen seine Frau misshandelt hätte, könnte man ihm Narzissmus vorwerfen. Diese Begriffe müssen einfach aus der Kunst- und Literaturkritik verschwinden. Aber das war ja nur die Überleitung zu einer Antwort. Was war eigentlich die Frage?

ILT: Welches Verhältnis besteht zwischen dem Selbst und dem Wunsch des Autors, sich von sich selbst wegzuschreiben?

WK: Lassen Sie es mich mit Maggie Nelson sagen [eine gute Freundin und ehemalige Studentin Koestenbaums]. Sie benutzt das Wort »Fraktal«, um diese Form des »Ich« zu beschreiben, ein Wort, das alles zu segnen scheint, womit es in Berührung kommt, als wäre es das heiligste Wort unseres politischen Augenblicks. [Fraktal: ein geometrisches Gebilde, dessen Einzelteile dieselbe Form wie das Gesamtgebilde haben. Beschreibt die Zusammensetzung von Kristallen und Schneeflocken.] Als ich *The Pink Trance Notebooks* schrieb, ist mir aufgefallen, dass ich nicht von mir selbst aus schrieb, weil ich Sätze umgehen wollte, die ein »Ich« erforderten – indem ich auf andere grammatische Strukturen auswich, um das handelnde »Selbst« zu beschreiben –, und dass ich somit Handlungen erschuf, die von jemand anderem abgeschlossen werden mussten. Auch der Zeitverlauf ist unklar. Ob diese Dinge mir in Wirklichkeit widerfahren sind oder nur meiner Fantasie entspringen, lasse ich offen. So ist es mir mit dem scheinbar Autobiografischen immer ergangen. Eine Ausradierung der Wahrheit. Ich will eine Kaskade von Anekdoten und Beobachtungen erschaffen, die in einem Tempo und mit einer grammatikalischen Unsicherheit davonrollen, bei der man unmöglich hinterherkommt und Schwierigkeiten hat zu verstehen, was eigentlich wozu gehört. Wenn ich von Mutter oder Vater rede, versuche ich, niemals »meine Mutter« oder »mein Vater« zu sagen. Auf diese Weise lasse ich alles so vage und potenziell archetypisch erscheinen wie möglich.

ILT: Derartige »Ichs« erinnern mich an Mystikerinnen aus dem Mittelalter, diese Frauen, die in ganz Europa abgeschottet in so kleinen, spartanischen Kämmerchen gehockt haben, die sie Klagezellen nannten, und Bekenntnisse über intime, oft erotische Begegnungen mit Gott geschrieben haben. Sie haben sich abgeschottet, um sich selbst zu verlieren (und Tagebuch darüber zu führen, wie sie den Heiligen Geist ritten). Der Gedanke dahinter war es, die eigene Identität angesichts von etwas Größerem aufzulösen. Ihr Ziel war es, sich selbst leer zu schöpfen, sodass sie von einem heiligen Nichts erfüllt werden konnten, das von da an in ihnen wohnte. Man musste zu Nichts werden, um Platz für die Liebe zu schaffen. So verstehe ich oft das essayistische Ich. Der Unterschied zwischen dem essayistischen Ich und dem autobiografischen Ich liegt, meiner Ansicht nach, darin, dass das essayistische Ich sich nicht einbildet, sich selbst zu kennen.

WK: Ja, das ist wichtig. Das autobiografische Ich ist oft sentimental. Dem Genre liegt die Dramaturgie zugrunde, dass frühe Charakteristiken zu späterer Befriedigung führen sollen. Es ist eine Erzählung über das Schicksal. Für mich geht es um etwas anderes. Ich habe noch nie eine Autobiografie geschrieben und wüsste auch nicht, wie man das macht. Mein Material kommt aus der Kunst und Kultur, nimmt jedoch träumerische und poetische Formen an, und so muss es sein, wenn ich mit einem so breiten Spektrum arbeiten will.

ILT: In *Hotel Theory* (2007) sprechen Sie von Inauthentizität und Authentizität, unter Berücksichtigung von Martin Heideggers *Sein und Zeit*. Sie verwenden Heideggers Gedanken zur Inauthentizität als eine Art phänomenologische Studie zu Hotelzimmern. War es Heidegger, der Ihr Interesse für Hotelzimmer geweckt hat, oder Hotels, die Ihr Interesse für Heidegger geweckt haben?

WK: Hotels haben mein Interesse für Heidegger geweckt. Aber das Buch hat schon lange im Schreibtisch gelegen und auf mich gewartet. Meine schlausten Studierenden haben immer Heidegger gelesen und seine Gedanken auf interessante Weise angewandt. Also dachte ich, dass sich dort doch bestimmt etwas finden ließe ... Das Wunderbare an meinem Eintauchen in *Sein und Zeit* war, wie zielgerichtet ich war. Ich wollte ein Buch über Hotels schreiben. Ich wollte über den *Ground Zero* der Erfahrungen schreiben, Erfahrungen auf atomarer Ebene. Mein Ziel war es, mich von allem zu lösen, um herauszufinden, was sich auf dem Grund der Erfahrungen befindet. Auf diese Weise habe ich viel aus Heidegger herausgeholt. Ich erinnere mich kaum an den Inhalt, aber ich erinnere mich an das Bild, dass es etwas gibt, worin man wohnen kann, das dazu imstande ist, das Sein zu entfremden. Es ist nicht so, dass ich gern philosophische Texte lese. Philosophie bereitet mir Kopfschmerzen. Mit Abstraktion kann ich nicht viel anfangen.

ILT: *Hotel Theory* hat eine sonderbare Talmud-Struktur, als hätte dieser Versuch, in die Erfahrung einzudringen, indem man sich unpersönlichen, temporären Räumen hingibt, auch eine theologische Komponente. Ist dieses Abstreifen des Seins eine religiöse Erfahrung?

WK: Ja, allerdings ohne den Inhalt an sich. Ich bin nicht religiös, aber ich bin sehr inspirationsorientiert. Ich bin stets auf der Suche nach Inspiration. In der Regel finde ich sie in der Erotik und der Ästhetik. Dafür eignen sich diese beiden Bereiche ausgezeichnet. Aber ich hatte immer Lust, religiös zu sein. Wer mit einem Glauben aufgewachsen ist, wurde mit einem silbernen Löffel im Mund geboren. Als ich selbst noch Student war, habe ich ein Fach belegt, das Philosophy of Religious Experience hieß, was mich auf den Geschmack gebracht hat, Religion zu studieren. Es ist ein bisschen prätentiös, an dieser Stelle William James zu erwähnen, aber ich erwähne William James. An der Uni habe ich *The Varieties of Religious Experience* (*Die Vielfalt religiöser Erfahrung*) gelesen. Zwei Mal. Unser Dozent hat uns dazu gebracht, das Buch sowohl zum Anfang als auch zum Ende des Semesters zu lesen, und das war gut, denn dieses Buch hat mich von da an mein ganzes Leben lang begleitet. Der Hauptaspekt des Buches ist, dass es nichts dazu zu sagen hat, ob Glauben wahr ist oder nicht, was zählt, ist der religiöse Effekt – der, historisch gesehen, nicht so erfolgreich war, aber das sieht James anders. Er ist der Meinung, dass wir den Glauben anhand seiner Wirkung beurteilen sollten, nicht anhand seines Wahrheitsgehalts. Zu Beginn meiner Schriftstellerkarriere entdeckte ich, dass es bestimmte Möglichkeiten gibt – imaginäre und kreative –, die sich eröffnen, wenn man dazu imstande ist, sich hinzugeben. Nennen wir es Dissoziation oder Trance. Als ich das kapiert habe, beschloss ich, die Ergebnisse, die aus diesen Zuständen hervorgehen, nicht voreilig zu verurteilen, sondern sie als wertvoll zu betrachten, nicht nur weil sie lustig waren, sondern weil ich in diesen Momenten das Gefühl hatte, die neuen Informationen fielen mir einfach so in den

Schoß. Oft handelte es sich nur um ein Wort, das ich nicht kannte, oder Konzepte, mit denen ich nicht vertraut war ... Und genau das ist es, was man Schreiben nennt. Genau das ist Inspiration. Diese Zustände haben so einen hohen Nutzen, weil sie den größten Teil unserer Kultur hervorgebracht haben, die wir so schätzen. Es ist gut, wenn Künstler sich selbst verlieren und Methoden entwickeln, sich selbst zu verlieren. Auch wenn man sich nur in langweiliger, fruchtloser Textbearbeitung verliert. Das Überarbeiten von Texten kann auch zu einer Art Trancezustand werden, eine Hingabe und Besessenheit.

ILT: In *Hotel Theory* wird Heidegger auch zum Komplizen, was die Verteidigung Ihrer eigenen Eitelkeit betrifft. Sie tragen Schmuck und kleiden sich schick. Machen Diät. Zählen Kalorien. Hier muss ich an die Verbindung zwischen Inauthentizität, der Kunst zu hungern, Ekstase und dem Hotelleben denken ... Worin, glauben Sie, besteht der Unterschied zwischen dem Ausschmücken und dem Auseinandernehmen des Körpers und dem Ausschmücken und Auseinandernehmen der Sprache?

WK: Mir gefällt, wie Sie »Ausschmücken« sagen, wie »Ausschmücken als kriminelle Handlung«.

ILT: Nein! Nicht als kriminelle Handlung! Ausschmücken als menschliche Notwendigkeit.

WK: Und trotzdem stellen Sie diese Frage ...? In der Moderne ist Ausschmückung eine Sünde. Doch wenn dem so ist, dann ist es eine Sünde, die ich in vollen Zügen genieße. Ja, ich spreche von der Kunst des Hungerns, und Sie haben wahrscheinlich recht, dass dies etwas mit Ausschmücken zu tun hat, aber ich weiß nicht genau, was ich rein linguistisch gesehen darüber denke. Aber wenn ich mich in den Prozess des konzentrierten Bearbeitens meiner Texte begebe, geht es mir weder um Ausschmückungen noch um Kürzungen. Es geht mir vielmehr um die Verlängerung des syntaktischen Augenblicks, darum, ihn so weit wie möglich zu erweitern, ohne dass der Satz zusammenbricht. Sich dorthin vorzuwagen, wo alles ausgedehnt wird, fühlt sich riskant an, nicht wie eine Verzierung, sondern wie eine weitere Mystifizierung des Themas, eine Möglichkeit, mittels der Mystifizierung zu etwas Ähnlichem wie Klarheit zu gelangen.

Dieses Semester habe ich Henry James unterrichtet. Ich habe Henry James immer geliebt, aber auch ein bisschen Angst vor ihm gehabt, war immer ein bisschen zu müde für Henry James. Was ich jetzt erkannt habe, ist, wie breit seine Syntax ist und dass es ihm bei seinem Überarbeitungsprozess wichtig war, das Material zu erweitern und komplexer zu machen, indem er detaillierter beschrieb. Ich denke, wir müssen ein lustiges neues Wort für diese Art der Erweiterung erfinden.

ILT: Ja, oder wir können das Wort »Ausschmückung« verteidigen, indem wir darauf bestehen, dass es sich nicht um überflüssige Ausschmückungen dreht, sondern um eine Erkenntnismethode. Das Ausschmücken als eine Form des Denkens, geradezu buchstäblich.

WK: Ja, aber das ist auch eine Frage des Tempos. Das Gleiche gilt für die Poesie. Man muss sich mehr Zeit verschaffen, bevor der Gedanke endet, und in gewisser Weise spielt es keine Rolle, was in dieser Zeitspanne vor sich geht, aber diese Zeitspanne muss gegeben sein, in der der Gedanke verweilen und vorbereitet werden kann, damit im Vorankommen eine Tiefe entsteht. Neulich habe ich einen Text gekürzt, der zu lang geworden war. Ich hatte richtig Bock auf diesen Prozess. Als ich lange Sätze zu sehr kurzen Sätzen herunterkürzte, dachte ich, wow, jetzt bin ich ein echter Künstler geworden, das ist gut. Aber später wurde mir klar, dass der Leser ja gar nicht wusste, wie unbeholfen diese Sätze einmal gewesen waren, weshalb die neuen, kürzeren Sätze wahrscheinlich gar nicht so einen tiefen Anklang finden würden. Ich brauchte das Unbeholfene. Also habe ich die Sätze wieder dorthin gebastelt, wo sie ursprünglich standen. Dann habe ich sie ein bisschen geglättet, aber ich konnte sie nicht total glätten, denn als ich das versucht habe, waren die Bewegungen meiner Gedanken plötzlich zu schnell.

ILT: Und das Unbeholfene ist auch wahr!

WK: Ja, Unbeholfenheit ist Wahrheit! Wenn Ausschmückung Sünde ist, ist Unbeholfenheit wahr.

ILT: Wie viel Denken, glauben Sie, geschieht während einer Beschreibung?

WK: Herrlich. Das ist eine sehr Wallace-Stevens'sche Frage. Ich hoffe: enorm viel. Aber ich glaube nicht, dass ich gut beschreiben kann. Deswegen bin ich kein Romanautor geworden. In den ersten Jahren, in denen ich versuchte, Schriftsteller zu werden, war ich so nervös, dass ich Bücher über das Schreiben von Kurzgeschichten las. Ich saß in der Bibliothek und kopierte lange Abschnitte aus den Büchern, dir mir empfohlen worden waren. Ich erinnere mich an einen Abschnitt von Thomas Hardy. Es war die Beschreibung einer Person. Ich weiß noch, wie machtlos ich mich gefühlt habe angesichts der reichen Beschreibungen. Ich bin zu einer Zeit aufgewachsen, in der die amerikanische Literatur von Neokritik und Minimalismus dominiert wurde, in der spartanische Texte, die die Beschreibung in den Mittelpunkt stellten, als die wertvollsten angesehen wurden. Man war der Meinung, man könne mit einer flachen Beschreibung alles erreichen. Ich war nie davon überzeugt, dass selbst die trockenste Beschreibung irgendwie philosophisch gut ist. In *Cleavage* (2000) schreibe ich über Jean Rhys, eine Autorin, die in ihren Romanen mit einer dumpfen Subjektivität und minimalistischen Beschreibungen arbeitet. Ich zitiere eine Passage, in der sie den Hausherren als unhöflich beschreibt, sich jedoch weigert, diese Unhöflichkeit näher zu betrachten. Faulheit regiert, in einer Form von künstlerischer Ökonomisierung. Das Buch selbst ist deprimiert, und man spürt, dass die Autorin zu deprimiert ist, um die Szene zu beschreiben. Das gefällt mir. Faulheit ist auch wahr. In vielem, was ich von neuen, aufstrebenden Schriftstellern lese, gibt es keinen Raum für Faulheit, Rückzug, Unbeholfenheit. Alles ist so gestriegelt und brillant, dass es mich völlig kalt lässt. Ich erkenne mich nicht wieder in dieser Welt, in der alles so nahtlos gemeistert wird. Wenn ich also die Faulheit der Autorin auf dem Papier sehe, löst das ein erquickendes Gefühl bei mir aus.

ILT: Als ich gestern in einem Restaurant in Red Hook zu Abend gegessen habe, fiel eine Kakerlake von der Decke in meinen Schoß.

WK: Ja, ich hatte heute auch schon ein Drama mit einer Kakerlake. Die tauchen in regelmäßigen Abständen in meiner Küche auf. Solche kleinen. Heute saß eine auf dem Herd, direkt dort, wo eben noch eine Flamme brannte. Ich hatte mir Milch für meinen Kaffee aufgewärmt. Und ich dachte nur: »Weiß sie nicht, dass das ein Herd ist?«, und hab die Flamme wieder aufgedreht, um sie zu verscheuchen oder zu töten, ein Experiment, aber sie scherte sich überhaupt nicht um die Flamme, wirkte überhaupt nicht traumatisiert!

ILT: Mein Gott, das sind prophetische Apokalypsemonster!

WK: Ich habe mich mit ihr identifiziert. Sie war süß. Trotzdem hatte ich das Bedürfnis, sie totzuschlagen wie eine Fliege. Ich bin kein Vegetarier, ich weiß also, dass ich Bequemlichkeitsmorde ertrage, aber trotzdem musste ich all meine Kraft zusammennehmen, um das selbst zu erledigen. Es baut sich ein wirklich spezielles Gefühl in einem auf, bevor man eine Kakerlake tötet, eine Angst davor, dass man sie nicht ganz tötet und dass sie einen in einem Anflug von Rachegelüsten anspringt. Es ist ein grauenvoller Augenblick, denn man muss eine ungemeine Menge an Wut und Selbstgerechtigkeit in sich heraufbeschwören.

ILT: Und was sagt das über Ihre eigene Fähigkeit, Gewalt auszuüben? Ich muss an einen Begriff denken, den Sie in Ihren Büchern verwenden, »prinzipielle Obszönität«. Mir gefällt dieser Begriff, obwohl ich mir nicht vorstellen kann, wie dieses Phänomen in der Praxis aussähe. Mit Anfang zwanzig habe ich an der Uni ein Fach belegt, das sich mit der Beziehung zwischen Michel Foucaults ausschweifenden Aufenthalten in den SM-Spelunken San Franciscos und seinen Theorien über Grenzerfahrungen befasste. Mein

Professor hatte kurz zuvor das Buch *The Passion of Michel Foucault* herausgegeben, in dem er andeutet, Foucault habe sich seine HIV-Infektion halbwegs absichtlich zugezogen, indem er mit fremden Schwänzen Russisch Roulette gespielt habe – auch eine Möglichkeit, seine Philosophie zu *leben*, oder besser gesagt: sie zu sterben, sodass das Verschmelzen von Theorie und Praxis vollkommen wird. Zu diesem Zeitpunkt fand ich, das sei eine fantastische Idee, ich wollte alles auf diese Weise lesen. Ich war mir nicht sicher, ob Sokrates recht hatte, als er sagte, dass das unreflektierte Leben nicht lebenswert sei, aber ich konnte zustimmen, dass die biografielose Philosophie nicht lesenswert ist. Doch im Laufe der Zeit klang die Geschichte von Foucaults Eskapaden nicht mehr so sexy. Je mehr prinzipieller Obszönität ich ausgesetzt war, desto mehr fühlte es sich an, als würde diese Denkweise zu nichts anderem führen als zu einem ewig anhaltenden, sich selbst generierenden, unersättlichen Appetit, der die Menschen von sich selbst und der Welt um sie herum abschottet, statt sie zu tieferer Erkenntnis zu führen. Ich bin überzeugt, dass das Verlangen etwas ist, das man erschafft, nicht etwas, das man findet, und dass die Propheten der prinzipiellen Obszönität oft ziemlich fies sind. Und ich finde auch, die Wagner'sche Romantisierung der irgendwie erhabenen Gewalt von Kunst und Philosophie ist ein bisschen geschmacklos. Sie ist mir peinlich, so wie man eher peinlich berührt statt echauffiert ist, wenn man liest, dass Heidegger Karl Jaspers' Besorgnis über Hitlers Brutalität mit der Aussage »Bildung ist gleichgültig. Sehen Sie nur seine wunderbaren Hände an« abgetan hat. Ist das nicht die Banalität der kultivierten Bosheit? Man liest große Werke über heilige Gewalt und erotische Dekadenz, wie Charles Baudelaires *Les Fleurs du Mal* (*Die Blumen des Bösen*), interpretiert die Versuche der Poesie, die Welt als einen präskriptiven Lobgesang zu beschreiben, und verteidigt sich, statt für das eigene Handeln Verantwortung zu übernehmen. Ist das nicht das Problem mit Geisteswissenschaftlern, dass sie sich so leicht auf irgendwelche Paradigmen beziehen können, um jeden noch so beschissenen Einfall zu rechtfertigen?

WK: Das Thema ist enorm. Wenn wir darüber sprechen wollen, müssen wir zurück zu Simone de Beauvoirs Essay »Faut-il brûler Sade?« (»Soll man de Sade verbrennen?«). Sie verteidigt de Sade, eben indem sie sein Projekt »prinzipielle Obszönität« nennt. De Sades Romane sind wirklich grotesk. Wenn auch nur einer seiner Sätze sich in der Wirklichkeit zutragen würde, wäre das der absolute Horror. Aber das hat mit Kontext zu tun und damit, welche Form von Wertschätzung man betreibt. Ein Seminarraum, in dem Literatur studiert wird, ist ein geeigneter Ort, um de Sade wertzuschätzen. Das Gleiche gilt für das Büro des einsamen Schriftstellers. In derartigen Zusammenhängen ist »prinzipielle Obszönität« ein nützlicher Begriff. Aber es ist wahrscheinlich eine schlechte Idee für einen General im Militär, diese Bücher zu lesen und sich von ihnen überzeugen zu lassen. Vielleicht hängt das mit dem Moment zusammen, in dem ich die Kakerlake töten wollte ... Damit will ich nicht sagen, dass in uns allen im Grunde ein Mörder steckt – oder vielleicht will ich genau das damit sagen –, aber in unserer Fantasie existiert auf jeden Fall eine enorme Bandbreite an Gefühlen und Wünschen ... Das ist entweder ein Freud'scher Standpunkt oder ein New-Age-Standpunkt: Es lohnt sich, sich mit diesen Gefühlen anzufreunden und sie bei Licht zu betrachten, damit wir wissen, wie sie aussehen. Ich finde also nicht, dass wir de Sade verbrennen sollten.

ILT: Glauben Sie, dass die Zurückgezogenheit, in die wir uns beim Schreiben oder Studieren begeben, einen besseren Nährboden für Fürsorge und Freundlichkeit bietet als das Engagement in der Gesellschaft? Ab und zu habe ich das Bedürfnis, das Tempo ein wenig zu drosseln und mich zu etwas Langweiligem und Unsozialem zurückzuziehen, damit sich Einfühlsamkeit und Großzügigkeit in mir ausbreiten können. Vielleicht ist das eine Reaktion auf den explosiven politischen Moment, in dem wir leben. Plötzlich geht es sogar an den Universitäten hier in der Stadt hauptsächlich um Aktivismus und soziales Engagement. Es kommt mir vor, als gäbe es keinen Raum mehr, in dem man einfach nur mit Ideen um sich werfen kann, ohne dass das zu bestimmten Standpunkten oder bestimmten Handlungen führt.

WK: Ich bin ganz Ihrer Meinung. So vieles Handeln ist grausam und zieht grausame, unbeabsichtigte Konsequenzen nach sich. Nicht-Handeln zu schaffen – als kreative und hinterfragende Erkundungen von Literatur und Kunst –, ist eine Möglichkeit, keine vermutlich schlechten Taten zu begehen und in der Zwischenzeit vielleicht ein bisschen schlauer zu werden, bevor man das nächste Mal gezwungen ist, erneut zu handeln. Marquis de Sades Bücher stellen eine fieberhafte Anhäufung eines privaten Monuments dar. Ein konstruktives Ergebnis, das man aus der Lektüre von de Sade zieht, ist das Verständnis, dass die Isolierung und Anhäufung des privaten Denkmals eine gute Sache ist, auch wenn andere das Denkmal für schmutzig halten. Mein allgemeiner Ratschlag ist: Isolieren Sie sich und arbeiten Sie mit etwas, vorzugsweise etwas Abstraktem, und tun Sie es immer wieder und überlegen Sie, es niemals jemandem zu zeigen. Das haben sie getan, die Autoren, die ich liebe. Thomas Bernhard, John Ashbery, Friederike Mayröcker.

ILT: Mayröcker hat mich fasziniert, nachdem Sie mir vor ein paar Jahren von ihr erzählt haben, aber es ist verdammt noch mal echt harte Arbeit, sie zu lesen.

WK: Ja, sie ist wie Gertrude Stein, eine weitere Favoritin. Mayröcker und Stein haben sich isoliert, um etwas potenziell Sinnloses zu erschaffen, und an diesem Sinnlosen haben sie ziemlich hart gearbeitet. Man sieht dem Ergebnis ihre Mühen an. Das begeistert mich sehr.

ILT: Ja, ich habe gerade Steins *Ida* gelesen und beschlossen, dass es in diesem Buch um mich geht. Kindisch? Narzisstisch?

WK: Witzig! Haben Sie Geschwister?

ILT: Ich habe einen großen Bruder und zwei jüngere Halbgeschwister. Mein Bruder und ich – wir sind uns überhaupt nicht ähnlich, aber wir verstehen uns gut. Ich sehe zu ihm auf. Er liest viel mehr als ich.

WK: Welche Genres?

ILT: Geschichte, Belletristik, Populärwissenschaften, alles Mögliche. Er hat Bücher schon immer verschlungen. Ich nicht. Als Kritikerin bin ich eine Betrügerin, denn ich habe nie für die Literatur gelebt, jedenfalls nicht als Kind.

WK: Es gefällt mir, dass Sie sich als jemanden charakterisieren, der nicht genug gelesen hat.

ILT: Ich glaube, in der Rolle der Betrügerin kann

ich ganz entspannt sein. Einfach nur *smoke and mirrors* zu sein, zu behaupten, keinen Kern zu haben ... Das ist befreiend. Das hat vermutlich damit zu tun, dass ich nicht will, dass die Leute zu hohe Erwartungen an mich stellen, weder intellektuelle noch moralische. Aber ich will, dass ihnen meine Schuhe gefallen.

WK: Ich habe auch nicht genug gelesen, als ich jünger war. Viele Schriftsteller erzählen von sich, dass sie als Kinder immer Bücher verschlungen haben. Darum beneide ich sie. Ich habe viel Klavier gespielt.

ILT: Geht mir genauso. Ich habe kleine Stücke aufgeführt, habe getanzt, Theater gespielt. *You are what you read*, wenn man Schriftstellerin ist, das kann ich nachvollziehen, aber um ehrlich zu sein, haben Schreiben und Tanzen mehr miteinander gemein als Schreiben und Lesen.

WK: Mir geht es immer noch so, dass es mir manchmal schwerfällt, in einen Roman reinzukommen. Ich bin von Anfang an verwirrt, und das macht mir Angst. Ich weiß nicht, woran ich mich erinnern soll.

ILT: Vielleicht zeichnen sich Menschen, die schreiben wollen, nicht nur dadurch aus, dass sie mit dem Schreiben zu kämpfen haben, sondern auch dadurch, dass sie ängstliche Leser sind? Als

Sie vorhin gesagt haben, dass Philosophie Ihnen Kopfschmerzen bereitet, habe ich mich sofort wiedererkannt. Aber so ging es mir früher nicht. Früher konnte ich *Sein und Zeit* in die Hand nehmen, und das Buch füllte meinen Kopf mit Sternenschauern, obwohl ich wahrscheinlich gar nicht verstand, was ich da las. Vor lauter Begeisterung schwitzte mir die Kopfhaut; mein Mund war ganz trocken. Doch diese Begeisterung fühlte sich nach einer Weile impotent an. Ich konnte sie nicht anwenden, um auszudrücken, was ich ausdrücken wollte. Es ähnelt meinem Verhältnis zum Englischen. Mein tägliches Leben spielt sich auf Englisch ab, ich schreibe aber auf Norwegisch. Irgendwann, nachdem ich schon eine Weile hier gelebt hatte, war ich überzeugt davon, mein Englisch sei inzwischen genauso gut wie mein Norwegisch und dass ich auf Englisch ausdrücken könne, wie ich die Welt wahrnahm. Aber das war total vermessen von mir, das habe ich inzwischen kapiert. Meine Muttersprache ist Norwegisch. Wenn ich Englisch spreche, wird meine Sprache immer einen theatralischen Touch haben, etwas wird zwischen mir und den Dingen stehen, eine größere performative Blockade als notwendig. So ist es auch mit dem philosophischen Begriffsapparat. Ich kann mich für die Vokabeln, die Heidegger anbietet, so begeistern, denn sie geben mir das Gefühl, einer Erklärung innezuwohnen, wie einem großen, gastfreundlichen Raum, aber dieser Raum kann ebenso schnell verduften, wie er plötzlich auftauchen kann. Diese Illusion, dass alles miteinander verbunden ist und man selbst die Welt beherrscht, kann so leicht zerplatzen, denn plötzlich dringt etwas in diese Blase hinein, etwas Konkretes, und dann wird man hinausgeschleudert und dorthin zurückgeworfen, woher man ursprünglich kam. Das beobachte ich auch bei jungen Studierenden, die zum ersten Mal den neuen Jargon benutzen. »Diskurs«, sagen sie. »Intersektionalität.« »Trauma.« Und wenn sie diese neuen Wörter benutzen, kommt es mir so vor, als würde ein Licht aus ihren Pupillen scheinen, ein Gleißen, als ob sie plötzlich einen linguistischen Orgasmus hätten. Herrlich, aber auf lange Sicht nicht recht fruchtbar.

WK: Wie soll Ihr Buch heißen?

ILT: Ich überlege, es *Drafts from the Mariana Trench* zu nennen. Also so etwas wie *Aufzeichnungen aus dem Marianengraben* oder vielleicht auch *Tiefseetauchen*. Es hat mit maritimen Fantasien zu tun, mit Tiefenmetaphern und metaphysischem Kitsch. Aber ich bin mir nicht sicher, denn ich habe Angst, dass mich jemand fragen wird, warum ich genau diesen Titel gewählt habe, und ich glaube nicht, dass ich das erklären kann. Das Schlimmste wäre, wenn jemand dahinter die Behauptung vermutete, ich würde hier mit besonderer Tiefe, besonderer *Tiefsinnigkeit* angeben. Oder noch schlimmer: dass jemand vermutete, hinter dem Titel verberge sich eine Art depressiver Zustand. Das meine ich jedoch nicht. Eine Alternative wäre, es *Schleppnetz* zu nennen. Ich finde, mit Schleppnetzen zu fischen, ist eine bessere Metapher für Essays als der typische Waldspaziergang-mit-Abschweifungen.

WK: »Trench« ... so wie in Schützengraben? *Marianental* wäre neutraler ... Nein, Quatsch. Ich habe es mir anders überlegt. »Trench« ist perfekt für diese kriegerischen Zeiten.

Der Bauchredner

Greil Marcus wird von vielen als der einflussreichste Musikkritiker der Welt angesehen. Ein Rock-, Punk- und Blues-Prophet, wenn man seinen hingebungsvollsten Jüngern glauben will. Bruce Springsteen beschreibt ihn als den visionärsten Autor des Pop, die *Washington Post* nennt ihn »unseren größten Kulturkritiker«, und auch in norwegischen Zeitungen wurde er als »der wichtigste Rockkritiker der Welt« betitelt. Der Rezensent der *New York Times*, Dwight Garner, glaubt, *Mystery Train* – das Buch, mit dem Marcus 1975 seinen Durchbruch gefeiert hat und das unter anderem Alben von Bob Dylan, The Clash und Bruce Springsteen inspiriert haben soll – sei das »beste Buch, das jemals über das Leben geschrieben wurde«.

Aber nicht alle sind gleichermaßen fasziniert. Greil Marcus steht für eine Kritiktradition, die von Gegnern den Spitznamen »*The Paulettes*« verpasst bekommen hat, benannt nach Pauline Kael, der Filmkritikerin, die von 1968 bis 1991 für den *New Yorker* schrieb und eine kleine Schar junger männlicher Kritiker anzog, darunter Greil Marcus. Kael und ihre Erben werden mit Trash, Popkultur und einer hartnäckigen Ablehnung von allem, was nach Eurozentrismus und kulturellem Snobismus riecht, in Verbindung gebracht. Unter denjenigen, denen diese Tradition nicht zusagt, spricht man von Marcus als Dummschwätzer und *slummer*, einer, der sich der Arbeiterklasse überlegen fühlt und dennoch ihren Lifestyle kopiert.

Wir sitzen in tiefen Sofas in einer Wohnung in Greenwich Village, an einem trockenen Novembermorgen, der nach Lagerfeuer und frisch gewaschener Wolle riecht. Jenny, mit der Greil Marcus seit den 1960ern verheiratet ist, ist im Zimmer nebenan, trägt wie er eine Jeans und einen schwarzen Pullover, ebenso cool wie zeitlos. Sie haben ihr ganzes Leben in Kalifornien gelebt, abgesehen von dem ein oder anderen Herbst in New York.

ILT: Ich habe den Eindruck, dass Sie, wie die meisten Kalifornier, ein eher angestrengtes Verhältnis zu New York haben.

GM: New York ist eine tolle Stadt, ganz anders als alle anderen Orte. Die Leute lieben es, einfach nur hier zu sein. Egal welchen Beruf sie haben, ob sie arm oder reich sind, jung oder alt, die New Yorker haben einen gewissen Stolz, einen gewissen Enthusiasmus, sie haben *swag*. Das wabert durch die Straßen und ist berauschend. Aber auf längere Zeit wird das anstrengend. In letzter Zeit haben wir immer vier Monate pro Jahr hier verbracht, und während des dritten Monates freue ich mich schon wieder, nach Hause zu fahren. Als Kalifornier aus San Francisco habe ich schon immer eine enorme Abscheu gegenüber der Arroganz der Ostküste gehegt, die meint, sie sei wichtiger als alle anderen Orte, sie sei der Ursprungsort von Wissen und Macht.

Während er spricht, hat Marcus die Hände zwischen die Knie geschoben, wie um sich davon abzuhalten zu gestikulieren. Wir sprechen nicht über Musik, sondern über Kritik im Allgemeinen, über Lehrerrollen, über Terror in Paris und Arroganz in New York – darüber, welche Haltung und Tradition er als Kritiker repräsentiert. Marcus hat erst vor einigen Jahren, 2015, zwei neue Bücher herausgegeben, *Three Songs, Three Singers, Three Nations* und *Real Life Rock*. Beide Bücher sind jeweils eine neue Strophe in dem Lied, das er schon seit Jahrzehnten singt; ein Lied, in dem es sowohl um die USA – um die Versprechen und Flüche der Nation – als auch um die Musik geht.

Zum ersten Mal traf ich Marcus im Jahr 2012, als ich ein Seminar bei ihm besuchte, »*The Old, Weird America*«, das er nach einem seiner Bücher benannt hatte. Das Seminar war wie ein Flickenteppich aus Mythen und scheinbar ursprungslosen Liedern, aus Kräften, die man nicht benennen kann, die aber dennoch unsere Handlungen und Allianzen prägen. Wir hörten Musik und einander zu, lasen Romane und Essays, schrieben Moritaten und Kurzgeschichten und Dinge, von denen wir nicht wussten, was sie waren, die wir unter anderen Umständen nicht hätten schreiben können, so viel hatten wir verstanden. Während die meisten Seminare mit einem gewissen Abstand bedeutungslos werden und man vielleicht ein oder zwei Erkenntnisse aus ihnen ziehen kann, so ist dieses Seminar sowohl in mir als auch in meinen Kommilitoninnen gewachsen. Die Denkweise des Seminars hatte etwas Ansteckendes – etwas Hoffnungsvolles und Hypnotisierendes, das die amerikanische Geschichte und Politik zu einer großartigen Gruselgeschichte machte. In dem Herbstsemester, in dem dieses Interview geführt wurde, unterrichtete Marcus zwei Kurse, einen über Volksmelodien und einen über Kulturkritik.

ILT: So wie ich Sie kenne, unterrichten Sie nicht die Art von Texten, die ich mit dem Wort »Kulturkritik« verbinde. Ich nehme an, man findet nicht so viele Zeitgeist-Enthüllungen in Ihrem Pensum – wenig Hitchens, Said, Foucault, Adorno oder andere, die normalerweise im Curriculum für Kulturkritik auftauchen würden?

GM: Das stimmt. Wir lesen die Art von Kritik, von der die Leute leben. Als Beruf. Kritiken von Leuten, die monatlich, wöchentlich oder täglich schreiben, in Magazinen und Zeitungen. Wir lesen A. O. Scott, den Filmkritiker der *New York Times*, wir lesen Restaurantkritiker, kritische Manifeste von Melville und anderen, viel Pauline Kael – und wirklich viel Anti-Kael-Kritik, um die Definition von Kritik infrage zu stellen und zu analysieren, warum sie die Leute so in Rage bringt. Die Prämisse des Kurses ist, dass man, egal ob man nun einen Text über ein Restaurant oder einen Roman oder einen Film schreibt, der vielleicht nicht einmal wichtig erscheint, am Ende alles schreiben kann, auf alles eingehen kann, eine ganze Kultur, eine ganze Gesellschaft kritisieren kann.

ILT: Und Sie sind schon immer so vorgegangen?

GM: Ja, und Pauline Kael auch. Als sie einen Marlon-Brando-Film rezensierte, kam am Ende ein siebenseitiger Essay über die USA der 1950er-Jahre dabei heraus, in dem sie darüber schrieb, wie der Film die Wunden aufdeckte, die gerade dabei waren, im sozialen Bindegewebe zu vernarben.

ILT: Wenn Sie in Ihren Texten Ähnliches machen, wirkt es nicht so, als ob Sie sich von Ihrem Material einschränken lassen würden. Sie beschreiben die USA anhand von Musikern wie The Band oder Bob Dylan, Beyoncé oder Sleater-Kinney, Schriftstellern wie Philip Roth oder John Dos Passos, Politikern wie Nixon und Clinton, ohne ihnen gegenüber eine starke Verantwortung zu spüren. Sie sind in Bezug auf künstlerische Freiheit ziemlich liberal, auch wenn Sie über Persönlichkeiten schreiben, die noch leben.

GM: Ja, das stimmt, aber ich schreibe über diese Persönlichkeiten, weil ich sie verehre. Ich will herausfinden, was sie von den anderen unterscheidet, was ihnen diese Kraft gibt. Aber ja, sicher, ich benutze sie wohl als Bauchrednerpuppen.

Marcus und ich waren zufälligerweise auf derselben Konferenz an der New School in Manhattan, an einem Herbsttag im Jahr 2015, als die Nachrichten vom Terroranschlag auf das Bataclan in Paris unsere Telefone überfluteten. Die Konferenz lief unter dem Titel »*Little Magazines and the Conversation of Culture in America*« und wurde zum Anlass der Einführung eines neuen Masterstudiengangs in kreativer und kritischer Journalistik gehalten. Die Kluft zwischen gelebtem Leben auf der einen und Schreiben und Analyse auf der anderen Seite spitzte sich zu, als wir uns Vorträge über die gesellschaftliche Bedeutung von Zeitschriften anhörten, während wir auf den Displays unserer Handys, die in unseren Schößen lagen, mitverfolgen konnten, wie die Zahl der Toten von sechsundzwanzig auf fünfzig anstieg. Während die Autorin Joyce Carol Oates über die Beziehung der Künstlerin zu ihren Obsessionen sprach, drehte ich mich zu Marcus um und zeigte ihm die Nachrichten. Drei Minuten später hatte er herausgefunden, dass es die Eagles of Death Metal waren, die an diesem Abend im Bataclan auf der Bühne standen, eine Band, über die er einige Jahre zuvor geschrieben hatte. Nach der Konferenz hielt er mir im Aufzug einen kurzen Vortrag über das ironische Projekt der Band.

Die Konferenz war der Meinungsfreiheit und allem, was sie bedrohte, gewidmet. Die Eröffnungsrede provozierte Marcus so sehr, er sah aus, als würde er sich die Lippe abbeißen. Er reagierte auf diese Rede mit einem eigenen Beitrag über die Arroganz und den Mangel an Empathie der Konferenzteilnehmer.

ILT: Was hat Sie da so in Rage gebracht?

GM: Diese Eröffnungsveranstaltung war ein bizarres Erlebnis. Das fing schon bei der Rede des *Salmagundi*-Redakteurs an, gefolgt von der Rede des Redakteurs der *Raritan* – einer unglaublich langweiligen Zeitschrift. Beide kamen mir vor wie Parodien alter *weißer* Männer, die nicht über ihre Nasenspitze hinausschauen. Das ist doch ein Witz, hab ich gedacht, das ist Satire – aber die haben das todernst gemeint. Der Untertitel der ganzen Nummer war »Was ist los mit der Jugend von heute« und »Wir haben recht, natürlich haben wir recht, und wir verstehen nicht, wie man das nicht kapieren kann«. Mindestens drei Mal haben sie Sachen gesagt wie »Ich bin mir sicher, ich spreche hier für alle ...« oder »Ich gehe davon aus, dass hier niemand der Meinung ist ...«. Ich habe dagesessen und gedacht: Selbst wenn ich dir in vielerlei Hinsicht zustimme – es ist grauenhaft, sich herauszunehmen, für mich und alle Anwesenden zu sprechen. Das ist auch eine Form der Zensur. Das Schlimmste waren nicht die spezifischen Argumente, sondern die Haltung, die Annahme, Besitz über Ideen und den öffentlichen Diskurs ergreifen zu können. Diese Haltung ist der Anfang vom Ende eines jeden akademischen Lebens. Ich war so unglaublich sauer.

ILT: Sie positionieren sich anders, das habe ich gemerkt, aber von welcher Position aus schreiben Sie eigentlich? Es kommt mir so vor, als wären Sie auf der Suche nach einer Art hyperdemokratischer Ästhetik, die ich nicht ganz verstehe. Das wird besonders deutlich, wenn Sie über Folk und nationale Mythen schreiben. Auch Ihre Unterrichtsmethoden konzentrieren sich auf die Dinge, die aus der Gemeinschaft entspringen – weigern Sie sich, die Führung zu übernehmen?

GM: Mein Unterrichtsansatz, und das Gleiche gilt wohl auch für meine Bücher, ist, dass ich niemanden von irgendetwas überzeugen will. Ich will den Leuten nicht irgendein Wissen aufschwatzen. Als Dozent ist es mein Job, die Leute dazu zu bringen, auf ihre eigene Stimme zu vertrauen und zu sagen, was sie zu sagen haben, zu einem Thema, das sie interessiert. Auf diese Weise knüpfen sie bestenfalls eine intensivere Verbindung zu diesem Thema, ob es nun Literatur, Musik oder der Charakter der Nation ist.

ILT: Die meisten, die als Kulturkritiker bezeichnet werden, sind Experten darin, Dinge auseinanderzunehmen, sie zu dekonstruieren und zu erklären. Sie machen das Gegenteil, indem Sie in Ihren Büchern Ihre eigenen Assoziationen über die Songs oder die Texte legen, die Sie besprechen, als ob Sie darauf aufbauen möchten, als ob alles, was Sie tun, durch das Zitat motiviert sei, das Sie in *Mystery Train* verwendet haben: »Es ist offensichtlich einfacher zu töten, als etwas zu erschaffen.« Diesen Ansatz haben Sie konsequent verfolgt, seit Sie in Ihren Zwanzigern Rezensionen für den *Rolling Stone* geschrieben haben. Woher kommt diese Einstellung?

GM: Teilweise daher, dass ich nicht gut erklären kann und eigentlich nicht so sehr an Erklärungen interessiert bin. Wenn ich mit einem Song konfrontiert werde, habe ich kein Interesse daran, weder mir noch jemand anderem zu erklären, worum es in dem Song geht. Ich interessiere mich dafür, wie dieser Song passiert, welchen Effekt er auf mich hat, was mich genau an dieser Performance so entrüstet oder mich begeistert oder welche Assoziationen er bei mir auslöst. Irgendeine kryptische Geschichte, die sich dahinter verbergen mag, interessiert mich nicht, auch nicht, was uns der Song über das »echte« Leben des Songwriters oder der Songwriterin verrät.

ILT: Sie sind also nicht am Autobiografischen interessiert? Wie geht das zusammen, wenn so viele Songs, über die Sie besonders enthusiastisch geschrieben haben, ziemlich sentimentale, persönliche Bekenntnisse sind?

GM: Vielleicht sind sie das, aber auf diese Weise höre ich sie nicht. Ich verstehe alle Songs als kreative Konstruktionen, und wenn sie gelingen – soll heißen, wenn sie mir gefallen oder mich berühren –, entwickeln sie sich zu etwas anderem als dem, was sie ursprünglich waren. Sie lösen sich von den Motiven des Sängers oder der Sängerin.

ILT: Ja, schon, aber es kommt mir zu einfach vor zu behaupten, gute Kunst sei nicht autobiografisch, denn die Künstlerin muss ja ihre eigenen Erfahrungen als Ausgangspunkt nehmen und hoffen, dass aus dem Werk mehr wird als bloßes Bekenntnis. Es gibt doch keine Abkürzungen, man muss wohl riskieren, dass es zur Niederlage kommen kann. Wäre es deshalb nicht dumm, einen so militanten Standpunkt gegen das Autobiografische einzunehmen?

GM: Schon. Ich will eigentlich zu keinem Thema einen ideologischen Standpunkt einnehmen. Ich will mich nicht festlegen, dass etwas per Definition gut oder schlecht ist. Das macht keinen Sinn. Im Allgemeinen mag ich keine Memoiren, aber das liegt daran, dass ich ihnen nicht traue. Sie sind kein Versuch, die Wahrheit zu erzählen, sondern ein Versuch, den Autor in einem guten Licht erscheinen zu lassen. Aber es gibt Ausnahmen. Eines der besten Bücher, die ich in den letzten zehn Jahren gelesen habe, ist Suze Rotolos Buch über ihr Leben mit Bob Dylan in Greenwich Village, *A Freewheelin' Time* (*Als sich die Zeiten zu ändern begannen*) aus dem Jahr 2008, weil es in gewisser Weise nicht um sie geht. Sie ist dabei, Dinge passieren ihr, sie spricht für sich selbst, aber worüber sie wirklich schreibt, sind ein Ort und eine Zeit, denen sie zufällig beigewohnt hat. Sie möchte verstehen, was diesen Moment besonders und interessant gemacht hat. Ihr Ziel ist es nicht, sich selbst zu verstehen. Sie weiß, wer sie ist, und sie findet sich nicht besonders interessant.

ILT: Das gefällt mir an Ihrer Art von Kritik, sie wirkt nicht autoritär oder daran interessiert, mit dem eigenen Wissen zu prahlen. Es tut mal ganz gut, nicht mit Schriftstellern oder Journalistinnen konfrontiert zu werden, die Angst davor haben, dumm zu wirken oder als Betrüger entlarvt zu werden.

GM: Ich habe oft das Gefühl, dass alle Arten von Diskurs vom Subtext »Ich kann nicht getäuscht werden« nur so triefen, egal ob es sich um Texte aus Thinktanks, um Bücher, Leitartikel in Zeitungen oder Leserbriefe handelt. Die Prämisse, die alles durchdringt, lautet: »Du kannst mich nicht täuschen. Ich lass mich nicht täuschen. Mein kleines, erbärmliches Arsenal an Wissen und mein eingeschränkter Referenzrahmen und meine myopische Perspektive reichen aus, um die ganze Welt zu verstehen.« Das ist mir zum ersten Mal 2001 aufgefallen, nach dem Terroranschlag auf die USA, und seitdem begegnet es mir immer wieder. So viel von dem, was nach dem 11. September geschrieben wurde, noch am selben Tag oder in der darauffolgenden Woche, von allen möglichen Leuten, war »Nothing New Under the Sun« – das war auch der Titel eines Textes, den ich dazu verfasst habe. Sie sagten, das hätte niemanden überraschen dürfen, man habe es kommen sehen, sie hätten nach wenigen Minuten gewusst, wer dafür verantwortlich war, dass die Ursachen offensichtlich seien, dass kein klar denkender Mensch sich wundern dürfte, dass geschehen war, was geschehen musste. Der öffentliche Diskurs wurde von der Botschaft dominiert, die lautete, die Anschläge seien unsere eigene Schuld, oder Israels Schuld, und dass es niemals geschehen wäre, wenn »wir« das eine oder andere niemals getan hätten.

Der Schlimmste von allen war Robert Fisk, Journalist für internationale Politik. Er schrieb, dass es früher oder später so kommen musste, nachdem der Westen das Osmanische Reich gespalten hatte. Dieser Kommentar hätte mich fast aus den Socken gehauen. Was für eine Arroganz! Diese Anmaßung zu sagen, man »hätte es ja ahnen können – ich war nur zu beschäftigt, um es euch vorherzusagen, aber wenn ich nicht so beschäftigt wäre, hätte ich es euch vorhersagen können«.

Es gibt nichts Anti-Intellektuelleres, Anti-Kritischeres als diese Unfähigkeit, sich und anderen einzugestehen, dass man überrascht ist.

ILT: Ja, das sehen wir auch beim Anschlag in Paris wieder. Viele Journalisten wirkten in den Tagen danach ziemlich benommen, sie wischten wieder den Staub von alten Artikeln und präsentierten sie uns wie Prophezeiungen. Nach dem 11. September haben Sie einen Text für den *Rolling Stone* geschrieben, der das Gegenteil von dem war, was solche Autoren angesichts des Terrors tun. Sie haben die O-Töne einer Vielzahl von Stimmen aus Liedern, Pamphleten, Gedichten und Briefen gesammelt, von Menschen aus allen Spektren der nicht sehr gerade verlaufenden Rechts-links-Achse, und dann haben Sie diese O-Töne so zusammengestellt, dass es wirkt, als würden die Stimmen miteinander in Dialog treten, einander herausfordern und erleuchten. Diese Kakofonie wurde eine Woche nach den Anschlägen veröffentlicht und ist der Auftakt Ihres Buches *The Shape of Things to Come*, einem Ihrer politischeren Bücher über Amerika.

GM: Ja, der *Rolling Stone* hat angerufen und mich gebeten, etwas zu schreiben. Ich antwortete, dass ich nichts zu sagen hätte, zwei Tage danach. Ich hatte keine Ahnung. Aber sie baten mich, darüber nachzudenken. Also habe ich ihnen diese Stimmen geschickt, und der Redakteur hat sofort verstanden, was ich damit bezwecken wollte. Ich war denen sehr dankbar, dass ich mich nicht erklären musste.

ILT: Das leuchtet mir ein, dieses Kaleidoskop aus Zitaten. Die Vorstellung, dass man in solch heiklen Momenten im Chaos beginnen und einfach nur zuhören kann, ohne sich von einer bestimmten Analyse überzeugen zu müssen, ist sehr tröstend. Wenige Dinge sind beängstigender als die Sehnsucht der Menschen nach großen, stromlinienförmigen Erzählungen, die in einem Atemzug alle gegenwärtigen politischen Spannungen erklären, zumal derartige Erzählungen überhaupt erst die Wurzel so vieler Konflikte zu sein scheinen. Vielleicht brauchen wir mehr alternative Narrative über Nationen und Gemeinschaften? Haben Sie an jenem Wochenende etwas über Paris gelesen, das Sie für gut, tröstend oder wahr hielten?

GM: Nein. Nichts. Ich habe all meinen Freunden in Paris geschrieben, und die neun oder zehn Antworten, die ich auf meine Mails bekommen habe, waren das einzig Interessante, das ich zu dem Vorfall gelesen habe. Abgesehen von diesen Mails habe ich nichts gelesen, was eine ehrliche emotionale Reaktion ausdrückt. In den Zeitungen geht es nur darum, die Situation intellektuell zu meistern. Meine Lieblingsschlagzeile aus den Tagen nach dem 11. September war eine Überschrift in der Satirezeitung *The Onion*, da stand einfach nur »*HOLY FUCKING SHIT*«. Das war die authentische Reaktion der Menschen. Hier muss man anfangen. Nicht mit irgendeinem Unsinn über das Osmanische Reich.

ILT: John Oliver hat jetzt am Wochenende diese *HOLY-FUCKING-SHIT*-Nummer bei *Last Week Tonight* gemacht. Haben Sie die Sendung gesehen? Er ließ eine wirklich befreiende Tirade von Schimpfwörtern vom Stapel, in der er eigentlich nur mehrmals wiederholte, dass man, egal wer die Terroristen waren und wofür sie standen, mit Sicherheit sagen könne, dass es sich um riesige beschissene Arschlöcher handelte; und wenn die gern einen Lifestyle- und Kulturkrieg gegen Frankreich – Frankreich – anzetteln wollten, na dann, viel Erfolg auch.

GM: Ha! Wir nehmen immer alle Folgen von *Last Week Tonight* auf, die Folge werde ich also mal raussuchen. Diese Show ist so gut! Das Niveau an Intelligenz und Humor und Wut... John Oliver ist großartig, sein Konzept ist großartig.

ILT: Ja, und die Recherchearbeit, die dahintersteckt. Ich glaube, Jon Stewart hat in der *Daily Show* eine gewisse moralische Tiefe erreicht, doch John Oliver geht noch einen Schritt weiter, wenn auch für ein marginaleres Publikum. Wenn mich die Geschehnisse dieser Welt deprimieren, schalte ich immer sofort diese Programme ein, sie spenden mir Trost und Rat. In solchen Momenten habe ich Bedürfnisse, die nur Komiker befriedigen können. Ich denke, das liegt daran, dass Komiker die Künstler sind, die am besten mit Tragödie umgehen können. Olivers Reaktion auf den Terror in Paris war ein weiteres Beispiel dafür. Vielleicht können Kritiker sich einiges davon abschauen?

GM: Ja, ich habe das Gefühl, seine Empathie ist echt, er ist unglaublich clever und schnell, und auch wenn die ganze Show gescriptet ist, wirkt er so natürlich. Er ist einfach nur ein aufgebrachter Mensch, der über die ganze Sache zwar nachgedacht hat, aber trotzdem nichts anderes sagen kann als »Ich fass es nicht!«. Dieser Unterschied ist wichtig, der Unterschied zwischen Oliver, der sagt: »Ich fass es nicht!« und all den anderen, die behaupten »Jeder mit Verstand hat das kommen sehen«. Damit wären wir wieder bei dieser Konferenz.

Wir kommen immer wieder auf dasselbe Thema zurück: auf die Fähigkeit, sich überraschen zu lassen. Marcus ist überzeugt: »Warum reagiere ich so?« ist eine interessantere Frage als »Was hat das zu bedeuten?« – ein Ansatz, den er mit aller Gewalt von seiner Musikkritik auf die Geschichtsschreibung und politische Kommentare überträgt.

Sein Projekt war es seit jeher, über eine Nation zu schreiben, die man weder auf der Karte noch im Kongress findet, sondern in Liedern, Fotografien und Geschichten – ein Land, in dem die Assoziation schwerer ins Gewicht fällt als die Analyse, in dem Präsidenten und legendäre Blues-Sänger zwei Seiten derselben Medaille sind und in dem nichts so ist, wie es scheint. So wie Marcus Punk- und Protestlieder hört, kann man seine Bücher lesen, wie »Klänge aus einem anderen Land – ein Land, in dem man, sobald man einen Blick darauf erhascht, sich selbst erkennt«. Den Protestliedern und Moritaten wohnt ein anderes Amerika inne, in dem niemand stirbt, weil die kollektiven Mythen unsterblich sind und an jeder Kreuzung wiederentdeckt werden. Jedes Mal, wenn eine Liedermacherin »Ich« singt, singt sie über dieses mysteriöse Amerika. Der Name, die Geschichte und das »Ich« sind gesamplet, wie der Beat in einem Hip-Hop-Track. Paul Robeson, Joan Baez, Woody Guthrie und Pete Seeger – die Gründer der amerikanischen Folk-Seele – vermitteln ein »Ich«, das dem Volk gehört, in einer Tradition, die sich wohl am besten an Bob Dylan veranschaulichen lässt, als er sich zum Sprachrohr für den Dichter Arthur Rimbaud ernannte und sagte: »*I is someone else*«.

Das Theater der Zerbrechlichkeit

Kurz vor Ostern wurde ein besonderes Wesen in den Katakomben des Scandinavia House in Manhattan gesichtet, es trug ein langes rotes Kleid, schwarze Turnschuhe, eine Mönchsfrisur – eine Kreuzung zwischen Karen Blixen und Antonin Artaud, unglaublich dürr, die Wangen gummiartig eingefallen, von Schreifalten gezeichnet, mit spitz hervortretenden Wangenknochen und aristokratisch-bescheidenem Augen-Make-up. Im Publikum saß kaum jemand. Die Moderatorin schien sich nicht ganz wohl zu fühlen in ihrer Haut. Doch die Dänin auf Amerika-Tournee wirkte entspannt und zufrieden. Sie hatte alles unter Kontrolle – ihre Stimmlage, ihre Körpersprache, den Blick, mit dem sie uns im Publikum durchbohrte. Es war eher, als würde sie *uns* beobachten und nicht umgekehrt, als wären wir Objekte einer Ausstellung, kuratiert von ihr, diesem vor Leben sprudelnden Gespenst. Sie machte allen Anwesenden deren eigene Unsicherheiten und Vorurteile bewusst: Ist dieser Mann ein aufmerksamkeitsheischender Poseur? Ist diese Frau das nackigste, was ich jemals gesehen habe? Nach dem Interview erhob sie sich von ihrem Stuhl, ging über die Bühne auf ein Podium zu und las aus *Den endeløse sommer* (*Der endlose Sommer*) von 2014. Sie las mit kräftiger Stimme und eindringlichem Flow. Madame Nielsen ist wahrscheinlich am menschlichsten, wenn sie auf einer Bühne steht oder in eine Kamera starrt.

•

Im Musikvideo *Black Moon Rising*, das im Zusammenhang mit der umstrittenen skandinavischen Theaterproduktion mit dem ursprünglichen Titel *White Nigger/Black Madonna* gedreht wurde, liegt eine alternde Diva in plüschigen Hausschuhen und einem Morgenmantel aus Seide in einem weißen Raum auf einem weißen Sofa dänischen Designs. Der Staubsaugerroboter Roomba gleitet geräuschlos über den Boden. Der Raum ist steril, einsam, perfekt, ein hermetisches Paralleluniversum außerhalb der Zeit, ein großer Fernsehbildschirm ist das einzige Fenster zur Welt. Die Madame schaut sehnsüchtig auf den Bildschirm, auf dem Beyoncé, Martin Luther King und Nina Simone predigen und leuchten und es so aussehen lassen, als ob das rassenpolitische Machtverhältnis dort draußen im echten Leben auf den Kopf gestellt worden wäre. »*Boredom*«, singt Madame Nielsen, »*made a Black bitch out of me.*«

Auf der Küchenbank steht eine fancy Küchenmaschine, die etwas Braunes durchknetet, das allmählich zäher und dunkler wird, während Madame die Transformation wie gebannt mitverfolgt, als ob sie die Welt verschlingen möchte. Sie streift den Morgenmantel ab, streckt die Arme aus wie bei einer Kreuzigung, legt den Kopf zurück und schließt die Augen in Ekstase. Dann lässt sie ein bisschen von dem Braunen auf den schimmernd sauberen Rand einer Badewanne tropfen, bevor sie sich die zähe Masse über den Kopf gießt. Die dickflüssige, karamellartige Glasur steht in einem grotesken Kontrast zu der faltigen, gepuderten Haut, dem leidenden Körper und dem genießenden Gesichtsausdruck. Sie kriecht auf allen vieren wie ein Tier, oder wie eine twerkende Tänzerin. Vier *weiße* Kinder in weißen Baumwollhosen betreten den Raum, berühren sie, bilden einen Kreis um sie, vielleicht, weil sie von der Schokolade probieren wollen, wenn es denn überhaupt Schokolade ist, vielleicht, weil sie eine von ihnen ist. Sie lächelt in die Kamera. Anmutig, nackt, glücklich. Was eben noch eine prüde, ältere Dame war, ist jetzt eine befreite, androgyne und triefende Madame. Wie kann man das interpretieren? Am besten, man lässt es sein, denn wenn man plötzlich zu gründlich interpretiert, bleibt etwas viel zu Langweiliges zurück, was dem Video nicht gerecht wird: zum Beispiel eine heruntergekürzte Geschichte über eine bürgerliche Skandinavierin, die sich danach sehnt, sich in der Schönheit der Opferrolle zu suhlen, und eine *Blackfacing*-Show betreibt, mit der sie ihre Solidarität zu den Unterdrückten ausdrücken will, während sie eigentlich eine richtig altmodische Rassistin ist, die danach lechzt, sich die Haut der edlen Wilden überzustreifen. Oder? Ist es einem Wesen, das als eine Art Mann geboren wurde und nun als Frau lebt, möglich, eine andere *weiße* Frau auf der Bühne zu spielen, die sich als Schwarze ausgibt, ohne dabei Gewalt auszuüben? Die Person auf der Bühne möchte so gern eine *Black Madonna* sein, befürchtet jedoch, dass es unmöglich ist, dass sie dazu verdammt ist, als *White N**** zu enden, das heißt als Fantasiefötus, als ein Produkt eines feuchten Kolonialtraums von Herrschaft und Unterwerfung, Samaritern und Dankbarkeitssklaven.

Bananenschalen-Slapstick. Jim-Crow-Karikaturen. Tierlaute. Was passiert, wenn Madame Nielsen die Bühne mit diesen rassistischen Tropen füllt? Zementieren sich die Phrasen, wenn sie angehäuft werden, oder werden sie zu leeren Floskeln, die am Ende einfach nur so dastehen, windelweich geprügelt, gedemütigt, ohne Kontext, und ihr wahres Gesicht zeigen: Fantasien? Wie James Baldwin immer und immer wieder betonte: Der »nigger« ist eine *weiße* Vorstellung, geboren aus der Angst des angeblich »Mächtigen«, nicht nur vor der Außenwelt, sondern auch vor der eigenen inneren Vielfalt.

Das Amerika der Nachkriegszeit habe eine neue Art von weißem Mann hervorgebracht, schrieb Norman Mailer 1957 in dem Essay »The White Negro«. Dieser neue Mann war »der weiße N***«, der »Hipster«, ein privilegierter Masochist, der in seinem dekadenten Streben nach Ekstase immer gieriger und selbstzerstörerischer wurde. Der Hipster gibt damit an, in einem Schwarzen Viertel zu leben, Jazz zu hören, sich wie ein afroamerikanischer Dandy zu kleiden; er fetischisiert das Schwarzsein und glaubt, dass diese Fetischisierung Antirassismus ist: Ausdruck einer modernen und antikulturellen Haltung, die versucht, gegen sich selbst und das eigene Erbe zu rebellieren.

•

Nach der Lesung lud ich Madame Nielsen ein, mich und meine Freunde zu einem indischen Restaurant zu begleiten, das ganz in der Nähe war. Ich schrieb die Adresse auf einen Zettel, und sie sagte, sie würde uns dort treffen, nachdem sie das Kleid abgelegt hätte und »*slipped into something more comfortable*«. Und tatsächlich tauchte sie eine Stunde später auf, in einem Wollpullover und einer roten Jogginghose, dynamisch und redselig. Wir unterhielten uns über Askese und Liebe, über unsere Familien und Isolation, über Theologie und Theater, Skandinavien und die USA. Sie erzählte mir von ihren ersten Reisen nach New York, als sie als junger Mann die Chance bekam, sich bei der Wooster Group unter Beweis zu stellen – einer epochalen Theatergruppe, die Vaudeville und Multimedia miteinander kombiniert, in einer eigenen *black box* in Soho: The Performing Garage. Sie erzählte, wie pleite er gewesen war, von den Nächten, die er in engen Gassen in Chinatown und in roughen Herbergen verbracht hatte – Geschichten, die vielleicht etwas übertrieben wirkten, ohne dass sie an Unterhaltungswert verloren. Und als ich nach etwas fragte, worauf sie noch keine Antwort parat hatte, flackerte ihr Blick, wie bei einer Schwindlerin, jedoch ohne dass die Geschichten an Wahrheitsgehalt verloren. Die Leute hätten oft vermutet, er sei schwul gewesen, erzählte sie, weil er so schlank und hübsch gewesen sei und wusste, wie er diese Eigenschaften einsetzen konnte. Zu dieser Zeit gab es viele düstere Kellerclubs, in denen man sich einen Sugardaddy angeln und sich auf diese Weise eine Mahlzeit oder ein warmes Bett sichern konnte.

Am nächsten Tag trafen wir uns wieder, im Foyer des Whitney Museum, beide ganz zerzaust von dem plötzlich eiskalten Märzwind. Wir wollten einen Sitzplatz mit Blick auf den Hudson River haben und brauchten eine Weile, um die optimale Bank zu finden, wir liefen die Treppen des Museums auf und ab, bevor wir sie fanden, doch Madame Nielsen schien mit dem Ergebnis nicht ganz zufrieden zu sein, denn am liebsten wäre sie noch ein paar Etagen höher gegangen, für eine noch weitere Aussicht. Sie fror und war erschöpft und dankbar, dass sie lange Unterhosen angezogen hatte, und als sie mich fragte, ob auch ich lange Unterhosen trüge, fühlte es sich für einen Augenblick wirklich so an, als wäre ich mit einer Großmutter im Museum. Gleichzeitig – das muss ich zugeben – war ich der festen Überzeugung, das Gefühl wiederzuerkennen, mich mit einem heterosexuellen Mann zu unterhalten.

Und ich ging davon aus, dass das okay für sie war. Man hat nicht den Eindruck, dass sie sich leicht kränken lässt.

Madame Nielsen ist eine optische Täuschung: Man kann den Mann und die Frau sehen, aber nicht beide gleichzeitig, wie bei der Zeichnung der Kaninchen-Ente, die Wittgenstein so gefiel. Sie ist eine wandelnde Illustration des Spannungsfeldes zwischen dem »Sehen-wie-es-ist« und dem »Etwas-anderes-darin-Erkennen«. Daher bin ich wirklich überrascht, wenn ich in dänischen Zeitungen lese, dass die Leute sie als »Transgender« bezeichnen und sich fragen, ob die Schwarze Madonna »progressiv« sei oder nicht. Beide Begriffe sind in diesem Zusammenhang reichlich fehl am Platze. War die Frau, die dort auf der Museumsbank saß und gleichzeitig ein Mann war, »Transgender«? War sie nicht einfach nur Madame Nielsen, ein Gesamtkunstwerk, das vielleicht Frau, vielleicht Mann ist, abhängig davon, wie man es betrachtet?

Ich glaube ihr, wenn sie sagt, dass sie sich nie mit sich selbst identifiziert hat. Nie auf der Suche nach einem Kern war. Aber das heißt nicht, dass sie glaubt, zu jeder x-beliebigen Person zu werden. Sie ist kein Fantasiefötus, der dem amerikanischen Traum oder der neoliberalen Vorstellung entsprungen ist, dass man werden kann, was man will. Sie ist nur ein Wesen – wahrscheinlich ein Mensch –, das die Zwangsjacke der Identität nicht akzeptiert. Sie kann keine Astronautin, Richterin am Obersten Gerichtshof und kein Kind mehr werden, aber sie hat den Körper und das Gesicht, die Lebenseinstellung und das Temperament einer Frau, die, ihrer Ansicht nach, älter und aristokratischer ist, als Claus Beck-Nielsen gewesen wäre, würde er noch unter uns weilen. Warum ist das so provokativ? Was genau an der Ablehnung von Identität bringt die Gemüter so zum Kochen und macht diejenigen, die behaupten, auf der Seite der Schwachen zu stehen, zu so unglaublich intoleranten Menschen? Ist es vielleicht so, dass der skandinavische Moralismus angesichts der ausstaffierten Vielfalt besonders brutal ist? Dass der Mensch nur einer oder eine sein darf, alles andere wäre Völlerei? Man muss sich mäßigen können. Man kann gerne anders sein, solange man dabei konsequent ist.

Madame Nielsens neuste Show scheint von der Geschichte Rachel Dolezals inspiriert worden zu sein, der verhassten Blenderin, die jetzt sogar ihre eigene Netflix-Doku bekommen hat. Als vor einigen Jahren bekannt wurde, dass sich eine *weiße* Frau jahrelang als Schwarze ausgegeben hatte und als Aktivistin für die antirassistische Gesetzgebung kämpfte, machte sich eine Lynchstimmung in den USA breit. Dolezal wurde mitten auf der Straße von einem Kameramann und einem Journalisten konfrontiert: »Sind Sie Afroamerikanerin?« Auf dem Video scheint sie vor Schreck ganz von Sinnen zu sein, sie antwortet, dass sie nicht wisse, worauf die beiden hinauswollten. In der Doku erfahren die Zuschauer, dass Dolezal in einer gewalttätigen Familie aufgewachsen ist, die Schwarze Kinder adoptierte und misshandelte. Sie hasse ihre sadistischen Eltern, sagte sie, und identifiziere sich mit ihren Adoptivgeschwistern, die sie verzweifelt zu beschützen versucht. Die allmähliche Verwandlung von einer *Weißen* zu einer Schwarzen entsprang dieser Identifizierung. Sie wirkt ganz offensichtlich verrückt und scheint keine besonders gute Lügnerin zu sein, aber es ist trotzdem merkwürdig, dass ihre Familiengeschichte nicht als mildernder Umstand gewertet wurde, als die Leute den Kreuzzug gegen sie eröffneten. Es ist seltsam, wie wenig Vergebung die Welt zeigt, wenn sich jemand die Maske eines Opfers aufgesetzt hat, ohne den teuren Preis des Leidens gezahlt zu haben, dem das Opfer ausgeliefert war.

White Nigger/Black Madonna hat ebenfalls eine Debatte ins Rollen gebracht. Selbstverständlich. Kriegslaune auf Bestellung ist der Modus Operandi der identitätsbasierten zeitgenössischen Debatten: Jeder hat sich genau nach Vorschrift zu verhalten. Kopenhagener Aktivisten haben auf den Plakaten, auf denen für das Stück geworben wurde, das N-Wort durchgestrichen, und als das Sort/Hvid-Theater in Kopenhagen zu einem Seminar über die Produktion einlud, erklärte ein (eingeladener) aufgebrachter amerikanischer Wissenschaftler, es sei ein *wissen-*

schaftlicher Fakt, dass Madame Nielsen und der Dramaturg schlicht und ergreifend einen rassistischen Gewaltakt begangen hätten. Als ich die Reaktionen in den Zeitungen las, fragte ich mich für einen Moment, ob das alles ein abgekartetes Spiel gewesen sei, weil sich die Gegner fast zu perfekt verhielten. Die Leute redeten, als hätten sie ein Drehbuch erhalten: Team eins sollte über strukturelle Gewalt und *weiße* Privilegien diskutieren, während Team zwei alle Zeugnisse von Schmerz im Namen der geistigen Freiheit und Kunst ablehnen sollte. Man wird selbst zur Parodie eines reaktionären Griesgrams, wenn man anfängt, über die Gefahren des blinden Imports amerikanischer Identitätshysterie zu jammern, aber in diesem speziellen Fall entstand eine rhetorische Situation, in der alle zu Comicfiguren wurden, sowohl die fanatischen Verfechter der Meinungsfreiheit als auch die Identitätsfetischisten. In derartigen Situationen wird Mehrdeutigkeit unter den Teppich gekehrt. Alle werden gleichermaßen arrogant und selbstgerecht. Das Geniale an *White Nigger/Black Madonna* war genau das: Das Stück verwandelte die Öffentlichkeit in ein Theater, woraufhin sich die verschiedenen Rollen herauskristallisierten, sodass man die *blind spots* der verschiedenen Allianzen auf außergewöhnlich klare Weise sehen konnte. In der dänischen Tageszeitung *Information* beschrieb der Journalist Mathias Sindberg, wie Madame sich wie ein angeschossenes Tier von der Bühne zurückzog, nachdem sie gescholten worden war, wie sie aufstöhnte angesichts der wütenden Kritiker, die ihr den Maulkorb verpassen wollten und sie schließlich dazu brachten, ihre Fehler einzugestehen und den Titel des Stücks von *White Nigger/Black Madonna* auf *Black Madonna* zu kürzen. Als ob dieser Sinneswandel nicht wie bestellt gekommen wäre. Es war ein genialer Schachzug, rein PR-mäßig, denn wenn ein Titel geändert wird, sozusagen unter Zwang, kann man erwarten, dass jemand laut »Zensur!« ruft und so dafür sorgt, dass die Kontroverse ihren weiteren Lauf nimmt.

Am letzten Maitag im Jahr 2018 sollte *Black Madonna* bei den Festspielen in Bergen aufgeführt werden. Ich schätzte mal – ohne das Stück selbst gesehen zu haben –, dass die Wahrscheinlichkeit, in die Bredouille zu geraten, in Bergen geringer war als in Kopenhagen, zumindest wenn sich alle nach nationalen Stereotypen verhalten würden. Denn in Norwegen glauben wir gerne mal, dass wir nicht so leicht in Rage zu bringen sind wie unsere rassen-, macht- und genderbesessenen Brüder und Schwestern in Schweden und Dänemark. Dänemark ist zwar weniger politisch korrekt als Norwegen, aber Dänen sind, was ihre Rhetorik und die Themen betrifft, die das Feuilleton dominieren, amerikanischer als wir. (Eine nicht geringe Anzahl junger dänischer Männer gestikuliert so, als wären sie in Harlem aufgewachsen.) Dennoch kann man sich nur schwer vorstellen, dass eine

Gestalt wie Madame Nielsen in Norwegen hätte entstehen können, denn sie wirkt wie eine präzise Kreuzung von etwas Dänischem und etwas Deutschem, zum Teil aus den Denkern des Theaters entsprungen, zum anderen Teil aus einer Art Jargon, der aus irgendeinem Grund besonders in Dänemark auf fruchtbaren Boden fällt, wo Giorgio Agamben immer noch der letzte Schrei ist und wo man feierlich über Intersektionalität spricht, über das Andere, über Abgründe und Mikroutopien, über »postmoderne« Floskeln, die wohl besser dasselbe Schicksal ereilt hätte wie Schulterpolster, Dauerwellen und andere Dinge, die von einem 1980er-Jahre-Dunst umgeben sind und trotzdem immer wieder aus der Versenkung auftauchen und sich als lebensfähig erweisen, vor allem in der Performancekunst und der Literaturkritik.

Ist diese Madame Nielsen Skandinaviens Bertolt Brecht, die Erbin des engagierten epischen Theaters, oder ist sie eine zynische Blenderin, die lange vor der Premiere für einen guten Kartenverkauf sorgte, indem sie alle möglichen Knöpfe bei den Identitätsfundamentalisten drückte? Egal. Vielleicht trifft beides zu. Sie ist auf jeden Fall eine Seltenheit. Vielleicht das am konsequentesten durchgeführte, totale Lebenswerk. Ob's einem nun gefällt oder nicht, sie setzt uns eine vollkommen inszenierte Gestalt vor die Nase, vor unsere Masken, eine ehrliche und verletzliche Maskerade, naiv und ohne Argumente, eine Gestalt, die mit der

Öffentlichkeit Kasperletheater spielt, während sie in Fragen herumstochert, Fragen zu Macht und Entmachtung, Gender und Rasse, Schicksal und Ausgrenzung, ohne Samthandschuhe, ohne sich hinter ethischen Ermahnungen oder ideologischen Allianzen zu verstecken. Die Mischung aus Abscheu und Faszination, die sie beim Publikum erweckt, sagt eigentlich schon genug darüber aus, was für eine Kraft sie ist und wie es eigentlich um die allgemeine Selbsterkenntnis steht, angesichts der Themen, die sie aufgreift. Was sie *eigentlich* ist, hat nicht viel mit der Sache zu tun. Maybe she's born with it. *Maybe it's Maybelline.*

•

Auf der Bank im Whitney Museum, mit Aussicht auf den Fluss, hinter dem sich New Jersey erstreckt, zeigte mir Madame Nielsen Bilder von sich mit schwarzem Make-up. Sie beharrte darauf, dass diese Porträts kein *blackfacing* seien, und während ich die Bilder betrachtete, fiel es mir schwer, ihr zu widersprechen, ohne genau zu wissen, was eigentlich den Unterschied machte. Das war einige Monate vor der Premiere in Dänemark, und sie wusste bereits, dass ihre Show wahnsinnig kontrovers werden würde. Sie erzählte mir, dass sie in der vergangenen Nacht wach gelegen und darüber nachgedacht habe und zu dem Entschluss gekommen sei, keine Journalisten einzuladen, oder zumindest keine Interviews zu geben.

ILT: Gestern haben wir über die Anziehungskraft eines Klosters gesprochen, über Askese, darüber, sich einem Regime zu unterwerfen, und über selbst auferlegte Beschränkungen als Voraussetzung für kreative Arbeit. Worin, glauben Sie, besteht der Unterschied zwischen der Transformation und der Dekonstruktion des Körpers und der Transformation und der Dekonstruktion der Sprache?

MN: Es geht nicht darum, etwas zu »dekonstruieren«. Sprache existiert in mir drin, auf dieselbe Art und Weise, wie auch ich mich in meinem Körper befinde. Es geht darum, sein Potenzial zu entfalten, das an und für sich noch zusammengefaltet ist, eingewickelt – es geht darum, dieses Potenzial sichtbar zu machen. Man könnte sagen, es ist amorphes Material, ein Material, das noch keine Gestalt hat. Sowohl die Sprache als auch der Körper haben im Prinzip unendliches Potenzial, auch wenn sie Grenzen haben. Es gibt eine Menge an Dingen, die ich mit meinem Körper nicht machen kann. Das hat mit Alter zu tun und mit der Art, wie er gebaut ist. Dasselbe gilt für das Bewusstsein und die Sprache. Sprache ist begrenzt, kann jedoch immer zu anderen Sprachen geöffnet werden und auf andere Weisen auseinandergefaltet werden, denn die Kombinationsmöglichkeiten sind unendlich. Darum bin ich an langen Sätzen interessiert. Es geht darum, Lebensformen zu formulieren. In Agambens *Al-*

tissima povertà (*Höchste Armut*) geht es um mittelalterliche Franziskanermönche, die nicht nur versuchten, ihren Alltag nach einem gewissen Muster zu strukturieren, sondern durch ständiges Gebet ihr Bewusstsein so einzuschränken, dass sie nicht von anderen Gedanken abgelenkt würden, damit alles seine Ordnung hatte. Natürlich bin ich mit dieser Denkweise nicht einverstanden. Denn Chaos entsteht überall, es ist unmöglich, die Welt zu kontrollieren.

ILT: Erschaffen Sie Dinge?

MN: Ich formuliere.

ILT: Aber Sie *kreieren* doch Dinge, die es noch nicht gibt. Wenn Sie nur von trendigen Philosophen, Dekonstruktion und dem Leben der Mönche inspiriert wären, könnte man meinen, dass Sie etwas Minimalistischeres, Asketischeres und Unverschnörkelteres tun als das, was ich in Ihren Büchern entdecke. Ihre Bücher zeichnen sich eher durch das Verschwenderische, belebte Barocke aus.

MN: Ja. Und durch einen Mangel an Kontrolle. Ich sehne mich nach der absoluten Armut, gleichzeitig bin ich Maximalistin. Und mir sind stramme Formen sehr wichtig, ohne dass ich dabei zur Konzeptualistin werde. Das Konzeptuelle habe ich hinter mir gelassen, um mich auf das eher klassischere Romanschreiben zu beschränken, ein Genre, das ein kolossales unerforschtes Potenzial hat. Doch obwohl ich jetzt Romane schreibe, erschaffe ich ständig Bilder und Bewegungen. Ich versuche, jeden Tag zu einem erfolgreichen Tag zu machen, einen ekstatischen Zustand zu erreichen. Peter Handke schreibt über »den erfolgreichen Tag«. Es geht darum, ihn zu formulieren, den ganzen Tag lang.

ILT: Heißt das, Sie haben stets einen analytischen Blick auf sich selbst und Ihren Tag?

MN: Es geht darum, die ganze Zeit durch den Tag hindurchzutreiben. Das kann alle mögliche Formen annehmen. Ich habe viele meiner Romane in einem Sommerhaus an der dänischen Westküste geschrieben. Dort lebe ich eine Art Mönchsleben, oder Nonnenleben, jeder Tag ist strukturiert – wo ich meine Tasse oder mein Glas hinstelle, wann ich Wasser hole –, alles hat Struktur.

ILT: Wie sieht diese Struktur aus?

MN: Ich stehe auf, wasche mich, putze mir die Zähne und mache meine Morgengymnastik, eine sehr präzise Abfolge von Übungen, die ich schon im Irak gemacht habe und auch heute morgen wieder. Danach gehe ich eine Runde laufen. Dann bade ich im Meer. Dann gehe ich wieder an Land, bereite mir einen Haferbrei zu, esse ihn im Stehen, während ich aufs Meer schaue. Dann koche ich Tee und nehme den Tee mit zum Tisch, schalte den Computer an oder breite einfach meine Blätter auf der Tischplatte aus. Dann schreibe ich, bis nichts mehr passiert. Wie lange das dauert, ist von der Jahreszeit abhängig, vom Licht, wann ich wieder raus und mich bewegen muss. Dann gehe ich eine Runde spazieren. Dann schreibe ich noch eine Stunde. Dann spiele und singe ich eine Stunde lang. Dann bereite ich mir ein Abendessen zu und esse es. Manchmal spiele ich dann noch mehr Musik, der Abend ist offen, dann gehe ich ins Bett und lese noch eine Stunde.

ILT: Wäre Ihnen diese Form der Askese etwas wert, wenn Sie nicht davon erzählen würden, wenn Sie aus der Einsamkeit nichts formen könnten? Könnten Sie ohne Publikum Mönch oder Nonne sein?

MN: Nein. Das ist lustig. Darüber habe ich noch nie nachgedacht. Aber nein, das könnte ich nicht. Als ich in einem Benediktinerkloster war, bekam ich Lust, Theologie zu schreiben. Ich *muss* Text produzieren. Ich muss erforschen. Ich muss an etwas mitarbeiten. Wahrscheinlich, weil ich nicht gläubig bin. Ich bin nicht auf der Suche nach Erlösung. Ich bin einfach nur ein Stoff und ein Wesen, das sich ausdrücken will.

ILT: Wenn Sie sagen, dass Sie sich von Theologie angezogen fühlen, und wenn eine Ihrer Romanfiguren sagt, dass Gott nicht der Gott der katholischen Kirche ist, sondern die Liebe, erinnert mich das sowohl an deutsche Romantik als auch an mittelalterliche Mystiker, und dann frage ich mich, welche Art von Theologie Sie geschaffen hätten, wenn Sie ein einflussreicher Theologe geworden wären. Und ich denke an Antonin Artaud und das Theater der Grausamkeit, wenn ich die völlig radikale Zerbrechlichkeit sehe, von der Ihre Werke nur so triefen.

MN: Ja, die Angreifbarkeit. Das ist paradox, weil die Werke einen enormen kreativen Willen haben und gleichzeitig so zerbrechlich und sterblich sind. Ohne an Scheiße und Blut und diesem ganzen Kram interessiert zu sein.

ILT: Nein, das stimmt, Ihre Bücher sind beinahe keusch, sie kommen ohne billige Tricks aus, und das ist schon ziemlich bemerkenswert, wenn man Sie mal mit anderen Künstlern vergleicht, von denen man eigentlich denkt, dass sie viel mit Ihnen gemeinsam haben. Ich kann mir vorstellen, dass es schwierig gewesen sein muss, hier in den USA zu touren, denn ich kann mir nicht vorstellen, dass die Leute Sie ansehen können, ohne dies durch eine identitätspolitische Linse zu tun.

MN: Das funktionierte ganz gut. Ich habe die Gelegenheit genutzt, darüber zu sprechen, dass es mir nur darum geht, Potenzial zu formulieren, dass ich mich nicht »outen« will oder von einer Sehnsucht getrieben werde, endlich »die zu sein, die ich wirklich bin«. Und das hat ganz gut geklappt.

ILT: Ihre Arbeit hat also nichts mit Authentizität zu tun? Sind Sie eine Aussage über das Künstliche aller Dinge?

MN: Ja, oder nicht über das Künstliche, denn der Körper ist ja keine »Kunst«, wenn er auf die Welt kommt, altert, müde wird, und das bedeutet viel, und die Ekstase bedeutet viel.

ILT: Welche Rolle spielt Ekstase in Ihrem Leben?

MN: Ich versuche jeden Tag, einen ekstatischen Zustand zu erreichen und in ihm zu verweilen. Das hat auch viel mit Hunger zu tun. Ansonsten bin ich ziemlich melancholisch. Ich versinke leicht in der Melancholie, obwohl ich lieber schwebe.

ILT: Meinen Sie mit Ekstase einen außerkörperlichen Zustand? *Ex statis*?

MN: Ja, ein Gefühl von immensen Kräften, Potenzial, Aufmerksamkeit, eine intensive Nähe.

ILT: Ist ein Teil des Ganzen, zu spüren, wie der eigene Körper immer dünner wird? »*Nothing tastes like skinny feels*«, wie Kate Moss einst sagte?

MN: Nein, er soll nicht dünner werden. Daran war ich nie interessiert. Es geht um den Hunger an sich, und um das Gefühl, sich aufs Essen zu freuen. Es soll kein tödlicher Hunger sein, sondern ein Hunger, der ...

ILT: Der Ihre Sinne schärft?

MN: Ja. Aber die Balance ist enorm wichtig: Hunger schafft Aufmerksamkeit, aber diese sollte nicht in Stress umschlagen. Sättigung schließt sich, während Hunger offen ist. Er macht Lust auf die Welt. Wenn man ein bisschen Hunger hat ...

ILT: Dann isst man die Welt?

MN: Ja, dann ernährt man sich von Ansichten und Gedanken und Sprache. Das gelingt einem nur ein paar Mal im Laufe eines Tages, dass man in einen Sprachflow kommt.

ILT: Können Sie Sprache hungrig machen?

MN: Nein, denn wenn ich in der Sprache bin, dann ist die Sprache nicht losgelöst von mir. Die Sprache ist kein Tier, das hier vorm Whitney Museum auf dem Betonbalkon sitzt. Sie ist ein Zustand.

ILT: Ekstase und Aufmerksamkeit hängen für Sie also zusammen. Bedeutet das, dass die kreative Arbeit von einer Abweisung der Identität abhängt?

MN: Ich weiß ja gar nicht, wer ich überhaupt bin. Und Ekstase bedeutet nun einmal, außer sich zu sein, und ich weiß nicht, ob ich das bin, denn ich bin ja nicht außer »mir«, wer auch immer das sein soll. Die Ekstase ist eher wie eine leichte Levitation. Ein Schweben.

ILT: Was bedeutet es für Sie, wenn Sie »Ich« sagen? Existiert dort eine Kontinuität, zwischen dem Wesen, das irgendwann in den Sechzigern geboren wurde, nackt und ohne Namen, und der Person, die Sie jetzt sind?

MN: Ja, aber an dieser Kontinuität erkennt man, wie enorm die Veränderung ist. Es kommt mir vor, als wäre ich nach und nach zu einer Verbindung geworden, weil ich »Ich« gesagt habe und weil andere Menschen sich einem »Ich« zugewandt haben. Aber wer ich vor dreißig Jahren war, ist mir ein Rätsel. Diese Verbindung ist sehr mysteriös. Ich habe zu keiner Zeit gewusst, wer ich war. Ich habe immer nach etwas gesucht, aber nicht nach mir selbst. Ich verstehe nicht, warum ich ich selbst werden soll. An einem erfolgreichen Tag kann ein Satz gelingen, ein Körper kann gelingen, eine Bewegung kann gelingen. Dann kann der Tag zu Ende gehen und man kann schlafen gehen.

ILT: Sich zu finden bedeutet sterben?

MN: Ja, es bedeutet anzukommen. Zu Beginn des

Lebens ist ein Ich entstanden, ich weiß nicht, ob das aufgrund von Sprache oder aufgrund von Konventionen passiert ist oder weil die Leute sich an mich wandten, als wäre ich die ganze Zeit die gleiche Person. Ich habe Eltern, die immer noch am Leben sind, die immer behauptet haben, ich sei eine Person, die sich ständig verändert hat, aber immer noch dieselbe geblieben ist. Die Menschen sehnen sich danach, die Welt und das Leben vereinfachter wahrzunehmen, als es eigentlich ist. Die Menschen wollen sich selbst finden, um von den Möglichkeiten befreit zu werden, die sie in sich tragen.

ILT: Welches Verhältnis haben Sie zu Ihrem Gesicht? Gestern haben Sie erzählt, wie Sie sich als junge, angehende Künstlerin in der Wooster Group Ihr Aussehen zum Vorteil gemacht haben. Welches Verhältnis haben Sie zu Ihrer eigenen Schönheit?

MN: Das weiß ich nicht, denn Schönheit ist ja nur ein Potenzial. Die meiste Zeit sehe ich komisch aus. Ich habe festgestellt, dass ich mit meinem Gesicht etwas machen kann, aber es erfordert wirklich eine Formulierung, denn wenn ich hier sitze und mit Ihnen spreche, passiert in meinem Gesicht viel zu viel, als dass es schön wäre. Ich kann etwas mit Fotografie und meinem Gesicht und meinem Körper machen. Dort liegt Potenzial.

ILT: Fühlen Sie sich von der Welt entfremdet oder in ihr zu Hause?

MN: Nicht *ent*fremdet, ich bin einfach nur fremd. In fast jedem Setting gehöre ich nicht dazu. Das ist sicherlich auf eine Kindheit zurückzuführen, in der die Familie oft umgezogen ist.

ILT: Aber Sie sind ja kein komischer Kauz, der in der Ecke hockt. Sie wirken auf mich sehr sozialkompetent, aufgeschlossen, man kann sich gut mit Ihnen unterhalten. Sie haben gestern den Abend mit uns verbracht, ohne uns zu kennen. Es scheint so, als würden Sie sich für Menschen und das Leben interessieren. Und das ist diese eigentlich ziemlich ungewöhnliche Kombination: Einerseits wirken Sie völlig crazy, andererseits machen Sie einen sehr besonnenen Eindruck auf mich.

MN: Es geht immer darum, wie frei ich gerade bin oder ob ich mich unter Kontrolle habe. Ich liebe es, auf der Bühne zu stehen, so wie gestern, einfach nur dazusitzen und zu sehen, was passiert. *Das Gespräch* ist wichtig. Das Gespräch ist eine unglaublich interessante Sprachform, eine Kunstform. Man weiß nie, was als Nächstes gesagt wird. Das gefällt mir, solange ich weiß, dass ich die Möglichkeit habe, aufzustehen und zu gehen.

ILT: Ich verliere meine Sprache, wenn ich zu viel Zeit am Stück mit Leuten verbringe. In Gesellschaft anderer kann es mir passieren, dass ich plötzlich wie gelähmt bin, in mich gekehrt und stumm. Die anderen werden die Hölle, ein Rudel Monster, das der festen Überzeugung ist, mich zu kennen. Aber all dies vergeht schnell wieder, wenn ich mich für eine Weile zurückziehen, in den Bergen wandern gehen oder hinter einer verschlossenen Tür sitzen oder in einer großen Stadt wie dieser, der Stadt, die mein Kloster ist, anonym bleiben kann. Dann kann ich zu den Menschen zurückkehren und spüre, dass sie die besten Menschen sind, die es gibt. Geht es Ihnen auch so?

MN: Ja. Das Soziale verschlingt alles. Man sollte immer einen Schritt nach draußen machen, weil das Soziale selbstgefällig wird. Es hat genug mit sich selbst zu tun. Wenn sich eine Gruppe von Menschen bildet, vergeht nicht viel Zeit, bis die Gruppe nur an ihren internen Dynamiken interessiert ist. Darin liegt sehr viel negative Kraft. Aber es kann auch eine positive Kraft sein.

ILT: Vielleicht kann es eine Form der Ekstase sein, dem Sozialen einen Besuch abzustatten, aber nur solange man die eigene Einsamkeit beschützt, damit man bei der Begegnung mit anderen wirklich außen vor ist.

MN: Ja. Aber es gibt Wesen, die sich nur im Sozialen entfalten können. Man trifft diese Art von Menschen in der Theaterszene.

ILT: Apropos Gemeinschaften: Was ist Ihr Verhältnis zur skandinavischen Öffentlichkeit?

MN: Mit der will ich eigentlich nichts zu tun haben. Ich fühle mich europäisch, nicht dänisch. Ich bin ein Produkt europäischer Kultur und Geschichte, deshalb habe ich zum Beispiel eine stärkere Verbindung zum Christentum als zu den anderen Religionen, wenn ich also über Theologie spreche, spreche ich vom Christentum. Ich identifiziere mich nicht als Dänin, ich finde die dänische Öffentlichkeit schrecklich.

ILT: Was stimmt nicht mit ihr?

MN: Sie ist einfach zu klein. Man hat gar nicht die Möglichkeit, oder ich habe gar nicht die Möglichkeit, mich frei in ihr zu bewegen.

ILT: Weil sie nicht genug Fantasie hat, um Ihre Projekte zu verstehen?

MN: Weil in ihr immer noch das reaktionäre Gesetz von Jante verankert ist, das stets der Meinung ist, dich zu kennen, das dich in der Rolle festschnürt, die dir irgendwann einmal zugeteilt wurde, sodass es schwierig wird, jemanden zum Zuhören zu bewegen, wenn du etwas Neues zu sagen hast. Die dänische Öffentlichkeit ist wie das Elternpaar, für das du immer das Kind bleiben wirst. In Norwegen ist es genauso. Schweden ist vielleicht ein bisschen offener. Ich bin gern im Ausland.

ILT: Bei der Veranstaltung gestern wurden Ihnen viele typische Autorenfragen gestellt, wer Sie inspiriert hat und wie Sie bei Ihrer Arbeit vorgehen und all das, und ich kam nicht umhin zu bemerken, dass Sie ein bisschen ungeduldig geworden sind, vielleicht sogar etwas genervt? Habe ich da eine Wut in Ihnen gesehen? Verspüren Sie manchmal Antipathie Ihren Lesern gegenüber?

MN: Nein.

ILT: Werden Sie manchmal wütend?

MN: Ja, das tu ich. Es gibt so viele verschiedene Menschen, und unter ihnen sind Leute, die nicht wirklich zuhören, die versuchen, einen in ein System zu integrieren, das sie bereits kennen. Ich fordere von meinem Publikum die gleiche Offenheit, die ich von mir selbst verlange.

ILT: Wenn ich Ihre letzten Romane lese, habe ich den Eindruck, dass all das Zarte und Liebevolle in ihnen mit etwas Tyrannischem und Gewalttätigem einhergeht. Welche Beziehung besteht für Sie zwischen Liebe und Gewalt, Zärtlichkeit und Härte? Gibt es einen Zusammenhang zwischen diesen gegensätzlichen Kräften und dem Klosterleben, der Askese und der Ablehnung der Identität?

MN: Verliebtheit kommt der Ekstase ziemlich nahe, man wird davon befreit, jemand zu sein, wie im Hunger. Aber wenn die Verliebtheit sich zu einem alltäglichen Rhythmus versteift, kann es passieren, dass sie zu ihrem eigenen Feind und ziemlich böse wird. Nicht, weil die Menschen böse sind, sondern weil eine Starrheit eintritt, ein lebendiger Tod, etwas Lebensfeindliches, das Macht ausübt oder gewalttätig wird.

ILT: Geht die Liebe immer mit so etwas schwanger?

MN: Ja, ich denke schon. Aber das Schönste ist eine Form der Liebe, die einerseits langweilig ist, andererseits jedoch eine solche Ruhe ausstrahlt, die einen entspannt, die nicht nach Ekstase sucht, nicht immerzu nach etwas Fantastischem verlangt, sondern sich dazu entschließt, sich einander total auszuliefern, nicht länger in der Schönheit der Ekstase zu verweilen, sondern im gewöhnlichen Alltagsrhythmus.

ILT: Da hätten wir vielleicht den Zusammenhang zwischen einer lang anhaltenden Liebe und klösterlichem Leben: Beides hängt von einer rituellen Herangehensweise an den Alltag ab. Gewohnheiten zu pflegen, sich mit Güte, Aufmerksamkeit und Respekt für die Grenzen des anderen umeinander herumzubewegen, sich nicht einzubilden, dass das Ziel eine Symbiose ist, sondern eine anspruchsvollere Art und Weise, gemeinsam allein zu sein, im Zusammenspiel mit Arbeit und der Welt außerhalb der Mikroutopie, die eine Paarbeziehung durchaus sein kann.

MN: Ja. Respekt vor der Einsamkeit des anderen.

ILT: Unter diesen Gesichtspunkten hat die lang anhaltende Beziehung vielleicht mehr mit kreativer Arbeit gemein als mit der spontanen, enthusiastischen Verliebtheit.

MN: Ja, Verliebtheit kann ein sehr kurzes Gedicht sein, aber zum Schreiben von Romanen eignet sich die alltägliche Liebe am besten.

ILT: Ihre Sprache ist voller Oxymora, Wortkombinationen wie »leuchtender Schatten« oder »abscheuliche Anziehung«. Was passiert in uns, wenn wir solche Paradoxe lesen, was sehen wir, wenn wir uns »leuchtende Dunkelheit« vorstellen?

MN: »Leuchtende Dunkelheit« ist ein Klischee, aber wenn man *neue* Paradoxe erschafft, dann lösen sie einen Schock aus, eine Explosion, und sind gleichzeitig total einleuchtend. Das findet sofort Anklang. Das ist etwas schockierend Wahres.

DIE LIEBE IN DEN ZEITEN DER
NEURODIVERSITÄT

Als wir uns das erste Mal begegneten, stiegen wir geradewegs auf das Damsgårdsfjell, Hand in Hand. Seine schmalen, kalten Finger verhakten sich mit seltsamer Kraft in meine, als würde er mich mit einer mir fremden Form von Autorität festhalten. Seine Füße fanden die richtigen Steine auf dem steilen, rutschigen Weg, obwohl er nie nach unten schaute. Sein Blick war nach oben gewandt, er hielt das Gesicht in den Schneeregen, der auf seinen Augenlidern und Lippen schmolz, während er eine verschnörkelte Melodie summte. K. hatte keine Worte. Er war damals zwölf Jahre alt, sah aber aus, als wäre er acht. Ich war zweiundzwanzig Jahre alt, desorientiert und ein bisschen deprimiert und hatte gerade eine neue Vertretungsstelle in einer Institution für Jugendliche auf dem Autismus-Spektrum angetreten.

Nachdem ich ein paar Wochen zuvor, an einem sehr regnerischen Tag, auf denselben Berg geklettert war, hatte ich an die Tür der Institution geklopft und gefragt, ob ich hier arbeiten könnte. Eine rotwangige Frau in meinem Alter sah mich an, wie ich dort klitschnass in dem sterilen Korridor stand, und fragte, wie ich damit zurechtkäme, wenn mich jemand schlüge. »Gut, denke ich«, sagte ich und wurde vom Fleck weg eingestellt.

In den folgenden drei Jahren arbeitete ich bei

drei verschiedenen Entlastungseinrichtungen für Menschen auf dem Autismus-Spektrum in und um Bergen. Der Ablauf war immer der gleiche: Jeden Tag wurde mir ein Kind oder eine Jugendliche zugeteilt, und ich musste dafür sorgen, dass er oder sie satt, sauber und hoffentlich irgendwie stimuliert wurde – entweder durch einen Spaziergang, ein Lied oder durch Kontakt mit anderen Körpern und Stimmen. Nur wenige von uns hatten eine fachliche Ausbildung, aber wir gaben stets unser Bestes, was selten zu genügen schien, und doch fühlte sich unsere Arbeit sinnvoll an, vielleicht nicht unbedingt für die Kinder, aber zumindest für uns. An den Wochenenden arbeitete ich Dreizehn-Stunden-Schichten in einer Einrichtung außerhalb der Stadt, Schichten, die es mir ermöglichten, das Kind zu wecken und auch wieder ins Bett zu bringen, den ganzen Tag über denselben Körper zu betreuen, von Schlaf zu Schlaf. Ich nahm den Zug dorthin, ging im Morgendunst den Berg hinauf, zu einem kleinen Haus, das man hören konnte, bevor man es sah: Winzige Hände schlugen an die Fensterscheiben, ein Plastikbecher knallte auf den Frühstückstisch. An schlechten Tagen konnte man das gutturale Brüllen des dürren Mädchens im Keller hören, das fast immer Schmerzen hatte.

K. war oft der Erste, den ich sah, er stand viel früher auf als alle anderen, setzte sich aufs Fensterbrett und lachte über Staubkörner, die im Licht des Sonnenaufgangs tanzten. Wenn er nicht auf dem Fensterbrett saß, vermutete ich, dass er sich in eine Decke eingerollt und im Schrank versteckt hatte. Ich ging zu ihm, nachdem ich mir eine Tasse Kaffee genommen hatte, setzte mich auf seine Bettkante und summte unsere Geheimmelodie – das Zeichen, das wir vereinbart hatten, wenn wir den Tag zusammen verbringen würden –, bis er aus seinem Versteck hervorgekrochen kam, den Kopf in meinen Schoß legte oder mir einen Fuß hinstreckte, den ich massieren sollte. Jedes Mal, wenn ich für ihn verantwortlich war, gingen wir hinaus in den Wald. Manchmal nahmen wir den Zug in die Stadt, stiegen auf den Fløyen und setzten uns in Cafés, bestellten stark gewürzte Suppen, die er mit einer Begeisterung in sich hineinlöffelte, die dem faden Institutsessen nicht vergönnt war. Er hatte immer einen Stock oder einen Schnürsenkel dabei, den er im Rhythmus seines eigenen wortlosen Liedes auf den Weg schlug oder peitschte, ganz in die Studie vertieft, wie Stock oder Senkel auf unterschiedlichen Texturen wie Wurzeln, Moosen oder Schlamm klangen. Er sah mir nie direkt in die Augen, aber er lehnte sich zu mir rüber, nahm meine Hand und zeigte mir, was er wollte, gab mir das Gefühl, ich verstünde ihn besser als die anderen Betreuerinnen. Kein anderer Mann hat es geschafft, dass ich mich so geehrt fühlte, von ihm auserwählt worden zu sein.

Ich begann, mich eindringlicher mit dem Thema zu beschäftigen, las Bücher über das Autismus-Spektrum, die von Eltern, Wissenschaftlerinnen und Menschen auf dem Spektrum selbst geschrieben worden waren. Die Schilderungen von Personen mit einer autistischen Wahrnehmung fand ich besonders eindrucksvoll. Beispielsweise Donna Williams' Beschreibungen ihrer eigenen wortlosen Kindheit, Beschreibungen des Zustands, in einem Kopf zu leben, der Eindrücke nicht in einer sensorischen Hierarchie organisiert, sondern allen Geräuschen und Bildern die gleiche Bedeutung beimisst. Williams veröffentlichte 1991 ihre erste Autobiografie, andere Autorinnen taten es ihr nach und schrieben über ihren eigenen Autismus, wie Temple Grandin, die geniale Charmeuse in Cowgirl-Klamotten, die ihren einzigartigen Einblick in die Erfahrungswelt der Tiere dazu genutzt hat, um die Haltung von Kühen in der Fleischindustrie zu revolutionieren. Das Architekurkollektiv Snøhetta hat sich angeblich bei der Neugestaltung des Times Square von ihren Hütemethoden inspirieren lassen. Im Jahr 2014 erschien *Warum ich euch nicht in die Augen schauen kann: Ein autistischer Junge erklärt seine Welt* auf Deutsch. Bei der Publikation handelt es sich um ein Interview mit dem dreizehnjährigen Japaner Naoki Higashida, der auf Fragen wie »Warum springst du?« antwortet: »Wenn ich springe, fühlt es sich an, als ob meine Gefühle in den Himmel steigen.« »Warum bist du so gern im Wasser?«, lautet die nächste Frage. »Weil wir eine andere Sorte Menschen sind«, antwortet Higashida. »Wir wurden mit urzeitlichen Sinnesorganen geboren.« Higashida meint, autistische Menschen seien »außerhalb der herrschenden Zivilisation geboren«.

Seit ich meinen Job an der Institution begonnen habe, hat die Debatte über Autismus eine Wende genommen, sowohl in Norwegen als auch international. Steve Silbermans *NeuroTribes (Geniale Störung)* aus dem Jahr 2015 ist eines von mehreren bahnbrechenden Büchern, das zu einem Paradigmenwechsel auffordert: Phänomene wie Autismus sollten nicht mehr nur als Krankheit oder »Entwicklungsstörung« verstanden werden, sondern als Ausdruck der neurologischen Vielfalt der menschlichen Spezies. Silbermans erster Text über das Autismus-Spektrum war eine Reportage aus dem Silicon Valley, in dem Gerüchten zufolge eine extrem hohe Anzahl autistischer Kinder geboren wurde. Es stellte sich heraus, dass sich fortpflanzende Computer-Nerds dazu neigen, eher superkluge Kinder auf dem Spektrum zur Welt zu bringen als andere Berufsgruppen. In *NeuroTribes* nuanciert Silberman das Bild, das er in der Reportage skizziert hat, und stellt tiefgründigere Fragen darüber, welche Bedeutung Autismus hat: historisch, medizinisch und philosophisch. Das Buch beinhaltet eine Reihe von ehrlichen und intimen Porträts, voller Ehrfurcht, Faszination und Liebe, formuliert in nackter Prosa, die wirklich wie ein Fenster zur Welt ist – zu einem Teil der Welt, der oft durch fettige Institutionsbrillen verzerrt dargestellt wird.

Als ich *Syngja* (Singen), Lars Amund Vaages Roman über einen Vater und seine Tochter auf dem Spektrum, zum ersten Mal las, mochte ich das Buch nicht. Es war unklug und voller schlechter Wortspiele; ich konnte nicht verstehen, warum es sowohl mit dem norwegischen Literaturpreis Brageprisen ausgezeichnet als auch von vielen Kritikern hochgelobt wurde. Vielleicht ärgerte ich mich, weil ich zu dieser Zeit, ständig von der Arbeit in der Entlastungseinrichtung eingenommen, nicht wusste, wie ich mit der Nähe eines Vaters zu einem Universum umgehen sollte, in dem ich nur Touristin war. Für uns Vertretungsbetreuerinnen gab es keine Eltern. Wir nahmen nicht an Versammlungen oder Abschlussfesten teil, Familienmitglieder trafen wir nur im Vorbeigehen, zwischen Tür und Angel, um Kinder und Spiderman-Rucksäcke zu übergeben. Vielleicht kam es uns einfach zu abwegig vor, innezuhalten und auf uns wirken zu lassen, dass es ihre Kinder waren, um die wir uns kümmerten, denen wir Essen gaben, mit denen wir kuschelten und die wir am Ende des Tages verließen, wenn die Eltern wieder übernahmen, von der Wiege des einen bis ins Grab der anderen.

Meine Vorbehalte gegenüber *Syngja* verschwanden, als ich Vaage 2016 in einem Autorengespräch bei den Nynorsk-Festspielen erlebte und sah, wie verletzlich er dasaß, sich dem Publikum öffnete und erzählte, was ihm die Arbeit an diesem

Buch abverlangt hatte. In dem Jahr erschien sein Buch *Sorg og sang* (Trauer und Musik), in dem er schildert, wie es sich anfühlt, aus dem eigenen Leben mit einem autistischen Kind zu erzählen; ein Buch über das Schreiben im Allgemeinen und über das Spannungsfeld zwischen Wahnsinn, Sprachlosigkeit und dem Drang, etwas zu erschaffen. In der Ausgabe 1/2016 der Zeitschrift *Vagant* schrieb Olaug Nilssen, deren Sohn ebenfalls auf dem Spektrum ist, einen offenen Dankesbrief an Vaage, für die Arbeit, die er mit diesen beiden Büchern geleistet hat, für seinen Mut, mit dem er an die Öffentlichkeit gegangen ist, und für sein Reflexionsniveau. Sie lobte Vaage für seine Beharrlichkeit zu reflektieren, statt zu exponieren – »Nein, du bist kein Intimitätstyrann, dafür bist du zu weise« –, kündigte jedoch auch an, in ihrem eigenen Buch noch schonungsloser über das Leben mit einem Kind auf dem Autismus-Spektrum zu schreiben. Dieses Buch ist inzwischen veröffentlicht und mit dem Brageprisen ausgezeichnet worden. Nilssen, die sich auf Facebook als »Schriftstellerin und Schrapnell« bezeichnet, hat es geschafft, sich nach der Veröffentlichung von *Tung tids tale* (Gespräch über schwierige Zeiten) im Jahr 2017 sowohl als Schriftstellerin als auch als Aktivistin einen Namen zu machen, ohne dass eine Rolle von der anderen untergraben wird. Eine ihrer konkreten, großartigen Errungenschaften ist, dass sie, gemeinsam mit anderen Eltern, Sonderpädagoginnen und Betreuern den langen, schweren Kampf gegen die Schließung der Tveiterås-Schule in Bergen gewonnen hat, einer Spezialschule, an der Kinder wie die von Nilssen und Vaage unterrichtet werden. Trotzdem ist sie sich nie ganz sicher, ob es richtig war, das Leben mit ihrem Sohn so schonungslos darzustellen. In einem Brief an Vaage fragt sie, warum er in der Öffentlichkeit nicht öfter über seine Tochter spreche:

> Ich stelle mir immer wieder diese Fragen, wenn ich allgemein versuche, meine Erfahrungen mit einem Kind auf dem Spektrum zu formulieren; wenn ich mich interviewen lasse, aber nicht möchte, dass das Kind bloßgestellt wird. Es gibt viele wichtige Gründe dafür, das Kind hat schließlich eine Privatsphäre und ein Bedürfnis nach Sicherheit und Geborgenheit, aber ein weiterer Grund ist auch, dass ich mich und meinen Jungen nicht gemeinsam ausliefern will.

In dem Brief an Vaage schreibt sie, wie sich die Elternrolle ändert, wenn man ein Kind hat, das weit über die Kapazitäten der meisten Eltern hinaus betreut werden muss, und über die Härte, die sich aus einer solch extremen Situation ergibt:

> Ich bin nicht kalt. Ich vernachlässige mein Kind nicht. Aber mir ist klar, dass man als Elternteil zu kurz kommt, wenn die Verant-

wortung so überwältigend ist, und man muss um Hilfe bitten. Und es entsteht eine gewisse Kälte, wenn man rational ist, es entsteht eine Kälte, wenn man einsieht, dass man zu einer besseren Mutter oder einem besseren Vater wird, wenn man einen Großteil der Verantwortung an andere abgibt. Es entsteht eine Kälte, wenn man lernt, Extremsituationen professionell anzugehen, es entsteht eine Kälte, wenn man sich an das Extreme gewöhnt.

Sie erzählt, wie schwierig es mitunter sein kann, sich mit einem Kind auf dem Autismus-Spektrum in der Öffentlichkeit zu bewegen, denn die Eltern-Kind-Beziehung ist anders, nicht nachvollziehbar für die meisten Menschen, eine Beziehung, die leicht als kalt und distanziert aufgefasst werden kann. Über ihren Sohn sagt Nilssen: »Wir haben ein gutes Verhältnis, aber das ist für andere nicht so leicht zu erkennen. Das Verhältnis zu einem autistischen Kind kann nicht mit dem Verhältnis zwischen Eltern und neurotypischen Kindern verglichen werden.«

Die Skepsis von Literatinnen gegenüber Autoren, die sich der Öffentlichkeit ausliefern, geht auf einen akademischen Rückenmarksreflex zurück, bei dem alles auf zeitgenössische Tendenzen reduziert wird, als wäre diese Art von Literatur nur eine Fußnote in Richard Sennetts Kritik an der Intimitätstyrannei oder in Christopher Laschs

Porträt der »narzisstischen Kultur«. Angesichts solcher Reduzierungen möchte man darauf bestehen, dass wir als Leser durchaus dazu in der Lage sind, alles anzunehmen, was Vaage und Nilssen schreiben, wohl wissend, dass ihre Bücher keine Diskussionsbeiträge über die Trennlinie zwischen Privatsphäre und Öffentlichkeit sind und dass keine Nabelschau oder Sensationslust dahintersteckt, wenn sie so derb und ehrlich wie möglich über etwas so Wichtiges schreiben wollen.

Das Auffälligste an den vielen liebevollen, düsteren Schilderungen der Eltern von Kindern auf dem Autismus-Spektrum ist, wie ausgeliefert diese Eltern sind – bombardiert mit Missverständnissen und lauten Meinungen Fremder, wie sie mit ihren Kindern umzugehen haben. Es gibt einen riesigen internationalen Markt für diverse Heilmittel, einen zwielichtigen Markt, der die Verwundbarkeit der Eltern ausnutzt und dessen Machenschaften Silberman in *NeuroTribes* aufzudecken versucht. Es tut weh, ihn zu Familien zu begleiten, die natürlich alles für ihre Kinder tun wollen und dazu bereit sind, jedweden Zweifel an Quacksalbern beiseitezuschieben, die behaupten, sie könnten die Kinder »reparieren« und sie »normal« machen – dass Autismus nur eine Folge von Impfung oder falscher Ernährung sei. In den Einrichtungen, in denen ich arbeitete, ernährte sich die Mehrheit der Kinder gluten- und laktosefrei – man geht davon aus, dass es sich dabei um eine vorteilhafte Ernährung für Kinder des

Spektrums handelt. Einige Familien gehen weiter und zahlen große Summen für Reisen in die USA, vorzugsweise nach Kalifornien, wo sie sich und ihre Kinder zu Kursen, Behandlungen und Diäten anmelden. Diese Kinder kehren mit Körben voller Luxuslebensmittel und detaillierten Zeitplänen für die Nahrungsaufnahme in die Einrichtungen zurück. Und wenn der Abend anbricht und K. sein trauriges glutenfreies Knäckebrot mit Mills Kaviar vorgesetzt bekommt, sitzt am anderen Ende des Tisches ein Amerikarückkehrer vor seinem Biohühnchen, drapiert mit gedämpftem Spargel und ökologischem Honig.

•

Als ich das erste Mal einen epileptischen Anfall bei einem der Kinder miterlebte, die ich an jenem Tag betreute, rief ich um Hilfe, auch wenn wir nichts anderes tun konnten, als die Dauer des Anfalls zu messen und aufzupassen, dass das Mädchen sich nirgends den Kopf stieß. Ich nahm die Spritze mit dem Stesolid aus der kleinen Tasche, die um meinen Bauch gebunden war, und zog ihr die Hose runter, doch der Anfall klang ab, bevor ich ihr die sedativ-hypnotische Flüssigkeit injizieren musste, die den Körper dazu bringt, die Nervenzellen zu hemmen und das Kind von den Krämpfen zu befreien, die das Gehirn ausgelöst hat. Als sie wieder zu sich kam, sah sie mich mit einem erschöpften Blick an, der im Gesicht des kleinen

Kindes so fehl am Platz war, dass ich mir lieber vorstellte, sie sei an einem anderen Ort gewesen, habe etwas anderes gesehen und habe Zugang zu etwas, das ich nicht verstehen konnte. In solchen Augenblicken fällt es schwer, den verherrlichenden Vorstellungen über »das Verrückte« zu widerstehen – es ist einfach zu wunderbar, als dass es sich um einen Mangel handeln könnte, um eine Fehlprogrammierung. Sie war nicht fehlprogrammiert, sie war einfach nur anders als ich, menschlicher. Für derartige Ansätze gibt es keinen Platz in der wissenschaftlichen und humanistischen Herangehensweise an das Autismus-Spektrum, bei der es nur darum geht, alles zu reparieren, was zwickt und drückt, und ständig nach Gleichheit und »Normalisierung« zu streben – eine Herangehensweise, die uns erklären will, warum Menschen auf dem Spektrum unbedingt in reguläre Schulklassen geschickt werden müssen, statt sie in Spezialschulen zu unterrichten. Die neuen Verstehensmodelle, repräsentiert durch Wörter wie »Neurodiversität«, sind flexibler und bieten mehr Spielraum. Jetzt wird auch der Idee Platz eingeräumt, dass das Autismus-Spektrum etwas radikal anderes sein kann – etwas Mächtiges und Rätselhaftes –, ein Zustand, der unter eigenen Bedingungen verstanden werden muss. Darin ruht die Erkenntnis, dass es oft *unser* Wunsch ist, nicht der Wunsch der neurodiversen Kinder, dass sie an neurotypische Kinder assimiliert werden sollten.

•

Raffael hat im Jahre 1520 das Gemälde *Transfiguratio Domini* geschaffen. Auf dem Gemälde existieren zwei Sphären, Jesus thront in der oberen Hälfte des Bildes, zwischen Mose und Elia. Unter ihnen im Dunkel: eine chaotische Menschenmenge, einer von ihnen ein Junge, der so aussieht, als hätte er einen epileptischen Anfall. Während alle anderen in langärmelige, dunkle Gewänder gekleidet sind und ihre Gesichter in Überwältigung vom Geschehen abwenden, sind die Kleider des Jungen aufgerissen, sein Gesicht ist nach oben gen Himmel gewandt. Seine Augen sind verdreht, seine bleiche, nackte Brust reflektiert das gleißende Licht aus dem Jenseits. Seine ausgestreckten Arme bilden eine Linie, die das Dreieck zwischen Jesus und seinen Jüngern vollendet. Eine heilige Dreifaltigkeit, vielleicht. Raffael scheint den Jungen an einer Kraft teilhaben zu lassen, für die der Rest der Menschenmenge keine Antenne hat. Diese Vorstellung wird gern als veraltet beschrieben: die Verrückten, die Empfindlichen und die Einfachen als Medien für das Göttliche.

•

Epilepsie ist ein zentrales Motiv in Kunst und Literatur, verbunden mit Inspiration, dem Unsagbaren, der Flucht vor der Zivilisation, Reisen in das seltsame Innere des Menschen. Dostojewski liebte seine epileptischen Anfälle, und Vincent van Goghs charakteristische gelbe Farbe war angeblich eine Nebenwirkung seiner Epilepsiemedizin. Antonin Artaud, der 1947 den Aufsatz »Van Gogh le suicidé de la société« (»Van Gogh, der Selbstmörder durch die Gesellschaft«) schrieb – ein Doppelporträt von van Gogh und Artaud selbst –, verteidigte nicht nur die »Verrückten«, sondern behauptete, dass sie in einer verrückten Gesellschaft als Einzige noch alle Sinne beisammen hätten. Artaud brannte Löcher in seine Manuskripte, um das Ungesagte zu markieren, und träumte von einem Theater purer Bewegung.

•

Mit *Sorg og sang* zieht Vaage Grenzen zwischen klinischen, neurologischen Zuständen und romantischen Vorstellungen von Wahnsinn. Vaages Werk ist dem stummen Kind zu verdanken: »Ihr Autismus prägt mein Schreiben in vielerlei Hinsicht, aber das Stumme spielt dabei noch eine besondere Rolle. Und von diesem Stummen will ich versuchen zu erzählen.« Parallel zu seinen Überlegungen bezüglich *Syngja* reflektiert er auch über seine anderen Bücher, darunter *Skuggen og dronninga* (Der Schatten und die Königin) aus dem Jahr 2010. Dieser Roman basiert auf seinen Erfahrungen mit einer schizophrenen Großmutter: »Ich wollte über etwas schreiben, das ich selbst mit angesehen hatte: die Kombination von

Wahnsinn und Liebe.« Von dem Kind lernen wir etwas über die komplexen Gefühle eines sprachlosen Menschen: über den Reichtum in unserem Innenleben, darüber, wie sich unsere Sinne aufgrund eines Mangels an Worten schärfen und wir somit autistische Züge in uns selbst erkennen können. »Ich bin auch Autist«, schreibt Vaage, »wir sind alle Autisten, und gleichzeitig ist niemand Autist. Autismus ist nur ein Wort.« Wir können sehen, dass Vaage viel von seiner Tochter gelernt hat, dass er Wahrheiten sagt und dass wir uns alle angesprochen fühlen können, wenn er schreibt: »Wir, ihre Angehörigen, sind ebenso entwicklungsgestört wie sie.« Wir seien alle entwicklungsgestört, und Vaage animiert uns dazu, uns in denjenigen zu spiegeln, die noch sonderbarer sind als wir selbst. Vaage ist großzügig, er ist bereit, uns Außenstehende die Andersartigkeit seiner Tochter als eine wertvolle Quelle der Sinnhaftigkeit betrachten zu lassen:

> Aber ich will nicht nur das Gesunde an ihr wertschätzen. Wir wollen nach dem Sinn im Wahnsinn suchen, in der Andersartigkeit, im Unbequemen, wir wollen uns dem beugen, wollen nicht daran glauben, dass unser eigenes Bild vom Menschen, das in uns gezeichnet wurde von Mächten, die größer sind als der Einzelne, das Wertvollste ist, das es zu studieren gilt. Wir müssen denjenigen zuhören, die anders sind als die anderen. Am sou-

veränsten waren und sind meine Liebsten,
mit denen irgendetwas nicht stimmt.

Wenn man alles ignoriert, was nur im Entferntesten an Romantisierung von Wahnsinn, Andersartigkeit und Inspiration und die Beziehung zum Unaussprechlichen erinnert, steht man Vaages Erläuterungen zu *Syngjas* Entstehungsprozess womöglich mit verschlossenen Augen und Ohren gegenüber. Vaage erzählt, dass der Roman einfach aus ihm hervorgesprudelt sei, nachdem er mehrere Jahre wortlos in ihm rumort habe. In *Sorg og sang* verbindet er diese Themen: Kreativität, Stummheit und Wahnsinn. Vaage antwortet auf die Vorwürfe, seine Bücher seien zu romantisierend, und fragt sich, was dieser Kritik eigentlich zugrunde liegt. Er versucht, diese Frage an einem Beispiel zu beantworten, am Beispiel einer Rezension über *Skuggen og dronninga*, in der eine autoritäre Stimme des Fachgebiets das Porträt der verrückten Großmutter kritisiert:

> Eine Rezensentin in der Zeitschrift des Ärzteverbands ist der Meinung, ich zeichne ein realitätsfernes und allzu positives Bild der Schizophrenie und der Menschen, die von ihr betroffen sind. In ihrer Rezension findet sich vielleicht auch die unausgesprochene Behauptung, dass nur die Mediziner wissen, wie der Schizophrene eigentlich tickt.

Einige Kinder der Institution schienen ihre eigenen Anfälle zu triggern. Mit zurückgelehntem Kopf, den Blick auf eine flackernde Neonlampe gerichtet, konnten sie sich in eine Art neurologische Ekstase *stimmen* (selbst-stimulieren) – eine Art Hirnorgasmus, stellte ich mir vor, bei dem das Ziel ist, die hyperaktiven Neuronen in einem schwarzen Synapsenloch im Hirn implodieren zu lassen. Die Gelehrten streiten sich noch darüber, was *stimming* eigentlich ist, aber das Phänomen sorgt dafür, dass es nicht langweilig wird, wenn man mit einer Gruppe Menschen auf dem Spektrum einen Jahrmarkt besucht oder auf eine Party geht, auf der sie eine Viertelstunde lang der Waschmaschine beim Schleudern zugucken können.

Für einige ist *stimming* ungefährlich, für andere tödlich. Im Badezimmer eines Jungen in der Entlastungseinrichtung mussten wir alle blanken Oberflächen abdecken, damit er seine Augen nicht in ihnen spiegeln konnte, eine seiner Lieblingsbeschäftigungen, die zu heftigen Anfällen führte, von denen er sich erst nach mehreren Stunden wieder erholte. Er erinnerte mich an Antoine Roquentin, den Protagonisten in Jean-Paul Sartres *La nausée* (*Der Ekel*), der sich so lange im Spiegel ansieht, bis nichts mehr Sinn ergibt oder bis der Mangel an Sinn so sehr schmerzt, dass er zusammenbricht.

In der Institution außerhalb der Stadt konnte ich stundenlang dasitzen und einem molligen kleinen Kerl dabei zuschauen, wie er mitten auf dem Linoleumboden saß und wahnsinnig beeindruckende Kunstwerke kuratierte. Er hatte die ihm eigene Fähigkeit, Würfel, Murmeln und Legosteine mit enormer Geschwindigkeit um ihre eigene Achse drehen zu lassen, lange und ohne Unterbrechung. Lachend und summend saß er da, vertieft in die Arbeit, glücklich, solange er die Dinge in seiner eigenen Geschwindigkeit tun durfte, so, wie ihm gerade zumute war. Ich saß da und schaute ihm zu und dachte, dass diese kleinen Künstler wirklich die Heiligen des Ungesagten sind, Artauds Traum-Dramaturgen, dass etwas derartig Romantisches auch einfach mal gesagt werden musste.

Manchmal, wenn ich mehrere Wochenendschichten hintereinander übernahm, übernachtete ich auf einer Matratze im Spielzimmer im Keller. Es tat gut, dort zu liegen, obwohl die Matratze nach Pisse und Chlor roch und der wortkarge junge Mann im Zimmer nebenan gerade die Masturbation für sich entdeckt hatte und jedes Mal, wenn er kam, in begeistertes Lachen ausbrach. Die Institution beanspruchte alle Sinne. Durch die Flure hallten Stimmen, wortreiche wie wortlose, es roch nach Blut, Chlor und Kotze. Getrocknete Nudelsoße klebte in meinen Haaren, die Kinder ziepten an ihnen, kratzten mich, warfen mir Exkremente ins Gesicht und bissen mir in den Arm, sodass ich zum Bereitschaftsarzt musste, der mir eine Tetanus-Spritze gab. Himmlisch. Die Institution bescherte mir Tage ohne Spiegel. Meine Haut wurde fettig, und der Alkohol in den sterilisierenden Seifen machte meine Hände trocken und furchig wie die Hände alter Matriarchinnen. Ich sah meinen Händen dabei zu, wie sie arbeiteten, genoss, dass sie allmählich sicherer wurden, rauer, stärker. Ich wollte wie eine dieser Frauen werden, die seit Jahren dort arbeiteten, die sich niemals verschrecken ließen, sondern alle Situationen mit der gleichen, beinahe unheimlichen Seelenruhe bewältigten. Ich wollte allen, die niemanden auf dem Spektrum kennen, von dem Drama in der Einrichtung berichten – aber das durfte man nicht, man durfte sich nicht mit dem Unglück anderer rühmen, das Autismus-Spektrum nicht zu etwas Exotischem machen, die Einrichtung nicht mit Narrativen von den edlen Wilden kolonialisieren. Die Kinder sollten geschont werden, das war die Idee, aber es fühlte sich wie Zensur an, bei der es eher darum ging, die Gesellschaft zu schonen. Ich rebellierte hier und da, ließ die Kinder fremde Menschen nerven, wenn wir im Wald unterwegs waren, ließ sie im Bus laut aufheulen und Blumen im Nygårdspark pflücken. Jetzt hattet ihr aber Glück, dachte ich über die Passanten, deren Tag durch diese kleinen, schönen Rebellen zu etwas Besonderem gemacht wurde.

Natürlich waren nicht alle Kinder und Jugendlichen stumm. Mir wurde manchmal ein kleiner Herzensbrecher um die dreizehn zugeteilt, der alles über Züge wusste, was es zu wissen gab, und der ganz konkret artikulieren konnte, wie frustrierend es war, mit einem Haufen jaulender Wahnsinniger in einer Entlastungseinrichtung zu wohnen. Wir fuhren oft in die Stadt, ins Naturhistorische Museum, ins Wissenszentrum und in die Kunstmuseen am Ufer des Lille Lungegårdsvann. Manchmal ließ der Schaffner uns ins Zugführerhäuschen, wo der kleine Schlauberger mit todernster Miene vor all den Knöpfen und Schaltern stand und sie ganz genau studierte.

Eines Tages – wir waren im Museumsviertel im Restaurant Lysverket, er lief an den Malereien vorbei, die dort an der Wand hingen, und legte nur vor den Bildern, die ihm am besten gefielen, kurze Trippelpausen ein, um mir dann ganz außer Atem zu erzählen, was er in den Farben und Linien erkannte, bevor er weitereilte – zog er mich plötzlich, mit einem brüllenden Lachen, am Jackenärmel. Er zeigte auf ein abstraktes Kunstwerk und rief: »Guck mal!«

»Was ist denn daran so lustig?«

»Hä?! Ida!! Das hängt auf dem Kopf!«

Er lachte sich schief, schlug sich auf die Schenkel wie ein Mann in einer Kneipe, bis irgendwann nur noch ein Glucksen zu hören war, und verkündete, dass wir jetzt hier im Museum fertig wären, mit einem Ton, bei dem ich den Verdacht schöpfte, dass er die gesamte Kunstindustrie durchschaut hatte. Wir gingen hinaus an die Frühlingsluft, Richtung Bahnhof. Unterwegs trafen wir einen Bekannten, der in Armeejacke, Palästinensertuch und mit zerzaustem Haar durch die Straßen streifte. Als der junge Radikale grüßend an uns vorbeigezogen war, drehte der Knabe sich mit strengem Blick zu mir um und sagte:

»Aber Ida, der *tut* doch nur so, als wäre er arm.«

Bis der Zug abfuhr, hatten wir noch etwas Zeit, also setzten wir uns an einen der Tische vor dem Café in der Ankunftshalle, ich kaufte mir einen Kaffee und Zeitungen, er bekam Kakao und Ritalin. Dann saßen wir schweigend da, bei einem perfekten Rendezvous, und schauten den Tauben zu, die über das Mosaik aus Kaugummifladen tapsten, in einer zugigen Ankunftshalle aus Glas, Ziegelstein und gebogenem Stahl – ein Denkmal für Geschwindigkeit und Bewegung und altmodischen Fortschrittsoptimismus.

DIE CHIRURGISCHE PRÄZISION DER DROHNENMETAPHER

Todesdrohnen machen Sinn. So viel Sinn, dass es eigentlich ein Wunder ist, dass die Drohne nicht die wichtigste literarische Figur unseres Zeitalters ist, denn die Todesdrohne, die Selfie-Drohne und die Überwachungsdrohne fassen das Ganze gut zusammen: Sie sind reine Rationalität, erschaffen vom Menschen, wenn er alles Menschliche verdrängt. Die Drohne lässt uns schweben, aus der Vogelperspektive heraus handeln, ohne anwesende Körper. Als Inbegriff von *Big Brother* und der Banalität des Bösen ist die Drohne fast zu perfekt: Selbst die neueste Drohnenreferenz wird schnell zum Klischee. Daher kann man zu dem Schluss kommen, dass es Zeit für einen umfassenden Überblick über die Kulturgeschichte der Drohne ist, für eine Sammlung von Fragmenten, die in einer Zeitkapsel aufbewahrt werden, die die Archäologen der Zukunft ausgraben können. Ein Entwurf:

> Ein Junge aus dem Jemen erzählt, dass die Todesdrohnen am Himmel über seinem Dorf seine Beziehung zum Wetter auf den Kopf gestellt haben. Er bevorzugt graue Tage statt sonnige, denn an grauen Tagen haben Drohnen schlechtere Sicht.

In einem Liebesgedicht, das unter einem unheilvollen Sternenhimmel in Islamabad entstanden ist, schreibt ein etwas creepy Verehrer: »Ich beobachte dich wie eine Drohne, meine Liebste.«

Als Teil seiner Charmeoffensive erzählte der Drohnenpräsident Barack Obama folgenden Witz über eine Boyband, für die seine Töchter schwärmten: »Die Jonas Brothers sind hier, sie sind irgendwo da draußen. Sasha und Malia sind die größten Fans. Aber Jungs, bevor ihr auf irgendwelche Gedanken kommt, gebe ich euch zwei Worte mit auf den Weg: ›Predator Drones‹. *You will never see it coming!*«

Kurz nachdem die USA Aufnahmen einer Drohne leakten, die angeblich einen IS-Kämpfer beim Sex mit einem Esel zeigten, wurde der weltweit erste mit Drohnen gedrehte Pornofilm, *Drone Boning,* unter dem Motto »*Make porn, not war*« veröffentlicht. Eine Drohnenkamera fliegt hoch über Berge, Strände und Wälder, wo sich kleine Gruppen nackter Körper weit unter ihr verausgaben. *Drone Boning* ist allem Anschein nach Pornografie für asexuelle, faule Landschaftsenthusiasten.

Amazon hat das langfristige Ziel, Päckchen mit Drohnen zu versenden – wahrscheinlich unerwünschte Waren, die durch unsere Fenster hineingeflattert kommen, zusammen mit der Notiz »Wir dachten, das könnte Ihnen auch gefallen«. Es werden Drohnen entwickelt, die auf Festivals Bier an Besucher ausliefern; und Dronendildos, die von im Ausland stationieren Soldatenpartnern ferngesteuert werden können.

GEGEN DAS KRITISCHE DENKEN

Als ich einundzwanzig Jahre alt war, traf ich einen amerikanischen Pfarrerssohn in einer Bar in Paris. Es war eine Open-Mic-Nacht im Culture Rapide in Belleville, organisiert von meinen Freunden aus der englischsprachigen Expat-Community. Es war Valentinstag, das Thema des Abends war also Liebe. Er kam erst später dazu, setzte sich allein an die Bar und trank ein Bier. Hochgewachsen und athletisch, nicht hübsch, aber auf knochige Weise gut aussehend. Er trug einen Malerkittel, eine Mütze und Slipper. Er kannte niemanden, bat aber trotzdem darum, auf die Bühne gehen zu dürfen. Er sei der Hausmeister der benachbarten Kirche, sagte er, und trug ein Gedicht vor über die Zeit, in der er sich im Horse Shoe Café in Bellingham, Washington, in eine Kellnerin verliebt hatte. Das Gedicht war lustig, wie eine Stand-up-Routine, seine Stimme war kräftig und eigenartig, die Aufführung völlig ohne Ironie. Er zwang den Raum in die Knie, die Leute lachten sich tot, die Mädchen sahen aus, als würden sie jeden Moment von ihren Stühlen rutschen. Obama war gerade Präsident geworden, also waren wir vielleicht alle besonders empfänglich für christlich-amerikanischen *swag*.

Ich hatte keine Ahnung, wie er hieß, aber ich war bis über beide Ohren in ihn verknallt. In meinen Notizbüchern nannte ich ihn den Gnom, denn er hatte diese rote Fischermütze getragen, die seine Ohren abstehen ließ. Drei Wochen später sprach ich das erste Mal mit ihm, und am folgenden Wochenende übernachtete ich bei ihm, in einem Zimmer hinter dem Altar, wo wir am nächsten Morgen zu den Gesängen einer chinesischen Gemeinde erwachten. Er wohnte kostenlos in der Kirche direkt neben der Bar, als Gegenleistung für seine Hausmeisterdienste. Die breiten Türen des Zimmers, das ihm auch als Atelier diente, führten hinaus in einen grünen Hinterhof, den er sich mit der Familie des Küsters teilte. Dessen fünfjährige Tochter sah ihn an, wie auch ich ihn angesehen haben musste: zappelig und mit großen Augen. Sie wusste nicht, was sie tun sollte, um ihn zu verzaubern. Also machte sie gern Gymnastiktricks jenseits der großen Türen vor seinem Schreibtisch.

Er war zwischen Bibeln und Waffen aufgewachsen, auf Kirchenbänken verschiedener Militärbasen. Sein Vater war Militärgeistlicher in Afghanistan und im Iran gewesen, wo er Seelsorge geleistet und bewaffneten Jungs versichert hatte, dass Gott auf ihrer Seite war, wenn sie den Abzug drückten. Der Gnom war als Teenager aus der Kirche ausgetreten, wurde jedoch nach zehn Jahren auf schiefer Bahn wiedergeboren, diesmal in eine linksradikale Gemeinde in Oakland hinein, die eine Interessengruppe für illegale Einwanderer leitete. Die Gemeinde teilte ihm einen Bürojob zu und eine große Wand im Foyer, die er nach zwei

Jahren Arbeit in eine gigantische Wandmalerei über die Sintflut und das Jüngste Gericht verwandelt hatte.

Sein Charme war ihm durchaus bewusst. Er meinte, das käme von umgeleiteten evangelischen Impulsen. Die Mischung von Autorität und Charisma könnte einen hervorragenden Sektenführer aus ihm machen, sagte er, doch stattdessen beschäftigte er sich mit Theater, Stand-up und Malerei, um seiner eigenen Macht den Zahn zu ziehen. Obwohl er viele mehr oder weniger idiotische Verschwörungstheorien herunterbetete, war er schlau, und es waren diese Gegensätze, mit denen er jeden, den er traf, in seinen Bann zog. Unter anderem war er ein *truther*, also jemand, der daran glaubt, dass der 11. September ein *inside job* war. Außerdem war er der Überzeugung, man könne nicht wirklich mit einer anderen Person intim werden, ohne dass Gott in den Herzen beider anwesend sei, sodass der Akt zu einer Art Dreier mit dem Heiligen Geist werde: »Zwei Menschen *und* der Heilige Geist. *Das* ist die heilige Dreifaltigkeit.« Nach einer Weile war ich mir nicht mehr sicher, ob das, was ich fühlte, wirklich Verliebtheit war oder ob es eher an den Enthusiasmus eines Naturdokumentarfilmers erinnerte, der eine vom Aussterben bedrohte Art vor die Linse bekommen hatte. Begeistert war ich trotzdem, denn was ist schon heißer als ein Typ, der nach dem Sex keine raucht, sondern mit gequältem Gewissen auf die Knie fällt und um

Vergebung bittet? Wir wurden ein Paar, bis ich wieder nach Norwegen zurückging. Dort besuchte er mich zwei Mal, erst im Sommer und dann im Winter, in dem wir uns stritten und uns trennten. Danach sahen wir uns drei Jahre lang nicht, bevor er eines Abends plötzlich wieder auftauchte, in einer Bar in Brooklyn, und für ein paar Wochen ins Astral einzog.

Ein Jahr später besuchte ich ihn in Bellingham, einer kleinen Stadt außerhalb Seattles. Wir fuhren durch die merkwürdige nordwestamerikanische Landschaft, durch Regenwälder, Seenlandschaften, an gigantischen Farmen und *strip malls* vorbei, während er aus vollem Halse sang. Er kanalisierte Freddie Mercury, Aretha Franklin und Dusty Springfield, den Soundtrack unserer Verliebtheit, wahrscheinlich, um mich daran zu erinnern, welchen Stellenwert er seiner Ansicht nach bei mir haben sollte: The only boy who could ever teach me, was the son of a preacherman. *The only one who could ever reach me, was the sweet-talkin' son of a preacherman.*

Das war eine Woche bevor ich meine Masterarbeit einreichen sollte, ich hatte die Absicht, während meines Besuchs zu arbeiten, und er hatte mir seine Hilfe zugesagt. Aber nachdem er den Entwurf der Arbeit gelesen hatte, ein Flickenteppich prätentiöser akademischer Positionen – mein letzter Versuch knallharten akademischen Schreibens –, wurde er wütend. Er war enttäuscht, dass ich auf dem Papier so unklug war, und die Enttäuschung machte ihn wütend. Er fand, die Texte seien Schund, von bedeutungslosem Leichtgewicht, eine Form der Kritik, der es nur gelinge, Dinge auseinanderzunehmen, nicht, etwas Neues zu schaffen.

Er sagte: »Es kommt mir so vor, als ob der Trend, sich selbst und andere zu korrigieren, ohne eine Vorstellung davon zu haben, was letztendlich gut ist, was Gott ist, einen in den Wahnsinn treibt.« Sein Urteil war vernichtend. Ich stimmte ihm vollkommen zu. Ich brauchte einfach nur eine andere, weltlichere Art, das zu formulieren.

Welche Art von Sündenbock ist der Gläubige? Vielleicht ist der religiöse Fanatiker das perfekte Objekt für den Groll, den wir verspüren, wenn wir selbst den Zugang zur Leidenschaft verloren haben oder uns aus irgendeinem anderen Grund hohl und erschöpft fühlen. Vielleicht entstehen solche charismatischen Gläubigen eher als Reaktion auf den missionarischen Säkularismus statt umgekehrt, und dieser Gnom erschien mir daher als eine Art kollektiv produzierter Fantasiefötus, eine Art Verliebtheit, deren Ursprung auf meine Kindheit unter spirituell einfallslosen Materialisten zurückzuführen ist. Oder vielleicht war er einfach nur lieb und groß und lustig. Immerhin war es lange her, dass Religion in Norwegen ein echtes Konfliktpotenzial darstellte.

Oder? Wir haben jeden Grund, die »christlich-konservative Lobby« zu fürchten, wenn wir der Religionswissenschaftlerin Ingrid Vik glauben sollen, die im Jahr 2015 *Guds lobby* veröffentlicht hat. »Gottes Lobby« steht, angeblich, in enger Verbindung zur rechtskonservativen Regierung; ihre Repräsentanten seien jung und rhetorisch schlagfertig, und das Oslo Symposium – eine jährlich stattfindende christliche Veranstaltung im Folkets Hus – habe ordentlich Wind in den Segeln und sei, was seine politische Durchschlagskraft betrifft, äußerst optimistisch. Die Gebetshauskultur habe ein urbanes *makeover* erhalten: Junge norwegische Abtreibungsgegner reisen in die USA, um von der Pro-Life-Bewegung zu lernen. Die Leute im Thinktank Skaperkraft seien besonders hinterlistig: Sie gäben sich als salonfähige Akademiker aus und nicht als die Fanatiker, die sie wirklich seien.

Guds lobby ist eine Serie von Porträts norwegischer Christlich-Konservativer, die aus verschiedenen gesellschaftlichen Positionen heraus eine Form des politischen Einflusses ausüben. Vik begann an dem Buch zu arbeiten, nachdem der 2012 in der Zeitung *Fædrelandsvennen* veröffentlichte Artikel »Vier Mythen über Abtreibung« sie zutiefst erschüttert hatte. »Hinter dieser koketten Sprache«, schreibt sie, »vermute ich [...] eine antifeministische Eisfront gegen alle, die das Recht der Frauen auf selbstbestimmte Abtreibung unterstützten. Das war eine schlichtweg kompromisslose Darlegung, ohne jeglichen Bezug zu Religion oder Glaube, die von überzeugenden Kommunikatoren vorgebracht wurde.« Es stellte sich heraus, dass der neu gegründete christliche Thinktank Skaperkraft dahintersteckte, eine Organisation, die Vik als »Elite-Team in der christlich-konservativen Bewegung« bezeichnet. Der Geschäftsführer von Skaperkraft, Hermund Haaland, trete als eine Art christlicher Spindoktor auf, der »das Christentum auf positive Weise vermarkten« wolle. Das heißt, sie sprächen mit einem anderen Publikum. Während die rechtspopulistischeren Akteure »die breiten Massen des Volkes beeinflussen werden«, richte Skaperkraft seine schweren Geschütze auf Organisationen, die christliche Akademie und das norwegische Parlament.

Vik behauptet, dass, obwohl Skaperkraft eine weltliche Sprache verwende, Himmel und Hölle für sie ebenso eine starke Realität seien wie für »die herkömmlichen Christen«. Aber ist der Unterschied in der Form nicht wichtig? Der Herausgeber der christlichen Zeitung *Dagen*, Vebjørn Selbekk, der in den Fernsehnachrichten sagte, er halte *Guds lobby* für ein gutes Buch, hat eine Offenheit und eine intellektuelle Haltung, die etwas völlig anderes repräsentiert als die amerikanischen christlichen Fundamentalisten. Aber Vik zuckt mit den Schultern und sagt: andere Mittel, gleiches Ziel.

Die Attraktivste in Viks Persönlichkeitsgalerie ist Lill May Vestly, »die Hausfrau aus dem

Sørland, die für das Recht der Mütter kämpft, ein Leben als Hausfrau dem Berufsleben vorzuziehen«. In einem knallroten Kleid und mit einer Puppe auf dem Arm betritt sie die Bühne des Oslo Symposium und verzaubert das Publikum. »Wir haben sehr unterschiedliche Auffassungen, was die meisten Themen betrifft«, schreibt Vik über Vestly. »Es macht mir deshalb Sorgen, dass so viele Leute Vestly zuzuhören scheinen. Einerseits natürlich, weil sie für eine Politik kämpft, mit der ich selbst überhaupt nicht einverstanden bin, aber auch, weil sie die andere Seite – das heißt Feministinnen wie mich – so leichtfertig als einseitig, verurteilend und instrumentell darstellt.«

Macht Vik mit ihrer Gegendarstellung nicht genau das Gleiche? Sie sagt – etwas herablassend –, dass sie Vestly um »ihren Antrieb und die Fähigkeit, die Nuancen zu überhören«, beneide, aber vielleicht sollte sie sich selbst lieber um die Nuancen kümmern, statt sich auf das Niveau der Populisten hinabzulassen, indem sie sich in Vestly spiegelt. Laut Vestly besteht nämlich ein Konflikt zwischen »kaltem Staatsfeminismus« und »warmen Familienwerten« – Vik überträgt diese lapidare Beschreibung und erkennt ihrerseits einen Konflikt zwischen »progressiven Feministinnen« und »rückständigen Christlich-Konservativen«. Wenn die Sachbuchautorin mit einem »Ich« referiert, ist dies ein Signal dafür, dass sie bereit ist, schriftlich über die Position nachzudenken, aus der sie schreibt. Daher ist es gut, dass Vik betont, ihre Motivation hinter dem Buch sei teilweise politisch gewesen. Das Problem ist, dass sie an der Stelle aufhört, ohne ihren eigenen Glauben abzugrenzen und ohne die Vielfalt der Motive derer, die sie porträtiert, ernst zu nehmen. Wenn die politische Motivation der Autorin schwerer ins Gewicht fällt als die Bereitschaft zum kritischen Denken, wird Sachprosa oft dogmatisch und verspielt ihren Effekt. Und in einem ideologisch homogenen Land wie Norwegen stellen die sich in absoluter Sicherheit wiegenden Intellektuellen, die das Gefühl haben, beiläufig über ein großes »Wir« sprechen zu können, eine möglicherweise größere Bedrohung für die politische Kultur dar als eventuelle Umwälzungen, hervorgerufen von ideologischen Underdogs – egal, ob nun von schleichender Islamisierung oder schleichender Christianisierung die Rede ist. Bücher wie dieses bringen mich eher nicht dazu, die Splitter in den Augen der Konservativen zu erkennen, sondern vielmehr die Holzbalken in unseren eigenen.

WÜTENDE MÜTTER

In einem Sommer vor einigen Jahren war ich ganz verzaubert von einer Republikanerin, die mir erzählte, sie habe sich mit dem Selbstmord ihres Sohnes versöhnt. Er sei einfach nicht für das Leben gemacht gewesen, sagte sie lakonisch, während wir im Hudson River schwammen. Wir waren in der Mitte des Flusses, als sie das sagte. Vorher hatten wir nur über Politik und Literatur gesprochen, ohne dabei besonders ins Private zu gehen. Ich wäre nicht auf die Idee gekommen, sie zu fragen, ob sie Kinder habe. Ich hielt inne, schwamm auf der Stelle, mir fiel keine passende Reaktion ein. Durfte man so etwas sagen? Konnte eine Mutter ihr eigenes Kind wirklich zugrunde gehen lassen? Konnte eine Mutter dem eigenen Sohn den Segen geben, sich das Leben zu nehmen?

Die Republikanerin war Historikerin, vielleicht zwanzig Jahre älter als ich, muskulös und schlagfertig, mit krausem Haar, sehnigen Händen und einem coolen Kleidungsstil. Ideologisch gesehen unterschied sie sich von den anderen am Skidmore College, der links orientierten Schule im nördlichen Teil des Bundesstaates New York, an der sie unterrichtete und wo das Seminar stattfand, bei dem wir uns getroffen hatten. Wir verstanden uns auf Anhieb, und irgendetwas an dieser potenziellen Freundschaft fühlte sich beinahe grenzüberschreitend an, denn ich war immer noch relativ neu hinzugezogen und wollte nicht den Eindruck erwecken, mich von einer konservativen Amerikanerin um den Finger wickeln zu lassen, die sowohl gegen das Waffenschutzgesetz als auch gegen Obamacare war. Sie war eine ungewöhnliche, sexy Zynikerin, eine Wächterin der Geschichte. Ich wollte jede freie Minute mit ihr verbringen und war so verwirrt von meiner Faszination, dass ich rot anlief und über meine eigenen Füße stolperte.

Wir hatten uns vom Seminar davongeschlichen und waren im Wald auf ausgetrockneten Pfaden spazieren gegangen. Adler zogen über den Wipfeln der Fichten ihre stummen Kreise. Wir bestiegen einen kleinen Berg und beschlossen, zurück im Tal in dem Fluss schwimmen zu gehen, der einmal quer durch den ganzen Bundesstaat fließt, westlich an Manhattan vorbei, und in den Atlantik mündet. Das Wasser fühlte sich dort oben an seinem Ursprung frisch und reinigend an, unter einem Himmel voller Raubvögel.

Das Seminar in Skidmore, bei dem sich die Literaturprominenz, reiche Hippies und mehr oder weniger unter Wahnvorstellungen leidende Nachwuchsautorinnen zu Cocktailsause, Lesungen und Schreibwerkstätten versammeln und sich in plappernden Grüppchen, bestehend aus Leinenanzügen und diskreten Faceliftings, im Garten tummeln, findet jedes Jahr statt. Ich hatte die Abende schweigend unter einer Magnolie verbracht, von dort aus hatte ich einen guten Blick auf das *mingling*. Ich betrachtete die sonnengebräunten Hände, die Plastikgläser mit überschäumendem Prosecco hielten, Hände, die Visitenkarten herausgaben, aufgeplusterte Egos, Hände, die anderen an die Schulter tippten, gebrochen gestikulierten, während die Münder asynchron aufgerissen wurden und Sachen sagten wie: »Komm, ich stell dir X vor, es gibt *so* viel, worüber ihr euch unterhalten könnt.« Niedrige Stiletto-Absätze versanken in feuchtem Moos und kamen wieder daraus hervor wie schmutzige Kinderfinger, die sich am Hintern gekratzt haben.

An einem Picknicktisch saß ein Rudel in Seide gehüllter Anorektikerinnen. Ihre Vogelbrustkörbe waren eingesunken und mit Leberflecken besprenkelt, als wären neurotische Lecks aus dem Herzen durch ihre Haut gedrungen. Die älteren Damen hatten sich die Haare gefärbt, aber einige graue Strähnen an der Stirn behalten, wie Susan Sontag, die auch einmal eine von ihnen gewesen war. Der Veranstalter war ihr ehemaliger Lektor. Jeder hatte eine eigene Susan-Sontag-Anekdote, in den meisten ging es jedoch darum, wie kratzbürstig sie sein konnte. Hier wurde Promi-Klatsch präsentiert, als wäre es Ideengeschichte: Wer hatte mit wem geschlafen, wer hatte welchen Fetisch, wer hat wem was an den Kopf geworfen, als welche Situation mal eskaliert war. Eine der Auffälligsten auf der Party war eine Schriftstellerin in den Fünfzigern, die erst vor Kurzem einen

Text veröffentlicht hatte, in dem sie ihre eigene Elektroschockbehandlung beschrieb. Sie trug messerscharfe Absätze, ein schwarzes Kleid und burgunderfarbenes, toupiertes Haar. Sie sah aus, als sei sie geradewegs aus einem französischen New-Wave-Film herausspaziert. Neben ihr saß der Autor Michael Ondaatje, der von ihren langen, muskulösen Fingern anscheinend genauso fasziniert war wie ich. Niemand erzählte eine Geschichte, die er oder sie nicht zuvor schon einmal erzählt hatte, das konnte man am Satzduktus hören. Jede Anekdote war auf einer anderen, weniger riskanten Cocktailparty einstudiert worden. Alles war bis ins kleinste Detail konstruiert, um so natürlich wie möglich rüberzukommen, bis hin zur französischen Maniküre. Ich hasste sie alle ein wenig, wusste aber nicht warum, es war schließlich nicht ihre Schuld, dass sie reich, gut angezogen und berühmt waren. War das Neid – die einzige Sünde, die dem Sünder keinen Spaß bereitet?

Am Ende des Gartentisches saß die umwerfend schöne Mary Gaitskill, eine Schriftstellerin, zu der ich schon lange aufsehe. In Romanen wie *Bad Behavior* (*Schlechter Umgang*) aus dem Jahr 1988 und *Veronica* von 2005 nutzt sie ihre Erfahrungen als Stripperin und Landstreicherin in Erzählungen über das Leben auf der schiefen Bahn, in denen Kokain schnüffelnde Supermodels und andere Menschen, die sich auf ihrem Aussehen ausruhen, die Hauptrolle spielen. In Gaitskills Romanen sieht man die Welt aus der Perspektive der Menschen, denen solche literarischen Rollen eher selten gewidmet werden, weil sie angeblich für etwas anderes als das Objekt der Begierde oder des Neids nicht interessant genug seien. Gaitskill trifft mich mitten in meinem Unbehagen, in meiner Kleinlichkeit, sie konfrontiert mich mit meinen abscheulichsten Fantasien – nicht nur mit ihren Romanen, sondern auch mit ihrer Essayistik.

Ich habe Gaitskill als Teenager entdeckt, ungefähr zur selben Zeit, als ich Vigdis Hjorth und Suzanne Brøgger las, zwei skandinavische Autorinnen, die, ohne sich dogmatischen Feminismus auf die Fahnen zu schreiben, über Frauen schrieben, die tranken, lachten und guten Sex hatten. Hjorth und Brøgger haben viel mit Gaitskill gemeinsam – unter anderem wurde allen drei Frauen auf unterschiedlichste Weise vorgeworfen, zu nonchalant über ihre Vergewaltigungserfahrungen zu schreiben. In *Somebody With a Little Hammer* (2017) schreibt Gaitskill, dass eine Vergewaltigung für sie nicht so traumatisierend gewesen sei, wie man meinen könnte:

> Die Angst war akut, doch nachdem es vorbei war, hat mich das alles weniger betroffen als andere, alltäglichere Formen emotionaler Brutalität, denen ich ausgesetzt war oder denen andere ausgesetzt waren. Um ehrlich

zu sein, haben meine Erfahrungen auf dem Grundschulspielplatz tiefere Narben hinterlassen.

Das klingt logisch, dachte ich beim Lesen, denn wer wurde nicht zumindest ein kleines bisschen vergewaltigt, ohne dass das bei allen Betroffenen gleich ein größeres Trauma ausgelöst hat, verglichen mit der Gewalt, die sonst auf dieser Welt herrscht? Gaitskill spielt den Missbrauch anderer keineswegs herunter, sagt aber, dass auch folgende Erfahrung legitim sei: nicht traumatisiert zu sein. Diese Einstellung ist in gewisser Weise besonders solidarisch gegenüber denjenigen, die das Schlimmste erlebt haben: einzuräumen, dass es ein Spektrum gibt, dass es verschiedene Stärken des Missbrauchs gibt und dass verschiedene Menschen ein und denselben Missbrauch unterschiedlich wahrnehmen.

Weil Hjorth und Brøgger für mich ganz offensichtliche Vorbilder waren, überraschte es mich, als eine norwegische Siebzigerjahre-Feministin erzählte, dass sie und viele andere den beiden zunächst nichts abgewinnen konnten, als sie in das Licht der Öffentlichkeit traten, weil sie so »unsittlich« wirkten. Unsittlich! Ich konnte es kaum fassen, dass eine Frau, die von sich sagte, auf die Barrikaden gegangen zu sein, damit andere ein freieres Leben führen konnten, die Weiblichkeit einer anderen Frau so giftig und – wie ich glaube –

eifersüchtig verurteilen konnte. Keine Abscheu ist so brutal wie die Abscheu einer Frau gegenüber anderen Frauen, vor allem weil es oft nur darum geht, dass man der Meinung ist, die anderen seien zu wild, nähmen zu viel Platz ein, seien *too much*. Dass sie mit ihrem Lebensstil keine Verantwortung für die Zukunft, die Fruchtbarkeit, die Unschuld übernähmen: Sie seien – unabhängig davon, ob sie nun Kinder hätten oder nicht – schlechte Mütter. Und kein moralisches Urteil fällt schwerer ins Gewicht als das Urteil, eine schlechte Mutter zu sein.

Vor Kurzem hörte ich, wie eine junge Mutter zu einer Gruppe anderer junger Mütter sagte, sie sei so froh, dass der Nachwuchs nun endlich in den Kindergarten gehen würde. »Ich glaube, ich bereue dieses ganze Projekt«, sagte sie. »Ich glaube, ich mag überhaupt keine Kinder.« Sie zuckte zusammen, während sie sich das sagen hörte, denn sie wusste unmittelbar: Da hat sie nun den Salat. So etwas sagt man doch nicht, ging ein Raunen durch die Gruppe, nachdem die junge Mutter beschämt den Raum verlassen hatte. Was ich für eine erfrischende Perspektive hielt, die wahrscheinlich ziemlich repräsentativ ist, war in Wirklichkeit ein echtes Tabu. Bis hierher und nicht weiter.

Mütter sind die ultimativen Sündenböcke, so die britische feministische, psychoanalytische Literaturwissenschaftlerin Jacqueline Rose in

Mothers – An Essay on Love and Cruelty aus dem Jahr 2018. Wir geben ihnen die Schuld an »persönlichen und politischen Niederlagen, an allem, was in dieser Welt falsch läuft, an allem, was die Mutter unmöglich reparieren kann«. Von Müttern wird erwartet, das Übel der Welt auf ihren Schultern zu tragen, ohne sich zu beschweren und ohne sich politisch aufzulehnen. Die Affronts, denen sie ausgesetzt sind, dürfen nicht verallgemeinert werden. Die Väter haben gekämpft, die Mütter haben geweint, und so wird es auch immer bleiben. Die Mütter haben zu trauern. Punkt. Mütter haben den Selbstmord ihrer Söhne nicht zu verstehen. Sie haben nicht gegen die Töchter zu wüten, von denen sie im Stich gelassen wurden. Sie haben nicht laut auszusprechen, was die politische Poetin Audre Lorde einst aussprach, dass sie genau das die ganze Zeit befürchtet hätten, dass ihre Töchter das feministische Projekt verraten würden, ihren Übergang zum Patriarchat verkünden und gegen ihre Mütter Falschaussagen tätigen würden, gegen die, die ihnen die Kraft gegeben haben, sich so immens zu irren. Das ist die Dialektik der Emanzipation: Entweder die befreiten Mütter werden zu Dominas ihrer Töchter oder vice versa. Mütter werden der Integrität des Leidens beraubt. Man degradiert es zu etwas Krankhaftem. Man nennt es Hysterie. Man sagt, es sei keine Frage der Macht oder der Freiheit, sondern einer verwirrten Gebärmutter. Der Schmerz der Mutter und die Art, wie sie ihn ausdrückt, wird pathologisiert, indem man ihr sagt, dass nicht die Umwelt das Problem sei, sondern etwas in ihr, das sie noch nicht greifen könne. Zum Beispiel gingen Psychologen lange Zeit davon aus, die Autismus-Spektrum-Störung sei die Folge von »Kühlschrankmüttern«: kaltherzige Frauen, die mütterliche Liebe nicht beherrschten. Das klingt archaisch, aber diese Denkweise ist kein Phänomen der Vergangenheit, sie lebt immer noch aktiv weiter, nur in einer etwas anderen Form. Tatsächlich war es genau dieses Gespenst, das auf Facebook sein Unwesen trieb, als Olaug Nilssen vorgeworfen wurde, sie sei kaltherzig und kratzbürstig, weil sie auf ihren Sohn zeigte und forderte: Er braucht eine Spezialschule, er braucht Betreuung von der Gemeinde, ich brauche Entlastung. Die Kritik an Nilssens Aktivismus war eine Erinnerung daran, wie sich Menschen immer angewidert von Müttern benachteiligter Kinder abgewandt haben, die forderten: Schaut her, das ist nicht nur eine private Tragödie, sondern eine kollektive Verantwortung. Die Kritik war eine Erinnerung daran, wie tief dieser Verurteilungsmechanismus noch sitzt. Die Rolle der Mutter wurde nie durch den Feminismus revolutioniert, sondern ist, ganz im Gegenteil, in archaischen Vorstellungen verankert, vielleicht auch, weil so viele einflussreiche Feministinnen wütend auf ihre Mütter waren und sie für ihre eigenen Herausforderungen und Niederlagen verantwortlich machten.

Rose schlägt vor, dass wir dieses Bild umkehren und die wütende Mutter zu einem politischen Rollenbild machen. Nicht weil Mütter prinzipiell gute Menschen seien – es gebe keinen Grund zu dieser Annahme, meint sie. Ganz im Gegenteil. Mütter könnten ebenso grantig und gereizt sein wie Teenager und alte Jungfern, bei der Mutterrolle komme jedoch hinzu, dass sie oft auch eine politische Wut beinhalte, die größere soziale Auswirkungen haben sollte. Rose ist der Meinung, die Mutterrolle werde als apolitisch missverstanden, als unschuldig und desexualisiert, und fordert, dass dieses Missverständnis aus der Welt geschafft werden müsse, indem wir uns des radikalen Potenzials der Mutterrolle bewusst würden. Sie argumentiert, dass die unsentimentale und unsichtbare Care-Arbeit der Mutter nur in einer guten, freien Beziehung enden könne, wenn die Mutter keine Bedingungen stelle, sondern dem Kind wie einem Fremden begegne, der plötzlich vor der Tür steht, hungrig und hilfsbedürftig, ohne lang anhaltendes Glück, Bestätigung oder Loyalität bieten zu können. So, meint Rose, sollten wir den Schwächsten der Gesellschaft begegnen.

Rose analysiert die Kulturgeschichte der Mutterrolle, und diese Analyse kulminiert in einer politischen, nicht psychologischen, Erkenntnis. So gesehen hat ihr Buch viel mit Mary Beards Megaerfolg *Women and Power* (*Frauen und Macht*) gemein, ebenfalls 2018 erschienen, ein Essay, der gleich zum Anfang die Behauptung in den Raum stellt, dass das Patriarchat in dem Moment beginne, in dem ein Sohn seiner Mutter befehle, die Klappe zu halten. Die Ablehnung des mütterlichen Zorns, so Rose, sei ein Symptom der kulturellen Blindheit, und sie beschreibt, dass diese Blindheit dazu neige, sich in schlechten Zeiten und unter schlechten Umständen auszubreiten: »Wieder einmal sehen wir, wie die Bestrafung von Müttern an Dunkelheit und Intensität zugenommen hat, während die Welt immer hässlicher wird und nicht damit klarkommt, ihre eigene Bosheit zu reflektieren.« Wir hielten die Illusion unserer eigenen Unschuld aufrecht, indem wir Monster aus den Menschen erschüfen, die wir verabscheuten und zu denen wir uns gleichzeitig hingezogen fühlten. Indem man Müttern die Schuld zuschreibe, entziehe man sich der eigenen Verantwortung. Und es sei ein sicherer Weg zu chronischer Unreife – *arrested development* – sowohl für den Einzelnen als auch für die Gesellschaft insgesamt. »Indem wir Mütter zum Gegenstand sanktionierter Brutalität machen«, sagt Rose, »binden wir uns an die Gewalt der Welt und verschließen unsere Herzen.« Wir binden uns an die Bitterkeit.

Neben Roses und Beards Publikationen erschien 2018 auch eine Reihe anderer Bücher über weibliche Wut – in Norwegen bescherte uns Monica Isakstuen den brillanten Roman *Rase* (Rage) über die Wut einer Mutter gegenüber ihren eigenen

Kindern. In diesem Jahr geschah etwas mit der Rolle der Wut in der Öffentlichkeit, möglicherweise ausgelöst durch den US-Präsidenten, der sagte, er als Berühmtheit habe das Recht, fremden Frauen in den Schritt zu greifen; ausgelöst durch den Weinstein-Skandal, durch den im Winter 2017 die MeToo-Debatte ins Rollen kam – aber nicht nur das. Die Leute waren wütend, und sie sahen, dass diese Wut schlagfähiger geworden war. Die Wut könnte Dinge geschehen lassen. Menschen, die lange Zeit von ihrer Promi-Aura beschützt worden waren, wurden gefeuert und in den Medien bloßgestellt. Es war schier unmöglich, sich nicht mitreißen zu lassen, schließlich spielte sich hier eine wundervolle Entwicklung ab, doch gleichzeitig waren viele von uns ein wenig besorgt, als wir sahen, wie die öffentlichen Debatten unverarbeitet in das Privatleben der Menschen verlagert wurden. Alle Arten von intimen Beziehungen wurden plötzlich im Lichte der öffentlichen Enthüllungen über Machtmissbrauch analysiert. Ich hörte, wie Freundinnen ganz gewöhnliche Fehler ihrer Lebenspartner plötzlich als Ausdruck von Sexismus werteten oder als Wunsch, sie zu dominieren. Wenn man ihnen so zuhörte, klangen sie wie der Reparation einfordernde Part bei einer Kriegsschuldverhandlung. Hasserfüllte Selbstgerechtigkeit wurde angestachelt von den aktuellen Ereignissen in den Medien. Plötzlich wurde alles im Lichte von »Macht« interpretiert, ein Begriff, der keine nützliche Linse ist, durch die man Sex und Liebe und andere intime Beziehungen betrachten sollte.

Es ist wahrscheinlich kein Zufall, dass in jenem politischen Klima zwei Bücher von zwei der führenden männlichen Autoren Norwegens, Karl Ove Knausgård und Tomas Espedal, veröffentlicht wurden. Beide schrieben über mehr oder weniger fiktionalisierte Erlebnisse, der Vergewaltigung bezichtigt zu werden. Knausgård schilderte eine derartige Episode in dem Essay »Om Skjebnen« (Über das Schicksal), der den Auftakt seiner Essaysammlung darstellt – ohne dass darum viel Aufhebens gemacht wurde, denn er war bereits einige Jahre zuvor publiziert worden, sein Inhalt bereits bekannt. Espedals Roman *Elsken* (Lieben) hingegen sorgte für Kontroversen, als eine Frau an die Öffentlichkeit ging und sagte, dass es sich bei der Romanfigur, die wegen Vergewaltigung Anzeige erstattete, um sie handele. Espedal erklärte beharrlich, das Treffen zwischen ihm und der Frau habe aus beiderseitigem Interesse stattgefunden und dass er dieses Erlebnis in seinem Roman aufgegriffen habe, um die Anschuldigungen, mit denen er sich nicht identifizieren konnte, mental zu verarbeiten.

Man braucht also nicht über das Feuilleton in der Tageszeitung hinauszublicken, um zu verstehen, dass das Jahr 2018 eine kollektive Unterrichtsstunde darüber war, wie völlig unterschiedlich zwei Menschen ein und dieselbe Situation erleben. Einerseits war das fantastisch. Es fühlte sich an wie ein Befreiungsschlag, als gewissen Männern endlich eingebläut wurde, dass ihre Charmeoffensiven einfach nur schmierig waren und dass das, was sie als Verlangen fehlinterpretiert hatten, in Wirklichkeit Ehrfurcht war. Sie hatten vielleicht endlich erkannt, dass Macht die Menschen auf lächerliche Weise so blind machen konnte, dass selbst ein Mann wie Henry Kissinger von sich behauptete, ein *sex magnet* zu sein. Doch auf der anderen Seite wurde immer deutlicher, welche Auswirkungen diese Kreuzzugstimmung hatte, wenn Leute, die einen Groll gegen Espedal hegten, sich folgendermaßen auf Facebook äußerten: »Alles an diesem Mann, an diesem Buch und an seinem Verhalten (und jeder, der Kontakt zur Literaturszene hat, weiß, dass es tatsächlich passiert ist), ist so *fucking* widerlich, unausstehlich, ekelhaft. Ich hoffe, der bekommt einen Herzinfarkt. 100% Schwein.«

Das Frauenbild mal beiseitegeschoben: Was für ein Männerbild wird denn hier angepriesen, wenn die Verfasserin dieses Kommentars sich herausnimmt, Espedal die Menschlichkeit abzusprechen, ihn zu einem Wesen ohne Kultur zu machen, ohne Rechte, Widerspruchsrecht, und seine Schlüpfrigkeit als Beweis für seine Kriminalität zu werten, ohne dass er verurteilt wurde, ohne die Umstände der Anzeige zu kennen? 100% Schwein? Vielleicht war es sein Promistatus, der die Menschen glauben ließ, sie könnten ohne Umschweife die schwersten Geschütze gegen ihn auffahren. Und ist es nicht auch dem Opfer gegenüber unverantwortlich – sollte denn die Vergewaltigung wirklich stattgefunden haben –, einen öffentlichen Shitstorm anzuzetteln, wenn es wahrscheinlich eher Abstand braucht, um das Geschehene zu verarbeiten, statt mit Leserbriefen in der Zeitung konfrontiert zu werden?

Im Jahr 2018 hörte und las man immer wieder diese Art von Reaktionen, während immer wieder neue MeToo-Skandale aufgedeckt wurden und die Leute immer mehr Blut leckten, als hätte sich eine neue Form von kollektivem Sadismus etabliert, über die sexuelle Erniedrigung anderer in der Tagespresse zu lesen. Vor allem in den USA. »War ja klar!«, rief man, sobald man die Zeitung aufschlug, »Guck dir den doch mal an!« Diese herzlose Objektivierung von Männern war erschreckend. Man spürte, wie sich die Fronten zwischen Wütenden und zu Unrecht Angeprangerten noch verhärteten, und es fühlte sich an, als würden Menschen auf beiden Seiten des Konflikts mit der Zeit nur verängstigter und einsamer. Man konnte die düsteren Konsequenzen dieser längst überfälligen Kampagne erahnen, diesen *backlash*, vor dem wir gewarnt worden waren.

Wenn die Wütenden sich selbst zu den Exorzisten des Kollektivs ernennen, schweigen viele. Diejenigen, die wissen, dass sie Fehler gemacht haben, ziehen sich aus Empörung, Erschöpfung oder Scham zurück. Das Dunkelste im Inneren des Menschen wird zu einem einzigen, fauligen

Schleim zusammengerührt. Und wenn Verbrechen und Gerüchte Gegenstand dieser Kriegsführung werden und man nicht mehr zwischen der Schwere verschiedener Verstöße, zwischen Fiktion und Realität, zwischen Intention und Tat unterscheiden kann, nimmt man der Wut den Wind aus den Segeln. Die Wut verliert ihre Durchschlagskraft, verpufft, fällt auf diejenige zurück, die wütend ist, und zieht sie mit sich hinein in die Blindheit. Die Anklagenden werden ebenso verängstigt wie die Angeklagten. Treffen zwischen Menschen werden schwierig. Gnade und Mitleid walten zu lassen, fällt einem schwerer. Wut, die im besten Fall eine Kraft ist, die die Welt bewegen und Gerechtigkeit erzwingen kann, wird ohnmächtig. Sie tanzt sich müde, wie Ibsens Hedda Gabler sagt, bevor sie Løvborgs Manuskript in einer Mischung aus Wut und ratlosem Ekel verbrennt – eine unmotivierte Handlung, die auch eine Selbstsabotage in ganz großem Stil ist.

»Das wird auf diejenigen zurückfallen, die eigentlich beschützt werden sollten«, habe ich die britische Philosophin Onora O'Neill sagen hören, in derselben Woche, in der die MeToo-Skandale wie ein Lauffeuer eine Branche nach der nächsten umkrempelten. O'Neill sollte an diesem Abend den größten Geldpreis der Geisteswissenschaften für ihr Lebenswerk im Fachgebiet Ethik entgegennehmen. Es lief mir kalt den Rücken runter, als sie das sagte. Ich verstand nicht, was sie meinte, aber es fühlte sich logisch an. O'Neill, die seit

Jahrzehnten über »Vertrauen« schreibt, ist der Ansicht, dass das moderne Verständnis davon, jemanden zur Rechenschaft zu ziehen, mehr Misstrauen schaffe statt weniger. »Wir brauchen intelligentere Formen der Rechenschaftspflicht und Glaubwürdigkeit«, sagt sie, »und wir müssen uns weniger auf die grandiosen Ideale der Transparenz konzentrieren, sondern vielmehr darauf achten, uns weniger täuschen zu lassen.«

In den USA ging es im Jahr 2018 um Geheimnisse und Enthüllungen (um die Perversionen und Verschwörungen des Präsidenten, um das egomane Spiel, das Prominente mit den Körpern anderer Menschen spielten, darum, wer sich richtiger an den angeblichen Missbrauch von vor zehn Jahren erinnern konnte und so weiter). Obwohl sich diese Debatte wie eine kollektive Katharsis anfühlte, schien die Öffentlichkeit eher ungemütlich kaltherzig zu werden. Jeden Morgen erwachte ich zu empörten Stimmen im Radio, lauten und wütenden und besessenen Stimmen, die Menschen in Monster- und Opferrollen drängten.

Dieses Klima wird auch im titelgebenden Essay von Karl Ove Knausgårds dicker Essaysammlung *I kyklopenes land* (Im Land der Zyklopen) geschildert. Die Sammlung besteht aus Texten, die in den Jahren 2009 bis 2018 entstanden sind. In besagtem Titelessay begegnen wir Schweden im Delirium, kurz davor, in verwirrter Angst, getarnt als Moral, zu implodieren. Die

Zyklopen, also die Einäugigen, sind hasserfüllt, wütend und verängstigt, weil sie nichts »über die Realität wissen wollen, die nicht so ist, wie sie ihnen zufolge sein sollte«. In diesem Klima gebe es viele, die es nicht wagten, sich auszudrücken, sagt Knausgård.

In *I kyklopenes land* beschreibt er eine Gesellschaft, in der Wut eingesetzt wird, um zu disziplinieren – wie eine erziehende Peitsche, die jedes Mal, wenn der Angeklagte Gesicht zeigt, wieder zuschlägt –, und in der alles, was die Verurteilten tun und sagen, im Lichte der Erbsünde verstanden wird. In diesem festgefahrenen Konflikt sind alle Parteien gleichermaßen einsam, die Menschen sind in sich gekehrt und reiben sich an ihrer Bitterkeit, chronisch zu Unrecht verurteilt, nicht dazu imstande, einander den Zweifel für den Angeklagten zuzugestehen.

Hier ahnt man schon die Konturen der – nennen wir es mal – Knausgård'schen Ethik, eine Ethik, die sowohl an einen Gottesbegriff gekoppelt ist als auch an ein Verständnis von Literatur als Ort, an dem man allem, was am Menschen abscheulich und mehrdeutig ist, eine Form geben kann, nicht, um diese Eigenschaften loszuwerden oder sie zu kultivieren, sondern einfach, weil sie existieren. Er erschafft Zerrbilder von etwas, das man als das Gute erkennt. Deshalb heißt der Essay über den Nacken auch nicht »Der Nacken« sondern »Die Rückseite des Gesichts«, vielleicht eine Anspielung auf den Philosophen, der sich oft zwischen Knausgårds Zeilen schleicht, Emmanuel Levinas, der der Auffassung war, dass Ethik an der Stelle beginnt, an der man dem Angesicht des anderen begegnet. Als Levinas gefragt wurde, ob das Angesicht des anderen sein Gesicht sein müsse, sagte er, nein, es könne auch ein Nacken sein, vielleicht ein gebeugter Nacken, vor dir in der Supermarktschlange. Dort beginnt das Gute, sowohl in Büchern als auch an der Supermarktkasse: die Begegnung mit der Rückseite des Gesichts, für Knausgård eine identitätslose, nicht identifizierbare und zeitlose Verwundbarkeit. Die Bedingungen der Literatur sind auch die Bedingungen zwischenmenschlicher Beziehungen. In Knausgårds Werk überlappen sich diese beiden Sphären vollständig.

Dies ist eine Praxis, die im besten Fall Neid, Kleinlichkeit und Verallgemeinerung vorbeugt, indem man seiner Umgebung wachsam gegenübertritt und gleichzeitig nicht die Türen vor allem verschließt, das verstörend sein könnte.

In der besten Passage der Essaysammlung steht Knausgård in einem Operationssaal in Albanien und starrt in ein offenes Hirn. Erst sieht er das Hirn auf einem Bildschirm an der Wand, der Tumor, der operiert werden soll, liegt weiß und würfelförmig in einer ausgehöhlten Mulde, »gummiartig«, wie »Tintenfischfleisch«. Dann tritt der Chirurg zur Seite und lässt Knausgård in den offenen Schädel blicken. Das Innere offenbart sich ihm wie eine Landschaft mit violetten Flüssen und steilen Berggipfeln, von einem weißen Gletscher bedeckt.

Knausgård ist ein fantastischer Beobachter von Details. Als er im letzten Essay, in dem es um die Zeitschrift *Vagant* geht, an seinem Schreibtisch sitzt und den Blick über die Landschaft vor seinem Fenster schweifen lässt, wo aus dem Herbstlaub eine Harke hervorblitzt, erscheint er zu Recht als Inkarnation des *Ground Zero* der westlichen Ideengeschichte: der sensible Mann am Schreibtisch, der aus dem Fenster schaut und sich fragt: Was kann ich wissen? Was ist ein Ich?

»Innigkeit« ist das Wort, das Knausgårds Werk am besten beschreibt, und vielleicht sind gerade diese stringente Darstellung des Innigen und die relativ humorlose Sprache, mit der er über Seelen und Schicksale schreibt, der Grund, warum viele eine Nähe zu seinen Büchern empfinden und ihm den ein oder anderen vor Pathos nur so triefenden Satz durchgehen lassen, wie beispielsweise »Das war ein tiefromantischer Raum« – ein Satz, bei dem ich mir nur schwer vorstellen kann, dass eine weibliche Schriftstellerin ihn hätte in Druck geben können, ohne als Hausfrauenpornografin abgestempelt zu werden.

Knausgårds Schilderungen von fantastischen Reisen sind hingegen nicht besonders gelungen. Bevor wir im albanischen Operationssaal landen, sitzen wir in einem Flugzeug, landen auf einem Flugplatz und fahren in einem Auto, jedoch passiert nichts von Bedeutung. »Gespannt und nervös trat ich durch die Flügeltür und ging die Treppe hinunter«, schreibt er, ohne dass es einen besonders interessiert, wie gespannt er war, stattdessen denkt man an den Schriftsteller, der uns einst den Trick verriet, wie man gute Reiseliteratur schreibt: Nie beim Flug beginnen, auch wenn unterwegs das Reisegefühl am intensivsten war. Noch auffälliger ist der Amerika-Essay, ein Auftragswerk für das *New York Times Magazine*, das durch ein Titelbild von Knausgårds Gesicht ergänzt wurde, zerfurcht und wettergegerbt, verraucht und wunderschön – vom amerikanischen Promi-Kult gründlich mystifiziert. Er schreibt über eine Flugreise von London nach Toronto – »Ich hatte Fieber, und nachdem ich an jenem Morgen in Heathrow meinen schmerzenden Körper durch alle Kontrollen geschleppt und gegen alle Kräfte angekämpft hatte, wünschte ich mir, der Flug würde ewig andauern« – und man findet, dass er diesen Flug auch ganz gut ohne den Leser hätte antreten können. Knausgård ist am besten, wenn nur sein Blick, nicht sein Körper, auf Reisen ist, denn während ihn die neurotische Erzählerstimme zu einem wachsamen Beobachter der kleinsten Details unseres Daseins macht, so macht sie ihn auch zu einem ziemlich anstrengenden Reisekameraden. Die Angst, vermutlich die treibendste Kraft für Kreativität und Philosophie, ist weniger von Nutzen, wenn man Tourist ist, weil der Neurotiker angesichts des Fremden von Klischees geblendet wird, wie zum Beispiel, dass Amerikaner fett sind.

Wenn Knausgård also etwas betrachtet, von dem er glaubt, dass er es bereits versteht, wird er ungenau. Während der Rechen, der im Garten liegt und blinkt, nah und konkret genug ist, um ihn wirklich zu begreifen, ist das Bild von den »USA« fast zu reingewaschen, als dass er es mit frischem Blick betrachten könnte. Dies ist vergleichbar mit Jaqueline Roses Vorstellung vom radikalen Potenzial der Mutterrolle: Man sollte sich gegenüber dem, was man beobachtet und geschaffen hat, so verhalten, wie man sich gegenüber dem Fremden verhält, der vor der Haustür erscheint. Keine Gegenleistung erwarten, nicht verallgemeinern, sich nicht einbilden, den anderen verstehen zu können, nicht davon ausgehen, dass man einen Überblick über die Situation des anderen hat oder weiß, aus welchem Grund andere so handeln, wie sie handeln, egal wie nah man sich wähnt.

BETREUTES WOHNEN

Der Winter ist bald zu Ende. Ich sitze am Küchentisch in Hovdebygda, dem Heimatdorf meiner Großeltern, und betrachte die Landschaft, die Wälder und die Sunnmøralpen hinter dem verfallenen Sommerstall, an dem, nach Großmutters Erzählungen, Urgroßmutter einmal gegen einen Bären gekämpft hat. Ich trinke Kaffee und Biola-Trinkjoghurt, esse Haferkekse von der Bäckerei in Bjørkelo und denke, wie ungünstig es doch ist, dass Einsamkeit und Erschöpfung die einzigen Zustände reinen, vollkommenen Glücks sind, die ich kenne. Aber ich mache mir nichts weiter draus, denn ich weiß, dass Einsamkeit nur dann schön ist, wenn sie selbst gewählt ist, und dass ich nach einigen Wochen schon keine Lust mehr haben werde, durch den Wald zu laufen. Ich genieße die Stille, die Abwesenheit von Zeugen; kein ewiges Gedudel oder Gequatsche aus dem Radio; ich genieße, dass ich mich nicht mit der Rastlosigkeit anderer auseinandersetzen muss, deren Bedürfnis, ständig etwas zu unternehmen.

Ich habe das Haus wieder warm bekommen, obwohl es mehrere Monate leer gestanden hat. Es ist lange her, das Großmutter ins Heim gezogen ist. Jetzt steht sie schon mit einem Bein im Reich der Toten, und es ist so ungeheuerlich, dass man sich mit jemandem unterhalten kann, der eigentlich schon im Jenseits ist. Wenn ich sie im Ørstaheim besuche, sitzt sie da, die Hände in den Schoß gelegt, die Augen geschlossen, und verführt mich mit überirdischen Assoziationsketten. Sie sagt: »Ich habe zwei Kinder gemacht. Zweikinder? Nein, Kinder sind nicht aus Zweigen gemacht.« Sie sagt: »Ich habe ihm in den Schritt getreten, aber das war nicht so schlimm, denn er war nicht schwanger, und außerdem wusste er nicht, an welchem Ende das Kind rauskommen würde.« Und: »Wenn man weder Bartwuchs noch Kuhfladen hat, will man am liebsten nur mit den engsten Verwandten zusammen sein.«

Sie ist ein sprachlicher Tintenfisch, jeder Tentakel hat sein eigenes Sinnesleben, reagiert auf seine Umgebung, kappt sich vom Mutterschiff ab. Jeder Sprung ist einerseits perfekt, andererseits total losgelöst von dem, was zuvor gesagt wurde, und dem, was danach kommt, sie fischt das Zwischenkriegs-Norwegen mit Leichtigkeit aus dem Wasser und stopft es der Gegenwart in den Schlund. Tintenfischoma spuckt Tinte, sie ist eine dadaistische Wortmaschine, ein intelligentes, überirdisches Wesen, tief aus dem Marianengraben.

•

Ich lese *Pond* (*Teich*), Claire-Louise Bennetts Debüt aus dem Jahr 2015, und der atemlose Monolog einer schrulligen Irin mit trockenem

Humor, die allein in einem Cottage am Rande eines Dorfes wohnt, erfüllt mein Gehirn. Wir wissen nicht, wie sie heißt, wie alt sie ist oder wie sie aussieht, aber wir ahnen, dass sie erst vor Kurzem an diesen Ort gezogen und vor einem anderen, geselligeren Leben geflohen ist. Es passiert nicht viel. Wir erfahren nichts über ihre Familie oder enge Freunde, nur über einige Bekannte und über die Nachbarn, die ab und zu vorbeikommen und eine Nadel in ihre Blase der Einsamkeit pieksen. Das Drama spielt sich zwischen ihr und den Dingen ab, die sie umgeben: Regentropfen, Knöpfe am Herd, Ottomane, Schüsseln, Einweggrills. Die Erzählstimme ist verschnörkelt und neurotisch, voller Widersprüchlichkeiten und Wiederholungen, ein gedämpfter Schrei, der sich seiner Tragik bewusst ist und lieber fröhlich wäre; sie will sich nicht unterkriegen lassen von der Vergänglichkeit der Dinge, will die Tragik lieber als Zentrifugalkraft nutzen, die den Körper in die Welt hinauskatapultieren kann, wo er verseucht wird und nur von seiner eigenen Wachsamkeit gerettet werden kann. Einige Kapitel sind lang und haben essayistischen Charakter, andere bestehen aus nur wenigen Sätzen. Ein Kleinod von einem Buch.

> Mit meinen Nägeln ist übrigens alles bestens, vermutlich waren sie nie gepflegter als jetzt. Wer es genau wissen will: Letzten Mittwoch nach dem Mittagessen habe ich

sie lackiert, in der Küche, und die von mir dort in der Küche aufgetragene Farbe nennt sich »Hochlandnebel«. [...] Durch den Nebel, der selbstverständlich die Farbe von Heidekraut hat, kann ich den Kohlenstaub unter meinen Nägeln sehen. Wären die Nägel nicht lackiert, würde der Schmutzrand einfach nur ungepflegt wirken; doch die sich auflösende Schicht Hochlandnebel beschert mir völlig neue Assoziationen beim Betrachten meiner Hände. Plötzlich scheinen sie einem bezaubernden, gebildeten Menschen zu gehören, der sich aus einem klammen, muffigen Erdloch befreien musste, in das er niemals hätte hineinfallen dürfen. Die Vorstellung gefällt mir, sie gefällt mir sogar sehr.

Pond wurde in England als Kurzprosa beworben, als Roman in den USA, und beide Bezeichnungen sind passend, denn auch wenn jede Erzählung für sich stehen kann, so bleibt die Erzählstimme die gleiche. Man könnte das Buch auch als eine Autobiografie lesen, ohne dass sich das Lesen dadurch verformt, denn es sind sowieso der Ton und die Struktur, die das Projekt tragen. Die Handlung ist demonstrativ unsensationell. Man kann sich selbstverständlich vorstellen, dass jemand die Genrebezeichnung auf dem Cover ignoriert, das Buch als eine Autobiografie gelesen und ihm daraufhin vorgeworfen hat, Nabelschau zu betreiben und Bekenntnisse abzulegen, so wie man es gerne leichtfertig tut, wenn Frauen ihren Alltag beschreiben, doch wenn eine Leserin konkret danach gefragt werden würde, zu was genau Bennett sich bekennt, stünde sie mit dem Rücken zur Wand. Denn was wissen wir schon über die Erzählerin in *Pond*? Ziemlich wenig. Wir haben das Gefühl, sie gut zu kennen, denn ihre Stimme ist uns vertraut, aber wir wissen nichts von ihren Eltern, wo sie aufgewachsen ist, ob sie Kinder hat oder wie sie Geld verdient. Was an der Oberfläche so aussieht wie ein Bekenntnis, ist eigentlich ein Verschwindezauber.

•

Große Schneeregenflatschen klatschen ans Fenster, als würde irgendein Rüpel an die Scheibe spucken. Draußen auf den Wiesen und Feldern beginnt der Schnee unter den struppigen Grasbüscheln zu schmelzen. Die Grasbüschel ähneln den Köpfen von Trollen, muss ich sagen. Vielleicht sind es die Unterirdischen, die sich schlaftrunken recken und strecken, mit zerzausten Haaren und klebrigen Augen. Oder vielleicht gefällt es der Natur gar nicht, wenn sie anthropomorphisiert wird. Vielleicht habe ich mich allein schon bei dem Gedanken blamiert, bei den Grasbüscheln könnte es sich um morgenmufflige Trolle handeln, die nun besser die Beine in die Hand nähmen und ihren Gang nach Canossa, ihren *walk of shame*, Richtung Indrehovdevegen anträten. Gern mit buckligem Rücken, gern mit einem mürrischen Tritt gegen eine herumliegende Blechbüchse. Ja, und mit den Händen in den Hosentaschen, ist ja klar, und einem Snus unter der Oberlippe. Ich würde sie zu einem Wer-zuerst-blinzelt-Wettstreit herausfordern, sollte ich ihnen begegnen, würde sie überlisten, mir Weiß, Iris und Pupillen auf die Augenlider schminken. So haben kleine Mädchen schon Tyrannen in die Knie gezwungen.

•

Pond hat sofort Kultstatus erreicht, wahrscheinlich vor allem bei denjenigen unter uns, die mehr oder weniger freiwillig auf den Zeitgeist der letzten Jahre mit der Sehnsucht nach einer Form von Wirklichkeitsliteratur reagiert haben. Eine Wirklichkeitsliteratur, die nicht im Kontrast zur Moderne steht oder sentimental, positivistisch, reaktionär oder dumm ist. Unter anderem habe ich Karl Ove Knausgård bei einer Veranstaltung zum Thema »Leben, Kunst und Erinnerung« auf dem Literaturfestival in Bergen, zu der Vigdis Hjorth geladen hatte, über Bennetts Evangelium sprechen hören. Die Autorinnen auf der Bühne diskutierten, was es bedeutet, aus dem Gedächtnis zu schreiben, wenn man doch weiß, dass die Erinnerung alles verdreht und dass wir unsere eigene Vergangenheit immer und immer wieder re-erzählen und an die aktuelle Gegenwart anpassen. Wie Suzanne Brøgger an jenem Abend sagte: »Es ist nie zu spät, eine glückliche Kindheit gehabt zu haben. Oder eine traurige, wenn man denn so will.«

Knausgård machte deutlich, dass der Sinn, über seine eigene Vergangenheit zu schreiben, darin liege, die einzelnen Erzählungen aufzusprengen, mit denen man seine eigene Geschichte zusammengebastelt habe, und sich von ihnen zu befreien, um etwas »Echtes« zu erlangen. Dass sei in *Pond* geglückt, so Knausgård: Bennett schaffe ein intimes Universum, das weder Drama noch Identitätsmarker brauche, sondern nur Nähe. Ja, stimmte ihm die Dichterin Tone Hødnebø zu und zitierte Emily Dickinson: »*Nature is a haunted house – but Art – a house that is trying to be haunted.*« Und genau das ist *Pond*: eine kleine Konstruktion, in der es spuken soll. Bennett dramatisiert die zusammenhangslose Stimme zu einem Menschen, der das, was wir vage als »Identität« bezeichnen, beiseitegelegt hat, in dem Versuch, in der Wirklichkeit anzukommen. Oder: Sie hat sich ein Zuhause erschaffen, das nicht für sich beansprucht, »Realität« zu beinhalten, sondern so eingerichtet ist, dass die intensiven, aufmerksamen Realitätserfahrungen der Bewohnerin gesteigert werden können. Dies ist vielleicht die Idee, die dieser Art des Schreibens zugrunde liegt: Angesichts der Selbstreflexion und des Zustands der Dinge kann man nicht einfach auf etwas zeigen und sagen »Schau, da ist etwas Wahres«, was jedoch nicht bedeutet, dass das Streben nach sinnvoller Erkenntnis zwecklos ist. Man kann auf eine Art und Weise sehen, handeln und sprechen, die die Wahrscheinlichkeit maximiert, dass etwas Sinnvolles geschehen kann und man dazu imstande ist, das zu begreifen.

•

Ich gehe raus, den Hang hinauf, der einmal zum Hof unserer Familie gehört hat, auf die kleine Anhöhe Hovdeåsen und einmal um den gefrorenen See herum. Der Schnee ist schwer, der Wind feucht, meine neuen Wanderschuhe geben mir guten Halt. Das Licht ist weiß, dann blau, dann schwarz, und plötzlich wird die Luft durchschnitten vom tiefen Krachen der unterirdischen Eisschlösser im See. Der Wald macht zu, zieht sich zurück, das Holz knarzt, und es wird so dunkel, die Wurzeln auf dem Waldweg werden schwarz. Trotzdem stolpere ich nicht. Es ist schon komisch, wie selten man Purzelbäume über Wurzeln schlägt, obwohl sie dort kreuz und quer wie Stolperstränge über die weichen, leblosen Nadelwaldwege wachsen. Ich lehne meine Stirn an einen umgestürzten, entwurzelten Baum, stelle mir vor, wie er sich aufrichtet und mich zwischen pappigen Schneeresten und Kellerasseln plattdrückt. Mein Gesicht ist nackt und kalt, es kribbelt in meinen Beinen, mein Kopf wird durchgepustet, gereinigt. Ich vermisse nichts. Vermisse niemanden. Habe keine Ambitionen. Frage mich, ob ich hier oben furchtbar einsam werden würde, ob ich diese Alleinsamkeit aushielte, ob ich irgendwann durchdrehen würde. Was ist Einsamkeit eigentlich? Die Abwesenheit von Zumutung? Ein Zustand, der eben, noch vor einem Augenblick, so herrlich war, aber sich plötzlich anfühlt wie eine unbehagliche, ungewollte Konsequenz von etwas, das man selbst angerichtet hat? Ist Einsamkeit eine Schande? Ein schlechtes Gewissen? Oder doch ein ehrenwerter Impuls, so wie die Sehnsucht nach warmer Haut oder nach einem Mund, aus dem eine Stimme klingt, die dich so gut kennt, dass sie genau weiß, wann sie die Klappe halten soll?

Ich renne durch den Schnee, durch den Wald. Meine Beine sind schwer, der Puls klopft hinter meinen Augen, das gefällt mir – mir gefällt die Kälte, die in meine Lungen zieht, mir gefällt, dass meine Unterschenkel mit der Zeit immer federnder werden, und plötzlich fällt es mir leichter zu laufen, ich habe mehr Kraft. Es ist so herrlich, nach Luft schnappen zu müssen, der eisenartige Blutgeschmack in meinem Mund; ich merke gar nicht, wie Wasserflasche und Handy aus meiner Jackentasche fallen und im Schnee versinken.

Als ich schon fast wieder unten am Hang bin, entdecke ich, dass meine Taschen leer sind, und kehre um. Da sehe ich drei Jungs, die auf einer Schneewehe stehen und mich beobachten. Einer der drei, offenbar der Anführer, ruft mir entgegen: »Suchst du jemanden?«

»Nein«, antworte ich. »Nicht jemanden, aber etwas.«

Er fragt, ob ich aus Bergen komme. Das hat er am Dialekt erkannt. Er sagt, er habe schon immer Lust gehabt, nach Bergen zu fahren.

Immer?, frage ich mich. Du bist doch höchstens acht. Ich frage ihn, wo im Dorf er wohnt.

»Kennst du das hässliche grüne Haus am Indrehovdevegen, hinter den Briefkästen?«

»Ja.«

»Nicht da. Das weiße Haus daneben. Mit der großen Garage.«

»Da war ich mal«, sage ich. »Entweder um Lose zu verkaufen oder Katzenjunge wegzugeben.«

»Kann sein.«

Wir unterhalten uns. Ich finde mein Handy. Wir verabschieden uns.

Zurück auf der Dorfstraße stelle ich mich unter eine Straßenlaterne. Der Schneematsch im Straßengraben schimmert matt und grau wie ungesundes Sperma. Im Licht der Laterne sehe ich, was ich unterwegs im Wald auf meine To-do-Liste geschrieben habe: Schokolade, Karotten, Wein und Zahnseide kaufen, Beine wachsen, Augenbrauen färben. Nicht besonders tiefsinnig, aber präzise.

•

Die Natur dringt durch die Wände in Bennetts kleines Cottage. Blätter werden durch das Badezimmerfenster geblasen und landen in der Badewanne zwischen ihren Knien. Diverse Männer kommen zu Besuch. Sie stehen plötzlich vor der

Tür, gegen sieben, mit Blumen oder Wein. Sie steht auf Männer – allerdings nur, wenn sie betrunken ist, aber sie ist oft betrunken –, und sie gibt zu, dass sie Glück hatte, einige der »wirklich besonderen Exemplare des männlichen Geschlechts vorgezeigt haben zu können«. Und dennoch nimmt sie die Welt schärfer wahr, wenn sie allein ist und sich ihr ganz und gar hingeben kann, wenn die Gäste wieder gegangen, die Männer neben ihr in den Schlaf gesunken sind und sie sich wieder den Dingen und Geräuschen widmen kann:

> Es regnet jetzt, und ein BH-Träger ist von der Stuhllehne heruntergerutscht, was passend ist. Auch die Laute der Frische passen jetzt endlich dazu. Wie meine Vagina klingen sie, immerhin wären wir jetzt in diesem Moment dabei, uns auszutoben. Es wäre einer dieser Augenblicke geworden, wo ich mich komplett gehen lasse und alles aus mir heraushole – wie seltsam, dies mit absoluter Sicherheit zu wissen, es absolut zu fühlen und doch nichts tun zu können, sondern nur ganz reglos zuzuschauen, wie es ganz dicht vorüberzieht. Neben dem Bett liegen die Beinlöcher meiner Unterhose leer am Boden, und ich bin weiterhin damit beschäftigt, den Crémant zu leeren. Alle Fenster sind offen und alle Fensterläden aufgeklappt, ich kann den Regen hören und die Frösche natürlich, [...] ich stand auf, trat

ans Fenster und blies zwei, drei Fußnägel hinaus auf das nasse Dach.

Sie suhlt sich in Beschreibungen und Aufzählungen von Objekten, genießt sie, doch dem Ganzen wohnt auch eine Traurigkeit inne, weil in der Einsamkeit, in der sie sich selbst vergisst, alles schöner und intensiver ist – als ginge sie zufällig an einem Spiegel vorbei und sähe die Schichten, die sie sich gedankenverloren aufgetragen hat. Petticoat, Mantel, Stiefel, nasses Haar. Und ist es nicht tragisch, dass man immer nur unangestrengt *high fashion* aussieht, wenn man nur mal eben zum Briefkasten geht oder ins Moor? Es ist derselbe tragikomische Kummer, der in ihr rumort, als sie das Haus verlässt, um ihren lebenslustigen Partner zu besuchen, neben dem sie nachts wach liegt und sich verzweifelt nach dem Gemüse sehnt, das dort draußen im Dunkeln wächst, ohne sich um ihre Abwesenheit zu scheren.

•

Als ich gestern aus dem Ørstaheim wiedergekommen bin, bin ich in den großen, kalten Keller gegangen und habe Blaubeeren aus der Tiefkühltruhe geholt, vielleicht die letzten, die Großmutter selbst gepflückt hat. Als meine Großeltern im Nachkriegsoptimismus dieses Haus gebaut haben, hat Opa darauf bestanden, den Keller in Industriehöhe anzulegen, nur für den Fall, dass er eines Tages ein Patent auf eine Erfindung anmeldet und eine Heimfabrik braucht – ein Symptom typischen sunnmørischen erfinderischen Übermutes. Ich blieb eine Weile dort unten stehen, in diesem kathedralischen Gewölbe, und konzentrierte mich darauf, Angst zu bekommen, so wie ich oft Angst bekam, wenn ich allein im Keller war, aber es funktionierte nicht. Die Gefriertruhe sah nicht so aus, als wäre jemand lebendig in ihr begraben worden. Die Kabel in der Ecke waren keine Monstertentakel.

An den Wänden in der Kellergalerie lehnen Gemälde in selbst gedrechselten, goldgetünchten Rahmen. Großvaters Lebenswerk. Großvater war Künstler und Handarbeitslehrer. Er roch nach Terpentin und Sägespänen, hatte gelbliche Hände und ein unbändiges Temperament. Ständig war er kurz davor zu explodieren, zu weinen oder in lautes Gelächter auszubrechen. Meine Großeltern in jungen Jahren waren für mich die dörfliche Version von Jack Kerouac und Marilyn Monroe. Großvater saß, dunkelhaarig und schlank, auf einem Motorrad, beladen mit Staffelei und Pinseln, Großmutter hinter ihm, mit vollen Lippen, großen Brüsten und hellen, kurzen Locken.

In Großvaters Malereien findet man Impulse der unterschiedlichsten Epochen und Kulturen, besonders ließ er sich jedoch von den französischen Impressionisten inspirieren. Die breiten Pinselstriche und die mutigen Farben fangen die Glätte eines nackten Felsens ein, die Textur von

Seegras, den Geruch einer staubtrockenen Scheunenwand in gleißender Sonne. Die Bilder lehnen stapelweise an den Wänden, in der Garage, auf dem Dachboden und hier in der Kellergalerie. Ich glaube, es war die glücklichste Zeit seines Lebens, als er allein durchs Land reiste und Hunderte von Höfen, Fjorden, Tälern und städtischen Landschaften malte, Fremde traf, mit denen er reden konnte und die er mit seinem Charme verzauberte, bevor er weiterzog. Das Licht in seinen Bildern ist heftig, doch herausragend ist sein Spektrum von dunklen Farben. In seinen Landschaften sind die Schatten mindestens genauso bunt wie das Licht. Eine Scheunenwand leuchtet rot im Sonnenlicht, während die Schattenseite ein subtiles Sammelsurium von Farben ist. Die Negationen der Rotheit. Man muss die Welt wirklich *sehen*, um die Farbvielfalt in ihren Schatten greifen zu können, so wie Großvater es konnte, denke ich oft, wenn ich vor einer seiner vielen Malereien stehen bleibe, die in allen Häusern unserer Sippe hängen.

In den meisten seiner Bilder, zumindest in denen, die mir gefallen, existieren von Menschen geschaffene Strukturen – selbst in den überschwänglichsten Landschaftsmalereien. In das potenziell Sublime am Fuße eines Wasserfalls drängt sich ein kleiner Schuppen, eine Mühle oder ein Steinwall. Er macht mit Fjord und Fjell, was ein Liebhaber mit seiner Angebeteten tut, wenn er sie bis auf ein Kleidungsstück entkleidet, um ihre Nacktheit zu akzentuieren und sich an der Gewissheit festzuhalten, dass wir trotz allem Menschen sind, nicht nur Tiere, und dass uns genau das die Fähigkeit verleiht, Schönheit bewusst wahrzunehmen. Statt Nationalromantik könnte man es Nationalerotik nennen: ein Landschafts-Striptease. In Großvaters Gemälden gibt es keine Menschen, nur Spuren, die Menschen hinterlassen haben, und genau diese Spuren, diese Bauwerke, sind der springende Punkt: Das ist nicht die freie Natur Gottes, sondern die menschengebundene und bindende Kulturlandschaft. Die Natur ist hier kein Gottesbegriff (wie einst bei vielen Dichtern des 19. Jahrhunderts und immer noch in einigen Tourismusbroschüren und in der Konservierungsrhetorik des Naturschutzbunds), sie ist kein Symbol für das Reine und Ursprüngliche. Stattdessen drücken diese Malereien ein intuitives Verständnis dafür aus, dass sowohl Zugehörigkeit als auch Schönheit in irgendeinem Zusammenhang mit der Schattenlandschaft zwischen dem Nackten und dem Verschleierten stehen, zwischen dem Rohen und dem Garen, dem Wilden und dem Zahmen. Und alles beginnt damit, dass jemand dort mitten im Chaos steht, sich umsieht und interpretiert. Die Landschaften in Großvaters Gemälden sind kultiviert, manipuliert und erobert.

Ich machte die Tür zur Galerie zu, ging die steile Steintreppe hinauf, schloss die Kellertür ab und kam am Küchentisch zur Ruhe. Und hier blieb ich sitzen, bewegte mich nur zwischen dem

Tisch und dem Sofa hin und her, während ich die Wolken beobachtete, die über die Sunnmøralpen rollten.

Jedes Mal, wenn jemand auf der Dorfstraße am Haus vorbeigeht, frage ich mich: »Wer ist das?«, als würde ich hier alle kennen, als wäre ich meine Mutter, meine Großmutter, meine Urgroßmutter.

Ich fülle einen Eimer mit Schmierseife, kochend heißem Wasser aus dem Hahn und stecke meine Füße hinein. Lasse sie eine Weile im Wasser, bis die Haut weich wird, schabe tote Haut ab, während ich Krimiserien auf Netflix schaue und Wein aus einem Milchglas trinke. Ich schmiere mir die Füße mit einer fettigen Creme ein, lackiere mir die Fußnägel knallpink, esse Blaubeeren mit Sahne und Zucker, das habe ich nicht mehr gegessen, seit ich klein war, weshalb der Geschmack etwas bei mir auslöst, das einer Erinnerung ähnelt. Es ist besser, nicht in Erinnerungen zu schwelgen, weder in den guten noch in den schlechten, denn sowohl die Zukunft als auch die Vergangenheit können die brüchige Gegenwart ohne Weiteres zerschmettern, einfach so, sie zu Kleinholz verarbeiten, der Hoffnung die Hoffnung nehmen, die Vergangenheit zur Perversion verkommen lassen.

Ich messe allen Verbindungen zu viel Bedeutung bei. Alles wird zur Allegorie. Das ist die Erbsünde. Meine eigenen Mythen und die kollektiven Mythen verschlingen sich ineinander, vögeln sich besinnungslos und lassen alles schicksalhafter erscheinen, als es wahrscheinlich ist. Es ist eine schlechte Angewohnheit, wie Schorf abpulen. Ich kneife mir in den Arm und erinnere mich daran, dass die Hyper-Selbstreflexion nur Selbstbefriedigung ist und dass das übermäßige Interesse an obskuren Fantasiemechanismen sie verstärkt. Ich spreche mit mir selbst in einem erzieherischen Ton, tu so, als sei ich Pippi Langstrumpf, die allein in ihrer Villa Kunterbunt sitzt und sich dazu ermahnt, ins Bett zu gehen, und sage mir: Freiheit muss es an einem anderen Ort geben, an einem Ort, der das Unbewusste und das Autobiografische anerkennt, aber nicht weiter daran interessiert ist. Freiheit muss an einem Ort außerhalb des Kopfes und der Lebensgeschichte existieren. Und wenn man dort hinkommt, sollte man sich selbst nicht für bare Münze nehmen, eine galgenhumoristische Distanz zu der eigenen kleinen Tragödie aufbauen und aus ihr schöpfen, was man braucht, nicht mehr. Nichts ist umsonst und nichts ist für immer.

Jetzt bläst es zum Sturm – und der Sturm ist nicht nur eine Metapher für Regungen in der Seele. Die Tür ist wirklich aufgesprungen, die Wände vibrieren wirklich, ich bin wirklich hier, ganz wirklich, ganz genau jetzt, auf dem Sofa, mit meinen frisch lackierten Zehennägeln, in dem Wohnzimmer, in dem ich Großmutters Paranoia zum ersten Mal miterlebt habe, als sie dachte, der Wind sei ein Mann, der sie umbringen wolle. In den ersten Alzheimer-Phasen entwickelte sie eine Art Psychose, es war schwer, die Medizin richtig einzustellen, denn die Senilität und die Psychose zogen in unterschiedliche Richtungen. Unglaublich war es, dass sie trotz der Verkalkung und der Verknotung ihrer Synapsen ihre Sprachfertigkeit nicht verlor. Sie verblasste nicht. Es war unfassbar, und es wäre gruselig gewesen, wenn die Liebe nicht gewesen wäre. Ihr damals zuzuhören, fühlte sich an wie ein Vorzeichen und gleichzeitig wie eine Erinnerung an einen Wahnsinn, den ich eigentlich nie erlebt hatte, und dennoch pflanzten sich die Grundvibrationen in meine Brust.

Wahnsinn ist immer eine Möglichkeit. Wahnsinn ist die knisternde Dunkelheit, die sich eines Tages ausbreiten wird, wenn das kleine Tintenhaus in deinem Inneren zerplatzt und die Tinte herausquillt. Im Gehirn entstehen Risse und es füllt sich mit der Schwärze, sie durchnässt das Fleisch, bleischwer, dringt durch die Poren nach draußen, benetzt die Haut, legt sich über die Schultern und drückt dich in den Boden, bis nur noch das poröse Haar aus der Erde schaut, wie eine verrückte Möhre, umgeben von blinden, hermaphroditischen Regenwürmern und Käfern, wie die, die mir bei meiner ersten Halluzination begegnet sind. Ich war vielleicht zwölf Jahre alt. Ich stand in der Dusche, kniff die Augen zusammen und studierte das Feuerwerk hinter meinen Augenlidern, und als ich sie wieder öffnete, krabbelten sie aus dem Abfluss, große, schwarze Käfer mit menschlichen Gesichtern, krabbelten zielgerichtet durch das Wasser, meine Beine hinauf in meinen Schritt. Ich bin auf den Fliesen ausgerutscht und muss irgendetwas geschrien haben, denn meine Mutter kam aus einem grünen Nebel die Treppe herunter auf mich zugelaufen. Ich erklärte ihr, was geschehen war, erwähnte aber die Gesichter nicht. Sie tröstete mich, sagte: »Das hast du dir nur eingebildet.« Bewusstsein, so stellte sich heraus, war eine sexuell übertragbare Krankheit.

Dieser alternative Wahnsinn, der sich gerne im Teenageralter bemerkbar macht, ist vielleicht nur der Bescheid, dass man, um zu überleben, seinen inneren Bodenschlamm nach außen kehren muss, auf Dinge projizieren, auf Gebäude, Gesichter, die einem begegnen. Wenn man jedoch nur auf der faulen Haut liegt und das Leben an sich vorbeiziehen lässt, dann wächst der Wahnsinn wie Unkraut und manifestiert sich in Form von Angst und Apathie. Alles wird einem tot erscheinen. Man muss dieses Unkraut jäten, weder pflegen noch übersehen. Man muss sich nach außen kehren, über sich selbst hinwegkommen, bis alles, was vom eigenen Wahnsinn übrig bleibt, eine schwarze kleine Quelle in der Magengrube ist, die entweder alles vergiften kann oder einfach nur da ist, wie ein Werkzeug, ein Glasfässchen, im tiefsten Inneren des Magens, in das man dann und wann, einigermaßen kontrolliert, seinen Füller tauchen kann. Vielleicht liegt dort sowohl eine Art Öffentlichkeitsideal als auch ein Betreuungsideal, eine *Ethik*, könnte man fast sagen, wenn Ethik nicht so ein protziges Wort wäre, das einem die Zunge anschwellen lässt und die Luft, die den Stimmbändern den Klang verleiht, abschnürt. Diese Verrücktheit, die, wenn sie vernachlässigt wird, zu Fanatismus oder einem Zombie-Dasein führen kann, entspringt einer Kindlichkeit, einem Drang, alles im Zusammenhang zu verstehen, immer und überall. Es ist der infantile Ozeanismus des Narzissten: ein Bedürfnis, die Welt zu beherrschen, indem man durch die Erdoberfläche bricht, auf die andere Seite wächst und sogleich in ein Gespräch zwischen Fremden tritt, in dem man sofort eine natürlich Rolle einnimmt. Dieses Gespräch ist wie Betreutes Wohnen. Die Öffentlichkeit ist die Notaufnahme für alle, die vor ihrer eigenen Privatsphäre flüchten.

•

Titelgebend für Claire-Louise Bennetts Buch ist die Erzählung, in der sie ein Schild entdeckt, das jemand aus der Nachbarschaft an einem Teich angebracht hat. »Teich« steht auf dem Schild. Sie ist außer sich. Für sie ist dieser Vorgang ein Gewaltakt gegen die magische Welt der Kinder – sie auf diese Art zu warnen, diesen mystischen Ort mit dem Wort »Teich« zu entzaubern! An einigen Stellen frage ich mich, ob ihr Nachdenken über die Beziehung zwischen Dingen, Zeichen und dem Vorsprachlichen zu viel des Guten ist, beispielsweise wenn sie erzählt: »Übrigens ist die Sprache, in der ich schreibe, nicht meine Muttersprache. [...] Ich bin mir nicht einmal sicher, ob sie sich überhaupt äußern ließe.« Ist das nicht schäbig und irreführend: eine *eigentliche* Muttersprache hinter den Worten, versteckt in den dunkelsten Winkeln des Gemüts? Wenn ich genauer darüber nachdenke, muss »Muttersprache« eines der kitschigsten Konzepte der Welt sein, eine sentimentale Fleischwerdung von etwas so Zerebralem und Elastischem wie Sprache. Es klingt so, als würdest du über eine Brust, die genauso groß ist wie dein Kopf, mit Worten vollgepumpt

•

Der Titel, *Pond*, ist außerdem eine Anspielung auf den amerikanischen Transzendentalisten Henry David Thoreau (1817–1862). Thoreau durfte sich ein Stück von Ralph Waldo Emersons Grundstück am *Walden* Pond in Massachusetts leihen – und anscheinend auch eine Axt. Dort isolierte er sich, schrieb Tagebuch und seine Memoiren *Walden* (1854), die später zum meistgelesenen naturromantischen Werk der USA wurden. Die meisten, die über Bennetts *Pond* geschrieben haben, beziehen sich auf die Verwandtschaft zwischen Bennetts und Thoreaus Werken und deuten den Titel als eine Flagge der Allianz, die die Autorin für ihr Buch und Thoreaus impressionistische und fragmentierte Tagebuchaufzeichnungen aus der Zeit am Teich in Walden hisst. Oberflächlich betrachtet tut sie genau dies, jedoch mit ironischer Distanz zu Thoreau, einem Denker, der an einem schlechten Tag höchstens ein moralisierender Asket ist. Thoreau behauptet, dass Sinnlichkeit eine destruktive Kraft sei, die besudele und besteche. Die Erzählerin in *Pond* hingegen liebt Essen, liebt Alkohol, liebt Männer – in genau dieser Reihenfolge –, und der Alkohol ist wie ein magisches Elixier, das unerwünschte Gedanken verstummen lässt und Romanzen herbeizaubert. »*The great exciter of the yes function in man*«, wie William James einst sagte. Thoreau trank nicht einmal Kaffee – geschweige denn Alkohol – und behauptete, dass Drogen wie Koffein oder Musik die Ursachen für den Fall des antiken Griechenlands oder Roms gewesen sein mussten. Und während Thoreau Familienbesuche in seinen heroischen Schilderungen von der Waldeinsamkeit ausspart, denkt Bennetts Erzählerin lebhaft an die unbeholfenen Gäste, die kommen und gehen. Außerdem betont sie, nicht in der Einöde zu wohnen, nur etwas abseits, und sie befindet sich oft in ihrem Cottage und befasst sich mit nichttranszendentalen Gedanken über Haushaltsartikel.

Bennett und Thoreau verbindet ihre Hingabe, ansonsten hat Bennett wahrscheinlich genauso viel mit anderen Schriftstellerinnen gemeinsam, die in der Küche auf und ab gehen, und diese sind es wahrscheinlich, die im Hintergrund ihr Unwesen treiben, wenn die Erzählerin ihren Herd betrachtet und feststellt, dass es unmöglich ist, sich in diesem Gerät das Leben zu nehmen. Er ist zu klein und außerdem elektrisch, und »Ich habe es nicht geschafft, den Kopf in meinen alten Ofen zu schieben, ohne die Unterseite meines Kinns mit viel altem Fett zu beschmieren. Außerdem stinkt es darin«. Sie feiert ihre Schwestern und distanziert sich von ihnen. Niemand kann eine Heilige sein, wenn ihr Ziel ist, den Dingen an sich so scharfsinnig wie möglich gegenüberzutreten.

•

Jetzt sitze ich schon seit zwei Wochen in dieser Küche, in Großvaters langärmeligem Wollunterhemd und Omas langen Wollunterhosen, ohne groß mit jemandem zu sprechen, außer mit Großmutter und meinem Freund, der in unserer Wohnung in New York sitzt und sich seine Wunden nach einer Operation leckt. Ich habe ein bisschen schlechtes Gewissen, dass ich nicht bei ihm bin, aber nicht zu sehr. Wenn wir auf FaceTime miteinander sprechen, mache ich alle Lichter aus und drehe auch die Beleuchtung des Computers ganz runter, sodass er gar nicht hier ist, und ich auch nicht. Wir treffen uns in einem Leerraum, einem Übungsraum für die Liebe und Konflikte.

Er sagt, dass sich die Welt hier auf dem Dorf klein anfühlen müsse. Falsch, sage ich. Die Welt ist hier genauso groß und genauso klein wie an anderen Orten, denn egal wo man sich befindet, man nimmt nur so viel Platz ein, wie der Körper braucht, und man spricht ohnehin nicht mit so vielen Menschen. Es ist die Illusion, man sei in New York größer als man selbst, die diese Stadt idiotisch macht, und die Illusion, sie sei der Mittelpunkt der Welt, macht sie peripher. Die provinziellsten Menschen, die ich je getroffen habe, waren Ur-New-Yorker, die glaubten, dass sie am Nabel der Welt leben und alle Kulturen sich um sie herum vereinen, nur weil sie, wann immer sie Bock haben, die Bahn nach Flushing nehmen können, um chinesisch essen zu gehen, oder an Coney Island vorbei nach Brighton Beach, wo es auf den Straßenmärkten nur so von russischen Damen wimmelt, die ihre Haare immer noch in dem einzigen Rotton färben, der damals in Teilen der Sowjetunion verkauft wurde. Es wirkt so, als seien alle Räume und alle Zeiten in New Yorks ordentlich segregierten Stadtvierteln zusammengepuzzelt, aber das stimmt nur teilweise, denn jedes Fenster hat nur einen begrenzten Horizont, und jedes Viertel ist ein sich selbst versorgendes Dorf, mit seiner eigenen Wäscherei, seinem eigenen Schneider, Blumenhändler, Supermarkt, Nagelstudio, seiner eigenen Bank. Die Menschen sind an ihre Orte gebunden und orientieren sich eingeschränkt. An keinem anderen Ort habe ich so viele Leute getroffen, die sich nur widerwillig von Plätzen der Welt faszinieren lassen, für deren Verständnis ihnen noch die Grundlage fehlt. Sie weigern sich, sich verwundern zu lassen, denn sie glauben, Verwunderung sei gleichgestellt mit Hochmut. Die Erzsünden für kosmopolitische New Yorker sind »Othering«, »kulturelle Appropriation« und »Exotifizierung«, Sünden, die nach einem zurückgelassenen, veralteten Europa stinken. »*Check your privilege*«, rufen sie sich zu, wenn eine von ihnen erzählt, was sie auf einer Reise erlebt hat, als ob Privileg an sich ein Unding wäre, unabhängig davon, wie man dieses Privileg nutzt. Der Nachteil an der Anwendung dieser Konzepte besteht darin, dass sie eine ganze Reihe an Erfahrungen unmöglich machen und die Prinzipienreiterin verbarrikadieren, sie in ihrer Dehnbarkeit einschränken und ihr verwehren, mit dem Fremden zu spielen.

Hier in Hovdebygda hat man immerhin Verständnis dafür, dass an anderen Orten der Welt Großes vor sich geht, das man nicht versteht, erkläre ich dem Mann im Computer mit moralisierendem und heimatromantisierendem Ton. Ich übertreibe. Behaupte, dass es auch hier im guten alten Dorf eine Menge an Kosmopoliten und *armchair travellers* gebe. Darum wird es sich für mich nicht so anfühlen, an den Ort des Geschehens zurückzukehren, wenn ich in einer Woche wieder in den Flieger nach New York steige, nein, ich reise zurück ins Randgebiet, in die egoistische, utopische Zweisamkeit des Pärchendaseins.

•

Ich verschütte Milch auf der schönen Wachstuchdecke, die meine Mutter meiner Großmutter aus Finnland mitgebracht hat. Auch meine Tastatur bekommt ein paar Kleckse ab. Ich kann den Geruch von Milch nicht ausstehen, er erinnert mich an Fäulnis, auch wenn die Milch frisch ist. Die Wachstuchdecke wurde mit großen vitalen Blumenmustern bedruckt, leuchtendes Grün auf dunkelbraunem Untergrund. Jetzt bilden sich kleine milchig-graue Teiche auf der Tischdecke, zwischen den verschnörkelten Blumenstielen und den gelben, aufbrechenden Knospen. »Gewiss tut es weh, wenn Knospen springen [...] Ja, wohl tut es weh, wenn Tropfen fallen [...] Schwer ist es, wenn die Tiefen zerren und rufen. Dennoch zu bleiben und bloß zu zittern. Schwer ist es, sich festklammern zu wollen. Und gleichzeitig zu fallen.« Mir wird ganz schwindelig von Karin Boyes Gedicht: der Tropfen, der schwer an einem Zweig hängt, wie ein letzter Spritzer Muttermilch an einer Brust. »Milch« ist so ein unfassbar prägnantes Wort, so schwer und erdrückend, dass ich mir kaum vorstellen kann, dass es Menschen gibt, die das Wort »Milch« in ihrer Muttersprache sagen können, ohne direkt in ihre Kindheit zurückkatapultiert zu werden, wenn auch nur für eine Nanosekunde. Ich erinnere mich an die ekstatischen Minuten vor der Milchpause in der Grundschule, wenn man als eine der beiden Auserwählten durch die leeren Korridore gehen durfte, um die Milch aus dem Kühlschrank vor dem Eingang zum Hort zu holen. Da musste man nicht die Vogellieder mitsingen, sondern durfte mit einem blauen Tablett durch die Gänge gehen, auf dem sich die Tetrapaks stapelten, die sich um den Strohhalm zusammenzogen, wenn man aus ihnen trank. Ich erinnere mich an das Kribbeln im Bauch, wenn ich mit Ole Milch holen gehen durfte, der so lustig und groß und christlich war. Ich denke an die einst so ausgelassene Färse zurück, die, als ich sie im letzten Frühling auf der Weide getroffen habe, schon vor dem ersten Kalben ganz schwere Euter hatte, empfindlich und kurz vorm Zerbersten voller Milch. Ich erinnere mich an Agnar Mykles *Skoene* (Die Schuhe), eine Kurzgeschichte, die mich als Teenager rückwärts durch den Sicherungskasten zog. Auf der Flucht vor irgendeinem Liebeskummer hatte ich mir in einem Spa-Hotel im Sørland einen Ferienjob in einer Pizzeria geangelt. Ich wurde in einer Suite einquartiert, in der ich zwischen den Schichten in einem Korbstuhl, der von der Decke hing, mit den Beinen baumelte, und mich eines Morgens, an dem ich mich furchtbar fett fühlte, wieder mal von Mykle in den Rinderwahnsinn treiben ließ. An Folgendes konnte ich mich noch erinnern: Ein Jugendlicher spioniert einem Milchmädchen nach, das im Viehstall sitzt und eine Kuh melkt. Der Junge und die Leserin betrachten Kuh und Mädchen abwechselnd, und irgendwann kommt der Punkt, an dem beide miteinander zu verschmelzen scheinen. Wir Lesenden sind nicht überrascht, als das Mädchen den Viehstall irgendwann verlässt, aber unser Blick immer noch auf den Hintern der Kuh gerichtet ist. Der Blick der Leserin gleitet in einem Kontinuum, ohne Reibung, vom attraktiven Mädchen zur plötzlich attraktiven Kuh. Deshalb finden wir auch nicht befremdlich, was als Nächstes geschieht: Der Junge schiebt den Schemel, auf dem der Hintern des Milchmädchens gerade noch gesessen hat, hinter die Kuh, stellt sich auf ihn und dringt in das Tier ein.

Es stellte sich heraus, dass meine Erinnerung an die Kurzgeschichte mich getrogen hat. Das Milchmädchen hatte ich selbst dazugedichtet, es kommt in der Kurzgeschichte nie vor. Der Junge war einige Tage zuvor auf einem Fest gewesen und hatte dort mit einem Mädchen getanzt, und das Nachbeben, das dieses in ihm ausgelöst hatte, pulsierte in ihm, während er tat, was er tat:

> Sie ist reif geworden, fast schon erwachsen. [...] Letztes Jahr gefiel sie mir besser, dachte er. Aus der Entfernung sah sie so unglaublich schön aus, mit den weißen Zähnen, den Mandelaugen und diesem traurigen Lächeln. Aber als er mit ihr tanzte, war sie groß und schwitzig und warm und schwer, schwer zu führen [...], während er mit ihr tanzte, kam er nicht umhin, auf ihre glänzenden Wangen zu starren, auf die Poren auf ihrer Nase, auf die

kleinen Pickelchen an ihrem Haaransatz; er versuchte wegzusehen, doch das kam ihm unhöflich vor, also sah er wieder auf ihre Nase. Sie tanzten; mit steifen Blicken, die sich trafen, wenn sie in die Luft schauten; ihr warmer Atem roch wie säuerliche Milch.

Die Kurzgeschichte ist eine Dreiecksbeziehung zwischen Ekel, Lust und Scham. Er mochte das Mädchen, mag sie nicht mehr, mag sie trotzdem, aber er ist nervös und gereizt, dass sie nun nicht mehr den Fantasien entspricht, die er um sie gesponnen hat. Die Gereiztheit entspringt der Scham, und die wichtigste Quelle der Scham ist – Überraschung – die Mutter des Protagonisten. Als sie ihn kurz zuvor mit heruntergelassenen Hosen in seinem Jungenzimmer erwischt hatte, hatte sie mit einer solchen Wut reagiert, die ihm einerseits so unangenehm war, von der er andererseits jedoch wusste, dass er sie nicht verdient hatte:

> Sie ließ die Päckchen fallen und fuhr ihn an; ihr Gesicht war wie erstarrt. Wenn sie ihn noch einmal dabei erwischte, würde sie den Herrn Doktor rufen, und der würde ihn abschneiden! Ihm klopfte das Herz bis zum Hals. Doch das Schlimmste war: Diese Mutter, die stets so gütig und lieb war, sagte nun: »Dann hat dich deine Mutter nicht mehr lieb! [...]« Doch das Allerallerschlimmste war ihr Blick. Er war so böse. So dunkel, so böse.

Es beweist Reife und Rückgrat, wie dieser kleine Mann für seine Integrität einsteht. Er weigert sich zu akzeptieren, dass er irgendwie gesündigt habe. Er ist eigentlich nicht davon überzeugt, überhaupt etwas falsch gemacht zu haben. Er vergleicht seine eigenen Handlungen damit, wie seine Großmutter und andere ältere Damen ihn zum Objekt ihrer eigenen Enttäuschungen und nostalgischen Sehnsüchte nach Jugend machen, die ihn so behandeln, als hätten sie jedes Recht, ihn zu küssen und ihn anzufassen, nur weil sie erwachsen sind und er noch ein Kind:

> Als hätte sie ein unerklärliches Recht an ihm, als ob sie ihn zu Liebe zwingen konnte! Irgendwann dachte er einmal, ohnmächtig: Warum ist die Welt nur so ungerecht? Hier haben alle Frauen, alle älteren Frauen, das Recht, den Jungen anzufassen, ihn zu liebkosen, ihn zu streicheln (und es waren nicht nur Frauen der Familie, er erinnerte sich plötzlich an die Lehrerin an der Volksschule, eine große, weiche und blonde Frau mit Gretchenhaar, die ständig neben seinem Pult stand und ihm über den Kopf und den Nacken strich; sie hatte stets Kreidestaub an den gepflegten, rosafarbenen Fingerspitzen; vier Jahre lang musste er dasitzen und ihr Streicheln über sich ergehen lassen) – Frauen haben das Recht dazu; ich kann mit niemandem darüber sprechen; niemand wird sie dafür ins Gefängnis stecken.

Obwohl er die Annäherung seiner Großmutter nicht ausstehen kann, ist sie es, die ihm schließlich das Gefühl von Ablass gibt: »Als sie ihm übers Haar strich, erfüllte ihn ein stiller Strom, der von ihr auf ihn übertragen wurde, und wieder zurück, ein Sippenstrom, und sind nicht Schuld und Sippe das Gleiche?« Sind nicht Schuld und Sippe das Gleiche? Eine merkwürdige und gute Frage. Denn ist es nicht immer die Familie, die die tiefsten Schuldgefühle in einem weckt, in guten wie in schlechten Zeiten?

Die Kurzgeschichte entlarvt die Heuchelei der Moral, doch damit nicht genug: Sie lässt die Leserin mit dem Gefühl zurück, dass etwas wirklich Gutes geschehen ist, inmitten all der Schandtaten; neue Formen der Sensibilität haben sich aufgetan. Für einen Augenblick hat man sich sogar ohne Widerstand in einen Jungen hineinversetzen können, der eine Kuh begehrt.

Auch wenn ich damals, als Teenager, überrascht war, dass Bestialität mich so anmacht, habe ich nie befürchtet, etwas für Kühe übrig zu haben. Kinder haben das im Gespür: Was die Vorstellungskraft erlaubt, erlaubt sie nur, weil sie in keinem Verhältnis zur Realität steht. Nur frustrierte Erwachsene kommen auf die Idee, sich mit diesem Unterschied anzulegen.

•

Draußen in den Baumkronen ist richtig was los. Die Wände jammern, als wollten sie absichtlich unheimlich wirken. So ein Unsinn. Der Wind ist schon ziemlich heftig, trotzdem finde ich, dass der große Baum auf dem Feld sich ein bisschen wie eine Dramaqueen aufführt. Tatsächlich stört es mich, dass ein so großer Baum im Wind schwankt, als wäre er ein Strohhalm, dabei haben wir ja nicht mal einen Hurrikan oder einen anderen Grund zur Panik. Ich will, dass alles, was groß ist, stillsteht. In gewisser Weise erwarte ich es. Ich verlange, dass es auf dieser Welt etwas geben muss, das groß, solide und unveränderlich ist. Deshalb das Meer. Deshalb die Wale. Deshalb ertrunkene Abgründe aus Fels und Erz, Seetang und Seegras. Es sind diese irrationalen emotionalen Anforderungen an unsere Umgebungen, dass andere Dinge konsequenter und überzeugender sein sollten als wir. Daher die Rückkehr zum kindlichen ozeanischen Gefühl, das Beharren auf dem Gigantischen, Übermütigen, Mythologischen, was nur durch Wasser, Luft und freie Assoziationen verbunden ist.

•

Mitten in einer Anekdote, wie sie versehentlich – ohne Ambitionen, Gärtnerin zu werden – anfing, Kartoffeln und andere einfache Pflanzen anzubauen, erwähnt Bennetts Erzählerin in einem resignierten und neckenden Ton eine gescheiterte

Vergangenheit als Akademikerin. Sie wurde einmal eingeladen, über »ein Thema zu sprechen, das mich wirklich sehr interessierte, wenn auch aus ungesunden Gründen«. Da sie nicht sehr methodisch und theoretisch veranlagt war, wurde sie nicht ernst genommen. Ihr Engagement war zu persönlich für diese Universitätsleute, sagt sie, sie wirkte nostalgisch, naiv und nicht besonders weltgewandt. In dem Vortrag ging es um Liebe. Um die zwangsläufige Brutalität der Liebe. »Ja, genau«, sagt sie, geradezu selbstironisch:

> Ich wollte zeigen, dass die Liebe in der Literaturgeschichte durchweg als ein verzehrender Prozess ekstatischen Leidens dargestellt wird, der uns auslöscht. Am Ende bleibt nur das Vergessen. Amputiert, abserviert. Etwas in der Art, etwas in der Richtung.

Rückblickend scheint diese ganze Konferenz nur viel Lärm um nichts gewesen zu sein, denn ihr Gegenstand war die These, dass das Grausame schockierend ist, der sie nicht ganz zustimmen kann. Sie weiß nicht, was an Gewalt und an der Auflösung der »Identität« so überraschend sein soll. Für sie ist es selbstverständlich, dass Liebe und Selbstzerstörung, Enthusiasmus und Angst zwei Seiten derselben Medaille sind. Obwohl sie es liebt, Gemüse zu schneiden, kann der Klang des Messers ihr zuweilen Angst einjagen. Und wenn das geschieht, darf sie beim Schneiden nicht in den Spiegel sehen. Die fieberhafte Begeisterung spielt mit der Todesangst. Freude und Angst sind zwei Seiten des gleichen Hungers nach Leben. In einem Abschnitt zitiert sie aus Friedrich Nietzsches *Die Geburt der Tragödie aus dem Geiste der Musik*:

> Aus der höchsten Freude tönt der Schrei des Entsetzens oder der sehnende Klagelaut über einen unersetzlichen Verlust. In jenen griechischen Festen bricht gleichsam ein sentimentalischer Zug der Natur hervor, als ob sie über ihre Zerstückelung in Individuen zu seufzen habe.

Die Tragik ist, dass die Fäulnis in allem Schönen spukt, beispielsweise in einer genau richtig unreifen Banane auf einem Haferkeks, besonders wenn die Banane etwas kühl ist.

•

Was ist eigentlich romantische Liebe? Begehren, das zu Behagen wird, das wiederum zu einem Krieg um Ansprüche, Vorwürfe und Falschrepräsentationen wird, bevor es entweder stirbt oder sich als eine friedliche Allianz entpuppt, in der Spaß und Streitereien mit inbegriffen sind? Eine Stimme, die eine Heimat ist, oder dieser wohlige Duft eines Brustkorbs, wenn man in der Kuhle zwischen Schulter und Brust liegt, die genau die passende Form für den eigenen Kopf hat? Ein Gesicht, das man viel besser kennt als sein eigenes? Ein Gesicht, das sich über das andere stülpt, sodass man sich gegenseitig quasi als Maske trägt? Ich bin dein Gesicht, du bist meins – nicht symbiotisch, pfui, nein, sondern ausgetauscht. Beide werden zu nackten Transvestiten, und man vertauscht ab und zu die Tatsachen, und er sagt: »Mmmh, dein Schwanz in meiner Pussy, ähm, nein, ich meine, dein Schwanz in meiner ... ähm nein, ach egal.«

Eine Allianz: ich und du gegen den Rest der Welt, zusammen, auch wenn wir jeder am anderen Ende eines Raumes voller fremder Menschen stehen, auf einem Fest, das wir gemeinsam verlassen werden, alle wissen das, eine allgemeingültige Gewissheit, die uns rüstet und uns Rückgrat gibt.

Eine Kraft, die die Abende fließen lässt, als wäre man betrunken, und je besser diese Abende sind, umso weniger erinnert man sich an sie. Und wenn man ganz entspannt ist und frei von seinen Ängsten, erwacht man in einer Amnestie, die im selben Verhältnis zum Abend steht wie das Erwachsensein zur frühen Kindheit.

Eine raffinierte Mischung von Unterschieden, die heftige Konsequenzen haben, und Ähnlichkeiten, die Frieden einkehren lassen? Jemand, der in deinen größten Charakterschwächen Charme sieht. Besitzen und besessen werden. Liebe als Selbstauslöschung. Eine gewollte Freiheitsberaubung. Ein Gefängnis, das alles in Freiheit verwandelt. Immer eine Bürde. Immer ein Dilemma. Immer der Anspruch, über sich selbst hinwegzukommen. Eine Herausforderung: Schaffe ich es, mich preiszugeben, es zuzulassen, dass mein Leben Zeugen bekommt? Schaffe ich es, einen anderen in dieses armselige Leben hineinzulassen, Abscheu zu riskieren? Kann sie mit seinen Neurosen und seinem Mangel an Kommunikation leben? Kann er mit ihren Forderungen und Launen leben? Oder hasse ich ihn eigentlich, hasse ich sie eigentlich, und dieses Kribbeln im Magen, ist das wirklich Lust oder eigentlich Hass? Vielleicht ist das, was man eigentlich Liebe nennt, auch Hass? Vielleicht hasse ich alle, die ich liebe, aber liebe alle Fremden?

Vielleicht ist Liebe bezeugen und bezeugt werden? Das griechische Wort für Zeuge war *martyras*, und wenn Liebe = Zeuge = Märtyrer ist, dann bedeutet Liebe vielleicht, sich auf dem Altar der Besonderheit des anderen zu opfern, sodass man einen Spagat macht zwischen der Person, die man glaubt zu sein, und der Person, die der andere braucht. Vielleicht ist die Liebe ein Spagat zwischen Wirklichkeit und Fantasien, zwischen Verneinung und Fügsamkeit, Protest und Unterwürfigkeit, Wut und Gelächter, zwischen dem, was man haben will, und dem, was man haben will. Liebe ist der Ort, an dem die Prinzipien lächerlich gemacht werden.

•

In einer Selbstkritik zu *Die Geburt der Tragödie aus dem Geiste der Musik* nimmt Nietzsche sein eigenes Debüt auseinander, in einem Anflug von später Selbsteinsicht. Erbärmlich, nennt er es in seiner allerletzten Veröffentlichung, *Ecce Homo*, kurz bevor 1889 die Pferde mit ihm durchgehen. *Die Geburt der Tragödie* sei voll von verwirrten Bildern, sagt er, geschrieben in unregelmäßigem Tempo, ekelhaft melodramatisch, extrem selbstsicher und frei von sämtlicher Logik. Ein arrogantes und unreifes Buch für unreife Leser, weder volkstümlich noch akademisch, einfach nur um sich selbst kreisend. Doch obwohl das Buch echt Scheiße sei, meint Nietzsche, gebe es dennoch Hoffnung für die Stimme, die sich durch das Buch stottert und arbiträre Dinge in einer Art Fremdsprache äußert. Doch diese Stimme hätte besser singen sollen, schreibt er, nicht reden.

•

Gestern habe ich Großmutter aufs Klo begleitet. Ich sah ihr dabei zu, wie sie sich abwischte, stellte fest, wie viel lebendiger sie wirkte, wenn der Körper eine Aufgabe hatte, wie sie ein Stück in die Welt zurückrückte, und ich fragte mich, welche mystische Form von Sehnsucht das ist, diese Anziehung, die ich ihr gegenüber spüre, eine Art Todesantrieb. Ich will ihre Falten haben und die bleichen, welken Schenkel, wie nackte, von Wellen geschliffene Felsen. Ich will Besitz von ihrem

Körper und anderen Körpern nehmen, mir die Haut anderer überstreifen, mich selbst finden, indem ich über mich selbst hinwegkomme. Nur so kann man eines Tages vielleicht singen, nicht nur reden.

Oder vielleicht geht es gar nicht um einen »Todesantrieb«, denn ich will ja gar nicht sterben, überhaupt nicht, es geht mir gut. Und es ist auch nicht von Selbstauslöschung die Rede, es hat überhaupt nichts mit einem »Selbst« zu tun. Was steckt also hinter diesem Bedürfnis, in die Haut anderer zu schlüpfen und lebendige Menschen in Theorien, Mythen und verdammte Metaphern hineinzudrängen? Eine Art makabres metaphysisches Kostümdrama? Ist es Gewalt oder Liebe, Großmutter auf diese Art zu benutzen, als erzwungenes Symbol für Zugehörigkeit in Zeit und Raum? Immerhin hat sie nicht darum gebeten, benutzt zu werden, und sie würde sich wahrscheinlich in der Art, wie ich über sie spreche, nicht wiedererkennen, wenn sie denn bei allen Sinnen wäre. Vielleicht bin ich eine mythologische Pseudo-Essayistin, die Minderheiten verehrt und in meiner verzerrten Sehnsucht nach Metaphysik mit den Augen blinzelt, damit ich mir vorstellen kann, wie Oma Tinte in ein vergoldetes Klo pinkelt. Sie ist keine Metapher. Kein Tintenfisch. Sie ist eine Großmutter aus viel Fleisch und viel Blut. Vielleicht habe ich mich eines geifernden Blickes schuldig gemacht – eines *male gaze*, wie man im Jargon sagt –, indem ich sie hier im Altenheim zu einer doppelten Maria erkoren habe: Hure und Madonna, Grenzerlebnis und Erlösung.

Ich habe eigentlich kein schlechtes Gewissen. Man benutzt diejenigen, die man liebt. Außerdem gibt es eine Art Vergangenheitskult, der nicht nostalgisch ist – es geht nicht darum, dass man sich in alte Zeiten zurücksehnt, stattdessen sehnt man sich nach Echos und Mutationen und Ursprungsmythen, die mit ihrer eigenen Künstlichkeit flirten. Dieser Vergangenheitskult ist auf der Suche nach befriedigenden und großartigen Mega-Erzählungen, die keine ideologischen Schlussfolgerungen ziehen, aber aufrichtig und überschwänglich verkünden, dement und illusorisch zu sein und dass genau das der springende Punkt ist.

•

Allein auf dem Dorf verkleide ich mich als meine Großeltern. Ich krabbele unter das niedrige Dach auf dem Boden, eine Glühbirne an einem langen Kabel im Schlepptau. Ich hänge die Glühbirne an einen Haken unters Dach, während ich die Pappkartons mit Klamotten auf den Kopf stelle. Ich finde ein Kleid aus den Zwanzigerjahren, abgenutzte Stofftaschentücher und große Knäuel von Nylonstrümpfen, wahrscheinlich aus den Amerikakoffern, die in den Fünfziger- und Sechzigerjahren nach Norwegen geschickt wurden, voll mit Kaugummi und Jo-Jos und Mundharmonikas, von dem Onkel, der als Sechzehnjähriger den Hof verlassen hatte und in Florida Millionär geworden war. Als er auf seinen hundertsten Geburtstag zuging, kehrte er ins Dorf zurück, um hier zu sterben. An Heiligabend hat er am anderen Ende der Tafel gesessen und ein archaisches Norwegisch gesprochen, im Ausland eingefroren, als wäre Amerika eine Zeitkapsel gewesen.

Ich grabe weiter nach Schätzen. Finde Kleider, die meine Mutter und meine Tante selbst genäht hatten, an der Nähmaschine auf dem Küchentisch in den frühen Siebzigerjahren. Hotpants aus Cord. Lange bunte Röcke. Ich probiere alles an. Ich beginne mit der Vorkriegsunterwäsche aus der Korsettfabrik des Nachbarn. Unterröcke von der Schneiderin aus der Region, ausgebeulte BHs mit Trägern so breit wie Pferdegeschirr. Dann ziehe ich die Cordshorts über die Wolle, über das Nylon, und werde zu einem Ball der Familiengeschichte. Allein auf dem Dorf ziehe ich mich genau so an, bilde Schicht für Schicht ein Team mit der Vergangenheit und den Erbillusionen und versuche, beides so ehrlich und exzentrisch wie möglich zu tragen. Es ist eine Art zeremonielle Austreibung von Nostalgie. Ein verzerrter Einsiedler-Striptease. Ich rieche nach Mottenkugeln.

© Synne Borgen

Ida Lødemel Tvedt, geboren 1987, ist Dozentin für Essayistik an den New Yorker Universitäten Columbia und The New School. Sie schreibt für die norwegischen Tageszeitungen *Klassekampen* und *Dag og tid* sowie für die Zeitschrift *Vagant*. *Marianegropen* (Gyldendal, Oslo 2019) ist ihr Debüt.

LITERATURVERZEICHNIS

Agamben, Giorgio: *Homo Sacer*, 1995. *Homo Sacer. Die souveräne Macht und das nackte Leben*, Deutsch von Hubert Thüring, 2002.

Agamben, Giorgio: *Altissima povertà*, 2011. *Höchste Armut*, Deutsch von Andreas Hiepko, 2012.

Als, Hilton: *White Girls*, 2013.

Andersen, Øivind: *I retorikkens hage*, 1995.

Anderson, Benedict: *Imagined Communities. Reflections on the Origin and Spread of Nationalism*, 1983. *Die Erfindung der Nation: Zur Karriere eines folgenreichen Konzepts*, Deutsch von Benedikt Burkhardt und C. Münz, 1988.

Anton, Michael: *The Suit: A Machiavellian Approach to Men's Style*, 2006.

Arendt, Hannah: *Eichmann in Jerusalem: A Report on the Banality of Evil*, 1963. *Eichmann in Jerusalem: Ein Bericht von der Banalität des Bösen*, Deutsch von Brigitte Granzow, 2011.

Artaud, Antonin: »Van Gogh le Suicidé de la société«, 1947. »Van Gogh, der Selbstmörder durch die Gesellschaft«, Deutsch von Franz Loechler, 1988.

Augustinus: *Confessiones*, 401 n. Chr. *Bekenntnisse*, Deutsch von Wilhelm Thimme, 1997.

Bakke, Jørgen: »Beskrivelsens retorikk: Kunstverksekfrasen mellom vitenskap og litteratur«, in: Lien, Sigrid/Serck-Hanssen, Caroline (Hrsg.): *Talende bilder. Tekster om kunst og visuell kultur*, 2010.

Baldwin, James: *Notes of a Native Son*, 1955. *Schwarz und Weiß oder Was es heißt, ein Amerikaner zu sein. 11 Essays*, Deutsch von Leonharda Gescher-Ringelnatz, 1977.

Baudelaire, Charles: *Les Fleurs du Mal*, 1857. *Die Blumen des Bösen*, Deutsch von Simon Werle, 2017.

Beard, Mary: *Women and Power: A Manifesto*, 2018. *Frauen und Macht. Ein Manifest*, Deutsch von Ursula Blank-Sangmeister, 2018.

Beauvoir, Simone de: »Faut-il brûler Sade?«, in: *Privilèges*, 1955. *Soll man de Sade verbrennen? Drei Essays zur Moral des Existentialismus*, Deutsch von Alfred Zeller, 2014.

Benjamin, Walter: *Illuminationen*, 1969.
Bennett, Claire-Louise: *Pond*, 2015. *Teich*, Deutsch von Eva Bonné, 2018.
Bilgrami, Akeel: *Secularism, Identity, and Enchantment*, 2014.
Blanchot, Maurice: *Thomas the Obscure*, 1973. *Thomas der Dunkle*, Deutsch von Jürg Laederach, 2017.
Bloom, Harold: *The Anxiety of Influence*, 1997. *Einfluss-Angst*, Deutsch von Angelika Schweikhardt, 2020.
Borchgrevinks, Aage Storm: *En norsk tragedie, Anders Behring Breivik og veien til Utøya*, 2012.
Børretzen, Odd og Myhre / Myhre Lars Martin: »Mormor«, vom Album *Vintersang*, 1997.
Breivik, Anders B.: »2083. A European Declaration of Independence«, https://info.publicintelligence.net/AndersBehringBreivikManifesto.pdf.
Brøgger, Suzanne. *Ja*, 1984.
Carson, Anne: *Glass, Irony, and God*, 1995. *Glas, Ironie und Gott*, Deutsch von Alissa Walser und Gerhard Falkner, 2000.
Cassin, Barbara: *La nostalgie. Quand donc est-on chez soi?*, 2016.
Cicero/Quintilian/Tacitus: *Romersk retorikk*, 2009.
Coates, Ta-Nehisi: *The Beautiful Struggle*, 2008.
Coates, Ta-Nehisi: *Between the World and Me*, 2015. *Zwischen mir und der Welt*, Deutsch von Miriam Mandelkow, 2016.
Coates, Ta-Nehisi/Stelfreeze, Brian: *Black Panther*, 2017. *Black Panther*, Deutsch von Bernd Kronsbein, 2017.
Conrad, Joseph: *Heart of Darkness*, 1899. *Herz der Finsternis*, Deutsch von Manfred Allie, 2007.
Danbolt, Gunnar: »Vårt forhold til middelalderen«, in: Danbolt, Gunnard/Laugerud, Henrik/Liepe, Lena (Hrsg.): *Tegn, symbol og tolkning*, 2003.
Darwin, Charles: *On the Origin of Species*, 1859. *Der Ursprung der Arten*, Deutsch von Eike Schönfeld, 2018.
Daum, Meghan: *My Misspent Youth: Essays*, 2001.
Daum, Meghan: *The Unspeakable*, 2014.
Eagleton, Terry: *Ideology: An Introduction*, 1991. *Ideologie: Eine Einführung*, Deutsch von Anja Tippner, 2016.
Eck, Caroline van: *Classical Rhetoric and The Visual Arts in Early Modern Europe*, 2007.

Espedal, Tomas: *Elsken*, 2018. *Lieben*, Deutsch von Hinrich-Schmidt-Henkel, 2021.

Foucault, Michel: *Folie et déraison. Histoire de la folie à l'âge classique*, 1961. *Wahnsinn und Gesellschaft: Eine Geschichte des Wahns im Zeitalter der Vernunft*, Deutsch von Ulrich Köppen, 1973.

Freud, Sigmund: *Die Zukunft einer Illusion*, 1927.

Freud, Sigmund: *Das Unbehagen in der Kultur*, 1930.

Gaarder, Jostein: *Barna fra Sukhavati*, 1987.

Gaitskill, Mary: *Bad Behavior*, 1988. *Schlechter Umgang*, Deutsch von Nikolaus Hansen, 2020.

Gaitskill, Mary: *Veronica*, 2005.

Gaitskill, Mary: *Somebody With a Little Hammer*, 2017.

Girard, René: *La Violence et Le Sacré*, 1973. *Das Heilige und die Gewalt*, Deutsch von Elisabeth Mainberger-Ruh, 2012.

Girard, René: *Des choses cachées depuis la fondation du monde*, 1978. *Das Ende der Gewalt. Analyse des Menschheitsverhängnisses. Erkundungen zu Mimesis und Gewalt*, Deutsch von Elisabeth Mainberger-Ruh, 2009.

Girard, René: *Le Bouc émissaire*, 1982. *Der Sündenbock*, Deutsch von Elisabeth Mainberger-Ruh, 1988.

Godfrey-Smith, Peter: *Other Minds: The Octopus and the Evolution of Intelligent Life*, 2016. *Die Krake, das Meer und die tiefen Ursprünge des Bewusstseins*, Deutsch von Dirk Höfer, 2019.

Greenblatt, Stephen: *The Swerve – How the World Became Modern*, 2011. *Die Wende: Wie die Renaissance begann*, Deutsch von Klaus Binder, 2012.

Greenblatt, Stephen: *The Rise and Fall of Adam and Eve*, 2017. *Die Geschichte von Adam und Eva: Der mächtigste Mythos der Menschheit*, Deutsch von Klaus Binder, 2018.

Hägg, Tomas. »Konstverksekfrasen som litterär genre och konstvetenskaplig källa«, in: Piltz, E. (Hrsg.): *Bysans och Norden*, 1989.

Handke, Peter: *Versuch über die Jukebox*, 1990.

Heidegger, Martin: *Sein und Zeit*, 1927.

Higashida, Naoki: *The Reason I Jump: The Inner Voice of a Thirteen-Year-Old Boy with Autism*, 2013. *Warum ich euch nicht in die Augen schauen kann: Ein autistischer*

Junge erklärt seine Welt, Deutsch von Christel Dormagen, 2014.

Hill, Charles/Helmers, Marguerite (Hrsg.): *Defining Visual Rhetorics*, 2004.

Hinch, Jim: »Why Stephen Greenblatt Is Wrong – and Why It Matters«, in: *Los Angeles Review of Books*, 2012.

Hitchens, Christopher. Arguably: Essays by Christopher Hitchens, 2011.

Hitchens, Christopher: »Why Women aren't funny«, in: *Vanity Fair*, 2007.

Homer: *Ilias*, ca. 750 v. Chr.

Homer: *Odyssee*, ca. 730 v. Chr.

Hurley, John/Wilkins, Ronnie: »Son of a Preacher Man«, vom Album: Dusty Springfield: *Dusty in Memphis*, 1969.

Hverven, Tom Egil/Malling, Sverre: *Terrorens ansikt*, 2013.

Ibsen, Henrik: *Hedda Gabler*, 1890. *Hedda Gabler*, Deutsch von Hinrich Schmidt-Henkel, 2015.

Isakstuen, Monica: *Rase*, 2018.

James, William: *The Varieties of Religious Experience*, 1902. *Die Vielfalt religiöser Erfahrung*, Deutsch von Eilert Herms und Christian Stahlhut, 1997.

James, William: *Essays in Radical Empiricism*, 1912. *Pragmatismus und radikaler Empirismus*, Deutsch von Claus Langbehn, 2006.

Kael, Pauline: *The Age of Movies: Selected Writings of Pauline Kael*, 2011.

Kafka, Franz: *Der Prozess*, 1925.

Knausgård, Karl Ove: »Om Skjebnen«, in: *I kyklopenes land*, 2018.

Koestenbaum, Wayne: *Cleavage: Essays on Sex, Stars, and Aesthetics*, 2000.

Koestenbaum, Wayne: *Hotel Theory*, 2007.

Koestenbaum, Wayne: *Humiliation*, 2011.

Koestenbaum, Wayne: *My 1980s & Other Essays*, 2013.

Koestenbaum, Wayne: *The Pink Trance Notebooks*, 2015.

Koestenbaum, Wayne: *Camp Marmalade*, 2018.

Krasznahorkai, László: *Az ellenállás melankóliája*, 1989. *Melancholie des Widerstands*, Deutsch von Hans Skirecki, 1992.

Lasch, Christopher: *The Culture of Narcissism*, 1979. *Das*

Zeitalter des Narzissmus, Deutsch von Gerhard Burmundt, 1995.
Lethem, Jonathan: *The Ecstasy of Influence*, 2012.
Levy, Ariel: *The Rules Do Not Apply*, 2017. *Gegen alle Regeln*, Deutsch von Maria Hochsieder-Belschner, 2017.
Lindhardt, Jan: »Memorias skabende funktion«, in: *Rhetorica Scandinavica*, Nr. 29/30, 2004.
Lippestad, Geir: *Det vi kan stå for*, 2013. *Ich verteidigte Anders Breivik. Warum?: Meine schwierigste Strafverteidigung*, Deutsch von Frank Zuber, 2015.
Lumsden, Robin: *SS Regalia*, 1995.
Lycan, William G.: »Gombrich, Wittgenstein, and the Duck-Rabbit«, in: *The Journal of Aesthetics and Art Criticism*, vol. 30, 1971.
Machiavelli, Niccolò: *Il Principe*, 1532. *Der Fürst*, Deutsch von Ralf Löffler, 2007.
Mailer, Norman: »The White Negro«, 1957.
Marcus, Greil: *Mystery Train: Images of America in Rock 'n' roll Music*, 1975. *Mystery Train: Der Traum von Amerika in Liedern der Rockmusik*, Deutsch von Nikolaus Hansen, 1992.
Marcus, Greil: *Lipstick Traces: A Secret History of the Twentieth Century*, 1989. *Lipstick traces: von Dada bis Punk – kulturelle Avantgarden und ihre Wege aus dem 20. Jahrhundert*, Deutsch von Hans Herzog und Friedrich Schneider, 1992.
Marcus, Greil: *The Dustbin of History*, 1995. *Der Mülleimer der Geschichte*, Deutsch von Fritz Schneider, 1996.
Marcus, Greil: *The Old, Weird America*, 1997. *Basement Blues. Bob Dylan und das alte, unheimliche Amerika*, Deutsch von Fritz Schneider, 2011.
Marcus, Greil: *The Shape of Things to Come*, 2006.
Marcus, Greil: *The History of Rock 'n' Roll in Ten Songs*, 2014. *Die Geschichte des Rock 'n' Roll in zehn Songs*. Deutsch von Fritz Schneider, 2016.
Marcus, Greil: *Three Songs, Three Singers, Three Nations*, 2015.
Marcus, Greil: *Real Life Rock*, 2015.
Markson, David: *Vanishing Point*, 2004.
Mayröcker, Friederike: *brütt, oder Die seufzenden Gärten*, 1998.
Mendelsohn, Daniel: »A Striptease Among Pals«, in: *The New York Review of Books*, 2015.

Miller, James: *The Passion of Michel Foucault*, 1993. *Die Leidenschaft des Michel Foucault: Eine Biographie*, Deutsch von Michael Büsges, 1995.

Milton, John: »Paradise Lost«, 1667. »Das verlorene Paradies«, Deutsch von Adolf Böttger, 2015.

Mühleisen, Wencke: *Hetetokt – Rabalder med overgangsalder*, 2018.

Mykle, Agnar: »Skoene«, in: *Samlede noveller*, 1996.

Næss, Arne: *Livsfilosofi. Et personlig bidrag om følelser og fornuft*, 1998.

Nelson, Maggie: *The Art of Cruelty*, 2012.

Nelson, Maggie: *The Argonauts*, 2015. *Die Argonauten*, Deutsch von Jan Wilm, 2017.

Nielsen, Madame: *Den endeløse sommer*, 2014. *Der endlose Sommer*, Deutsch von Hannes Langendörfer, 2018.

Nielsen, Madame: *Det højeste væsen*, 2017.

Nietzsche, Friedrich: *Die Geburt der Tragödie aus dem Geiste der Musik*, 1872.

Nietzsche, Friedrich: *Jenseits von Gut und Böse. Vorspiel einer Philosophie der Zukunft*, 1886.

Nietzsche, Friedrich: *Ecce Homo*, 1908.

Nilssen, Olaug: *Tung tids tale*, 2017.

Nussbaum, Martha: »Patriotism and Cosmopolitanism«, in: *Boston Review*, 1994.

Obama, Barack: *The Audacity of Hope*, 2006. *Hoffnung wagen*, Deutsch von Helmut Dierlamm, 2007.

Panofsky, Erwin: »Iconography & Iconology«, in: *Meaning in The Visual Arts*, 1955. »Ikonographie und Ikonologie«, in: *Sinn und Deutung in der bildenden Kunst*, Deutsch von Wilhelm Höck, 1975.

Parton, Dolly: *Backwoods Barbie*, Dolly Records, 2008.

Plath, Sylvia: *Collected Poems*, 1981.

Platon: *Politeia*, ca. 375 v. Chr. *Der Staat*, Deutsch von Otto Apelt, 2019.

Poole, Ross: *Nation and Identity*, 1999.

Riefenstahl, Leni: *Die Nuba – Menschen wie von einem anderen Stern*, 1973.

Rorty, Richard: *Achieving Our Country: Leftist Thoughts in 20th-Century America*, 1994. *Stolz auf unser Land. Die amerikanische Linke und der Patriotismus*, Deutsch von Herman Vetter, 1999.

Rose, Jacqueline: *Women in Dark Times*, 2014.
Rose, Jacqueline: *Mothers – An Essay on Love and Cruelty*, 2018.
Rotolo, Suze: *A Freewheelin' Time*, 2008. *Als sich die Zeiten zu ändern begannen*, Deutsch von Paul Lukas, 2010.
Sade, Marquis de: *Justine*, 1787. *Justine oder Die Leiden der Tugend*, Deutsch von Raoul Haller, 2014.
Sæterbakken, Stig: *Essays i utvalg*, 2012.
Sæterbakken, Stig: »Welcome to My World«, in: *Ugelstad, Caroline: Per Inge Bjørlo*, 2012.
Sartre, Jean-Paul: *La nausée*, 1938. *Der Ekel*, Deutsch von Uli Aumüller, 1975.
Savage, Michael: *Trickle down Tyranny: Crushing Obama's Dream of the Socialist States of America*, 2012.
Seierstads, Åsne: *En av oss*, 2013. *Einer von uns – Die Geschichte eines Massenmörders*, Deutsch von Frank Zuber und Nora Pröfrock, 2016.
Sennett, Richard: *The Fall of Public Man*, 1977. *Verfall und Ende des öffentlichen Lebens: Die Tyrannei der Intimität*, 1986.
Shakespeare, William: *Titus Andronicus*, 1593. *Titus Andronicus*, Deutsch von Wolf Graf Baudissin, 1836.
Silberman, Steve: *NeuroTribes: The Legacy of Autism and the Future of Neurodiversity*, 2015. *Geniale Störung: Die geheime Geschichte des Autismus und warum wir Menschen brauchen, die anders denken*, Deutsch von Harald Stadler und Barbara Schaden, 2016.
Sontag, Susan: *Against Interpretation*, 1966. *Kunst und Antikunst*, Deutsch von Mark W. Rien, 1968.
Sontag, Susan: *Styles of Radical Will*, 1969. *Gesten radikalen Willens*. Essays, Deutsch von Jörg Trobitius, 2011.
Sontag, Susan: »Fascinating Fascism«, in: *The New York Review of Books*, 1975.
Sontag, Susan: *Illness as Metaphor*, 1978. *Krankheit als Metapher*, Deutsch von Karin Kersten und Caroline Neubaur, 1978.
Sontag, Susan: *Under the Sign of Saturn*, 1980. *Im Zeichen des Saturn: Essays*, Deutsch von Werner Fuld, Karin Kersten, Kurt Neff, Mark W. Rien, Jörg Trobitius, Angela Wittmann-Hauser, 1983.

Stein, Gertrude: *Everybody's Autobiography*, 1937. *Jedermanns Autobiografie*, Deutsch von Marie-Anne Stiebel, 1986.

Stein, Gertrude: *Ida. A Novel*, 1941. *Ida. Ein Roman*, Deutsch von Marie-Anne Stiebel, 1984.

Stephen, Bijan: »How to Live Within a Black Body«, in: *New Republic*, 2015.

Stoltenberg, Jens: »Tale ved nasjonal minnemarkering for 22.7.2011«, https://www.regjeringen.no/no/aktuelt/statsministerens-tale-ved-nasjonal-minne/id652655/?regj_oss=1.

Strauss, Leo: »Plato's Republic«, Seminar in Political Philosophy, 1957.

Thoreau, Henry David: *Walden*, 1854. *Walden*, Deutsch von Wilhelm Nobbe, 1922.

Tjønneland, Eivind: »Montaigne som Pseudoessayist«, in: *Vinduet*, 3, 2015.

Tolentino, Jia: »The Personal-Essay Boom Is Over«, in: *The New Yorker*, 2018.

Vaage, Lars Amund: *Skuggen og dronninga*, 2010.

Vaage, Lars Amund: *Den stumme*, 2011.

Vaage, Lars Amund: *Syngja*, 2012.

Vaage, Lars Amund: *Sorg og sang, Tankar om forteljing*, 2016.

Vik, Ingrid: *Guds lobby*, 2015.

Wampole, Christy: *Rootedness: The Ramifications of a Metaphor*, 2018.

Weil, Simone: *L'enracinement*, 1949. *Die Verwurzelung*, Deutsch von Marianne Schneider, 2011.

White, Elwyn Brooks: *Here is New York*, 1949.

Wilentz, Sean/Marcus, Greil (Hrsg.): *The Rose & the Briar: Death, Love and Liberty in the American Ballad*, 2005.

Williams, Donna: *Nobody Nowhere: The Extraordinary Autobiography of an Autistic*, 1991. *Ich könnte verschwinden, wenn du mich berührst. Erinnerungen an eine autistische Kindheit*, Deutsch von Sabine Schulter, 1992.

Woolf, Virginia: *The Common Reader*, 1925. *Der gewöhnliche Leser*, Deutsch von Hannelore Faden und Helmut Viebrock, 1997.

Wordsworth, William: »Ode: Intimations of Immortality from Recollections of Early Childhood«, in: *The Collected Poems of William Wordsworth*, 1994.

Wright, Richard: *Native Son*, 1940. *Sohn dieses Landes*, Deutsch von Klaus Lambrecht, 1941.

Wright, Richard: *Black Boy*, 1946. *Ich Negerjunge*, Deutsch von Rudolf Frank unter dem Pseudonym Harry Rosbaud, 1947.

Yanagihara, Hanya: *A Little Life*, 2015. *Ein wenig Leben*, Deutsch von Stephan Kleiner, 2017.

Ye'or, Bat: *Eurabia: The Euro-Arab Axis*, 2005.